Mujeres guerrilleras

Testimonios

Biografía

Marta Diana nació en la provincia de Córdoba en 1947, donde se recibió de maestra en 1965. A partir de 1985, ya en Buenos Aires, colaboró esporádicamente con diarios y revistas. En la misma época comenzó a trabajar como investigadora y guionista de documentales para la Fundación Favaloro primero, y para Canal 13 después. Actualmente vive en Gales.

Marta Diana
Mujeres guerrilleras

Sus testimonios en
la militancia de los setenta

Diana, Marta
   Mujeres guerrilleras.- 1ª ed. – Buenos Aires : Booket, 2006.
   472 p. ; 19x13 cm.

   ISBN 987-580-075-9

   1. Narrativa Argentina I. Título
   CDD A863

Diseño de cubierta: Peter Tjebbes

© 1996, Marta Diana

Derechos exclusivos de edición en castellano
reservados para todo el mundo
© 2006, Grupo Editorial Planeta S.A.I.C. / Booket
Independencia 1668, C 1100 ABQ, Buenos Aires
www.editorialplaneta.com.ar

3ª edición: 3.000 ejemplares
(1ª edición del sello Booket)

ISBN-13 978-987-580-075-5
ISBN-10 987-580-075-9

Impreso en Gráfica MPS SRL,
Santiago del Estero 338, Gerli,
en el mes de febrero de 2006.

Hecho el depósito que prevé la ley 11.723
Impreso en la Argentina

Ninguna parte de esta publicación, incluido el diseño de cubierta,
puede ser reproducida, almacenada o transmitida en manera alguna
ni por ningún medio, ya sea eléctrico, químico, mecánico, óptico,
de grabación o de fotocopia, sin el previo permiso escrito del editor.

*Tiene la razón humana el singular destino, en cierta especie
de conocimientos, de verse agobiada por cuestiones de índole tal
que no puede evitarlas, porque su propia naturaleza las impone,
y que no puede resolver porque a su alcance no se encuentran.*

E. KANT
Crítica de la razón pura

Mi tiempo recobrado

1963

Pasamos bajo las altas arcadas de la entrada y nos detuvimos un momento en el hall principal, frente a la enorme escalera de mármol que conducía al primer piso. Creo que lo hicimos espontáneamente y al unísono, porque la transición entre el sol despiadado de esa mañana de marzo y el interior sombrío del edificio nos había enceguecido.

Me estremecí. Tal vez no estaba tan restablecida como el médico creía, o quizás era la insoportable tensión de afrontar mi condición de "nueva" en un colegio —el Normal Alejandro Carbó— donde no conocía a nadie.

La escalera tenía, tiene, dos tramos. Me resultó muy penoso subirlos y, cuando por fin nos detuvimos frente a la puerta de la Preceptoría, me sentía temblorosa y transpirada.

Me despedí de mamá evitando su mirada de preocupación acompañada del inevitable ¿te sentís bien?, que tantas veces venía oyendo en los últimos dos años.

La preceptora abrió la puerta e interrumpió la clase de Historia: "Es una nueva alumna", explicó a la profesora. Avancé entre los bancos sin mirar a nadie, luchando con el peso de mis piernas que parecían de plomo.

La profesora retomó su explicación. Vagamente la oí hablar del "corso y ricorso" que Vico aplicaba a la historia, con mis ojos fijos en el pupitre lleno de rayas.

No sé cuánto tiempo estuve así, pero cuando ya no me quedaba punto, marca o poro de la madera por recorrer vi un papel primero, y una mano después, que se acercaban a mí. Miré de reojo. La mano pertenecía a una chica de pelo largo y lacio que me dijo en voz baja: "Anotá los libros que nos están pidiendo". El timbre lanzó a toda la clase fuera del aula.

Salí última, manteniendo cierta distancia con "pelo largo-mano solidaria". Al llegar a la puerta se volvió y me sonrió. "Me llamo Adriana", dijo, "¿y vos?". "Marta", contesté.

Mientras la seguía por la galería transformada en ruidosa peatonal por el recreo, comprobé, sorprendida y feliz, que mis piernas habían perdido su rigidez.

1992 I

Se llamaba Patricia.
El nombre y su carga de revelaciones van quedando registrados en el grabador que he dejado entre S. y yo en el sofá donde estamos sentadas.
Ella trabaja en un organismo de Derechos Humanos, tiene ojos azules y una sonrisa melancólica que entibia por momentos los recuerdos que evoca para mí.
Patricia es Adriana. En realidad debo decir: Adriana Lesgart **era** Patricia, porque Adriana/Patricia ya ha muerto. Pero si quiero ser muy precisa, eso tampoco es del todo correcto, y lo que en realidad debo decir, pensar, asimilar, veintinueve años después de aquella mano que me sacó del naufragio en un salón de clase del Carbó, es que Adriana Lesgart tuvo un seudónimo o nombre de guerra, mientras actuó como militante montonera, y que ahora, hoy, Patricia/Adriana ya no está, porque desapareció en el año '79.
"Tal vez la 'levantaron' cuando fue a testimoniar para la delegación de la OEA que vino a la Argentina en septiembre. Le había aconsejado no ir porque la fila —llena de 'servicios' que se hacían pasar por amigos o familiares de desaparecidos para sacar información— implicaba un riesgo grave para los que se presentaban; pero ella dijo que el deber era testimoniar..."
Me siento triste y apago el grabador que ha seguido funcionando indiferente. Las palabras de S. me revelan el final —o la incertidumbre y misterio del final— de aquella adolescente que conocí en el colegio Alejandro Carbó. Inexorablemente, la información que asimilo cambia el tono a ese espacio de tiempo que hasta el 22 de agosto de 1972 sentía ocupado sólo por los avatares de una historia personal, íntima y dolorosa. Las contingencias de aquella historia me habían arrancado de Córdoba y me habían llevado hasta Buenos Aires y un pequeño departamento en la calle Pacheco de Melo, donde junto a Esteban, mi hijo de cuatro años, trataba de reconstruir para ambos eso que uno se empeña en llamar "una nueva vida".

1972

Tendí la cama organizando mentalmente mi tanda de próximas tareas mientras Esteban se dedicaba a una encarnizada lucha intergaláctica. Junté la ropa sucia sin prestar atención al flash informativo que apareció en el televisor y salí hacia el lavadero, cuando el nombre de Susana Lesgart me hizo volver desde el pasillo.

Allí, en el televisor blanco y negro, una foto desvaída me devolvía la imagen de Susana, hermana de Adriana Lesgart.

"Intento de fuga... represión..."

Los nombres y las fotos enumeraban los muertos. Mi conmoción me impedía registrar nada con claridad, salvo la muerte de Susana, pero no era solamente por la muerte de Susana. Mi conmoción era el descubrimiento de una condición de vida en Susana que yo ignoraba completamente y que, obviamente, involucraba a Adriana.

Me quedé mucho tiempo sentada en la cama, apretando la ropa contra mi cuerpo. Supongo que ante el shock de la noticia, esa ropa se convirtió en mi cable a tierra, una evidencia de la realidad que hasta unos minutos antes era mi único mundo real.

Mi cerebro parecía trabajar vertiginosamente en imágenes y pensamientos cruzados. ¿Susana, guerrillera? Susana tocaba el arpa. Recuerdo muy bien el salón de música de esa casa. Todos los hermanos aprendían a ejecutar algún instrumento. Adriana, el oboe. El único varón (Rogelio, que estudiaba medicina), el piano, y Mariela, la menor, el violín. No era raro llegar a la casa y escuchar música o ejercicios desde esa salita.

No podía (no puedo todavía) unir las dos imágenes. Susana en el arpa, la cabeza un poco hacia atrás/Susana en un penal de la Argentina fusilada (como leí más tarde) en la puerta de su celda.

¿Y Adriana? ¿Dónde estaba Adriana? ¿Ella también *era*?

Adriana era una de mis tablas de salvación en Matemáticas y Física. Pero lo más importante: éramos amigas. Yo no estudiaba música pero la amaba. El auditórium de Radio Nacional fue un punto de encuentro habitual.

Juntas casi siempre en los recreos. Juntas muchas veces para estudiar por las tardes. Ella era brillante. Buena en todas las materias, fue muy generosa con mis limitaciones, que tenían una sola excepción: diez en Literatura.

Al padre casi no lo había conocido. El estaba ausente casi siempre a la hora en que yo iba. Pero sí recordaba a la madre.

Abandoné las sábanas y llamé a mi hermana. Ella también había oído la noticia. Dije que iba a llamar a la madre para saber algo más, para darle el pésame...

—No podés hacer eso.

La réplica de mi hermana fue cortante e instantánea.

—¿Por qué no puedo? —insistí.

—Porque si esas chicas eran guerrilleras el teléfono debe estar pinchado y si vos llamás van a pensar que sos del grupo, ¿no te das cuenta?

Corté. Me daba cuenta. Pero en realidad no me daba cuenta. En realidad, la noticia había hecho un hueco en el pasado más lindo que yo tenía. A mi duelo amoroso, producto de la reciente separación, tenía que sumar esta novedad, esta revelación que me daba vuelta las imágenes.

Aquella edad de la inocencia terminaba muy mal. Esta tragedia de una muerte tan violenta salpicaba de sangre una etapa de mi vida que yo atesoraba como la última época en que había sido feliz, haciendo una vida simple: casa paterna, colegio, estudio, amigas. En la Ciudad Universitaria volví a encontrarme con Adriana. Como suele pasar con las amistades del secundario, nos habíamos separado al iniciar carreras diferentes. El reencuentro fue en un pasillo. Nos abrazamos muy contentas y nos contamos las novedades. Ella estaba estudiando Ciencias de la Educación.

El cine Sombras, un cine-club que congregaba a la juventud universitaria, fue otro punto de encuentro. Fui todavía un par de veces a la casa, y cuando estaba a esa altura de mi película recordé algunos episodios que en ese momento no tuve en cuenta.

Uno fue en la casa. Había pasado a buscarla porque íbamos a un concierto y frente al espejo donde nos arreglábamos antes de salir, Susana, que había resuelto acompañarnos, dijo de pronto:

—Podríamos invitar a Marta a una reunión…

—A Marta dejála tranquila —contestó Adriana.

Cualquier otra persona hubiera preguntado qué reunión, dónde. Pero yo me distinguía en esa época por vivir muy fuera de la realidad. Adriana solía burlarse amablemente de esa condición mía.

La segunda vez fue en el cine Sombras. Un muchacho que trabajaba en una compañía de seguros y escribía notas para el diario *La Voz del Interior* me había invitado a ver una película. Cuando llegamos distinguí a Adriana que estaba con un grupo de amigos. Nos saludamos desde lejos, y recuerdo que ella observó a mi acompañante.

Durante la semana nos encontramos en la Universidad. Apenas me vio, ella vino directamente hacia mí y habló sin rodeos.

—Te vi en el cine con X.

—Sí, me invitó a salir —contesté muy contenta.

—¿Sabés en qué anda?

—Creo que vende seguros…

Adriana levantó los ojos al cielo.

—No, Marta, quiero decir si sabés que está en el Malena…

El MLN —Movimiento de Liberación Nacional— era para mí sólo un nombre que había visto en algunas pintadas.

—No, no sabía, pero ¿cuál es el problema?

Adriana me miró dubitativa, como esos adultos que vacilan antes de contarle una de las grandes "verdades" a un niño, y finalmente pareció desistir de su propósito de informarme.

—Está bien, yo quería advertirte para que lo tengas en cuenta...

Nos despedimos. Camino a mi clase de Filosofía pensé un momento qué habría querido decirme y después me olvidé del asunto.

Pocos días después de aquella conversación conocí al padre de Esteban. Más tarde la maternidad me alejó de la Universidad y perdí contacto con Adriana, pero tres años después, cuando preparaba mi traslado a Buenos Aires, la llamé para despedirme. Atendió la madre. Adriana no estaba, dijo, y yo prolongué la charla preguntando las novedades. "Bueno, Susana se casó con un muchacho Yofre... ellos están en Tucumán ahora. Y Adriana como siempre, muy ocupada con sus cosas..." Dejé saludos y corté apenada por su ausencia que parecía adelantar una partida que me dolía.

Sentada ahora frente al televisor, aquellos recuerdos que mi cerebro disparaba se integraban como una pieza lógica en el rompecabezas que la noticia me había provocado.

1) La "reunión" que mencionó Susana debía haber sido, obviamente, una reunión política del grupo al que ellas seguramente aquel día ya estaban perteneciendo.

2) Adriana sabía que X era de ese grupo clandestino porque ella también estaba en un grupo similar.

3) La ausencia de aquel día pudo haber estado relacionada ya con sus obligaciones de militancia puesto que al menos en el caso de Susana esa debía ser la razón por la que se había trasladado a Tucumán.

En los días que siguieron, la pena por la muerte de Susana y la preocupación por la suerte que habría corrido Adriana se alternaban con la toma de conciencia de otro país y otras realidades que, encerrada en el dolor de mi universo personal, yo no había tenido en cuenta. Esa noticia que se acoplaba a otras y recorría los medios tenía para mí un eco doloroso, conflictivo y perturbador que originaba una cadena de interrogantes.

De un mundo feliz de inocencia y proyectos yo había salido, por el camino de una maternidad inesperada, a los avatares de una vida que no me resultaba fácil dentro del mundo adulto. ¿Cuál había sido el acontecimiento que había empujado a Susana y tal vez también a Adriana? ¿Qué sentimientos las habían llevado de su mundo de arte y música hasta el escenario de los grupos guerrilleros? Recordé algunas visitas al Hospital de Niños para llevar juguetes y las reflexiones que después compartimos sobre el destino incierto de aquellos chicos. ¿Habría sido ese un punto de partida para Adriana?

Yo no tenía a nadie para compartir esos interrogantes en aquel momento, y a la constante preocupación por el futuro de mi hijo se sumó esta otra sensación, mucho más trágica, sobre el futuro de toda una generación, para quien, estaba segura, se avecinaban días oscuros.

Los años que siguieron habrían de confirmar aquel presagio terrible que entonces agitó mi corazón.

1990

—¿Cuál es el balance que usted hace a quince años de Monte Chingolo?
—Yo tenía una familia hermosa. Dos hijas mujeres y dos varones. Todos casados y pariendo. En ese momento tenía cinco nietos. Mi ex marido vivía también. Hoy, tres de mis cuatro hijos y sus respectivas parejas están desaparecidos. Igual que mi ex marido.

Interrumpo la transcripción del reportaje a Laura Bonaparte, madre entrevistada para el artículo que la revista *Todo es Historia* planea publicar en el aniversario número quince de la Batalla de Monte Chingolo. He mencionado el nombre de Adriana Lesgart a Laura, pero no recuerda haberla conocido. El trabajo que me han encargado ha reflotado su figura. Por otro lado, a medida que avanzo en la investigación, mientras hablo con las personas entrevistadas (de uno y de otro bando), parece que me sumerjo cada vez más en un mar de dolor, odio, indignación e impotencia, donde cada uno flota como puede, al borde, muchas veces, del naufragio. Teléfonos, direcciones y lugares de entrevista se transforman en trincheras violentas donde la batalla parece continuar a despecho de la paz aparente que se vive puertas afuera.

Salgo a la calle y subo a un colectivo. Mientras avanzamos entre bocinazos distingo desde la ventanilla a una chica joven, linda y embarazada. La frase de Laura me vuelve a la memoria: "Todos casados y pariendo…". Ella ya no podrá ver a sus hijas embarazadas, pienso. ¿Y Adriana, habrá tenido hijos?

1992 II

—¿Y cómo te ha ido con la investigación?
La pregunta de S. me vuelve a la realidad de la entrevista.
—Una a favor, diez en contra…
—Es muy difícil hablar de estas cosas. Todos tenemos demasiados duelos encima. Las parejas, los amigos, el exilio… Fijáte, cuando conocí a

Patricia en el '72 ya habían caído un compañero que tenía entonces y su hermana en Trelew. Ella estaba realizando un trabajo muy individual, muy de ella, de lo que después se llamó el servicio de presos. Era en parte la atención política, una semi-asistencia social y el seguimiento de los abogados que llevaban las causas jurídicas. La organización había descuidado bastante todo el tema de los presos. Había una línea en ese momento que daba al compañero preso como compañero perdido. Otros consideraban en cambio que el compañero preso seguía siendo un militante cautivo y que, como tal, en su lugar de cautiverio tenía que seguir teniendo toda la atención que se le pudiera dispensar: jurídica, personal y política. Organizar esos tres niveles de atención no era nada fácil, habida cuenta que después de Trelew se extremaron las medidas de seguridad. En los penales se instauró el sistema de máxima seguridad para presos de alta peligrosidad y en el mismo año '72 se habilitó el buque *Granaderos* y se trasladó a ciertos presos allí. Entonces no me di cuenta, pero otros me dijeron más tarde que Patricia estaba muy quebrada emocionalmente por esas pérdidas, sin embargo se sobrepuso y continuó con la tarea de asistencia a los presos de la organización, una línea de trabajo que había comenzado sola.

"A fines del '72 eso ya tenía una estructura orgánica desde la cual atendíamos en los penales llevando adelante la discusión política con los compañeros, el seguimiento de sus causas y la atención personal en lo relacionado con su familia, básicamente. Hacíamos de todo y establecimos un servicio de comunicación permanente entre el militante preso y su organización de origen. Yo en ese momento era conocida como abogada de la JP (Juventud Peronista) y junto con otro compañero, que también está desaparecido, Eduardo Pesci, nos ocupábamos de la atención jurídica de los presos políticos. Yo, que tenía hijos chicos, puse como condición no tener que viajar, así que me ocupaba de Devoto y del buque *Granaderos*. Eduardo, que era soltero, viajaba a los penales del interior. Patricia puso mucha energía en ese trabajo.

"Trabajamos juntas muchos meses, y juntas fuimos a Ezeiza el 20 de junio. Cuando el tiroteo se calmó (nos salvamos porque habíamos quedado en una especie de hondonada, al costado de la Richieri), regresamos a Buenos Aires sin saber qué había pasado.

"Ella vivía aquí en Buenos Aires junto con otros compañeros, yo no sabía dónde, seguramente era una casa operativa. El servicio de presos terminó por disolverse y ya durante el '73 cada uno de nosotros estaba en tres o cuatro lugares al mismo tiempo. Yo trabajaba en la Facultad de Derecho y en un barrio. Era un trabajo agotador. Nos engañábamos a nosotros mismos porque al trabajar en distintos frentes nos parecía que teníamos una gran masa en cada uno, pero en realidad éramos siempre los mismos que nos movíamos de un lado a otro.

—¿Y ella en qué estaba?

—Ella estaba fundando la agrupación Evita, en la conducción del centro Capital y un par de cosas más que no sé cuáles eran. Su tarea era orgánica, interna. Estaba con la plana mayor, Firmenich, Quieto... El '73 fue el año de la fusión con otras organizaciones y también el año en que esa fusión produjo una larga discusión ideológica que culminó con dos escisiones, ya en el '74. Un día supe que había formado pareja con Juan, cuyo verdadero nombre era Héctor Talbot Wright. El fue el padre de su único hijo, Juan Pablo.

Una de mis intrigas quedaba aclarada. Así que tuvo un hijo...

—¿La viste durante su embarazo?

—Sí, no recuerdo la fecha, '74/'75, pero fue durante un invierno. Estaba muy bien, muy contenta, muy linda. Creo que fue el momento en que la vi más feliz... Hasta fin del '74 estuvimos muy en contacto con Patricia. Después ya fue muy difícil verse porque cada una tuvo que empezar a cuidarse...

—Supongo que por ese mecanismo de "tabicamiento", se sabía poco o nada de la vida privada de cada uno.

—Depende... existía tabicamiento de la información esencial, por ejemplo el domicilio. En mi caso, hasta fin del '74 no, porque por mi trabajo de abogada todo el mundo venía a mi domicilio. Patricia también. Ella conocía mi casa, mi vida, mis hijas. Las chicas la llamaban "la cordobesa de la raya al medio", porque se peinaba con la raya al medio y el pelo lacio. Su acento cordobés era tan evidente que el sobrenombre era inevitable. Mis nenas la querían mucho. Siempre les traía alguna chuchería o uno de esos chocolatines Jack con sorpresa. En nuestro caso era asimétrica la relación y el nivel de conocimiento. Ella sabía de mí mucho más que yo de ella.

—Es decir que ella se ponía en contacto con vos, pero no vos con ella...

—Claro. Además había citas fijas y reuniones fijas. Después del '74 todo fue más riguroso. Hasta yo tuve que levantar mi casa e irme a otro lado.

—¿Viste a su bebé?

—No. Lo vi en Europa cuando ya tenía unos tres años. Cuando salí del país llegué a Madrid y desde ahí busqué la manera de conectarme con Patricia. Ella estaba radicada en París. Viajé y me fue a esperar. Era una cosa típica de ella y que muy pocos compañeros tenían, ese cuidado por el otro, ese tener en cuenta los chicos, siempre muy humana. Los compañeros que dicen que Patricia era dura no sé por qué lo dicen. Creo que era inflexible en cuanto a la disciplina, tenía un nivel muy alto de exigencia. Pero era muy, muy buena compañera en lo humano.

"Yo no me olvido que en esa época de mi partida mis chicas querían tener botitas Kickers, que estaban de moda y eran inaccesibles en Buenos Aires. Ella, que llegaba a París después de un viaje a Bélgica, se vino acarreando un par de botitas para ellas. Entonces yo compré el otro y así las chicas tuvieron sus botitas. Ese detalle, de acordarse de unos zapatos, en ese momento, es algo que la define bien; siempre estaba atenta a las cosas personales de una compañera.

—¿Cómo fue ese reencuentro en París?

—Ella me fue a esperar a la Gare de Austerlitz y me instaló en el colegio donde estaba el sacerdote Jorge Adur. En la *conciergerie* del colegio me quedé unos veinte días y durante ese tiempo nos vimos todos los días. Conocí a su hijo, Juan Pablo, que la acompañaba a todos lados. Su compañero ya había muerto. Me contó que había salido de Buenos Aires vía Brasil, y que había tenido un infarto a raíz de la caída de Juan. Recuerdo que Juan Pablo tenía unos tres años y hablaba mitad en castellano y mitad en francés, algo muy natural teniendo en cuenta que iba a una guardería francesa y el resto del tiempo estaba en casa de compañeros argentinos. Como otros chicos expuestos a ese tipo de condiciones estaba retrasado en su expresión, por esa mezcla continua de idiomas que escuchaba. Por razones de seguridad (la comunidad argentina estaba muy infiltrada) me fui a vivir con unas chicas francesas muy solidarias…

Yo estuve dos veces en París. La primera, recién casada, fue apenas una escala. La segunda vez en 1977. Me sentí hiper-feliz recorriendo todo lo que podía y haciendo compras para los chicos. También compré botitas Kickers. Como siempre el recuerdo de Adriana me asaltó un par de veces, sobre todo un día que me senté en un bar y oí conversar a unas chicas jóvenes en castellano. Recordé en ese momento que durante un recreo habíamos comenzado a divagar imaginando lugares lindos para conocer y ella dijo París, unos segundos antes que yo. "¡Te gané, lo dije yo primero!", exclamó con un súbito ataque de humor infantil que a veces utilizábamos en nuestras charlas. Mi réplica, siguiendo la línea fue: "¡Qué me importa!, yo voy a ir a un hotel más lujoso que vos y cuando te vea por la calle te voy a echar tierra…".

Me reí sola al recordar el episodio porque al tratar de "ganarle", yo había usado espontáneamente un guiño cordobés de campo. "Echar tierra" es una expresión que define una actitud de desprecio en quien lo hace y naturalmente, alude a lugares con calles de tierra (si uno es educado, reduce la velocidad para no molestar al que viene caminando). Por extensión la expresión se usa también en forma jocosa.

Ese día pensé que finalmente estaba en París y no sabía si ella habría llegado a conocerlo... Ahora la conversación con S. me revelaba que ella ese día tal vez estaba ahí por un motivo que no era precisamente turístico.

—En los últimos meses del '78 regresé a la Argentina. Patricia volvió después. Supongo que era aproximadamente febrero del '79. No recuerdo si fue en los primeros días de marzo que nos reencontramos. Era verano todavía y hacía calor. La segunda vez que nos vimos, ya estaba con la etapa de adaptación de Juampi a un jardín de infantes.

"Durante el '79 nos vimos varias veces. Ella había cambiado mucho su aspecto. Se había cortado el pelo cortito, se había hecho la permanente. Con anteojos oscuros y ese peinado realmente era difícil reconocerla.

"La última vez que la encontré me contó que había ido a la misa en memoria de Evita, que fue el 26 de julio del '79. Le dije que era una imprudencia porque aunque estuviera muy cambiada, aparecer en los lugares de encuentro con otros compañeros y saludar a la gente que la conocía implicaba denunciarse ante todos los agentes que vigilaban cada acto, cada manifestación. Lo mismo pasaba en la fila de gente que se presentó a la OEA en el mes de septiembre. Pero ella consideró que su deber era ir. Me citó para fines de septiembre, después de su reunión con la gente de la OEA. Yo no fui porque tenía un mal presentimiento, y mucho tiempo después me enteré que cayó por esos días... Nunca supe cómo ni en qué lugar. Pero esto confirmó mi buen olfato; siempre sentí que la venida de la Comisión era un arma de doble filo, porque si bien permitía la denuncia internacional, dejaba al mismo tiempo muy vulnerables a todos los que se acercaban. Creo que en cierta forma ella fue víctima de su compromiso rayano en la omnipotencia, porque sabía muy bien cuáles eran los riesgos.

"Insisto y me gustaría que quede muy claro. Era muy tierna, muy humana y muy comprensiva con la difícil vida que teníamos con nuestros compañeros y nuestros hijos. Esta manera de vivir implicaba además para todas las mujeres una desventaja para nuestros ascensos dentro de la organización, porque muchas veces no podíamos ir a reuniones, o no podíamos disponer para nuestra formación del mismo tiempo que tenían los varones. Patricia era muy consciente de esto y peleaba por todas nosotras a la hora de las evaluaciones. Todas, por otro lado, insistíamos en que los compañeros tenían que asumir los chicos como una tarea conjunta a compartir con las madres. Pero la resistencia masculina era muy grande y se puede decir que, al menos en la gran mayoría de los casos, nada se logró. La situación, a su vez, originó una reacción de "abandono", de la función maternal por parte de muchas compañeras que atendían muy mal a sus chicos para no descuidar sus tareas dentro de la organización. Es decir, se formaron dos líneas: compañeras que no descuidaban a sus hijos, conscientes de que ya, por el simple hecho de la vida clandestina y riesgosa que llevábamos, eran niños con muchas limitaciones. Y compañeras que por no descuidar su trabajo político atendían muy mal a sus hijos. En cualquiera de los dos casos había un saldo de pérdida para el sector femenino. O perdíamos como militantes, o perdíamos como madres. Cualquier madre que se ocupe normalmente de sus hijos puede entender e imaginar lo que fue nuestra vida, porque la crianza de un chico implica una cantidad de obligaciones concretas e ineludibles. Los horarios del colegio, las reuniones de madres, todo chocaba con los "otros" horarios. Si a la misma hora había una reunión en el colegio y una reunión de ámbito, ¿a cuál ibas...?

—¿A cuál ibas?

—...Eso se decidía siempre en el momento. Si no era importante dejabas la del colegio, pero a veces no se podía, entonces faltabas a la de ámbito, pero después había que dar explicaciones y muchas veces tus superiores no entendían. Patricia, en cambio, entendía siempre, y siempre defendía nuestro trabajo aun cuando se viera resentido por las obligaciones para con nuestros hijos.

—¿Alguna vez habló de dudas, esperanzas, conflictos?

—Patricia era muy oficialista. Siempre apoyaba la opinión de la conducción. Cuando la organización fue militarista, ella era militarista. Cuando la organización hizo la autocrítica al militarismo, ella también lo hizo. Algunos compañeros la consideraban casi obsecuente, particularmente con respecto al "Pepe" (Firmenich), a quien ella tenía como ídolo máximo. En las diferentes líneas que él impuso a la organización, tuvo siempre en Patricia un apoyo incondicional. Jamás fue crítica de la conducción.

—¿Doy por descontado entonces que tuvo actividad armada?

—Sí, por supuesto, la tuvo. Heridas, que yo sepa, solamente durante un entrenamiento; por error en el armado y desarmado de una 45, se hirió la mano.

—¿Tuviste discusiones con ella por críticas a las líneas impuestas?

—Creo que solamente con respecto a la contraofensiva, en la que no creí porque sentí que formaba parte de un delirio y que no se apoyaba en datos ciertos de la realidad. De eso conversamos en París y conversamos acá. Cuando llegué a París, por ejemplo, le dije que no era cierto todo lo que se decía con respecto a las huelgas y la movilización popular. No sé si me creyó, pero cuando vino se dio cuenta de que yo había dicho la verdad.

—¿Admitió el error?

—No, dijo que había que repensar.

Casi contesté yo antes que S. "Repensar" era una palabra muy de Adriana. Como yo era malísima para matemáticas, ella era una de mis "profesoras" voluntarias. Un día que estaba luchando con un ejercicio, ella intentó solucionarlo y tampoco obtuvo el resultado correcto. "Ves que está mal, esto no sale", dije yo exasperada. "No, hay que repensar", dijo Adriana, que nunca se rendía ante una dificultad. Ese día tuvo razón. Me pregunto qué habrá "repensado" con respecto a la contraofensiva, y lo que es peor, imagino que tal vez llegó a la evaluación correcta cuando ya era demasiado tarde.

—¿Dentro de la organización ella era una de las muchas o de las pocas mujeres que estaba tan alto?

—De las pocas que estaba tan alto, y de las pocas que quedaron vivas casi hasta el final.

—¿A qué otras recordás?

—Nita, no sé su nombre. La flaca Ana, que después se dio vuelta y hoy es la mujer de un represor, la Negra Laura, la flaca Lucía, que fue compañera de Paco Urondo y murió con él, la Viky Walsh, más militante que mujer. Cayó combatiendo. Y las célebres, María Antonia Berger y Norma Arrostito. Sin duda, de todas el mejor cuadro fue Norma Arrostito.

Me despedí de S. y salí a la calle dominada por un sentimiento de irrealidad. Durante un año, en reportajes a mujeres que pertenecieron a distintas organizaciones político-militares, había tratado al mismo tiempo de saber algo sobre Adriana —no me acostumbré a pensar en ella como Patricia—. Ahora, los recuerdos de S. llenaban de golpe ese cuadro vacío que era para mí su vida desde aquella etapa compartida en el colegio. Tal vez por eso me sentía tan extraña al terminar aquella entrevista, que en ese momento consideré la última dedicada a mujeres que en los '70 fueron conocidas como "guerrilleras".

UNA EXPLICACION NECESARIA
¿MILITANTES O GUERRILLERAS?

Ninguna de las mujeres entrevistadas figura con su nombre real. El nombre que eligieron tampoco es el que usaron durante su militancia como "nombre de guerra".

Esta regla general ha tenido cuatro excepciones:
Teresa Meschiatti, "Tina";
Liliana Callizo, "Lili";
Nélida Augier, "Pola";
Graciela Daleo, "Viky".
El nombre genérico de "guerrilleras" fue discutido y rechazado por to-

das las entrevistadas ya que lo consideraron referido a hechos armados exclusivamente. La objeción me pareció razonable, ya que desde el punto de vista semántico la palabra "militante" es más correcta que guerrillero/a, porque involucra todas las actividades. Nadie, sin embargo, vive con el diccionario en la mano. Lo malo de eso, también, es que con la misma ligereza que se habla, generalmente se piensa, y entiendo que frente a esa ligereza las militantes reaccionaran reclamando una mayor precisión en un término que las califica "parcialmente" y no en toda la dimensión de su elección y acción política.

Reconociendo su derecho de entrevistadas voluntarias, libres por lo tanto de elegir la forma en que serían mencionadas, acepté que en sus historias serían llamadas "militantes".

Por otro lado, es interesante señalar que aunque el tema de las acciones armadas no era el punto central que me interesaba, terminó por imponerse como único punto ambiguo de las conversaciones. Quiero decir que el tema se evadía "porque no les había tocado", "porque estaban en otro ámbito", etcétera.

Una primera y elemental observación es que efectivamente y tal como sucede en cualquier partido político, la estructura de las organizaciones político-militares contaba con diversos "frentes" y así como un partido político tiene gente dedicada a prensa que no interviene en manejo de fondos, había militantes que estaban en "Sanidad", "Inteligencia", "Documentación", etcétera, y que nunca participaban en acciones armadas.

Ex jefes de estas organizaciones dicen que en el "frente" militar hubo mayoritariamente hombres. Pocas mujeres lo eligieron, pero según la calificación de sus compañeros, fueron "tan buenas como un hombre".

Consideré en todo momento que saber si me estaban diciendo o no la verdad con respecto a su falta de participación en acciones armadas no era un punto crucial del trabajo. Me bastaba saber que adhirieron a organizaciones que aceptaban, además de las acciones estrictamente militares, los secuestros y atentados como estrategia de la lucha que habían encarado para llegar al poder. Si fueron o no protagonistas directas no impugna la realidad de sus historias de vida porque de todas maneras, aunque efectivamente (las entrevistadas) no hubieran participado de ese tipo de acciones, fueron igualmente perseguidas y/o encarceladas por ese motivo. Lo que definía su peligrosidad, a la hora de la represión, no era lo que concretamente *hubieran hecho,* sino que pertenecían a una organización que *hacía* esas cosas.

Es fundamental recordar asimismo, las palabras del fiscal Strassera durante el juicio a las Juntas Militares: "Aun cuando ellos tuvieran prueba de que todas las personas secuestradas hubieran participado en actos de violencia, la falta de juicio y de sentencia condenatoria impide que la República considere a estas personas como responsables de esos hechos…".

LOS "TONOS" DEL IDIOMA

En la política de los medios *la muerte vende*. Un buen ejemplo es el de la violencia familiar. Todos los días, y lo saben muy bien las seccionales de policía, las guardias de los hospitales, las asistentes sociales y, por supuesto, los involucrados, hay hechos aberrantes que se encuadran en ese rubro. Sin embargo, el tema salta a la noticia, es decir, "a la gente", cuando alguien muere, o mejor aún, cuando alguien *mata* por esa razón. La mujer que mata al marido porque se cansó de ser golpeada sistemáticamente es, por un día o por unas horas, noticia. Y se hablará de la violencia familiar, etcétera. Pero seguramente la recordarán más tarde como "la que mató al marido", no como la que ejerció defensa propia.

Por otro lado, todo aquel que se "sale" de los moldes establecidos produce con su conducta un impacto revulsivo en los que siguen las normas, aun cuando íntimamente puedan estar de acuerdo con la actitud del que se comporta diferente.

¿Y cuánto se sale del molde tradicional una mujer que porta armas, aunque sea porque iba a hacer una pintada? Con admiración, simpatía o rechazo, el rótulo vuelve a surgir: "guerrilleras". Al mismo tiempo, el problema de éste y otros rótulos que la cultura de una época asume como referencia con respecto a una persona o un grupo, es que termina por deshumanizar la figura que lo origina y aquel o aquellos portadores se transforman en un ente abstracto que evoca, según la mirada —y la ideología que anima esa mirada— sentimientos inamovibles y generalmente virulentos. Así, las "guerrilleras" han quedado básicamente como heroínas o delincuentes, y en cualquiera de los dos casos se pierde su dimensión personal. Pero ellas fueron y son personas, con historia propia, miedos y amores. Por esa razón, todas aquellas que aparecen con un nombre ficticio aceptaron brindar fotos de su infancia, cuando el "rótulo" no había surgido y ellas eran, simplemente, niñas como todas, y no imaginaban el destino, a veces muy cruel, que les esperaba, ni la existencia de la canción de Daniel Viglietti que, años más tarde, ellas mismas entonarían.

"Muchacha"
"La muchacha de mirada clara/ cabello corto/ la que salió en los diarios/ no sé su nombre… /pero la nombro: primavera./ Estudiante que faltaba a clase/ yo la recuerdo/ la que dijo la radio/ dijo su sombra, dijo su sombra…/ Pero la

veo: compañera./ Caminante que borra sus pasos/ yo no la olvido/ la que no dijo nada,/ dijo mi patria, dijo mi patria…/ Pero yo digo: guerrillera./ La que sabe todas las esquinas/ parques y plazas/ la que la gente quiere/ aunque no lo digan…/ Pero yo digo: mujer entera./ Pero la nombro: Primavera./ Pero la veo: Compañera./ Pero yo digo: Mujer entera./ Pero yo grito: Guerrillera."

El tiempo que ellas recobraron

Alejandra

Me han dicho que llame a eso de las 13:15.

Mientras espero, compro fichas y doy unas vueltas por Florida. Elijo un teléfono público tranquilo, al fondo de una galería, y disco un poco nerviosa rogando que todo salga bien. Hago varios intentos y da ocupado, así que resuelvo quedarme de guardia al lado del teléfono.

Un matrimonio japonés se acerca. Sonríen cortésmente y esperan, silenciosos pero firmes, que yo abandone mi puesto.

Intento nuevamente. Esta vez sí. Sí, pero nadie contesta. ¡Ay mi Dios, los teléfonos! Por fin atiende un hombre. Grita para hacer oír su voz sobre el ruido de una impresora que parece estar dentro del teléfono. Pregunta si no podría llamar más tarde, que en este momento no la ve a Alejandra. Ruego que la busquen y meto dos fichas más.

Miro la hora que se va inexorablemente. Los japoneses derechitos, pulcros, pacientes, son una piedra en mi conciencia.

Oigo caer la segunda ficha. Una voz de mujer dice hola, pero no grita tan fuerte como su compañero y apenas le entiendo. ¿No paran nunca esa impresora? Le explico atropelladamente que yo soy la persona de la que ya le habrá hablado X. seguramente.

—Algo me contó, sí —dice. No parece muy interesada. Le pido que nos veamos personalmente. Vacila y empieza a enumerar algunos compromisos pendientes para las próximas semanas. Cruzo una mirada desesperada con mis "víctimas" que esperan el teléfono como estatuas.

—Y hoy, ¿no podés?

—Hoy... a ver, esperá que traigo la agenda. —Cae la última ficha.

—Y bueno... podría ser, ¿pero dónde?

—Donde quieras... se me terminaron las fichas —exclamo.

—Ay, me hubieras dicho. Bueno, en un bar que está en Avenida de Mayo esquina Salta, con muchas plantas, ¿te ubicás?

—Sí, llevo una revista Todo es Historia, *¿a qué hora?*

—A las siete. ¿Te queda bien?

Alcanzo a decir que sí, que bueno, y se corta la comunicación.

Hago una sonrisa a los japoneses, les cedo un tubo transpirado por mi mano nerviosa y salgo caminando como sonámbula para la oficina.

Cuando ingresé a la Universidad, todos los estudiantes estaban bastante convulsionados. Hacía tres años que habían matado al Che, y ya había sucedido el Cordobazo. Nos gustaba leer *Mafalda*, oíamos canciones de la guerra civil española, y la guerrilla era algo muy incipiente, que había tenido unas pocas manifestaciones aisladas. Hasta que conocí el ambiente universitario, yo era una "nena buena" que aceptaba tranquila el estilo muy tradicional de su familia.

El día que fui a ver las notas para saber si había aprobado el ingreso, fue también el día que empecé a salir con el que habría de ser mi primer marido. Tenía tres años más que yo y, aunque no era un militante, estaba muy interesado en temas sociales y políticos. Esa diferencia entre su manera de pensar y los muchachos que hasta ese momento había tratado produjo una gran admiración en mí.

El fue el primero que me habló de las ideas del Che, también fue quien me inició sexualmente. Yo era muy tímida, pero hablamos mucho del tema y él consiguió inspirarme mucha confianza. Aun así, cuando pasábamos frente a un hotel, me daba un ataque de pánico pensando que me iba a pedir que entráramos.

En casa no tenían idea del cambio que se estaba operando en mí a nivel intelectual. Solamente veían que yo salía con un muchacho, que volvía tarde. Mamá se enojaba por mis demoras y decía: "¡Por qué te habré mandado a la Universidad!".

UNA MUJER NO TAN IGUAL A UN HOMBRE

Luego de algunas charlas entramos a militar juntos en la agrupación estudiantil de la Organización. Esta primera etapa no implicaba "pertenecer", y era una especie de "filtro", luego del cual uno "promocionaba" o no. Fue a raíz de este "ascenso" que experimenté la primera discriminación por mi condición femenina.

Mi compañero y yo militábamos en un pie de igualdad, haciendo las mismas cosas, y con el mismo grado de compromiso. Sin embargo, a él lo promocionaron primero que a mí. Yo me enteré por casualidad, ya que él, siguiendo las normas de reserva impuestas, no me lo había dicho. Me pareció muy injusto y tuve "el atrevimiento" de preguntar las razones a mi responsable, que era una mujer. Me contestó que por ser hombre era mucho más libre que yo; podía, por ejemplo, dormir fuera de su casa, y por lo tanto se podía contar con él a cualquier hora del día o de la noche. En síntesis, él podía estar a disposición total de la organización y yo no.

Poco después me explicaron que debía aceptar sin discutir las decisiones que se tomaban. Pero no me conformé. Finalmente, fui "promocionada" también.

Cuando Alejandra me comenta sobre su, en principio, frustrado "ascenso", me sorprende observar que encuentra natural el silencio de su compañero sobre el tema, algo que en el ámbito de otras parejas hubiera motivado algún pedido de explicación.

Las normas de la organización en lo que a seguridad se refiere fueron siempre muy rígidas. Esta norma de "tabicamiento" me ha formado de tal manera que, aún hoy, si no me dicen algo, nunca pregunto. Lo que sí pude ver, aunque gradualmente, es que, inevitablemente, la militancia incidió en nuestra pareja. Llegó un momento en que dejamos de hablar de nosotros. Todo estaba relacionado con lo que teníamos que hacer, o los temas que teníamos que estudiar.

Un día que intenté hablar de esto, me contestó que un militante no tenía que tener hijos ni mujer, porque el amor lo aferraba a la vida y la vida había que estar dispuesto a darla por la revolución. Su respuesta me conmocionó, pero no discutí con él, porque me pareció que esas inquietudes mías eran "debilidad política".

Cuando reflexiono ahora sobre nosotros, siento que éramos una especie de pareja "platónica", donde la unión no estaba sellada por nuestro mutuo amor, sino por el amor a la revolución. Había un clima especial, que impregnaba todos nuestros actos y operaba un cambio profundo en nuestras vidas. Nuestra actitud contestataria no se refería solamente a las injusticias sociales. Pretendíamos erradicar también lo frívolo o superfluo, y sobre todo, lo que definíamos como doble moral burguesa.

Recuerdo una canción de Daniel Viglietti que hablaba de una muchacha guerrillera "de mirada clara y cabello corto". Bueno, eso éramos. Desterramos el maquillaje, la peluquería, los tacos altos, la moda. Yo me esforzaba por no abandonarme demasiado y seguía pintándome las uñas, cosa que llamaba mucho la atención de un compañero mío. De todos modos, ir a la Universidad, reuniones de la organización, marchas y otras tareas, nos reducían inexorablemente al "uniforme" de jeans y camisa de hombre, generalmente verde oliva.

En cuanto a la pareja, había normas que eran sagradas, como las relacionadas con la infidelidad que, no en nuestra organización, pero sí en otras, se sancionaba, y podía implicar la pérdida de una categoría alcanzada.

Más allá de las normas impuestas, lo que cuenta es que todo esto había sido "internalizado" por nosotros de tal manera que entrábamos en conflicto a veces por cosas banales, pero que nos parecían signos de frivolidad burguesa.

La vida de cada "célula" estaba "institucionalizada" de tal modo que las acciones privadas de cada uno se discutían entre todos, y en el tema de la pareja las opiniones eran especialmente rígidas. Si A. era la pareja de B. se veía muy mal una separación, y cuando yo lo hice, se discutió cómo era posible que me separara de un compañero tan valioso. El mismo estaba desconcertado, porque le parecía imposible que algo así pudiera suceder.

Sin embargo, a nadie debiera haberle sorprendido que una pareja que está cinco años juntos, pero sólo convive tres meses, termine separándose. Nos casamos legalmente como una concesión a mis padres. Yo me ocupé de todo. Y la mejor síntesis es el comentario que hice a un compañero: "Siento que me estoy casando sola". Por esa época él había pasado del frente estudiantil al frente sindical y prácticamente no nos veíamos. Nos fuimos quince días de luna de miel que fueron la antítesis de esa fantasía de la noche de bodas: la pasión, la ternura. Eramos como un viejo matrimonio y fui sintiéndome cada vez más sola.

Me designaron responsable de un nuevo grupo formado por gente joven que tenía ideas menos rígidas, e inmediatamente me sentí atraída por uno de ellos. Conversando con él descubrí que escuchaba mis dudas "a corazón abierto" y cuando me besó volví a sentirme como una mujer.

Ya era la época de la Triple A y las cosas se ponían peligrosas. Resolví hablar con mi marido.

"Me siento como si fuera una mujer con treinta años de casada, resignada a no vibrar con un beso, a no emocionarme con un abrazo. Necesito sentir esas cosas, y si es posible que muera pronto, quiero sentirlo antes de morir, por eso me voy a separar." "Pero yo te amo", contestó él amargado. Sentí que su confesión llegaba muy tarde.

Creo que mi crisis se había gestado a partir de una violación. Antes de casarnos, un día que volvía tarde (como de costumbre), dos tipos me asaltaron y me violaron. El barrio donde yo vivía era muy solitario, y aunque le había pedido que me acompañara, consideró al miedo como una "debilidad", así que nunca accedió a mi pedido.

Al día siguiente hablé con él y una pareja de compañeros, que propusieron una terapia de apoyo que nunca se concretó. En cuanto a él, herido evidentemente en su machismo, me criticó por no haberme resistido "lo suficiente", proponiendo incluso hacer una batida en la villa cercana (de donde imaginábamos eran mis atacantes), para dar "un escarmiento".

Aunque traté de olvidar el asunto, cada vez que teníamos relaciones sexuales lo evocaba y no podía continuar. El, que se enojaba, nunca comprendió cuánto me había afectado. De mi lado, sentía que a mi problema íntimo y femenino, él respondía con un discurso "proletario-revolucionario".

Por esa época, la renuncia de un compañero a la organización avivó mis conflictos. El dijo que se iba para "poder tirarse abajo de un árbol y mirar el cielo". Me conmovió porque, aunque entendía que la organización estaba primero, tampoco podía aceptar que no hubiera un momento para nosotros. Sentía que nos íbamos transformando en seres muy duros, lo que era paradójico, porque luchábamos para lograr una sociedad donde todos fueran más libres y felices.

Muchos años después hablé con mi ex marido. Había evolucionado y fue una satisfacción que reconociera la legitimidad de mi crisis, admitiendo que su alienación por la militancia había terminado con nuestra relación.

MUJERES DE ACCION

Alejandra enciende un primer cigarrillo mientras el mozo nos sirve.

Estamos reunidas en un bar elegante y silencioso, que hemos elegido para nuestros encuentros. Apuesto que nadie imagina que estamos conversando de cosas que pasaron hace veinte años. Cosas que por momentos dejan pensativa a Alejandra, que, racional y precisa como es, busca las palabras adecuadas, a veces no las encuentra, a veces se cansa, y a veces se pone mal, como hoy, que he tocado la parte de "acciones".

Esto no era un juego ni una diversión. Era necesario. En aquella época no se podía ir a la puerta de una fábrica a volantear tranquilamente, porque la vigilancia armada rápidamente llamaba a la policía o al ejército. Era mucho más seguro poner "cajitas volanteadoras". Eran como "caños" (se armaban con los mismos elementos) pero con menos carga explosiva. En campañas de lucha, o aniversarios como la muerte del Che, se ponían "caños" en instituciones que fueran un símbolo del imperialismo. Para nosotros al menos, fue prioritario no lastimar a nadie. Claro que no todo el mundo tenía el mismo criterio...

La formación militar estaba orientada a prepararnos para actuar más defensiva que ofensivamente. Nunca estuve directamente en un enfrentamiento, o en secuestros. Sólo tuve experiencias colaterales: actividades previas, seguimientos. Por otro lado, las distintas tareas que conformaban una acción, cuando era de envergadura, eran "compartimentadas" entre sí; uno no sabía para qué actividad concreta estaba trabajando. A pesar de lo que se ha comentado muchas veces, no es cierto que uno fuera fríamente, sin miedo y sin nervios, a una acción.

Una vez nos tocó preparar una camioneta para un operativo. Estábamos armados por seguridad, y a mí me dieron un 38 largo que me puse en la cintura. Para subir a la camioneta tenía que levantar muy alta la pierna, pero no podía porque el revólver me trababa. A su vez, mientras yo me esforzaba, uno de los compañeros, tan nuevito como yo, se puso a llorar porque se había olvidado una herramienta que le hacía falta para cambiar la chapa de la camioneta. Así que una actividad de cierto riesgo, para hacer muy en serio, terminó siendo casi un sainete.

Yo nunca dejé de tener miedo. Pero el miedo no me paralizaba. Tenía, esencialmente, "respeto" por la situación. No me parecía un juego de *cowboys* ni algo para salir corriendo. Si en un momento "comprometido" me cruzaba con algún policía, no me ponía a temblar; me acercaba y le preguntaba, muy amable y femeninamente, por una calle o cualquier otra cosa. Me acostumbré a manejar mis emociones. Es una cuestión de autodisciplina.

Las mujeres participábamos, con mayor o menor responsabilidad, en determinadas acciones, pero nunca dirigíamos. Hubo, sí, compañeras en niveles intermedios de la dirección política.

Creo que esto se relaciona, a pesar de la buena voluntad de considerarnos iguales, con que el hombre, generalmente, tiene más fuerza. Y entonces, el hecho cierto es que no arrancamos "como iguales". Además, por una cuestión cultural, se consideraba a la mujer mucho más útil desempeñando ciertas tareas, o acompañando a un hombre, porque es menos sospechosa una pareja que dos hombres juntos.

Se daban así casos que para los celos tradicionales serían insoportables. El típico era pasar la noche con un compañero, que no era "tu" compañero, en un albergue transitorio, para salir de madrugada a volantear en las fábricas. A mí me tocaron las dos posibilidades. En una, yo con otro compañero. Dormimos vestidos, y cuando me desperté él tenía la cabeza apoyada sobre mi hombro.

Otra vez tuve que ir, a la mañana temprano, a encontrarme con el que era mi pareja que salía de pasar la noche con otra compañera, porque ella no podía salir tan temprano de su casa —debía parecer el encuentro casual de una pareja con una amiga—. Para muchas mujeres puede resultar impensable, para mí era parte de la actividad, y no me molestaba porque estaba muy segura del lugar que ocupaba. Quizá lo bueno de esta experiencia es que uno aprendía muchas cosas, como comprobar que dormir con alguien puede significar exactamente eso: dormir con alguien.

Al mismo tiempo, me parece probable que estos "ejercicios" nos asexuaran, ya que el clima militar por un lado reprimía los instintos de todos, y al mismo tiempo, asimilaba las mujeres a un modelo de comportamiento construido desde lo masculino. La máxima sería: cuanto más "soldado", mejor hombre. O dicho de otro modo, la igualdad se basaba en que las mujeres debíamos (¿o queríamos?) parecernos a ellos. Supongo que eso dictó "estilos" masculinos. La racionalidad, el análisis, los cigarrillos negros, la película rusa con debate, el estudio previo de todo. Hoy he perdido algunas de esas cosas, he conservado otras. Pero creo que para todas se trataba de un hermoso desafío: ser mujeres diferentes. Yo nunca quise ser como la Susanita de *Mafalda*. Pero los cambios no son fáciles y van quedando pedazos de una en cada intento. El caso de los chicos es un buen ejemplo. Algunos han dicho que se usaban como "cobertura". Al menos en los casos que conocí no era esa la intención. Lo que pasaba es que había madres que a veces no tenían con quién dejarlos, o estaban en período de lactancia, y los llevaban con ellas a las reuniones. He visto compañeras discutiendo un tema y amamantando el bebé. Eso no está bien, lo sé. Pero así estaban organizadas las cosas. Supongo que eso nacía del perfil de héroes que se esperaba que fuéramos, y también de la época que nos tocó. Más tarde vi en el exterior mujeres militantes en reuniones, mientras sus hijos esperaban en salas aparte, cuidados por otros compañeros. Eso a la Argentina no llegó.

A mí me tocó ir a algunas reuniones con mi bebé mientras lo amamantaba, pero no quise seguir haciéndolo porque noté que se ponía nervioso. Hablé con mi marido y acordamos turnarnos.

Otro acuerdo que hicimos fue el de organizar las actividades para tener los fines de semana libres. Estas actitudes nacían de un nuevo criterio que lentamente surgía en la organización e intentaba ir modificando ese perfil de parejas "espartanas". Claro que no hubo tiempo histórico para concretar los cambios.

De todos modos, y esto lo sabe muy bien cualquier mujer que trabaja, a nosotras siempre nos toca desempeñar un doble o triple rol. Todo implica un mayor esfuerzo. Las organizaciones no fueron una excepción (a pesar de estar luchando por una sociedad distinta). Había un ritmo abrumador de reuniones y actividades que no dejaban espacio para la vida personal. He hablado con muchos compañeros de eso, y todos coincidimos en que ningún trabajador podía soportarlo, porque cuando uno se tiene que levantar a las cinco de la mañana, estar reunidos hasta las dos era un sacrificio desmedido e inútil. Desgraciadamente, no se consideraban esas cosas. Y ahora se me ocurre que si nos hubiéramos detenido a pensar, tal vez habríamos llegado a la conclusión de que, de seguir así, la revolución nos iba a pasar por encima.

LA HUIDA

Me quedé en el país hasta fines del '77. Las cosas se ponían cada vez más difíciles. Comenzaron a caer algunos compañeros, y ya ni había lugares donde reunirse. Desde el punto de vista político estaba de acuerdo en que era importante seguir organizados, pero me parecía que algunas propuestas estaban muy alejadas de la realidad. Sin embargo, el infernal ritmo de las reuniones no dejaba un minuto para pensar.

Después de hablarlo con mi compañero planteamos que nos "abríamos". Yo ya había recibido algunas críticas por una actitud que se consideraba "pacifista", e incluso una mujer llegó a señalarme que en los momentos difíciles el revolucionario debe *creer más que nunca*. Lo que podríamos llamar un acto de fe.

No fue nada fácil tomar la decisión de irnos, pero estaba y sigo estando convencida de que era el momento de parar y analizar lo que se había hecho hasta el momento y, de acuerdo con los resultados, no sólo nuestros sino también de otras organizaciones, plantear los cambios necesarios.

Me despedí en un bar de mi responsable, que era una mujer muy rígida en sus planteos. Teníamos diferencias políticas, y supongo que para ella fue un alivio saber que nos íbamos. Años después supe que había dejado la organización después de la desaparición de su compañero, y que actualmente no quiere oír hablar de política.

Fue una sensación rara dejar la militancia. Durante siete años había sido el centro de mi vida. Perder el ritmo provocó un gran vacío. Nos distanciamos de nuestras relaciones y, dada la época, no podíamos soñar en buscar otras nuevas. Así fue como nos transformamos en una pareja "hacia adentro": los dos solos y el bebé.

Un día "desaparecieron" al hermano de mi marido. Y al poco tiempo, desde la dirección, se nos hizo llegar la sugerencia de "borrarnos" con la "promesa" de documentos para poder salir. Pero yo sabía por algunos compañeros que la "orga" estaba casi destruida, así que me parecía improbable que pudieran conseguir documentos.

Comenzó entonces uno de los períodos más negros de mi vida, con el miedo instalado en nuestra cotidianidad. Sabía que de venir, vendrían a la noche, así que el día lo pasaba más o menos bien, pero cuando empezaba a oscurecer empezaban los fantasmas.

Fueron veintiún días de pesadilla, durante los cuales barajamos todo tipo de posibilidades para poder salir del país. El problema básico radicaba en nuestra falta de dinero y la ignorancia sobre los pasos a seguir. Un día nos llegó la versión de que alguien había logrado escapar llegando al Brasil, donde se había presentado al consulado de Suecia, y resolví que debíamos hacer lo mismo.

La angustia de esas treinta y seis horas antes de la partida ha quedado como uno de los peores recuerdos de mi vida. Desechamos viajar en ómnibus porque nos hablaron de caídas en las terminales. Mi papá nos había vendido un auto, que nosotros pagábamos de a poco. El auto andaba mal, pero era un auto. Mi compañero insinuó que podía irse solo (ya que era su hermano el que había caído), y que yo me quedara con el chiquito en casa de mis padres. Me negué. Eramos una familia y teníamos que seguir juntos. Además, éramos una familia que aumentaba: había quedado embarazada.

La "cobertura" de nuestro viaje era que nos íbamos de vacaciones. Miré la única valija y pensé desesperada qué llevar. En Brasil hacía calor, pero nosotros íbamos, o al menos tratábamos de ir, a Suecia. Había que llevar entonces ropa de abrigo. Turistas de verano con ropa de invierno. Si nos revisaban la valija estábamos listos.

Lo otro eran los recuerdos. Mi compañero me prohibió llevar nada. No obedecí. "Clandestinamente" me llevé unos chupetes de mi hijo y algunas fotos. A último momento, se nos "enganchó" el matrimonio que vivía con nosotros. No había ningún problema con ellos, pero la paranoia pudo más y quisieron irse también.

Cerré la puerta de la casa y subí al auto. Las llaves y la escritura se las dejamos a un amigo de mis viejos. Recién cuando escribí una carta desde Brasil supieron que me había ido. Fue mi manera de protegerlos.

Del viaje por territorio argentino quedaron como imborrables los momentos de terror en los cruces de fronteras provinciales. Pero no pasó nada. Supongo que se veía normal: dos matrimonios y dos chiquitos, de vacaciones.

Dejamos el auto en la frontera con Brasil. Otro desprendimiento más.

Tomamos una balsa para cruzar, y aunque sabíamos que en Brasil habían "levantado" a mucha gente, respiramos aliviados. Una etapa ya estaba cumplida. Dicen que el viaje en balsa fue lindo. Yo me dormí, vencida por la somnolencia que el embarazo me producía.

BRASIL NO ERA UNA FIESTA

La empleada del consulado sueco, que hablaba castellano, nos recibió muy amablemente y al parecer con todo listo para embarcarnos. No lo podíamos creer. Veinte minutos después vino la revelación: ella estaba esperando a una familia que salía ese día. Cuando nos vio llegar con la valija en la mano, pensó que éramos nosotros. Por la ventana nos señaló el paisaje de Río: "¿Ven aquel morro? Bueno, detrás está el ACNUR (Alto Comisionado de las Naciones Unidas para los Refugiados). Ustedes tienen que ir ahí, explicar su caso, pedir asilo, y después el ACNUR nos pasa el caso para evaluarlo. Todo va a estar bien, no se preocupen, serán bienvenidos en Suecia", agregó, compadecida seguramente de nuestra cara de angustia.

En el ACNUR sufrimos uno de los tantos shocks que sufrieron todos los exiliados. Para solicitar la condición de refugiado político había que explicar muy claramente, de puño y letra, las razones por las que habías huido de tu país. Esas razones, además, tenían que ser suficientemente "valederas" como para estar encuadrados en "peligro de vida". Como "jefe" del núcleo familiar, mi compañero escribió la declaración, cargando las tintas sobre la desaparición de su hermano. Primera declaración rechazada. Había que ampliar. Ampliar. Pequeña palabra, gran significado. Ampliar era escribir, con tu letra: yo pertenecía a… y como participé en… tengo miedo que… Si hubiera habido un medidor de adrenalina en la oficina donde los refugiados escribíamos, seguramente hubiera estallado unas cuantas veces. Porque uno está en las Naciones Unidas. La gente te trata bien. Es un organismo para refugiados. Pero… Todos los delirios de persecución se te vienen encima, y uno siente que está escribiendo su condena a muerte.

Después de dos "ampliaciones", el formulario "entró". En la salita de espera había también un matrimonio con un chiquito. Hacía *casi un año* que esperaban para entrar en España. "España demora mucho", nos consolaron, "Suecia anda más rápido. Tómenlo con calma. Hagan vida de turistas. Vayan a CARITAS. Hay un parque grande ahí donde se reúnen los exiliados. Además te dan una pequeña ayuda económica y te tiran una mano para otras cosas que necesites."

Pasamos la noche en un hotel inmundo, encaramos nuestro segundo día en Río y nos instalamos.

Muchas veces he oído decir que "los exiliados la pasaban bárbaro, mientras sus familias sufrían pensando en ellos, o mientras sus compañeros morían". Supongo que si alguien salió con plata, habrá sido más fácil. En cuanto a pasarla bárbaro… La situación era como de "limbo legal". No te podías ir. No podías trabajar. Sólo una credencial que acreditaba que eras "eso". La ayuda de CARITAS alcanzaba para un alojamiento mínimo o para comer algo. Vale decir, o comías o tenías donde dormir. No me estoy quejando, pero esa era la realidad hasta que el ACNUR te reconociera y te otorgara un subsidio. Resolvimos alquilar un departamentito de un ambiente.

Primer problema: una cama para cuatro adultos y dos chicos. Decisión salomónica: por turno, un matrimonio y su hijo en la cama… sin colchón. Colchón en el suelo para el otro matrimonio y su hijo.

"Solucionado" el tema alojamiento, había que vivir y, sobre todo, enfrentar nuestros fantasmas interiores corporizados en mil crisis que nos acompañaron a mi compañero, a mí, a todos, durante años. Esos fantasmas fueron la causa de unas cuantas muertes, "borres" y "rayes" de distinto calibre.

"ME QUIERO VOLVER"

Me quedé helada y miré a mi compañero pensando que bromeaba. Pero era cierto. Acosado por el recuerdo de su hermano desaparecido, había decidido volver "para hacer algo". He pensado después que la fuerza que tuve para retenerlo en ese momento, y mantenerme firme en muchos otros, nacieron de mi condición femenina. Yo era una militante como él, sí. Pero yo era también la mamá de dos chicos. Un bebé que ensuciaba un pañal tras otro (y no eran descartables), y otro instalado en mi vientre. Yo no quería la muerte, yo buscaba desesperadamente la vida para ese pequeño grupo de náufragos que éramos.

Las dudas y los conflictos, yo también los tenía. ¡Cómo no tenerlos después de siete años de militancia persiguiendo el sueño de una sociedad mejor! ¿Era una quebrada? ¿Había traicionado la causa al irme del país? ¿Un militante debe aguantar hasta el fin y si es necesario inmolarse, arrastrando a toda la familia? Esas dudas, que me acompañaron durante muchos años en mi exilio, me atormentaban cada hora que pasaba en Río descubriendo en el parque de CARITAS que no éramos los únicos, y que muchos de los que habían calificado a los que se iban como "traidores" ya estaban instalados en "las europas"…

En el largo y naturalmente enredado relato de Alejandra, el nombre de CARITAS aparecía una y otra vez. No pude menos que reflexionar sobre la paradoja implícita en el hecho de que gente habitualmente cuestionadora de este tipo de organizaciones de beneficencia viviera la experiencia de ser ayudada por ellas.

Yo también pensé en eso algunas veces. Pero, tal vez porque había empezado a revisar algunos conceptos de mi ideología, a mí no me molestó tener que recurrir a CARITAS. Ellos tuvieron una actitud muy fiel con su concepto de ayudar al que lo necesita, y sin preguntar nada, ayudaron y me ayudaron en todo lo que estuvo a su alcance. Y no sólo ellos. Cerca había una iglesia, adonde íbamos una vez por semana, en la que nos entregaban víveres. La actitud fue irreprochable, de mucha solidaridad. Por eso, aunque mantengo mis críticas a la Iglesia, como institución, reconozco que dentro de ella hay sectores más amplios y solidarios (la Iglesia de Brasil es un ejemplo típico) que mantienen muy buenas relaciones con sectores que trabajan para la comunidad. No obstante, aunque yo no sufrí como un conflicto el tener que pedir ayuda, hubo otros que tuvieron actitudes soberbias y críticas tanto hacia las instituciones como hacia los países que nos daban asilo.

RUMBO AL NORTE

Tres meses después de nuestra llegada al Brasil partíamos hacia Suecia. Eché una última mirada desde el avión. Otra etapa de este largo viaje se cumplía con su secuela de pérdidas, duelos y revelaciones. Empecé a darme cuenta de que la tan mentada solidaridad revolucionaria no significaba para todos lo mismo. Habíamos compartido los días de racionamiento (antes de obtener el subsidio del ACNUR) con la otra pareja que había escapado con nosotros: un huevo por día para cada uno de los bebés y uno para mí (por el embarazo). Pero algunas caretas comenzaron a caerse... Cuando el hermano del compañero llegó con plata desde Buenos Aires, lo festejaron yendo a comer *galetto* a un restaurante. No fuimos invitados. Luego los perdimos de vista porque alquilaron un departamento, para ellos solos, en Copacabana.

Cerré los ojos. Dentro de mi vientre, mi hijo seguía creciendo. Y lentamente, yo también crecía.

La música funcional está pasando temas de melodías famosas. Se oye "Ojos negros". Nos miramos y sonreímos al mismo tiempo. La melodía, dulce y melancólica, nos viene "justo" para recordar el exilio en Suecia.

Para los ojos de un argentino, Suecia es un país que, desde el punto de vista de la seguridad social, te sorprende a cada rato. Hay momentos en que uno dice "no puede ser, estoy soñando", y siempre te queda la pregunta: ¿por qué no podemos tener esto nosotros?

Los exiliados éramos recibidos por un grupo de intérpretes. Nos conducían luego a un "campamento", generalmente en un pueblo pequeño. El "campamento", en nuestro caso, era un gran hotel, donde encontrábamos gente de todas partes del mundo. Latinoamericanos la mayoría. Pero también había coreanos, africanos, etcétera. Los intérpretes te ayudaban en todo. Había gente para actividades recreativas, para llevarnos a comprar ropa, para explicarnos qué podías estudiar, para la atención médica si la necesitábamos. De noche quedaba siempre alguien de guardia para atender las urgencias que pudieran surgir.

Una noche, la urgencia fue mi hijo que llegaba. En Suecia cada nacimiento es un acontecimiento, porque ellos tienen un índice de natalidad muy bajo. Eramos como veinte en la sala de partos, además de mi marido y el intérprete, que era un colombiano. Con cada contracción, yo apretaba la mano de mi marido. De pronto, mi marido "abandonó" mi mano en la de él. Alcancé a ver cómo se lo llevaban a la rastra, vencido por la impresión del parto inminente. Mi hijo, concebido en la Argentina, nació finalmente aquella noche en Suecia entre el alborozo de estudiantes, médicos, enfermeras y el colombiano, que me apretaba la mano.

La legislación sueca de entonces otorgaba a la madre seis meses de licencia (ahora es de un año), que se podía compartir con el padre. Y si habías trabajado antes, durante ese período cobrabas el noventa y cinco por ciento del salario. Aunque por mi condición de refugiada no trabajaba, recibí de todos modos un subsidio de unos cien dólares mensuales.

Los refugiados, por su desconocimiento del idioma, trabajaban en cosas menores, como limpieza de oficinas, colegios, etcétera, pero las facilidades para estudiar eran muchas. Para aprender sueco nos daban un subsidio de doscientos cincuenta dólares. Si pasábamos todos los cursos y llegábamos a la Universidad, nos concedían un préstamo, que había que devolver una vez recibidos.

Estos y otros beneficios nos permitieron alquilar un departamento muy lindo en Estocolmo y dejar el campamento. Por primera vez yo podía estar tranquila en casa con mi bebé y mi hijo de dos años (que ya había vivido en tres países). Desde ese punto de vista, era perfecto y siempre he estado muy agradecida a Suecia, por la forma en que recibieron a los exiliados; pero estar "seguro" y con tus necesidades cubiertas no es todo. La "tranquilidad" me daba tiempo para pensar, observar y analizar. Ese trabajo, necesario y doloroso, fue el causante de un progresivo vacío que se fue apoderando de mí.

LOS QUE CRUZARON DE NOCHE EL OCEANO

"Cruzaron el océano de noche" era un modo irónico de definir, entre los exiliados, a los que no se habían dado cuenta de que ya no estábamos en la Argentina, que aquí no había guerrilla, y que las "orgas" (algunas pervivieron en el exilio) ya no medían nuestra importancia y nuestro nivel. Uno valía como persona, y no por los "galones" que se adjudicara.

Eramos un grupo de refugiados que conservábamos, en su mayoría, el pensamiento revolucionario, pero también éramos hombres y mujeres desesperados por las ausencias, las muertes, y por esta sensación extraña de "transitoriedad". Suspendidos entre un pasado que perdíamos todos los días y un presente que no terminábamos de asimilar, caíamos en crisis que desnudaban, a veces, lo peor de cada uno: nuestra fragilidad, nuestra impotencia o nuestra inmadurez.

Durante mi huida, había imaginado que sería bueno, interesante, usar ese tiempo para analizar lo que había pasado. Me parecía que había que aprovechar esta circunstancia excepcional del exilio, que reunía a gente de todo el mundo, y en el caso particular de los argentinos, a miembros de todas las "orgas". Pero no fue así. La primera desilusión fue comprobar que el sectarismo seguía marcando diferencias entre unos y otros. La cosa llegó a tener niveles paroxísticos en el "Comité Argentino".

Este organismo había nacido para impulsar la solidaridad con la situación de gente que había quedado en la Argentina. Parientes, gente que quería salir, etcétera. Los temas se discutían y después se votaba. Todos éramos refugiados políticos, ergo, todos éramos iguales. Pero un día, la gente del ERP y de Montoneros plantearon, siguiendo con ese criterio de considerarse la "vanguardia" del movimiento revolucionario en Argentina (¡a esa altura!), que ellos, por ser de organizaciones "más importantes", tenían derecho a lo que podríamos llamar "un voto calificado". Se armó un lío terrible. Lo otro, del mismo estilo, era querer mantener "el grado". Entonces, en una discusión cualquiera, venía uno a decirte que te callaras, porque él/ella, como "responsable" o "jefe" de tal cosa, tenía más autoridad que vos. El clima "íntimo" de cada casa era también una bomba de tiempo.

Podías visitar a alguien y lo encontrabas muy bien, pero a la vez siguiente había caído en una depresión brutal; o surgían discusiones eternas. Que si estaba mal o bien hablar en la tortura, haberse ido, quedarse, volver, etcétera. Horas enteras, para salir amargados y peor que nunca. Para colmo de males, surgió un rumor acerca de que había "servicios" buscando gente. La paranoia se generalizó. Todos desconfiaban de todos. Entonces llegaba a Suecia alguien que se había salvado, y los demás lo evitaban porque a lo mejor era "colaborador".

Veinte años después puede parecer ridículo. Pero los fantasmas eran poderosos y los delirios aumentaban porque los métodos para exorcizarlos no eran los más apropiados.

Un día fuimos con mi marido y los chicos a casa de unos amigos. Había un grupo grande. Entre ellos, un antiguo "responsable". Ya no recuerdo por qué empezó la discusión, pero no me olvido del susto cuando el "responsable" hizo volar el termo del mate en dirección a otro "compañero". Algunas astillas se incrustaron en la cabeza de mi bebé, que andaba gateando. Resolví "abrirme" definitivamente de todo eso.

LO PUBLICO Y LO PRIVADO

Me quedé en casa entonces y lo disfruté, pero el encierro y la exclusividad del trato con mi esposo nos transformó en un núcleo cerrado que paulatinamente comenzó a asfixiarme. Comenzamos a reproducir entre nosotros un ambiente de "célula" en el que nos cuestionábamos hasta los menores detalles. Comprendí que tenía que salir del encierro y vivir en un país más cercano a mi idioma, a mi cultura, a mi forma de expresar el afecto. Después de muchas discusiones con mi esposo, llegamos a un acuerdo y nos fuimos a México. Ya no era Europa. Era Latinoamérica, con toda la carga de esperanza que eso significaba. Como dirían los uruguayos: nos íbamos acercando un poco más al "paisito". La primera impresión que tuve no fue buena. La ciudad me parecía sucia, inmersa en ese esmog que opacaba el paisaje. Mi recuerdo del aire puro de Suecia chocaba con las paredes ennegrecidas de esta ciudad sin árboles. Paradójicamente, a pesar de esta "opacidad" que rechazaba, el recuerdo que mi memoria ha guardado para siempre está ligado al color y al brillo, porque seguramente lo que mi subjetividad conservó es el "color" que mi vida recuperaba. Me adapté rápidamente. Para evitar ese cruce de "rayes" que ya había conocido en Suecia, trataba lo menos posible con la colonia argentina. En muy poco tiempo tenía amigos mexicanos, hablaba como ellos, y hasta había conseguido un trabajo. Vivíamos en una casa como cuidadores. Era muy linda, grande, con un parque enorme. Los chicos estaban contentos. El que no estaba bien era mi compañero. Fue casi por azar que encontré trabajo antes que él. Yo estaba feliz. La gente me trataba muy bien. Conocí a mujeres del movimiento feminista y me integré a un grupo. Este clima nuevo y luminoso tenía su contrapartida en casa, donde la situación era cada vez más sombría. Supongo que él no pudo soportar la experiencia de ser un "amo de casa". Se generaban peleas inexplicables. Me acusaba de abandonarlo, de descuidar a los chicos y comenzó a salir con otra mujer. Intenté tolerarlo. Desde hacía tiempo él venía sosteniendo la legitimidad de tener "relaciones circunstanciales" fuera de la pareja. Reconozco que, si bien se lo discutía, no estaba segura de mi actitud. Pero un día no pude más.

Así como la recuerdo, la pelea ahora me parece cómica. Los términos en discusión no eran el amor ni el odio. Como si se hubiera tratado de una situación política, él recurrió a los clásicos del marxismo para justificar su actitud y criticar la mía: que los celos eran una desviación pequeñoburguesa, que me faltaba coherencia intelectual para reconocer que yo era su verdadera compañera y que la otra era sólo un pasatiempo. Que estaba perdiendo la perspectiva revolucionaria, todo mezclado... Nos separamos.

Mientras tanto, mi relación con el feminismo me ayudaba a descubrir cosas de mi interior como mujer, largamente postergado y sometido al *deber ser* de la militancia política. Nunca antes me había puesto a pensar *qué sentía*. Siempre había estado primero *lo que pensaba*.

Las feministas decían que ningún partido político tomaba en consideración la problemática particular que vivíamos las mujeres militantes. Pasando revista a mi vida me sentía absolutamente de acuerdo. Hoy podría agregar que en realidad ningún partido político ha contemplado *jamás* la problemática de sus militantes (hombres y mujeres) como personas. Pero esa reflexión vino mucho tiempo después.

Por primera vez empecé a cuestionar mi incapacidad para tomar decisiones independientemente de su coherencia con una supuesta ética revolucionaria. Esta incapacidad iba del brazo con la dependencia que había mantenido con los hombres que habían sido mis parejas. No era fácil, pero crecía. Ya no había organización política. Ni para bien, ni para mal. Tenía que tomar las decisiones sola. Tardé muchos años en darle nombre a la profunda sensación de orfandad que me acompañó en esos años de análisis donde, lenta y dolorosamente, me reconstruía.

EL PRECIO DE LA LIBERTAD

"Los chicos van a volver a la Argentina y no van a saber más de tu existencia." Parecía la letra de un bolero, pero era la decisión que mi ex marido, padre de mis hijos y antiguo compañero de militancia, me estaba comunicando.

Su actitud respondía a la intención de sancionarme "moralmente" por la libertad que yo descubría a partir de nuestra separación y que él consideraba "inaceptable".

El, que no trabajaba, se había quedado con la casa y vivía con los chicos porque yo no ganaba plata suficiente para alquilar un departamento y tenerlos conmigo. El acuerdo fue que yo me los llevaría los fines de semana, además de pasarle plata para tener una niñera.

¿Por qué tomaba de pronto esta actitud, inadmisible en alguien con quien había compartido ideas, convicciones éticas y amor? ¿Eso era el machismo? Su "moral militante" le alcanzaba para lavar platos o cambiar pañales. Incluso para recriminarme "por mi bien", y de paso mantenerme dos escalones más abajo, porque yo era "insegura y excesivamente dependiente de él". Es evidente, sin embargo, que esta situación lo hacía sentir muy cómodo en su papel superior de eterno jefe mío. Algunos amigos comunes intervinieron y él desistió de su actitud. De todos modos sus planes eran irse, pero a Europa. Más tarde lo hizo y yo me quedé con los chicos. Tardé bastante en reponerme del shock que me causó la idea de que me sacaban a mis hijos y la nueva luz bajo la cual veía ahora a mi ex compañero. Otra pieza de mi rompecabezas buscaba su ubicación en el conjunto.

En 1983 algunos compañeros comenzaron a volver, y como otros, yo también empecé a soñar con el regreso. Un día me llamaron por teléfono. Eran mis padres. Mamá me había escrito algunas veces pero hacía siete años que no oía sus voces. Mi papá, que era el que estaba más distanciado, también me saludó. Me emocioné muchísimo y me puse a llorar. Dos meses después, cuando ya organizaba el regreso, papá murió. Ese día medí la magnitud de mi soledad. A miles de kilómetros de mi familia, sólo tenía a dos chiquitos de tres y cinco años para compartir mi dolor.

EZEIZA: REENCUENTRO Y DESPUES

Lo que más me sorprendió fue lo envejecida que estaba mamá. Lo que más me dolió fue la ausencia de papá, notoria por la presencia de un hermano suyo, eterno compinche, que parecía algo desamparado sin esa otra mitad que era mi viejo. En la casa de mamá, donde permanecí dos meses hasta instalarme (¡otra vez volver a empezar!), me esperaban mis abuelos, tíos, algunos primos. Mi llegada coincidió con una época de festejos familiares que favorecieron el progresivo reencuentro con todos los parientes. Pero había algo extraño y desagradable en esas reuniones.

Algunos comentarios elípticos, algunas miradas y un pacto de silencio generalizado acerca de las razones de mi partida tornaban sin sentido las conversaciones, en las que todo el mundo hacía preguntas sobre los países *donde* había estado pero nadie mencionaba *por qué había estado*.

Solamente una prima, en medio de una fiesta, me llevó aparte para decirme que le dolía mucho todo lo que me había pasado y que entendía además que lo había hecho por un ideal.

Recuerdo que me puse a llorar. Yo necesitaba hablar de todo lo vivido. Compartirlo. Supongo que todavía había mucho miedo, y por eso ellos callaban. Había perdido muchas cosas. Volvía con las manos vacías y sin laureles. Tenía que recomenzar de cero.

Mis hijos, como siempre, eran el cable a tierra que, yo sabía, me iba a dar fuerzas para vencer esta nueva etapa. Ya no se trataría de perseguir victorias. Empezaba a entender que desde el llano también se construye. Había partido como una militante "orgánica". Volvía como una militante "de la vida". Si no supimos llegar con nuestra propuesta a la gente, es hora de que nos pongamos a pensar por qué. Cuando el pueblo siente válida una propuesta, la aprueba y se juega por ella. Sé también que no sería la misma si no hubiera vivido el exilio. El contacto con otros pueblos y otras culturas me hizo bien, pero, sobre todo, he pasado por esa prueba terrible que es estar sin país, sin familia y sin afectos, solo frente a uno mismo. Los que no lo superaron, los que "cambiaron" tanto que se han vuelto irreconocibles, es porque sin el "tabicamiento" como excusa se hizo palpable su verdadera vida. Mi experiencia me dice que las mujeres resistimos mejor el impacto de la derrota. ¿La pulsión de vida que llevamos dentro nos prepara mejor que a los varones para seguir adelante? ¿Estamos más acostumbradas al trabajo gris e invisible, y por eso ambicionamos menos el brillo de los grandes escenarios? No estoy segura de la respuesta. Pero al menos en lo que a mí respecta creo que hubo algo de todo eso.

Los principios que me llevaron hacia una actividad política siguen intactos. Sigo creyendo en la ética y la justicia. Sigo creyendo que la pobreza es una bofetada en el rostro de la democracia. Pero los años no pasan en vano, y me siento orgullosa de haber madurado en medio de todas las adversidades.

Teresa Meschiatti
("Tina")

"Aquí está la clave de colores para el gráfico. Haga uno bien prolijo, para que tiremos las copias de ahí."

Contemplo el gráfico. Tiene unas veinte columnas, muy delgadas.

Bueno, será cuestión de ir despacio. Tomo el primer lápiz fibra y comienzo. ¡Malas noticias!, el papel es de trama abierta, y la tinta se corre. Miro la manchita que se expande sin que yo pueda impedirlo. Menos mal que empecé lejos del borde. Son las 17:15.

Recomienzo con la delicadeza y la tensión de un desactivador de bombas. Espero que el acto en el San Martín elegido como punto de encuentro sea suficientemente largo y pueda encontrarme con Tina al final. ¿Y si al no encontrarnos a las siete, se va? Columna cuatro. Amarillo ocre. Mejor no pienso.

19:40 entro a la Sala E pidiendo permiso y sorteando a la gente amontonada. Un orador de la mesa redonda está hablando ya. No le presto atención. Apoyada contra una columna reviso, uno por uno, los rostros de las mujeres presentes. ¿Cómo será Tina?

Trato, sin éxito, de "sincronizar" la voz que escuché en esos casetes que fui recibiendo del exterior con alguno de los rostros que distingo en la semipenumbra de la sala. Miro hacia la mesa de invitados. No todo está perdido. El que va a presentarnos toma notas sentado en uno de los extremos.

Cuando los aplausos terminan corro hacia la mesa, pero otros llegan antes. Espero mi turno mientras la inquietud crece porque no veo acercarse a ninguna mujer.

—¿Está Tina?

Mi amigo sonríe y señala detrás de mí.

Me doy vuelta.

La voz de los casetes ya tiene una cara.

El verdadero nombre de Tina es Teresa Meschiatti. Para ella no hubo bares, ni citas arregladas cada vez, ni el estímulo de la discusión, sólo casetes que llegaron espaciadamente a mi domicilio, en los que partiendo de un cuestionario que le envié, desgranó sus recuerdos. En la grabación su voz subía y bajaba, a veces, hasta hacerse casi inaudible. También se oían ruidos familia-

res, una radio, largos silencios y, a veces, el inconfundible acento de un sollozo o un suspiro.

Yo estoy segura de que para ella fue duro grabarlos. No sé si ella imaginará lo duro que fue para mí escucharlos a tantos kilómetros de distancia.

LA INICIACION

Vivo en Suiza y fui militante del peronismo montonero. No estoy de acuerdo con el término "guerrillera" porque está ligado a un problema de armas. No es la única práctica que tuve en nueve años de militancia. Prefiero la palabra "militante", porque da una idea más completa y acabada de todas las actividades que una persona puede hacer dentro de una organización revolucionaria. "Militante" tiene además una proyección de continuidad en el tiempo. Aunque ya no pertenezca a una organización, ni haga tareas de guerrillera, me considero militante haciendo denuncias.

La lucha armada no es como un colectivo que pasa, y que uno lo espera.

Quizá sea un poco al revés, es decir, hay una situación revolucionaria, de auge de las masas, y uno puede sentir un llamado a participar en eso, o quedarse afuera. En la Argentina fue masivo el despertar de los jóvenes para meterse, al menos, en la ebullición. Hay un poema que dice: "afuera la patria está por reventar, afuera me están llamando y voy…". A mí me pasó lo mismo.

Yo nací en el tiempo justo. Tuve mi infancia en la época de Perón, mi adolescencia y mi primera juventud en épocas de Illia. Después vino lo que fue la liberación de Cuba y el Cordobazo. Viví en un barrio peronista, en una casa que nos dio Evita. Fuimos con mamá a la cancha de River, ella le entregó una carta y nos dio una casa hermosa, sin ser, ni mi madre ni mi padre, militantes peronistas. Ella era obrera en Pirelli y hacía guantes, y para fabricar esos guantes se utilizaba talco. El talco se pegaba en la nariz y en la boca, y nadie, nadie más que Perón les dio la posibilidad de hacer una media hora de pausa para sentarse y tomar un vaso de leche. Ese sentimiento de agradecimiento es el que los llevó, junto con muchos otros, a la Plaza de Mayo el 17 de octubre de 1945 para pedir la libertad de Perón, que estaba preso.

Hice la escuela secundaria en un período cercano a los '59/'60. En esa época primaba en mí la idea del "hombre nuevo", y me puse a trabajar en las villas de emergencia del Bajo Flores, dictando clases a los chicos en iglesias que facilitaba EMAUS.

Esa década del '60 al '70 es una década rica, plena de acontecimientos. Es la revolución cubana, la penetración imperialista en Santo Domingo, es Medellín, curas obreros como Camilo Torres, que toma las armas y se va a la montaña a luchar por el pueblo. La muerte del Che en Bolivia, y en la Argentina, Onganía y Alvaro Alsogaray con su pasar el invierno, el Cordobazo... Son muchos sucesos que, unidos, permiten a toda una generación ponerse alerta y luchar por la liberación de la patria.

En el año '67 yo trabajaba como fotógrafa para una revista. Intentaba mostrar con mis fotos la injusticia de la pobreza, pero a través de un amigo llegué a querer combatirla uniéndome al grupo inicial de lo que se llamaría Fuerzas Armadas Revolucionarias (FAR). La organización era de origen marxista y planeaba unirse a las huestes del Che que luchaban en Bolivia. Recuerdo siempre las palabras de un compañero de trabajo que, frente a la muerte del Che, me dijo: "Muerto el perro, se acabó la rabia". ¡Qué gran contradicción! Para nosotros, la lucha comenzó en esa etapa.

El 31 de julio de 1970 las FAR asumen públicamente su nombre en el operativo de la toma del pueblo de Garín.

Hasta ese momento mi formación era, más que práctica militar, resistencia física. Caminábamos muchos kilómetros los fines de semana porque nos entrenábamos para la lucha rural. Más tarde comprendimos que los núcleos revolucionarios estaban en las grandes ciudades, junto a la clase obrera, potencialmente combativa y con una historia de lucha muy importante.

Paulatinamente fuimos acercándonos al peronismo y definiéndonos como tales. Finalmente resolvimos asumir plenamente la lucha urbana en todos los terrenos.

Bertolt Brecht, que yo leí en ese año '67 cuando empecé a militar, fue otro elemento importante en la decisión de mi militancia. Yo me inspiré en dos parábolas que siguen vigentes para mí: "La cólera provocada por la injusticia" y "Sobre la ascensión a las altas montañas".

En la primera dice: "tener furor contra la injusticia es algo más que la simple condenación de la injusticia", y es lo que a mí me hizo cambiar. Porque no sirve condenar, hay que tener furor, tiene que ser algo que te mueva.

La otra parábola es muy hermosa. Habla de un hombre que quiere subir una montaña altísima, y después de haber atravesado dificultades enormes ha podido llegar muy alto, retrocediendo y buscando nuevos senderos. Esto le hace perder mucho tiempo y no sabe si este camino que ha tomado le va a permitir llegar a la cima. Mientras continúa su lucha esperanzado, los que están abajo sienten una alegría maligna al señalarlo con el dedo y decir: "Miren, no va a llegar...". Por suerte él no puede oírlos porque le daría náusea, y con náusea uno no puede tener la cabeza calma y los pies seguros en esas alturas... Esto quiere decir que yo, entre estar abajo y mirar cómo los otros subían, preferí subir la montaña.

LA MILITANCIA

Yo haría dos divisiones en mi práctica. Una que va del '67 al '73 y otra que va del '73 al '76, cuando fui secuestrada.

La primera etapa, a grandes, muy grandes rasgos, es la que yo llamaría la "revolución romántica". En ese momento hay pérdidas de compañeros, hay tortura, hay secuestros, pero hay también la claridad en el objetivo que fue: Perón vuelve. Y se logró. Era una época de intensa actividad militante. La vida con los "cumpas" era plena y para mí eran hermanos de sangre.

Mi práctica era muy profunda, pero no meditada. Yo podía, yo hacía... vivía de esa manera, sin reflexionar.

Ahora pienso que eso no era positivo porque si bien mi dedicación y mi entrega eran totales, mi aporte a la construcción teórica era prácticamente nulo. No hacía críticas y consideraba que todo lo que se decía y todo lo que se escribía era correcto. Y lo asumía plenamente. Así fue desde que entré a la organización y corté con todo: familia, Universidad, amigos...

Las relaciones con los compañeros eran el marco de la lucha. No hubiéramos podido concebir una pareja fuera de la militancia. Con respecto a los hijos era aún más conflictivo. Yo formaba parte de ese grupo de gente que pensaba que no había que tenerlos, aunque el pueblo tenía hijos y hubo compañeros que en esa primera etapa también los tuvieron.

Un día mi compañero analizó mi plan semanal de trabajo. Desde las 7:00 hasta las 24:00 todo era hacer cosas, y en ese plan nunca había lugar ni para la reflexión, ni para él. Es para pensar, esto... De cualquier manera, había un conflicto entre hijos y militancia, porque los hijos estaban en el terreno de la lucha misma. Este fue un tema que quedó muy atravesado, al menos en mí...

En la segunda etapa, que va del '73 al '76, hay otros elementos que entraron en juego: la vuelta de Perón; la confrontación con él; la lucha entre la derecha y la izquierda del peronismo, que fue sangrienta; el retroceso acelerado después de la muerte del Viejo; la ascensión del sector más reaccionario del peronismo, que asume el poder para destruir y sienta las bases para la dictadura militar. A partir de ahí fue el derrumbe y la destrucción que me tocó vivir en carne propia.

LA CARCEL – LA TORTURA – LA DECISION DEL EXILIO

Una cosa que yo hice bastante correcta, a mi modo de ver, es que cuando decidí tener un hijo también decidí parar para dedicarle a mi hijo un tiempo que fue muy profundo, muy necesario para el desarrollo de su personalidad y de la mía. A principios del '76 nos trasladan a Córdoba y durante muchos meses yo me quedo como madre. Desgraciadamente duró muy poco. En Córdoba la situación era terrible. Al poco tiempo se declara el golpe de Estado y la represión es muy violenta. Nosotros éramos un grupo que estaba en retirada, que trataba de recomponerse momento a momento. Por donde nos tocaban nos destruían. Llegamos a Córdoba en febrero, el golpe de Estado fue el 24 de marzo. La situación de violencia y terror que había en Córdoba era indescriptible. Todo el mundo conocía a alguien que había sido secuestrado.

Durante los cinco primeros meses me ocupé de mi hijo y después intenté hacer una militancia de "medio tiempo" para tratar de conservar ese rol de madre. La vida de familia, en esa situación tan difícil, era muy profunda porque el único lugar seguro era la casa de uno. De cualquier manera, cuando llegué a Córdoba me dijeron "todo es cuestión de tiempo", y el compañero "responsable" dijo: "Te damos seis meses de vida útil". No se equivocó. Llegué en febrero, caí en septiembre.

Yo nunca pensé que me iban a agarrar. Es un tema que uno trata de no hacer consciente. Y no se puede hacer otra cosa porque no se puede vivir pensando que a uno lo van a matar o lo van a secuestrar. Recuerdo que por primera vez en mi vida tenía una casa muy linda, con un patio muy grande. La casa era vieja, tipo "chorizo", con las piezas una detrás de la otra. El primero que llegaba encendía las estufas. El clima era acogedor, cálido. Empecé a mirar cómo crecían los brotes de las plantas. Teníamos un perro, un gato, y nos amábamos a pesar de la retirada. Era maravilloso. Quizás eso posibilitó el ser fuerte frente a la tortura.

A mí me secuestró en la calle el comando Libertadores de América, del Tercer Cuerpo de Ejército. Era de cajón que me iba a pasar eso porque no quisimos dejar la organización, aun sabiendo que para los que se quedaban era la muerte o el secuestro. Muy pocos se salvaron. La gran mayoría terminó en La Perla.

Caí el 25 de septiembre de 1976. Me liberaron el 28 de diciembre de 1978. Para mí el campo de concentración fue una explosión en mi cerebro. Yo, *todavía*, estoy juntando los pedazos, tratando de recomponer todo lo que sucedió.

Aquí hubo un largo silencio y pensé por un momento que terminaba ahí. Avancé la cinta. No terminaba, ella se había quedado callada. Cuando siguió, la voz tenía una entonación extraña. Recuerdo que experimenté una tensión insoportable a medida que escuchaba las palabras lentas y cortadas por pausas.

A mí me torturaron cinco hombres. Yo… nunca más volví a ser la misma. No quiero tocar ese tema ahora… Voy a tocarlo después. No hay palabras para poder explicar lo que es un campo de concentración. La tortura es un juego donde se establece claramente quién gana y quién pierde. Yo gané: no les di la información que querían, no revelé la dirección de mi casa. Pero ellos me ganaron en algo. Ese es un tema que estoy tratando ahora de vencer, es mi condición femenina. Cuando me secuestraron mi hijo tenía diez meses. Hacía poco que había dejado de amamantar. Tenía los pechos pesados y medio caídos. Más que la tortura en sí, que es física, el problema es cuando a uno lo violentan. Me dejaron desnuda en una pieza, con la cara tapada. En el medio había unas, no sé, diez, doce personas, que hablaban, cuchicheaban. Fue muy denigrante no poder verles la cara. No poder evitar su mirada. Mientras me torturaban decían: "No te afeitaste los pelos…". Es cierto, no estaba depilada, y me dolió más eso, que me tocaran en mi dignidad femenina, que la tortura en sí, que fue durísima. Todavía conservo las marcas, quemaduras de tercer grado. Pero fue mucho más doloroso que me denigraran como mujer.

A pesar de todo, creo que tuve mucha suerte dentro del campo. No sólo porque pude sobrevivir sin demasiadas cosas en mi conciencia, sino porque mis compañeros me ayudaron muchísimo.

Cuando salí del campo a fines del '78 quedé en una especie de libertad vigilada en Córdoba. Viví en Cosquín durante casi un año. Estaba muy destruida. Iba de lunes a viernes a La Perla y los fines de semana iba a mi casa. Lo único que podía hacer era mirar las montañas. No podía hacer otra cosa.

Con mi hijo fue difícil porque al principio tenía miedo de mí. Él tenía diez meses cuando me secuestraron. Diez días después mi compañero lo llevó con mis padres. Me contaron que lloraba muchísimo. En el momento que se ponía de pie y empezaba a caminar perdió los padres, porque yo estaba desaparecida y a su papá lo mataron al poco tiempo. Cuando salí de La Perla él tenía dos años. Nos reconocimos, aunque yo había dejado un bebé y me encontré con un niño que hablaba y caminaba. Estaba muy nerviosa en ese primer encuentro. Recuerdo la mirada de mi hijo reconociéndome. Pero no quería acercarse a mí. Él sufrió mucho y para restablecer nuestro vínculo fueron años de terapia y charlas, por cosas que quedaron en su inconsciente. Hoy es un joven completamente normal y el psicólogo opina que fueron decisivos esos primeros diez meses juntos y el amamantamiento.

Un día decidí exiliarme. Lo hice porque tenía miedo de que los militares me obligaran a reconocer compañeros, cosa que yo estaba decidida a no hacer. Así que sin decir nada, un día de febrero de 1980 nos fuimos al Brasil, de ahí a España donde nos quedamos muy poco, para llegar finalmente a Ginebra. Ahí vivía una persona que yo conocía, pedí el refugio político, me lo otorgaron y me quedé.

No sé si mido exactamente mis palabras, pero a veces pienso que el exilio ha sido tan difícil como el campo. Porque si bien allí era el destino incierto, la muerte, o la tortura, estábamos todos juntos y sentía una protección que perdí cuando llegué a Suiza.

EL EXILIO

Al principio fue muy duro, me he sentido muy aislada, muy sola, pero aprendí a luchar y a defenderme. Cuando era joven me sentía libre, pero no independiente. Hoy es al revés. Soy mucho menos libre porque tengo el alma con media suela, como dice Serrat, pero soy independiente. No puedo quejarme de mi vida en Suiza. Trabajo con refugiados. Los comprendo, uno se da cuenta enseguida cuando la gente viene de situaciones extremas. Yo pienso que los otros también se dieron cuenta cuando me vieron. Pero el exilio no son rosas. Conozco exiliados que están reducidos a la miseria. No me quejo sin embargo. En la casa hablamos el castellano. Mi hijo aprendió solo a leerlo y escribirlo. Estamos bien. Desde hace tres o cuatro años hago una terapia con una psicoanalista de origen argentino. Tengo con ella un diálogo muy profundo y muy rico. Eso me permite adentrarme en mi personalidad, para enfrentarme a mis conflictos que no son todos del campo, algunos vienen de antes. Yo no critico, ni echo la culpa. Pero para militar como militaba, tenía que tener una concepción muy dura que era no tener hijos. Eso me significó siete abortos. Los siete abortos se quedaron impregnados en mi piel, en mi sangre y en mi estómago. Esos conflictos, junto a otros que son anteriores, más los del campo, hicieron que en el exilio yo llegara al fondo de mi depresión. Una profunda depresión de la cual hoy estoy saliendo.

Yo siempre enfrenté la vida, pero ahora lo hago con más ganas y más alegría. Trabajo en la asociación de inquilinos de mi edificio y me han elegido presidenta. También doy lo mejor de mí en el trabajo de asistente social. Pienso que soy una madre bastante "cool", como dicen los chicos. Todo pasa por mí. Soy cabeza de familia. No he podido hacer una pareja otra vez. Recién ahora estoy digiriendo la pérdida de mi "cumpa". Eran muy lindas sus palabras. Yo me acuerdo que él decía: "El que esté vivo tiene que seguir". Es diferente cuando uno lo tiene que hacer en la práctica. Sobre todo porque cuando yo salí del campo de concentración, mis hermanos, gente que yo amé, con los que yo compartí los mejores años de mi vida, no está. *No está más.*

Sin embargo, uno tiene que elegir dónde pone el objetivo. Si lo pone en el pasado o si lo pone en el futuro. Yo creo que no hay que olvidar el pasado, pero el objetivo está adelante. Lucho por la adaptación, porque no me gusta ser marginal. Pero aunque lucho para vencer el desarraigo, es costoso y lo vivo con altos y bajos.

LAS HUELLAS DE LA TORTURA

Fue en el '76. Ya pasaron quince años *(este testimonio es de 1991),* y la gran cuestión para los sobrevivientes es: ¿cómo hacer para que el pasado sea definitivamente pasado sin sacarlo de la conciencia?

Durante mucho tiempo no pude decir que había intentado suicidarme tomando agua podrida. El solo hecho de pensarlo me daba una náusea tan profunda que el problema era cómo hacer para no vomitar. Hoy estoy mejor preparada frente a ese hecho. Tampoco he perdido capacidad sexual. El problema es en otros terrenos que, te vuelvo a decir, no lo tengo para nada desculado y no puedo, ni quiero, tener relaciones sexuales por el momento. Yo sé que no está bien. Es una parte mía que está muy destruida la que está relacionada con la dignidad. Esa vejación... el llegar hasta el fondo, es... morir... es morir. La tortura no es solamente física. Es psíquica. Barreiro, nuestro jefe en el campo, decía que no le importaba dejarnos con vida, lo que le importaba era no dejarnos pensar. También decía: "No importa que no estén muertos, después van a tener que vivir la vida de todos los días y eso es lo más difícil". Hizo bien "su trabajo".

Cuando no tenés más nada, la desesperanza te pone al borde del suicidio psíquico. La desesperanza y locura de un campo quedan impregnadas en las células. Son esas huellas las que me han limitado en mi capacidad amorosa. El vapuleo, el manoseo, hizo que reprimiera conductas y gestos que recién ahora estoy tratando de recuperar. A eso hay que agregar que a mí me quedó muy vivo lo de mi "cumpa", y no me resigno a sacármelo completamente de la cabeza. Hay otros sobrevivientes que han podido tener nuevas parejas o recuperar las viejas. Lo que tampoco ha sido nada simple.

Por eso, cuando me preguntás en qué nos ganaron y en qué les ganamos, sé que en mi caso les gané porque no les di la información y no me pasé. No pudieron hacerme pensar que su ideología es mejor que la mía, que nosotros éramos los demonios y ellos los salvadores de la patria. Pero nada es gratuito. Ellos también ganaron. Mi estómago ha quedado con un gran asco de toda esa etapa, como si dentro de mí hubiera unas células malignas que todavía debo extirpar. La parte más importante de mi vida incluye nueve años de militancia, el campo de concentración, el exilio, la vida en Ginebra. Mi juventud pasó dentro de la organización, y es muy difícil volver a vivir cuando todo lo que amaste ya no existe. Algunas cosas tengo hechas. El problema son los cinco minutos de desesperanza y cuando digo: "Me ganaron". Son esos cinco minutos.

EL TESTIMONIO Y LA MEMORIA

Todo lo que hemos vivido en los campos de concentración ya lo hemos testimoniado. Nombres de militares, grados... Hemos dicho todo lo que sabíamos de los compañeros que pasaron por La Perla. Cuando llegó Alfonsín al gobierno en 1983, la campaña fue dirigida a la Argentina y participamos en todo lo que fue la CONADEP y el juzgamiento a los militares.

No ha sido fácil. Cuando los sobrevivientes de los campos empezaron a hablar, aceptar que los hijos estuvieran muertos, más que difícil, era imposible. Se produjo entonces un torbellino de rechazo. Fuimos señalados, dejados de lado, tratados de traidores y fantasmas. No hubo solidaridad para nosotros. Nuestras listas no fueron tocadas, nuestros testimonios quedaron en el fondo de un cajón.

Creo que la gente tenía miedo. Eramos la conciencia de aquello que se quedó en el país luchando, que por eso le tocó el campo de concentración, y miedo también por el proyecto destruido.

En ese caos de sospechas, se hablaba de un plan militar. Mi actitud fue ir a una reunión que hubo en el año '80. Dije: "Aquí estoy, yo soy tal, vivo en tal lado. Yo no creo que con nosotros en La Perla haya habido un plan mágico. Nos escapamos. Tal vez el plan haya existido y quizá yo no lo conozca. Por eso, el que quiera hablar del tema, que venga". Salvo unos pocos que me apoyaron, nadie apareció. Por supuesto, al salvarnos fuimos unos privilegiados, pero no denunciamos a nadie. Si así hubiera sido, ¿para qué íbamos a testimoniar? Nos hubiéramos quedado en casa cuidando a nuestros hijos. ¿Qué se puede hacer con una persona que sigue pensando que yo estoy viva porque negocié la vida de mi compañero? En realidad, esa gente me da pena porque nunca han tenido valentía más que para defender sus propiedades. Allá ellos. Entonces me quedé muy sola y preferí seguir por mi cuenta. Junto con otros cuatro sobrevivientes, apoyados por organismos suizos, nos metimos en una campaña para buscar a esos familiares que habían quedado en la Argentina y quizá necesitaban algo de nosotros. Así seguimos luchando desde hace once años.

Lo más sano de este grupo es que cada uno vive su vida. Hubiéramos podido quedarnos juntos y seguir hablando del tema hasta el infinito. Cada uno tiene sus propios amigos, amores y broncas. Nos vemos de vez en cuando, porque hay que seguir viviendo una vida normal, aunque es difícil.

De todas maneras, lo importante es sentir que uno hace algo por los otros. En marzo pasado estuvimos en Roma junto con Piero Di Monte para testimoniar por los italianos desaparecidos en la Argentina. En esta lucha que llevamos adelante por la memoria, yo me daría por satisfecha si cada nombre de desaparecido fuera el nombre de una unidad básica donde la gente se organizara por sus derechos. Me daría una gran alegría, tanta como la que siento cuando recuerdo a mis compañeros. Los siento vivos. Vivos en mí. Y me hace bien que alguien se interese, que no los olviden.

EL ROL DE LA MUJER EN LAS ORGANIZACIONES

Al principio, en la época rural, nosotros todos los domingos nos entrenábamos caminando muchos kilómetros. Todos los domingos, durante años. Pero no estaba decidido que la mujer participara en la lucha rural. Posiblemente iba a hacer una tarea de enlace. En esa época nuestro primer jefe escribió un artículo que se llamaba "Los hombres del Che". Entonces hicimos una de nuestras primeras críticas, que circuló como un chiste: "¿Y las mujeres qué?", preguntamos.

Yo hacía todo lo que hacían los hombres, y si en una práctica alguna compañera no podía con los ejercicios "masculinos", me ponía del lado de ellos. Aunque en ese momento no me diera cuenta, era un concepto machista, surgido tal vez de la adoración que sentía por compañeros como Petrus, Iñaqui... No me sentía como un hombre, me gustaban los hombres. Digamos que uno o dos me gustaban como mujer y al resto los quería como hermanos de sangre.

Dentro de nuestra organización, que era cerrada y militarista, lo que definía el mando era el coraje y la decisión de llevar adelante muchas tareas. Había muchas mujeres que tenían ese rol. Yo creo que la mujer debe estar al lado del hombre, como las que lucharon al lado de nuestros patriotas en el siglo pasado. Esto se dio plenamente con mi "cumpa", que era un tipo adorable. Le hice un poema que decía que era sencillo, noble y de buena madera. Como él conocí muchos otros que no eran machistas. Sin embargo, el machismo existe en todas las sociedades y nuestra organización no fue una excepción. Mi compañero era un tipo que podía jugar con todos los niños. En una fiesta los bañó a todos. El encendía las estufas, ponía música. Arriba de nuestra cama había una estantería con flores que siempre me traía. Era muy lindo y no estoy idealizando.

El máximo de amor que le pude dar es ser torturada en forma muy salvaje y no darles la dirección donde estaba. No lo pudieron agarrar por mí. Cuando uno puede decir "que me hagan mierda pero no van a sacar nada…". Eso les dije a los milicos: la familia no se entrega. No la entregué.

De todos modos, el punto máximo de conflicto para la condición femenina creo que es el tema de los hijos. Eso estuvo atravesado y va seguir así. Al menos en mi caso. La entrega era total y no había lugar seguro para ellos, porque tenés que andar armada y tener armas en tu casa. Si había un operativo, las posibilidades de salvarse eran muy limitadas y no había solución. Si los tenías, vivías con una puntada en el corazón. Yo al principio los aborté, pero cuando decidí aceptar el embarazo, de militante *full time* pasé a ser mamá *full time* en sus primeros meses. Uno cambia cuando tiene un hijo, al darle la vida pasás a temer por su vida futura. No hubo una respuesta única para este dilema y tampoco la hubo desde la organización. No se puede tener un hijo y dejarlo con los abuelos. Los hijos son frágiles, te necesitan, no sabés qué hacer, porque también sabíamos que, de caer, mujeres embarazadas o niños eran el punto del chantaje: "Si no hablás…". Yo, honestamente, no sé qué hubiera hecho en ese momento. Sé de un compañero que no habló, aunque torturaron a su hijo, otro creo que mató a toda la familia, no sé, no puedo juzgar, creo que no habría sido capaz…

Tampoco terminó el tema con el fin de la guerrilla, porque todos los chicos que se han criado sin padre, madre, o ambos, están cortados, les falta algo. Han sufrido las consecuencias de la represión, del exilio y relacionan a la Argentina con la violencia. Así arribamos a un resultado doloroso: no se sienten argentinos.

En aquellos años también nos preocupaba pensar si nuestros hijos seguirían el mismo camino. He visto chicos muy jovencitos hacer la revolución. No me parece bien. La guerra es para los grandes. Hubo adolescentes que empezaron la lucha sin haber vivido, y luego murieron en los campos de concentración sin haber sabido lo que era el amor. Es terrible.

AQUELLOS SUEÑOS Y LA ACTUAL REALIDAD ARGENTINA

Aquellos sueños… muchos se destruyeron, se rompieron, porque quizás eran idealizados…

La idea del "hombre nuevo", por ejemplo, es un concepto muy lindo. Yo no sé si existe ese tipo de hombre… Sí sé que existe gente capaz de dar su vida por los otros. He tenido compañeros así. Tal vez no eran "hombres nuevos", en todo caso era gente que estaba en la construcción de algo diferente. Algo que sigue siendo correcto, con métodos que pueden no ser los mismos. Haber perdido esa batalla fue terrible porque se perdió una generación que era la mejor. No lo digo con un sentido elitista, hablo de su entrega desinteresada a un proyecto que superaba largamente sus fuerzas.

A una compañera del campo, los militares le preguntaron si volvería a hacer lo mismo en caso de nacer nuevamente. Ella, sin vacilar, contestó que sí, sabiendo que esa respuesta podía significar la diferencia entre la vida y la muerte.

Si hoy me preguntaran a mí, diría lo mismo. Es lo primero que me sale. Es como el amor, se piensa después. Pero si reflexiono, hay cosas que no las volvería a hacer.

Pienso que había una extrema juventud en nuestra historia. A comienzos de los años '60, el método era la guerrilla. Nosotros creíamos que así se podía sembrar la semilla para una verdadera revolución. Después pasaron muchas cosas en el mundo. Tal vez hubo muchos errores que llevaron a la derrota, pero algo muy importante es que la gente está harta de destrucción. Yo siempre le tuve miedo a la violencia. Aunque siempre pude distinguir una violencia justa de una injusta. Hay violencias necesarias porque el imperialismo jamás va a regalar lo que tiene. Pero habrá que ir con las masas. En caso contrario, es imposible. Ya se ha visto en tantas oportunidades... Además, entre el '60, cuando se inició la guerrilla, y el '90, pasaron treinta años... El tiempo histórico ha cambiado.

Por otro lado, le tengo miedo a la violencia ciega. Ese terrorismo que pone una bomba en una estación de tren, o que puede matar a un policía porque pertenece a ese bando. No me gusta, no creo que sea correcta, y en última instancia no conduce a nada. Evidentemente, la liberación no pasa por ahí. Esos conflictos, que siempre tuve en mis épocas de militancia, me dejaron con una espina en el corazón. Pensar que nosotros estuvimos encerrados en el lugar reservado para los tipos más peligrosos del país, aunque amábamos profundamente la vida y perseguíamos un sueño que muchos, antes que nosotros, también persiguieron...

"...Desgraciadamente nosotros/ que queríamos preparar el camino para la amabilidad,/ no pudimos ser amables,/ pero vosotros, cuando lleguen,/ los tiempos en que el hombre,/ sea amigo del hombre,/ pensad en nosotros con indulgencia."

El fragmento pertenece a *Los hombres futuros* de Bertolt Brecht y me parece la mejor definición de lo que nos pasó en ese intento de cambio.

Con respecto a la realidad argentina de hoy, no puedo hablar porque no vivo en el país. Me entero de algunas cosas que pasan. De todos modos cada vez que he viajado me he sentido muy triste al ver la pobreza, la suciedad, el deterioro general. Me parece que las condiciones por las cuales nosotros empezamos a luchar están intactas. Lo que nos movió a nosotros sigue estando. Sólo hay que saberlo ver. Incluso creo que está peor que antes, eso lo dicen las estadísticas que hablan de miles de personas que están por debajo del umbral de la pobreza.

Parece afortunadamente que la gente no quiere más a los militares...

Hay también el problema de lo que pasó con el socialismo en la Unión Soviética... Todo eso hay que analizarlo.

LA CRITICA DE UNA CARTA

Estoy tomando mate como habitualmente lo hago. Tu carta plantea que "tu recuerdo sin embargo aparece en líneas generales muy puro en el sentido de tonalidad. ¿No es acaso normal que la acción va permanentemente acompañada de una discusión interior mayor o menor, según los casos? A mí me sorprende que vos parecés no haber tenido una duda, un conflicto...".

Yo he sido siempre una militante de negros y blancos. Yo no lo cuestionaba. Viéndolo desde ahora, me doy cuenta que era muy dura, muy rígida, muy como nosotros le decíamos, saludo uno, saludo dos. Y hasta el fondo. Haciendo un poco de humor negro, dije una vez que a mí me hacía falta el campo de concentración para poder entender que existían los grises. Hay un libro muy interesante, muy terrible, de un tipo que se hizo llamar Fritz Zorn, que murió a los 33 años de un cáncer en la garganta. El libro en francés se llama *Mars*. Su nombre verdadero es Angst, que quiere decir miedo en alemán, y él lo cambió por el seudónimo Zorn, cólera. Dice que tiene un cáncer porque son las lágrimas que nunca pudo llorar. El da una definición que la tomo como mía. "Mi vida es el infierno, yo lo sé. Y veo ese hecho sin hacer ninguna maniobra de camuflaje. Yo estoy ahora en el campo de concentración y mi parte de herencia está matándome con gas..." "...Pero yo puedo elegir si, mientras me asfixian, gritaré 'Heil Hitler' o 'asesinos'." "...Me demolieron, me destruyeron, me castraron, me violentaron, me envenenaron y me mataron pero es ahí, en esta libertad individual que es la mía, que yo me distingo de la cabeza de un ganado. Es ahí donde yo llego a tener una cierta dignidad humana." Yo quedé como él: envilecida, castrada, destruida, demolida, violentada, envenenada y muerta, pero estoy... Necesité llegar al fondo para poder dar ese golpe con mis piernas y salir a encontrar ese margen de libertad por encima de todas las miserias. Yo sé que la acción va acompañada de una discusión interior. Ahora, creo que es muy adolescente ese sentimiento de que todo se puede...

Yo comienzo a militar por una contradicción. Tal cual yo lo conozco a mi mundo burgués, no me satisface. No hay una comprensión que pasa por la cabeza sino que pasa por el estómago y es la que me convence y me tiro a la pileta. Una persona me dijo una vez que me recordaba entrando como un gran caballo. Y yo era así. Era un gran caballo. No miraba para atrás, ni para adelante, nada. Iba y hacía. No me preocupaba si eso que se hacía era necesario o no era necesario. Iba y lo hacía. Porque respetaba a mis responsables y aceptaba sus órdenes. Nunca tuve necesidad de matar, y hoy te digo que no sería capaz. Aborté muchas veces, siete veces, porque jamás hubiera tenido un hijo antes que se diera la posibilidad en la organización, que fue después del '73. Fijáte la contradicción, tampoco me cuidaba... Toda esa parte tan negada en mí. Esa parte de decir, bueno, no importa, si es necesario abortar, voy y aborto. Pero eso que arrancás de tu seno, que lo castrás, llega un momento en que hace crisis, que sale. Eso es lo que pasó conmigo. Cuando empezó la ola de muertos reales, a veces muy próximos, más los siete abortos, empecé a quedarme sin habla. Ya embarazada, en el '75, durante una evaluación me puse a llorar y pedí un psicólogo. Pero era tanta la angustia, que no podía explicar... Más tarde, ya en Suiza y recién después de dos terapias me di cuenta que necesitaba reencontrarme con mi dignidad. Entonces sí, estoy de acuerdo, la acción va acompañada de una discusión interior, pero ahora, a mis 48 años, estoy empezando a hacer esa comprensión.

Es muy difícil explicar los sentimientos que se experimentan durante la reconstrucción de una vida... Hay unos versos de León Felipe que lo definen bien:

"Ahora estoy aquí solo,/ en este pueblo de Avila,/ escondido,/ pensando que no está aquí,/ mi sitio,/ que no está aquí tampoco,/ mi albergue definitivo".

Yo también tengo el corazón muy solo, no sé si éste será mi albergue definitivo, pero estoy viva y voy a seguir luchando, en un plano de apertura y de reencuentro. Me sostengo en mi hijo y la imagen de mi compañero, que era, como te dije, un tipo extraordinario. En las fiestas podía bañar a todos los bebés, sabía cocinar, encendía las estufas, ponía una música hermosa...

Frida

La bauticé mentalmente apenas la vi por su parecido con Frida Kahlo.
Teníamos poco tiempo. Ella estaba de paso por Buenos Aires y partía esa noche de regreso a su provincia.
Frida es un torbellino de gracia y observaciones agudas que su humor provinciano volvió por momentos desopilantes.
Lamenté mucho no tener otra oportunidad para conversar más profunda y seriamente con ella, ya que, aclaro, su relato no es insustancial ni frívolo. Tiene humor, que es muy diferente.
Ella, que perteneció al PRT/ERP, vive ahora con su marido y sus hijos, trabaja en su profesión, se ve feliz, no habló de rencores y no creo que los tenga. Estoy segura en cambio de que su paso por una organización le sirvió para meditar sobre muchas cosas y, sobre todo, no le hizo perder su amor a la vida.

Yo era una chica de la clase media acomodada, no tanto económicamente sino intelectualmente, y con un padre que era peronista, que había sido ministro, candidato a gobernador y, en fin, que estaba en la política desde siempre.

Por mi educación y por el medio en que me movía, yo debería haber tenido una vida como la de una íntima amiga de la adolescencia. Ella se casó con el noviecito que le correspondía en el momento que le correspondía, tiene ahora seis chicos, el marido es un profesional de éxito, ella igual, etcétera.

Yo también tendría que haberme casado con mi noviecito, que lo tuve desde los once hasta los dieciocho años, pero a los dieciocho hizo un crac que coincidió con mi ingreso a la Universidad. Eso no fue casualidad... doy por sentado que esto tiene que ver con la memoria acumulada de uno. Yo iba a los actos políticos de las campañas con mi padre. Mamé política. Tenía la mitad de mi familia radical y la otra mitad peronista, entonces siempre me tocó tener a mi padre preso o a mi tío preso, y no estoy exagerando. El día de mi primera comunión, un 24 de diciembre, mi viejo estaba escondido en la casa de una gente amiga porque lo estaban buscando. No se quiso perder la reunión así que vino... saltando por arriba de los techos.

La fiesta era en la casa de mi abuela, estábamos todos reunidos después de la misa del gallo y de pronto, papá, que llegaba saltando por unos techos de chapa. Yo tenía ocho años, y sin duda, esa vivencia, junto con el debate cotidiano en la casa nacido de la sensibilidad social y política de la familia, forma parte de lo que nutrió mi formación política.

Cuando entré en la facultad empecé a ir a las marchas contra Onganía. También conocí a un cordobés trosko y me puse de novia con él. Este cordobés trosko, muy seductor, decía: "Lo único que yo quiero ganar para la revolución es a vos". ¿Puede haber algo más tierno y romántico? Creo que no. Era justo lo que a mujeres de nuestra formación nos llegaba. Estuve a punto de casarme con este cordobés revolucionario, quien realmente terminó de motivarme para abrir los ojos, la cabeza, los oídos y buscar entender.

"Bueno, nosotros vamos a hacer una pareja revolucionaria porque vamos a unir en nuestro amor, el amor a la humanidad y si va mal, nos separamos. En cuanto a los hijos, hay que ver si vamos a tener porque primero está la militancia." Este planteo/definición se produjo en una charla de él con mi papá, quien le había pedido su definición de la pareja revolucionaria que formaríamos. Yo era una nena y el planteo resultaba temerario. Todo el mundo empezó a presionar, y al final no me casé, aunque era un ser maravilloso.

El amor volvió a aparecer con Jorge, que sería el padre de mis hijos. Un militante puño en alto también; por supuesto, yo ya no me podía enamorar de otro hombre que no fuera un militante puño en alto. Buscar un hombre que compartiera mis ideas era la prueba de que yo había elegido mi camino. Era una mina militante por mí misma.

Mi militancia se desarrolló en Tucumán. Para el '68 ya había armado mi agrupación en la facultad. Yo, que tenía mis simpatías por la gente del PRT, buscaba el contacto, y mientras se desarrollaban las discusiones con ellos porque no estaba decidida a integrarme en una célula, me enamoré de este militante que pertenecía a la organización. Finalmente acepté las condiciones pero mis sentimientos seguían con mi gente de la facultad. Esa era mi situación cuando se produjo el Tucumanazo. Nos atrincheramos en los techos del comedor estudiantil para batallar contra la cana que quería tomarlo, tirándoles de todo: tejas, piedras, lo que encontrábamos, y de pronto ellos se quedaron sin gases y empezaron a devolvernos nuestros propios proyectiles. En medio de esa pelea yo recibí un tejazo acá *(me dice mientras se aparta la mata de pelo)* y los compañeros empezaron a gritar que había una estudiante herida. Entonces pasó algo increíble: la gente de los edificios vecinos nos tiraba bolsitas de nylon con algodón, gasa, botellitas de plástico con alcohol, una cosa hermosa... Yo estaba muy feliz por esa reacción solidaria pero, tardíamente, recordé que mi clandestinidad como integrante de una célula era incompatible con un hecho tan público. Imaginé —y no me equivoqué— que en el partido me criticarían. Yo entendía lo de la seguridad, pero qué querés que te diga, me venció mi compromiso con el estudiantado del cual yo era dirigente, no podía dejar de estar en ese frente de batalla. Aunque la sanción no pasó de un reto, fue el primer signo de alerta que sentí frente a la estructura.

Al cabo de un tiempo nos tuvimos que ir a Buenos Aires clandestinamente porque ya nos perseguían en Tucumán.

Buenos Aires no fue bueno para mí. Me obligaron a dejar mi tono tucumano, a no decir más "changuito", por ejemplo. Me costaba una barbaridad porque yo decía: "Ese changuito, le va a pasar algo" y no, había que decir "los chicos", no me salía...

Recluida en un departamento con dos bebés yo, que había sido militante de primera línea, que había armado mis propias cosas, que había jugado mis propios papeles, me encontré lavando pañales mientras mi compañero se iba a la mañana y volvía a la noche porque tenía cita tras cita y numerosas actividades. Hasta que yo dije: "Basta", y contraté una *baby sitter*. Salían en *La Opinión*: "*Baby sitter* María Angélica". Nunca me olvidaré este nombre. Repodrida como estaba, cacé un público, porque, por supuesto, no tenía teléfono, y pregunté cuánto salía la visita de María Angélica. Lo más curioso es que llegó una rubia despampanante. Yo me sentí una piltrafa humana, con mi vaquerito... Se quedó todo el día. Cuando volví y supe que se podía quedar a la noche la contraté cuarenta y ocho horas. Me fui a andar un poco, a respirar, me dije: "Hago algo o esto no se destraba". Inevitablemente, se produjo el cuestionamiento: que era una actitud "pequeñoburguesa". Entonces llamé a una reunión de responsables. Vinieron. Entre ellos el responsable máximo, que ya murió. Eran todos hombres, y todos me cuestionaban. El Flaco, mi compañero, que tenía bigotes, se atusaba los bigotes, nervioso, y se acomodaba los anteojos a cada rato. En un momento dado ofrece un café y se va para adentro, a la cocinita miserable que teníamos ahí. Pero enseguida vuelve y me pregunta: "¿Dónde está el azúcar?". Yo miré a los compañeros que habían venido a "juzgar" mi actitud y dije: "Creo que el problema ya está planteado, porque si en una casa donde hay dos bebés con los padres, uno de los dos adultos no sabe dónde está el azúcar, está muy claro que el debate acá no es conmigo sino con el compañero que no sabe dónde está el azúcar en su casa".

No sé si estuve inteligente o intuitiva, pero fue increíble porque este comentario mío ocasionó una catarsis colectiva de los compañeros que habían venido. El responsable fue el que hizo la catarsis mayor y empezó a hablar de los conflictos con su compañera.

Para mí es una anécdota inolvidable, muy gráfica, que reflejó ese problema irresuelto de nuestra condición femenina y el machismo que se filtraba en cuestionamientos de este tipo, amparado en algunos casos de compañeras que habían llegado a la militancia por sus maridos. Era típico entonces que asumieran el rol de sostenedoras de la militancia de ellos. Pero yo había llegado como muchas otras, por mi propia decisión y mi trabajo, y si el compañero no se hacía cargo de su parte en la casa, uno sentía con mucha claridad que se quitaban espacios a la libertad de acción de cada uno. De a poco una empezaba a quedar segregada, preparando la comida para las reuniones. En mi caso esto sucedió cuando nos tuvimos que ir de Tucumán, porque ahí yo tenía mi familia que me daba apoyo para criar los chicos, y además era el medio donde yo tenía un reconocimiento propio. Pero cuando me fui, y encima tuve que encerrarme por la cuestión de la clandestinidad, con toda la carga de miedo e inseguridad que implicaba, más todos los cuestionamientos de la moral revolucionaria, cómo no me iba a poner mal...

De ninguna manera pienso que había una perversión por parte de los compañeros; hacían lo que podían pero no la veían ni cuadrada. Y no podían actuar de otra manera por su formación machista ancestral. Además, para ellos era más fácil no luchar contra eso, total, ellos no eran mujeres. Así de simple.

Después de esa reunión, que fue realmente magnífica, no sólo cambiaron mis circunstancias, sino el manejo de esa célula. Esto le pasó a mi compañero por jodido, y se estableció que no era posible que él me dijera que había que hacer turnos, y que después yo tuviera que ir a las citas cargando los chicos, y él fuera muy suelto de cuerpo. Pero ves, esta chiquitez, esta cosa cotidiana fue difícil, fue dura. También en otros aspectos, como la primera etapa del exilio, cuando la gente recibió la orden de salir, y empezaron a caer un montón de parejas en Brasil. Los hombres se iban porque los hombres partían primero a las escuelas de cuadros en Italia o donde fuera, y quedaban las mujeres con los chicos, todas muy jovencitas, casi te diría libradas a la buena de Dios.

Hubo un caso de una compañera que quedó sola con su bebé, que se llamaba Pablito. Ella tenía veintiún años, era preciosa, le decíamos Clarita. Se ubicó en la casa de una familia brasileña a trabajar; pasaron como seis meses y ella no tenía una noticia de su compañero, que había partido a Europa. Entonces inició una relación con un brasileño, lo que me pareció lógico, natural, normal, en una mujer sola que está pasando por un proceso de tanta inseguridad, de tanto dolor, con un bebé en brazos. Inmediatamente vino el juicio moral: que no podía ser militante, que era... te imaginás, toda esta moralina estructurada que frente a un problema caía como un hachazo sobre las compañeras (no era igual con los compañeros), y en donde encima, las responsables mujeres eran las más duras.

Yo tuve una pelea muy fuerte por su caso, con una responsable en San Pablo, y defendí a muerte la situación de Clarita. Me parecía una aberración que hiciesen un cuestionamiento sobre una decisión de la vida individual y afectiva de cada uno, sobre todo dadas las condiciones, y que esto significara una degradación y la bajaran de militante a simpatizante.

La actitud del PRT en asuntos de este tipo era victoriana... Yo creo que había como un exceso de búsqueda de una moral distinta a lo que era la moral corrupta burguesa. Entonces, por supuesto que en el camino de esta búsqueda estuvieron los bandazos y éstos eran los bandazos, que se expresaban con mucha mayor claridad cuando se trataba de las mujeres.

Ahora, por otro lado, te puedo contar otras cosas que también tienen que ver con este mismo campo, pero con otra cara, que es la paternalista y protectora. Cuando yo empecé a vivir con mi compañero, al nacer nuestro primer hijo tuvo esa reacción y tuvimos muchas peleas porque cuando había una acción no quería que yo participara. Creo que era un grado de amor protector. Es decir que en esa circunstancia se erigía en macho que se jugaba, y me cuidaba. Quizá me cuidaba porque teníamos un hijo. Pero me protegió y se las ingenió, diría desde su inconsciente, para justificar con razones más o menos convincentes su negativa a que yo me expusiera. Ahora puedo analizarlo, en ese momento a mí me daba mucha bronca...

Creo que fue la primera pausa y mientras me preparaba para la segunda etapa le pregunté por esta historia de sus amores "puño en alto". Y allá fuimos nuevamente por la corriente de sus recuerdos.

Nos separamos en Europa en el final del exilio, como tantas otras parejas. Pero en mi caso fue porque me enamoré de otro hombre. No lo amaba ya, pero lo sigo queriendo profundamente. Además hemos pasado tantas cosas juntos que tenemos un gran pedazo de vida en común. El no ha vuelto a la Argentina.

A mi compañero actual lo conocí en Europa, pero como él vivía en Ecuador, un día me le aparecí con mis dos hijos de la mano. Bien de mina, eso de tirarse a la pileta. Yo creo que los hombres son más miedosos, y lo que más les asusta de nosotras es que somos capaces de vencer los miedos.

Pero mirá, una cosa muy clara es que las compañeras tuvimos vidas muy duras y eso se ha ignorado.

Recuerdo una noche que nos fueron a buscar en Tucumán.

Prácticamente no dormíamos. O yo no dormía, te diría. Me pasaba las noches espiando por las celosías.

Una noche vi que pasaba una camioneta con un tipo y atrás un Ford Falcon despacito. La segunda vez que pasaron, lo desperté al Flaco. El se fue con un arma al techo y yo me fui al teléfono. Llamé a un familiar y le dije: "Me parece que nos buscan". En ese momento empezó a sonar el timbre. Volví a espiar y había un tipo apostado detrás de un árbol. Yo pensé que caíamos porque no teníamos capacidad de fuego para defendernos.

A los chicos los teníamos siempre en una habitación del fondo. Era una casa muy vieja, tipo chorizo. Entonces a este pariente le dije: "Andá vos por la avenida, si podemos salir de alguna manera, recogénos". Pero no les abrimos y ellos no entraron. Fue el azar, esa ruleta rusa que le tocó, vaya a saber por qué, a cada uno. Después nos enteramos de que hubo un informante infiltrado, que tenía certeza de la cuadra, pero no de la casa. Como ellos no entraron, nosotros pudimos salir por el fondo. Ese fue para mí el momento de mayor miedo porque yo sentía que ahí perdía seguro y mi miedo fue, te diría que fundamentalmente, por los chicos. Yo tenía claro que el compromiso de militar implicaba la conciencia de que te podía pasar algo en cualquier momento. A pesar del miedo también, y gracias a mi rebeldía, nunca se me cruzó por la cabeza, como a otros, no tener hijos. Todo lo contrario. Yo siempre decía que mis hijos eran los que me volvían a la realidad y creo que son los que me impidieron rayarme o dispararme equivocadamente. Son los que me permitieron en algún momento formular críticas, y poder cortar cuando tuve que cortar. También, cuando tuve que salir del país, los que me dieron fuerzas para ir enfrentando cada momento. Yo estuve siempre con mis hijos: Tucumán - Buenos Aires - Brasil - Europa - América latina de nuevo... Me hicieron tan feliz que me arrepiento de no haber tenido más hijos.

Son unos chicos divinos. Mi relación con ellos es muy fuerte. Los amé desde el momento que los tuve en la panza... esto me parece que es intransferible. Lo que sí reflexioné muchas veces es que a lo mejor yo tendría que haber pautado mi vida distinta en el momento que los tuve. Ahora que son grandes, por primera vez tienen una casa que es de nosotros, acá tenemos las cositas que yo las vivía trasladando de lugar en lugar del mundo, digamos, pavaditas, la cajita, el caballito... Hablamos mucho y a veces me han dicho: "Nunca hemos tenido un compañero desde la escuela primaria como otros chicos". Estos son los reproches que te duelen porque es la opción de vida que uno les hizo tener. Yo tengo, desde el día que me fui de la casa de mis padres hasta que me fui de la Argentina, ¡treinta y seis cambios de casa en el lapso de tres años y medio...! Yo ponía las cosas en las sábanas, anudaba las puntas y partíamos. Fue muy terrible eso. Además eran casas donde vos no podías recibir a nadie, no podías dar la dirección... y encima yo era una mina hipersociable, acostumbrada a recibir a todo el mundo en mi casa. La etapa más dura fue Buenos Aires. Desde la pelea política a la vida personal, porque por ejemplo todavía se pintaba "La Compañía del Monte vencerá", y yo sabía que la Compañía del Monte estaba vencida. Uno de los debates que tuvimos con los compañeros fue justamente porque habían metido presos a unos changos por pintar eso. En ese momento empecé la ruptura porque dije: "Esto es disparatado. No puede ser que alguien caiga preso por pintar algo que no existe más".

Tanta gente murió ahí... Una de las sobrevivientes es una mujer chilena que ahora está en Europa. Ella venía del MIR de Chile, una mina de armas llevar. De la campaña en el monte conocí sólo las prácticas, que me parecieron terroríficas. Una vez estuve a punto de caer por una barranca mientras caminábamos por una senda que no tendría más de veinte centímetros. Me salvé porque un perro que iba adelante se cayó y quedó medio colgado de una rama. Entonces me acuclillé en esos veinte centímetros, me agarré de una rama y dije: "Yo no me muevo más, no voy ni para atrás ni para adelante, no me jodan más". Finalmente tuve que moverme porque no me podía quedar ahí. Lo curioso es que no hablábamos con las compañeras sobre este tipo de cosas.

Yo en esa época usaba unas minis por acá, despampanantes, porque me gustaba, era joven. Todos me criticaban: que no podía andar con esas minis, etcétera. El único que lo tomaba con sentido del humor era un compañero que decía que yo era la esencia de la anticlandestinidad. "Con vos no se puede —decía—, sos como un semáforo parado en la calle." Por otro lado esto era un recurso bien utilizado, porque si había que sacar un auto de un garaje, mandaban una mina para que inspirara menos desconfianza. Si además era linda, joven, sexy, ya estaba todo hecho. La sorpresa era tan grande que ni siquiera había que usar la violencia. Es gracioso también que yo, imbuida de mi actividad militante, no tomaba muy en cuenta el efecto de mis minis. Entonces, cuando iba a repartir panfletos a la puerta de las fábricas, me sentía orgullosa de ser la que más periódicos vendía. Claro, los obreros compraban todo con tal de charlar un rato.

Otro aspecto interesante es que en el exilio, los hombres, que estaban preparados para imponer, no para la derrota, se demolían. Y las mujeres, que por nuestra educación estamos preparadas para el aguante y además nos ocupábamos de los chicos, no podíamos permitirnos derrotarnos al lado de ellos. Esto provocó muchas crisis y marca una característica que considero cultural, de diferente formación frente a la vida. Así como los hombres durante la lucha asumían un cierto paternalismo y un cierto cuidado de sus compañeras, te diría que en casi todos los casos, después, en la derrota, las mujeres asumimos el cuidado de los hombres, casi como una protección maternal. Y... los hombres son siempre un poco hijos; bastante, en realidad...

Peti

Espero en el Politeama con la infaltable revista sobre la mesa.
"Es más joven que las mujeres que has conocido hasta ahora porque es de las que entraron al final, y tal vez por eso también te puede aportar algo interesante", ha dicho mi amigo-contacto. Antes de cortar me aclara que "además está interesada, así que espero que les vaya bien…".
Llega. Es linda, es joven, avanza con mucha desenvoltura entre las mesas y se sienta.
Ella, digamos Estercita, como la del tango, me mira sonriente.
Devuelvo la sonrisa y mientras inicio la conversación explicando la idea del trabajo advierto algo extraño en ella. Sigo, pero enseguida descubro que su sonrisa es una mueca, y no se corresponde con los ojos, porque su mirada no sostiene la mía, y revolotea como un pájaro desesperado dentro del salón.
El mozo sirve los cortados y ella desarrolla un súbito interés por el contenido del sobrecito de azúcar mientras continúo hablando. Saco los cigarrillos, ella, "no gracias, no fumo", dice, casi sin perder la sonrisa, pero ahora, al menos, suspira hondo y me doy cuenta de que ahora dirá lo que le pasa y ya intuyo qué es.
—Mirá, no quiero hacerte perder el tiempo, porque yo también (mira el reloj) estoy apurada, tengo que ir a buscar mi chiquito a la escuela, y bueno, yo vine porque me daba no sé qué, no quería dejarte plantada, pero yo no tengo nada que ver viste, y, no sé por qué, X. … bueno, no sé por qué te ha dado mi nombre. —Los ojos muestran el brillo "cinco segundos antes de las lágrimas".
—El no me dijo tu nombre —interrumpo—. No sé cómo te llamás, ni dónde vivís, ni dónde trabajás. Tal vez —le ofrezco la salida—, hubo una confusión… él me ha presentado algunas mujeres que no han tenido ningún problema en conversar, porque se trata nada más que de recuerdos personales, no hay nada raro en esto…
—¡Pero yo no tuve nada que ver! —insiste.
La situación es patética para las dos: ella no sabe cómo hacer para irse. Yo no sé cómo hacer para calmar su angustia. Seamos prácticas. Pago y salimos juntas. Nos quedamos en la esquina un momento sin saber qué decir. Le doy un beso.

—*Bueno, lamento la confusión...*

Ella me mira, agradecida por el final del calvario, y sonríe, esta vez, ¡por suerte!, natural.

—*No, está bien, perdonáme vos... Chau.*

Se pierde por Corrientes y me voy a La Paz. Otro cortado y ahora sí, me fumo un cigarrillo tranquila, pensando en lo que ha pasado. ¿Cómo es posible que tenga tanto miedo, después de tantos años y, por otro lado, sin haber tenido una actividad importante?

"La letra con sangre entra." "El miedo no es zonzo." "El que se quema con leche, ve una vaca y llora." "Cuando las barbas de tu vecino veas afeitar, pon las tuyas a remojar." Refranes. Miro en lento travelling *al público de La Paz. Muchos libros. Unas cuantas barbas. ¿Para poner a remojar?*

Espero que mi segunda entrevista sea mejor que la anterior

Ya llegó. Nos miramos. "La primera impresión es la que vale." No puedo salir de los refranes hoy. Sí. Esta entrevista va a ser mucho mejor que la del Politeama. Y ya la bautizo para el archivo. Peti. De petardo.

Ella no tiene miedo y su sonrisa evoluciona rápidamente a carcajada. Si a esto le agregamos mi humor cordobés, puede comprenderse que con Peti el análisis y los recuerdos estuvieron muchas veces matizados por risas que no respetaron ni a los teóricos de la revolución ni a los poderes establecidos. Poco ortodoxo seguramente.

Nací en el año '46 en un pueblo chico de la provincia de Buenos Aires.

Mi papá tenía ideas más bien anarquistas. Militaba en el Socialismo Democrático. Había sido candidato a diputado y era muy libertario, muy feminista. Mi mamá, en cambio, era muy católica. Eso marcó una contradicción constante en mi formación. Por un lado, yo seguía con admiración las ideas de papá, por el otro, militaba en la Acción Católica.

En los días de la polémica "Laicos o Libres" mis padres hicieron un viaje largo y me dejaron como pupila en un colegio religioso de Buenos Aires. En medio de ese clima, que los tenía muy nerviosos a todos, yo, muy tranquila, le cuento a la hermana que era mi directora espiritual que mi papá era comunista...

Cuando volvieron del viaje, las hermanas "sugirieron" a mis padres que me cambiaran de colegio.

Me fui a estudiar a La Plata. Y nuevamente la contradicción. Elegí dos carreras: Derecho y Trabajo Social.

Me inscribí en dos universidades: la estatal y la católica.

Finalmente me quedé con Trabajo Social y la universidad pública.

EL AMOR Y LAS SORPRESAS

Nos conocimos en el comedor de la facultad. Flechazo fulminante.

Las cosas evolucionaron rápidamente, hasta que un día me dijo: "Mirá, entre nosotros todo está muy bien, pero tengo que confesarte algo, soy trotskista". Yo contesté: "¿Y a mí qué me importa?, ¿es malo eso?". Me fui a contarle a papá, yo era muy confidente con él: "Papá conocí a un chico que me encanta, pero me dice que es trotskista". Papá casi se muere. Se sentó, y con mucha paciencia me explicó quién era Trotsky, sus ideas. Yo, por supuesto, seguí viendo a mi "trosko".

Mi compañero militaba en Palabra Obrera. Gradualmente, yo también me fui acercando. El dirigente era Nahuel Moreno y todavía no se hablaba de la lucha armada. La actividad se reducía a repartir volantes y revistas, siguiendo el lema "ir de la Universidad a los barrios". Comencé a leer a teóricos del socialismo: Trotsky, Lenin, Althusser… Mientras tanto, mi compañero, que trabajaba en una repartición estatal, había resuelto "proletarizarse" y entró a trabajar en la Peugeot, para hacer su actividad gremial en la fábrica.

En medio de grandes contradicciones, nos casamos. Yo adhería a la necesidad de un cambio social, pero no estaba de acuerdo con la metodología. Me molestaba sobre todo sentir que aspectos muy personales de nuestra vida parecían también formar parte de la organización.

Prácticamente no nos veíamos. El trabajaba doce horas en la fábrica y después se iba a militar. Yo seguía estudiando. Unos siete meses después de casarnos, quedé embarazada. Estaba feliz. Pero a los dos meses de nacer, el bebé murió por malformaciones congénitas.

Fue un momento muy duro para mí. Era muy joven y ése era mi primer hijo. Mi familia no podía entender la ausencia de mi marido: "¿Dónde está? ¿Por qué no te acompaña?".

A mi tristeza se sumaban los conflictos que me provocaba la proletarización. ¿Por qué me tengo que mudar a un barrio obrero? ¿Por qué, si soy una estudiante que vive a diez cuadras de la facultad, tengo que irme tan lejos? ¿Por qué me la tengo que hacer más difícil?

Para colmo de males, por esa época él cayó preso tres veces. Fueron cosas chicas, entraba y salía, pero su militancia comenzó a hacerse pública. Mi condición de casada me hacía mayor de edad, y entonces me acostumbré a acompañar al abogado, a poner la cara, a preguntar por todos.

Intimamente, me seguía sintiendo mal y pasamos por algunas separaciones. Pero cuando me iba a casa de amigas, él venía a buscarme. Era una relación intensa.

Me recibí e inmediatamente conseguí trabajo. Casi al mismo tiempo, a él lo echaron de la fábrica a raíz de un conflicto muy grande. Los problemas con la organización se reavivaron. Ellos consideraban que mi familia era rica, y que por lo tanto no era necesario que él trabajara. Le pasaban un viático para que militara profesionalmente y deseaban que se dedicara a eso exclusivamente. Yo no estaba de acuerdo con la categoría de "militante profesional". Yo trabajaba y me mantenía sin pedir nada a mi familia, que por otro lado no era rica. Consideraba que el deber de mi marido era, antes que nada, tener un trabajo.

Consiguió trabajo en un frigorífico. El horario era muy sacrificado. Volví a quedar embarazada y nos mudamos de casa. Era el año '69.

Mientras yo gestaba mi segundo hijo, en la organización se planteaba la posibilidad de la lucha armada.

DIVIDIRSE Y ELEGIR

Ya a mediados del '68, Palabra Obrera se había fusionado con el FRIP (Frente Revolucionario Indoamericano Popular), un grupo del Norte. Por otro lado, un grupo que se había separado de Palabra Obrera decidió iniciar la lucha armada. Un día, al parecer mientras manipulaban explosivos, explotó la casa donde estaban (era un departamento en la calle Posadas) y murieron todos. Entonces Nahuel Moreno hizo algo que nos desagradó mucho. Se presentó a la policía y dijo que Palabra Obrera no tenía nada que ver con eso. Se plantearon una serie de discusiones, y nosotros nos separamos. Paralelamente, se estaba armando otro grupo que derivó en el PRT, y del que salieron dos facciones: El PRT-La Verdad y el PRT-El Combatiente. La línea que los separaba era la opción inmediata o no por la lucha armada. Del PRT-La Verdad, se originó, más tarde, el MAS. Nosotros nos quedamos en El Combatiente. En mi caso sin embargo, y por ese espíritu crítico que yo no abandonaba, participé "de costado". Trabajaba prácticamente todo el día y ya había nacido mi hija. Un año y medio después quedaba nuevamente embarazada. Esta vez tuve un varón. Cuando el bebé tenía unos cuarenta días, mi compañero viajó a Cuba y estuvo casi nueve meses afuera.

Ese año fue muy difícil para mí. Trabajaba, tenía la nena, el bebé, y había conocido a un grupo de profesionales provenientes de distintas agrupaciones: FAR, FAP, Montoneros, que estaban encarando una experiencia muy interesante de trabajo cultural en los barrios.

Mientras tanto, yo seguía pensando que era necesario encontrar un equilibrio entre el tiempo para la organización y el tiempo para nosotros.

Mi marido, y no era el único, privilegiaba la militancia a la vida personal, aun la de la pareja. Yo no estaba de acuerdo. Y de a poco, hablando con otras mujeres, del PRT y de otras agrupaciones, descubrí una actitud parecida en ellas.

Se dio entonces algo muy femenino. Nos sentíamos solas, y de hecho lo estábamos, porque nuestros maridos estaban volcados a la militancia *full time* y, al menos en nuestro caso, el partido no ayudaba a la mujer que se quedaba sin su compañero. Entonces nos organizamos y siempre encontrábamos un rato para vernos, contarnos nuestras cosas, ayudarnos con los chicos, etcétera. Era como un "frente femenino de solidaridad", clandestino, inventado por nosotras, y con independencia de la agrupación a la que perteneciéramos.

En ese momento se me pide por primera vez que participe en un operativo: se estaba organizando un grupo para viajar al Sur. Ya había sido lo de Trelew y se esperaba que Santucho reingresara al país por esa zona. Había que disponer de quince días. Lo pensé. Pedí licencia en el trabajo, dejé los chicos con mi familia y partí.

Íbamos en dos autos. Cuatro personas por auto. Por una cuestión de seguridad, no nos conocíamos entre nosotros. Yo sabía solamente que eran profesionales y que la "cobertura" era un viaje de estudios. Llevábamos armas escondidas en los autos. No sé qué formación habrían recibido los otros. Yo no sabía nada. A las apuradas, antes de viajar, aprendí a armar y desarmar. El viaje era difícil porque en la zona había muchos controles del ejército y la policía. Llegamos a Zapala y continuamos para Bariloche. Las cosas iban bien, pero resultaba problemático el tema de las armas. Cada vez que uno salía del hotel tenía que esconder la suya, no la podíamos llevar encima.

Una mañana, estábamos por salir del hotel y yo no sabía qué hacer con la mía. Decidí esconderla en el taparrollo de la ventana. La ventana, que estaba abierta, daba a un pequeño patio, que a su vez comunicaba con una salita donde la gente se reunía. Estaba tratando de esconderla, y se me cae al patio. Salí a buscarla, rogando que nadie la hubiera visto. A medio metro de la pistola, sentí pasos. La empujé con el pie y quedó abajo de un sillón. Me quedé derechita, con cara de distraída, hasta que la persona se alejó. Yo era muy joven en ese momento.

"La misión" quedó en nada y me reintegré a mi grupo, que prácticamente era la primera célula del ERP en la ciudad.

No hacíamos nada importante. Poníamos cajas volanteadoras, repartíamos revistas. Hasta que un día secuestraron al compañero de una amiga. Nos dedicamos a una campaña de intimidación. Dejábamos cajas "sospechosas", cerca de las comisarías con un comunicado en el que exigíamos la aparición con vida del compañero. Caso contrario amenazábamos con la ejecución de cuanto uniformado anduviera por la calle. Obviamente, no cumplimos. Pero fue el primer reclamo de este tipo.

MADRE Y MILITANTE

Por fin regresó mi marido de Cuba. Cuando se fue, nuestro bebé tenía un mes y medio. Ahora casi caminaba. No era lo único que había pasado. Yo había dado mis primeros pasos como militante activa y a él no le gustó.

En realidad era una contradicción. Siempre habíamos discutido por mis críticas y mi renuencia a aceptar directivas de la organización. Ahora que me comprometía, tampoco estaba conforme.

Enseguida lo trasladaron a Rosario. Me pidió que lo acompañara pero dedicada exclusivamente a mis chicos.

Nos mudamos. Mis amigas y yo recibimos la orden de no seguir reuniéndonos. Esas eran las cosas que yo no podía aceptar. La organización verticalista y autoritaria. Entendía que había cuestiones de seguridad, pero no estaba dispuesta a perder a mis amigas.

Los encuentros continuaron. Yo tomaba el tren, me bajaba en Retiro y nos reuníamos. A veces mi marido sabía. Otras no. Pero a través de esa desobediencia pude prestar un servicio para la organización. Desde Francia habían llegado a militar en La Plata unos compañeros franceses, ligados a la IV Internacional. A su alrededor se fueron nucleando algunos compañeros con fuerte tendencia militarista. Era el comienzo de lo que más tarde se conoció como Fracción Roja.

Una de mis amigas, que vivía con ellos, observó cosas que consideró anormales. Hablé con mi marido. A él también le pareció que se estaban desviando.

A partir de ese momento, mi "rebeldía" fue autorizada y pasé a hacer una especie de trabajo de inteligencia. El grupo finalmente se abrió y se fueron con todo: armas y gente. Los únicos que no se plegaron fueron estos amigos míos, que no entregaron las armas.

La Fracción Roja se estableció en la regional sur, que era su ámbito de trabajo, y no tuvieron repercusión seria en el resto del país.

MARIO ROBERTO "ROBI" SANTUCHO

Lo conocí cuando todavía militábamos en Palabra Obrera y comenzaban las conversaciones con la gente del FRIP.

Mi marido me avisó un día que iba a venir gente del Norte a casa. Eran, me dijo, "gente que estaba haciendo un trabajo muy importante con los cañeros". Llegaron tres hombres. Yo sabía que uno era Santucho. Pero no sabía cuál. Uno de ellos tomó la palabra y habló un rato largo. Pensé que era ése. Más tarde me lo presentaron. Santucho era el que menos había hablado. Tenía un estilo muy especial. Una mezcla de humildad, seducción, ternura y autoridad. Todo junto. Te dejaba hablar siempre. Pero terminabas haciendo lo que él quería. Recordaba nuestros cumpleaños y, si andaba cerca, se aparecía a saludar.

En épocas duras, cuando no podía casi salir, se ponía a amasar tallarines, o ravioles, y preparaba comida para todos.

Tuve algunas charlas muy interesantes con él acerca de "mi" tema de la pareja y la militancia.

El me decía: "Yo entiendo todo eso, pero no es el tiempo". También me criticaba lo que consideraba "falta de entrega a la revolución". Con su típico estilo me dijo: "No es que seas mala, te falta entrega. Si te dicen que no hagas algo, o están tus hijos en medio, vos hacés lo que te parece". Le contesté que ya iba a mejorar.

Un tiempo después tuve un problema con mi marido y le prohibí que viera a los chicos. Santucho vino a interceder. Yo me enojé y le contesté tajante: "Comandante, en las cosas de la organización usted manda, pero en mi matrimonio no se mete".

El se calló y sólo agregó: "De cualquier forma, quiero que sepas que se te está yendo la mano".

Eso creo que lo define muy bien. Cualquier otro jefe hubiera impuesto su rango, me hubiera sancionado. El entendió mi furia y me lo dejó pasar. Creo que comprendía mucho a la gente, se hacía querer, y supongo que esa es una de las razones de su liderazgo.

No tengo idea de cómo puede haber sido con sus mujeres.

A Sayo (Ana Villarreal, su primera esposa) no la conocí. Liliana (la segunda mujer) era de carácter fuerte. Algunos dicen que había una gran pasión entre ellos. Las veces que los vi juntos no tuve esa impresión. Se parecían a otras parejas de la organización: relaciones apacibles, y si no sabías de antemano que eran pareja, no te dabas cuenta.

EN POLITICA Y AL MANDO

La instalación en Rosario estuvo precedida por una larga discusión con mi marido. El quería que yo no militara. Pensaba que la situación era cada vez más peligrosa, y que tal vez nos matarían a todos. Si yo me salvaba, los chicos iban a tener, por lo menos, madre. Yo encontraba el planteo razonable en parte. Pero quería militar.

Busqué trabajo y no conseguí. Terminé dedicándome intensamente a la militancia, en el área del PRT, es decir, en el ámbito político. Mi primer grupo estaba formado por otra mujer y seis hombres. A los tres meses me designaron responsable y luego en la dirección de la zona. Mientras tanto, mi compañero integraba la dirección nacional.

Básicamente, mi actividad era trabajo de captación y propaganda. Andábamos armados porque la época era muy dura, pero no participábamos de acciones. El riesgo, de todos modos, existía. Porque si te detenían armado, y con ese material, no había tiempo para explicar...

Tener hombres a mi mando no produjo ningún problema. A lo sumo, y para mi "imagen", alguna situación cómica. Una de nuestras acciones era tomar fábricas chicas, donde teníamos gente que nos avisaba si era posible arengar a los obreros, y después retirarnos dejando volantes.

Un día tomamos un taller metalúrgico de unos cien obreros y pedimos que pararan las máquinas. Todo el mundo obedeció, menos uno. Yo, que estaba al mando, me acerqué y le pedí que se detuviera. Nada. El tipo seguía haciendo un ruido infernal con el torno. Yo estaba abrigada con un poncho. Debajo, en un bolsillo, mi Beretta. Abrí el poncho para que se diera cuenta de que la cosa era en serio. No pareció impresionado (era grandote), y me sentó de una trompada.

No pasó nada. Salvo mi papelón, y la risa que mis "subordinados" no pudieron evitar. Redujeron al tipo. Hicimos la arenga y nos fuimos.

Al día siguiente fui a un taller mecánico para ver a uno de los compañeros que no había participado y me encontré con el que me había golpeado. Yo estaba con otra ropa pero me preocupaba que pudiera reconocerme. El compañero habló con él: estaba muy contento porque, según le contó a mi amigo, "el día anterior había sentado de culo a una guerrillera que se había ido a meter en la fábrica...".

Aquella "sorpresa" risueña vivida en una acción quedó entre las anécdotas de ese pasado; otros descubrimientos, en cambio, tomarían un carácter definitivo.

Si tuviera que explicar por qué un día me puse a revisar las cosas de mi compañero, contrariando normas que siempre había respetado, podría decir solamente que "algo" me llevó a hacerlo. ¿Intuición femenina? Seguramente. Así fue como descubrí una carta de amor, firmada por una compañera.

Para cualquier mujer es doloroso descubrir la infidelidad del marido. En este caso, otros elementos hacían el asunto muy desagradable y para nada fácil de solucionar. Ella militaba en el frente estudiantil y yo era su responsable. Teníamos una relación amistosa y ella era una de las que me cuidaba los chicos. Su marido y ella eran las personas que habían alojado a mi marido cuando él llegó a Rosario para rearmar la estructura, que había sido muy golpeada. El problema entonces no estaba planteado sólo entre mi marido y yo sino que, inevitablemente, involucraba aspectos operativos de la militancia. ¿Cómo hacía yo para seguir trabajando con ella? ¿Qué ejemplo de conducta daba mi compañero, como responsable regional?

Llevé el tema a la célula. Ella intentó explicarse conmigo, diciendo que nunca había pensado que pasaría a mayores, y que la relación estaba prácticamente terminada.

El asunto quedó "aparentemente solucionado". Pero, como descubrí más tarde, ni la relación había terminado, ni yo podía continuar siendo la misma.

DOCENTE PARA EL PARTIDO

A través de una propuesta de Robi me integré como profesora en las escuelas que el partido tenía en Buenos Aires. Paralelamente, mi marido había sido trasladado a Córdoba, lo que produjo una separación de hecho entre nosotros.

Yo no estaba repuesta del impacto que la infidelidad me había producido, no me sentía segura con respecto al trabajo, conflicto que Robi desestimó, pero subsistía mi preocupación con respecto a mis hijos. Yo nunca sacrifiqué a los chicos con mi militancia. No los llevaba a reuniones ni a lugares que no considerara adecuados. Por esa razón no podía soñar con instalarnos en una escuela, donde muchos compañeros confluían periódicamente y era un lugar susceptible de ser atacado. El horario de trabajo, además, ocupaba casi todo el día.

Se estudiaba mucho. Dialéctica, Materialismo Histórico, Revolución China, Revolución Rusa, Ho Chi Minh, cuestiones militares... Yo daba Táctica y Estrategia del Partido. Inesperadamente, descubrí mi vocación de docente. Creo que eso fue lo positivo de ese período.

Solicité y obtuve permiso para vivir fuera de la escuela. Alquilé una casa y propuse a una compañera que ella y su madre se vinieran a vivir conmigo.

Para los vecinos, fuimos dos hermanas que vivían con la madre y los chicos de una de ellas. La señora era buenísima, y hasta hoy mis chicos continúan diciéndole abuela.

Un día me enteré de que mi marido viajaba de Córdoba a Rosario para seguir viendo a la otra compañera. Esta vez llevé el asunto a la estructura nacional. Mi compañero, que formaba parte del Buró político, fue sancionado y separado de ese cargo. Como todo asunto de la vida interna, el tema fue publicado en los boletines, cuya lectura era habitual en la rutina de la militancia. Para completar el cuadro, la compañera en cuestión fue enviada a estudiar a la escuela donde yo estaba, de modo que la tenía de alumna, y además, con ella en la clase, debía leer los boletines donde yo y el marido éramos los engañados de la historia.

¿Influyó eso en mi rendimiento? No estoy segura, pero de todos modos, yo no había dejado de ser la rebelde que tenía su propia visión y a la que le costaba adaptarse a la disciplina partidaria. Vivía fuera de la escuela. Cosa no habitual. Si mis chicos se enfermaban, no iba a trabajar. Las críticas no tardaron en aparecer.

Mientras tanto, sufrimos dos golpes fuertes. Monte Chingolo primero, y enseguida la caída de dos escuelas. El trabajo aumentó. Como responsable general tenía que moverme continuamente. Me sentí sobrepasada por la situación y pedí que me sacaran del frente de las escuelas.

LA REBELION CONTINUA

Mi renuncia fue vista como una debilidad y se me sancionó dejándome sin responsable directo, conectada solamente a través de alguien que me veía esporádicamente. Teóricamente yo debía trabajar para una radio clandestina del partido que a veces hacía emisiones interceptando a las radios legales. Yo estaba muy preocupada porque uno de mis chicos se había enfermado de asma. Pensé que no era casual la enfermedad de mi hijo; además, creo que había empezado a dudar del proyecto.

Tuve una reunión con Robi. El, como siempre, estuvo muy comprensivo. Condenó la actitud de los que me habían sancionado y me propuso integrarme al frente de masas de la Ford.

Me derivaron a una casa en la provincia. Había que caminar diez cuadras desde la ruta. El lugar era inseguro y, siguiendo con mi estilo, me negué a dormir ahí. Decidí alquilar una casa con mi documento. Parecía un suicidio, pero yo quería estar con mis hijos. Nos instalamos con otro compañero, su mujer y sus tres hijas. Sumando los dos míos, reunimos cinco chicos: de cuatro a doce años. Los anotamos en una escuela privada y por un tiempo estuvimos tranquilos. Pero... un día les hicieron un test en la escuela. La madre de las nenas estaba en la cárcel. La más chiquita, de cuatro años, hizo un dibujo enorme, lleno de palitos. La maestra preguntó quiénes eran. La nena contestó: "Mi papá, mi mamá, mi otra mamá, mi tía, mis hermanas y mis primos". La maestra insistió: "¿Tus padres están separados?".

La nena, que visitaba a la madre en la cárcel, contestó: "No, mi mamá está en la cárcel".

La maestra llamó a la hermanita mayor, de doce años, y le pidió explicaciones. La nena, aterrada, se escapó de la escuela y vino a decirnos lo que pasaba.

Hubo que presentarse en la escuela. Dijimos que la madre estaba en un instituto psiquiátrico... Dudamos acerca de levantar o no la casa, pero finalmente no pasó nada.

Era inevitable y muy duro vivir en ese estado de precariedad. Cambiarse constantemente de casa, perder compañeros que caían. Mantener la sangre fría en situaciones que resultaban tragicómicas, cuando terminaban bien.

Una tarde que debía trasladar unas armas las puse en un bolso que quedó muy pesado. No tenía con quién dejar los chicos y los llevé conmigo. En Retiro, cuando iba a bajarme del tren luchando con el bolso y los chicos, se acercó un policía y aunque traté de darle los chicos, él tomó el bolso. El peso lo venció. Sonrió.

—¿Qué lleva, señora, fierros?

—¿Parece, no? —le contesté mientras sonreía yo también. Sentía las piernas rígidas mientras chicos, policía y bolso caminábamos por ese andén hasta llegar a la fila de taxis.

Desde Tucumán trasladaron a mi marido a trabajar en la misma zona que yo.

Cuando volvimos a vernos, él planteó seriamente nuestra separación y no puse reparos.

Empezamos a sufrir golpes muy duros. Una noche un compañero vino a avisarnos que levantáramos. No volvimos a verlo. Otro día cayeron veinticinco compañeros, todos juntos. Yo decidí limpiar la casa de a poco.

Un domingo tenía una cita en un barrio alejado. Me fui con la nena porque en la casa había otros chicos y así podría jugar con ellos. Al llegar, noté que los vecinos me miraban raro.

La persiana baja de su ventana (que era la contraseña para indicar si había peligro) no me preocupó demasiado porque a veces se olvidaban de levantarla. Respiré hondo y entré.

La casa estaba al fondo del terreno; cuando me acerqué a la puerta (que estaba abierta) vi la impresora dada vuelta y revistas tiradas por todos lados. Aparecieron dos hombres.

Yo me movía siempre con una historia armada, pero ahí había pasado algo muy duro. Puse la mejor cara que pude:

—Buenas tardes, soy la asistente social —yo iba con una carpeta, pero era domingo, no sabía el nombre de la familia y estaba con la nena; no era una buena historia—. Busco a los dueños de casa...

—No están, y usted ¿qué quiere?

—Bueno, yo soy de la escuela donde van los chicos y tenía que hablar con los padres... ¿cuándo vuelven ellos?

—No sabemos.

Me despedí y salí caminando despacio. Puse a la nena delante de mí. Sentía sus miradas en la espalda y me parecía que nos disparaban en cualquier momento. Tomé el primer colectivo que apareció, y al llegar a Lanús, por si me estaban siguiendo, me empecé a meter casa por casa haciendo una encuesta sobre jabones. Cuando me sentí segura, llevé a la nena a tomar algo, mientras enumeraba mentalmente todas las direcciones a las que tenía que llegar cuanto antes. La primera estaba cerca. Nuevamente a la calle con la nena. En la puerta del edificio, el portero observó dónde llamaba y me dijo: "Le recomiendo que se vaya rápido, porque a las tres de la mañana vino el ejército y se los llevó a todos". Comprendí que la caída era muy grande y me alejé pensando cómo podía hacer para avisarle a mi ex marido. Dejé a la nena con unos amigos y traté de ubicarlo. No sabía dónde vivía. Recordaba solamente que ese día tenía una cita, a las siete de la tarde, en La Plata. Tomé el rápido a la altura de Avellaneda. El iba en el ómnibus...

Estuvimos dando vueltas hasta muy tarde. Donde llegábamos ya habían estado los militares primero. De mi zona quedaron dos o tres. A todos les habían preguntado por mí, pero con el nombre de guerra. Me ordenaron dejar el lugar inmediatamente, y empecé a trabajar directamente para Robi, en tareas de infraestructura.

LA CAIDA DEL LIDER

Resolvieron instalar la base de Robi y la dirección del Buró en La Plata. Yo tenía que comprar una casa e instalar un gabinete psicopedagógico de cobertura.

El día antes de la compra mi ex marido vino a mi casa. El Gringo Menna pasaría a buscarlo a las dos de la tarde para llevarlo a una reunión con Robi. Era una despedida. La hora pasó y no llegaba. Después de las cinco mi ex marido se fue pensando que la reunión se habría cancelado.

Alrededor de las siete de la tarde llamó el dueño de la casa donde se haría la reunión para contarnos que al acercarse le avisaron de un tiroteo. Nadie sabía lo que había pasado.

Me quedé en casa con los chicos. Prendí Radio Colonia y oí que Santucho había muerto. Ya era de noche.

A la mañana fui a casa de unos amigos. Ellos no eran de la organización, pero eran amigos de todos. Incluso Robi y "el Pelado" (Gorriarán Merlo) habían estado algunas veces ahí. Su casa era un lugar neutral donde nos olvidábamos de todo.

Ellos estaban muy tristes por la muerte de Robi y me dijeron que por Radio Colonia habían dicho que Gorriarán también estaba muerto. Estábamos tratando de entender qué podría haber pasado cuando de pronto sonó el timbre.

—¿Quién es? —preguntó la dueña de casa.
—Ricardo —le contestaron.

Nos quedamos helados. Ricardo era uno de los nombres de guerra de Gorriarán. Había dos posibilidades: o la radio había mentido o era la policía.

Era Ricardo. Lloramos. Nadie estaba seguro de nada. Volví más tarde a mi casa. Me parecía que el mundo daba vueltas a mi alrededor. Tenía que elegir un lugar que fuera bueno para mis chicos. Un día después llegué a mi pueblo. Mi familia quiso saber cuál era mi relación con todo esto. No les dije la verdad y me fui a pasar unos días al campo de mis padres. Pero fue peor: un perro ladraba y yo pensaba que venían a buscarme. Me obsesionaba la idea de no saber cómo salir de ahí. Dejé los chicos con mi familia y regresé a Buenos Aires.

LA PARTIDA

La dirección del partido resolvió instalarse en una playa. Nuevamente me tocó a mí alquilar la casa.

Durante los dos meses que nos quedamos estudiando la reorganización y dejando pasar el tiempo para calmar la situación, discutí incansablemente con mi ex marido el tema de nuestros hijos. Se había resuelto sacar todos los chicos del país, pero yo no quería que se fueran solos. "Entonces te vas vos", contestaba él. Finalmente el partido decidió que saliéramos. Yo recibí instrucciones para organizar la Junta Coordinadora Revolucionaria, conectándome con el MIR y Tupamaros en Europa.

Fui a buscar los chicos y hablé francamente con mi familia. Casi se mueren. En la discusión que siguió pasamos por todas las gamas de los gritos y de las súplicas. Que me fuera, que me daban la plata, pero que dejara los chicos. Yo decía que no, ni loca. Y me los llevé conmigo.

Siguieron unos días muy agitados en los que se organizaba la partida y "la despedida", llamada Operación Gaviota. Muy pocos sabían de qué se trataba. Ya en el viaje descubrí que era un atentado al avión de Videla. Falló. Explotó una carga y la otra no.

Entre las cosas que estaban a mi cargo lo más complicado era el archivo.

Lo tenía envuelto en papeles de diario. Había mandado los muebles a mi pueblo. De la casa vacía faltaba solamente sacar eso. Estaba esperando que llegara un compañero y tocaron el timbre. Era la policía. Los vecinos los habían llamado por un escape de gas. Cuando los vi me quedé paralizada por el susto. Entraron a revisar. La casa vacía y el archivo, ahí, en medio de la habitación.

Fueron muy corteses. Agradecieron y se fueron. Salí a la calle desesperada porque ya se había pasado la hora de mi cita y, tal como suponía, cuando el compañero vio el patrullero siguió de largo. Finalmente volvió y nos llevó hasta la frontera.

Yo me había hecho claritos. Estaba muy bien vestida, igual que los chicos. Era una madre de buena posición que iba al Brasil con sus chicos. Teníamos otros documentos. Lo difícil era enseñarles a los chicos que no se olvidaran de su "nuevo" nombre. Había comprado buenas valijas. Y en un maletín preparado, el archivo microfilmado.

Cuando llegamos a Paso de los Libres y conseguimos tomar un micro, miré hacia atrás. El compañero nos saludaba con la mano. Nunca volví a verlo.

Cuando me senté en el avión con los chicos, alguien detrás de mí me nombró despacito por mi nombre de guerra. Me quedé helada. Eran unos compañeros que salían también, muertos de risa por mi reacción.

—Manténganse lejos que estoy "contaminada" —les dije para avisarles que salía con cosas comprometedoras.

El vuelo era directo a Roma, pero hubo una tormenta y tuvimos que bajar en Dakar. Los diarios decían que en Fiumicino estaban advertidos de la llegada de un contingente de subversivos. Y yo que estaba casi tranquila...

ITALIA Y MADRID

Llegué pensando que mi estadía no superaría los cuatro meses. Sin embargo, una caída muy grande en la Argentina cambió los planes. Rescatar compañeros fue la nueva tarea. Nos pusimos en contacto con organismos de solidaridad italianos y franceses. Hubo muchos voluntarios extranjeros que venían a la Argentina para sacar personas vía Brasil. La organización decidió abrir escuelas políticas en Italia. Ese sería mi nuevo trabajo. Más tarde, y por razones económicas, decidieron instalar tanto las escuelas políticas como las militares en Madrid. Y hacia allí me dirigí.

La actividad quedó definida en dos líneas: la solidaridad para rescatar compañeros y las escuelas político-militares. Un proyecto posterior planeó llevar a cabo la formación militar en los países árabes. La idea era recuperar y formar la mayor cantidad posible de gente para una reinserción futura en la Argentina. Yo, que no había perdido mi espíritu crítico, estaba disconforme por el cariz que iban tomando los acontecimientos y una progresiva desconfianza que enrarecía nuestras relaciones. Desde la muerte de Robi, las evaluaciones que hicimos apuntaban a demostrar que estábamos infiltrados. Entonces, por un lado, era una alegría que apareciera un nuevo compañero. Por el otro había desconfianza, porque no se sabía "si era o no era".

Fueron momentos muy duros. No solamente nos habían derrotado; también se fue perdiendo el espíritu de solidaridad, que siempre habíamos mantenido como norma inviolable.

Muchas veces he oído decir que había gente recorriendo Europa como turistas de lujo. Nunca vi nada de eso, al menos en nuestra organización. Hubo gente que viajaba, siguiendo órdenes de la dirección, para hacer contactos con políticos e instituciones de solidaridad.

Muchos compañeros vivían de un sueldo de la organización. Pero era un sueldo pequeño. Cuando yo me puse a trabajar por mi cuenta, vendiendo *bijouterie* en la calle, más de una vez tuve que ayudar a mi marido (nos habíamos reconciliado) en sus gastos.

Más tarde, siguiendo mi costumbre de ser independiente, solicité la condición de refugiada al ACNUR. Fui una de las primeras en hacerlo, y también como siempre, llovieron las críticas. No me importó demasiado. Críticas eran las que sobraban en esos momentos. La organización había perdido su estructura monolítica y había pasado a ser un grupo de líneas que luchaban sordamente, o no tan sordamente.

En el juego de los "aparatos", era evidente que ganaban los de Inteligencia. Dos grupos definidos escindían cada vez más al partido: los centrados en la actividad militar, y dentro de ellos los que se orientaban a Inteligencia, y los centrados en la actividad política con el acento puesto en el frente de masas.

En casa, mientras tanto, se repetía el clima de nuestros primeros años de matrimonio. Yo, legal y trabajando en la calle. Mi marido, clandestino, recibiendo en casa al Pelado Gorriarán. El y su grupo se fueron finalmente a Nicaragua poco antes de la convocatoria al VI Congreso. Los compañeros de España me eligieron para que los representara. Y fui, aunque no estaba invitada.

Por esa época llegaron a Europa los que habían salido de la Escuela de Mecánica de la Armada. Habíamos reclamado por todos lados la aparición con vida, y cuando llegaron nadie quería verlos. Una contradicción más... Fue realmente una época desesperada, tenía pesadillas, todo era más confuso que nunca: vivir en un país extranjero, en medio de la incertidumbre, sin saber qué va a pasar mañana...

Creo que pude superarlo porque, como siempre, el tener hijos te hace tirar para adelante.

MI NUEVO LUGAR

No estoy conforme, porque no he perdido, felizmente, mi espíritu crítico.

¿Cómo estar conforme con el estado actual de cosas?

Trabajo en la docencia. Sigo teniendo mis ojos muy abiertos frente a la realidad. Y por eso no creo en esta nueva fórmula de "libertad". ¿Qué libertad tienen los que siempre han estado marginados?

Pienso que el único camino posible es despertar el deseo de protagonismo en la gente. Que piensen por sí mismos, que vean las cosas tal cual son.

Me siento bien por no haber perdido mis sueños y mi coherencia. Es muy doloroso ver a gente que "fue", trabajando ahora para un modelo que es la negación de lo que queríamos construir. Gente que elabora documentos donde se echan trescientas mil personas a la calle para lograr un "ajuste".

Las mujeres, que somos más fuertes y más sufridas, seguimos siendo la gran esperanza, y estoy segura de que no habrá cambio real sin su participación activa.

En cuanto a los hijos... no conozco chicos que hayan tomado una dirección política muy opuesta a la de los padres. Sí les veo, y me parece muy bien, mayor capacidad crítica y también mayor comprensión de la situación. Algunas veces dicen: "¡Qué duro el momento por el que pasaron!". Otras: "¡Cómo es posible que ahora tantos se hayan dado vuelta!". Ellos condenan aquella dedicación *full time*, y privilegian ahora sus espacios personales. Son una nueva generación, y el momento histórico es otro.

Yo sé que se ve como una locura, ahora, aquello que hacíamos. Pero había una gran ilusión. Uno creía, yo creía, a pesar de mis críticas, que lograríamos el cambio, que era cuestión de sacrificarse un poquito más.

No fue así y es muy doloroso. Sin embargo, yo reivindico mi experiencia. Crecí y aprendí mucho. Si naciera de nuevo, lo volvería a hacer. Esta vez no cometería muchos de los errores que cometimos, pero no he perdido mis ideales y sigo creyendo en los principios que generaron aquellos sueños.

Ramona

Es de origen muy humilde. Trabajó siempre. Como tantos otros de su edad, cobra una pensión miserable. A pesar de los años y de una artrosis que la limita, se ha negado a recibir ayuda para sus tareas domésticas, que incluyen cuidar las plantas que adora.

Ha sido particularmente castigada. Primero desapareció un hijo. Luego el peregrinaje inútil buscándolo. Más tarde las amenazas de muerte que la obligaron al exilio. Su marido murió en el extranjero, y allí quedó, igual que su otro hijo.

Ella protesta, pero no puede vivir si no es aquí. Volvió.

Para las jóvenes militantes que la conocían, ella era "la abuela".

Yo no sé cuántas "abuelas" quedan por ahí, ni qué sentimientos guardan con respecto a esa experiencia. Sé que ella es lúcida, aguda y fuerte. Oyéndola, desfila la historia argentina desde 1930 hasta hoy.

Desde los quince años trabajé en la industria de la carne. Siempre me molestó la injusticia que yo veía. Eramos explotadas. No lo entendía muy bien porque no tenía estudios. Nos criaban más ignorantes que ahora. Según los padres había que agradecer al patrón porque nos daba trabajo. Yo pensaba que no. Si él nos daba trabajo era porque nos necesitaba.

Las mujeres estábamos muy frenadas, muy sometidas. Hablo de antes del '40. Si queríamos ir al baile, teníamos que ir con mamá. Una mujer de hoy no puede imaginarse lo que era cuando yo tenía quince años. No podíamos pintarnos, hacernos la permanente, andar en bicicleta. Hubo dos chicas que se animaron, y les gritaban cualquier cosa. Parecen tonterías, pero todo eso formaba parte de la esclavitud de la mujer. Pasábamos del tirano que era nuestro padre al tirano del marido o de los hermanos. Pero yo tuve suerte con mi esposo.

En el frigorífico teníamos capataza. Había sido una obrera, pero cambió. Un día de la primavera, yo estaba en el grupo que pintaba los tarros de conserva, una de las chicas puso una flor en la máquina. La capataza preguntó quién había sido. Nadie contestó. Amenazó con echarnos a todas. La compañera "confesó". La echaron.

Nos pagaban una miseria. No había aguinaldo, ni vacaciones, ni remedios; eso recién vino con el peronismo, aunque fueron ideas de Palacios. Pero es cierto que Perón lo hizo posible.

Creo que ahora volvemos a una época como la del '30. País rico, pueblo pobre. Es como un libro que ya leí.

Siempre todo fue más difícil para las mujeres. Una compañera se animó a ser delegada. Cuando habló por primera vez en la reunión del sindicato, los hombres empezaron a reírse. Un grupo de izquierda los hizo callar. Les hizo ver que era una compañera que se ganaba los garbanzos como ellos. Pero el clima general era así porque la Argentina es un país muy machista.

UN AMOR QUE LIBERA

Me casé a los veinte años. El tenía veintitrés. Era obrero y trabajaba en la misma fábrica que yo, pero leía mucho y veía las cosas... La gente, cuanto más lee, o más estudia, más se da cuenta de la injusticia. Por esa razón los militares no quieren que el pueblo estudie. Por eso quemaron bibliotecas cuando cayó el peronismo.

Con mi marido teníamos ideas, pero nunca pensamos ser revolucionarios. Nuestra vida era una lucha por mejorar. El era sindicalista. Yo no.

Mi marido me liberó. Me enseñó mucho. Sobre todo a leer. Leía libros que me interesaban, sobre todo de historia. Una vez quise saber por qué se festejaba el 1º de Mayo, y descubrí que no era una fiesta. Debería ser un día de duelo por la matanza que hicieron en Estados Unidos.

Nunca nos conformamos con la injusticia. Sabíamos que nos pertenecía algo más. Y eso sigue siendo verdad. Cuando los obreros hacen huelga la gente se enoja. No entienden que es la única arma que tienen.

Desde que recuerdo, en nuestro país hubo un golpe de Estado tras otro. La eterna musiquita y boletín número uno, número dos... Cuando lo voltearon a Yrigoyen, hubo gente que aplaudió. Yo no sé bien qué gobierno hizo Yrigoyen, pero sé que no persiguió a la gente.

Con los militares fue el reino de los conservadores, y yo me acuerdo muy bien que en mi pueblo, con el nombre del caudillo conservador se tapaba todo y tenía un grupo de matones que hacían llevar preso a cualquiera. Por eso se han llevado bien con los ingleses. Yo he conocido ese tiempo y sé que nos deben mucho. Nos deben las Malvinas y nos deben todo el trabajo que hicimos como esclavos cuando eran los dueños.

Otra cosa que nunca me gustó fueron las damas de beneficencia. Un tiempo trabajé en un asilo de ancianos que era de un grupo de ellas. Estaban abandonados, pero el día que venían las damas, estaba todo bien. Ponían a los viejos limpios y almidonados. Al otro día volvía a ser lo mismo. Ellas venían cargadas de joyas y pieles a regalar alguna cosa. Odiaba lo que hacían porque una persona se tiene que ganar lo que come. Esa es su dignidad y es humillante tratar de conformarla con dádivas.

UNA COMPAÑERA DE CINCUENTA Y CINCO AÑOS

Ya en la Libertadora anduve a las corridas ayudando gente. Yo no soy peronista, pero no podía ver que los militares persiguieran a la gente.

Del peronismo siempre agradecí los derechos que les dieron a los trabajadores y admiré a Eva. Ella hizo mucho por la mujer.

Mi hijo que cayó era dirigente obrero y también estaba en la guerrilla. No tengo vergüenza de admitirlo. Siento que si negara lo que él fue lo estaría traicionando.

Me di cuenta de que mis hijos estaban en algo porque en casa había muchas reuniones. Yo nunca les negué la casa. Pensé que si mis hijos estaban, y la buena gente que conocí también estaba, era porque algo bueno para el pueblo tenía que salir. Porque aquí tiene que cambiar. A la derecha, a la izquierda, blanco o negro, pero tiene que cambiar. Por eso no tuve problemas en colaborar. Tenía cincuenta y cinco años cuando empecé.

Mis hijos se criaron en un ambiente donde la solidaridad era importante. Empezando por la familia. Si a uno no le interesan los que están cerca, ¿cómo le van a interesar los demás?

Los dos tenían ideas socialistas y el mayor fue sindicalista desde chico. Alrededor del '70 me di cuenta de que andaba en algo más. Un día me habló de un grupo en el que también estaba el hermano, quien justamente por esos días se tuvo que ir del país para ir a un encuentro político. Comprendí que si se iba dejando a la esposa y a los chicos, era una cosa en serio.

Comenzaron a hacerse reuniones en casa, con el permiso mío y de mi marido. Abracé esa lucha con mucho sentimiento, incluso con más intensidad que mi marido, que era más sereno. Me daba cuenta de que iba a ser difícil, que nos iban a perseguir, pero sentía que estábamos dando un paso importante hacia una meta maravillosa. Tal vez nosotros no lo íbamos a ver, pero era ir hacia delante…

Primero fui una simpatizante, como se decía. Después, hablando con los muchachos y las chicas, entendí más cosas y ya empecé a trabajar. Hice pintadas, repartí volantes, viajé a muchos lugares para hacer tareas con otras compañeras, ayudé para alquilar casas cuando se precisaba. Una vez, trabajando para hacer un congreso, pasé un susto terrible.

Habíamos elegido una casa en un lugar apartado. Tenía que ser amplia porque iba a venir muchísima gente. Nos mudamos con muebles, como cualquier persona, y mi esposo se puso a trabajar con un compañero en un galpón que sería para las reuniones.

Un día que hacía mucho calor, después de almorzar me di un baño y me tiré sobre la cama para descansar un rato. Dejé la puerta abierta para que entrara aire y me quedé dormida.

De pronto me pareció notar entre sueños que había alguien. Abrí un poco los ojos y distinguí una sombra en la puerta. Ese día tal vez iba a venir mi hijo menor, que nos visitaba para ver cómo iba todo. Le gustaba hacerme bromas y yo, pensando que era él, le dije sin abrir los ojos del todo: "No te hagas el cana". No me contestó y entonces miré de nuevo.

Era un militar grandote, con ropa verde oliva. Me levanté de un salto y traté de mostrarme tranquila, pero pensaba lo que había dicho y me quería morir. El me trató bien y me pidió que saliera. Desde la puerta vi el patio lleno de militares y policías armados. A mi marido y al compañero los estaban interrogando. Revisaron la casa de punta a punta, golpeando las paredes con la culata de las armas. Buscaban armas, algún escondite. Por suerte, la casa estaba "limpia", como se dice. Yo pensaba en mi hijo y rogaba que no fuera a llegar.

El militar me preguntó qué hacíamos ahí y yo le conté que el médico le había dicho a mi marido que ya no podía trabajar. Que nos habían recomendado un lugar tranquilo para vivir. Me contestó: "Sí, es tranquilo, pero siempre viene alguno a arruinarlo". Mientras tanto otros seguían hablando con el compañero y mi marido. Pensé: "Chau, se terminó todo".

Se llevaron a mi marido, y yo me desesperé, pero volvió más tarde. Después supimos que el problema no era con nosotros. Otro grupo tenía un depósito de armas o algo así por ahí, y como los andaban buscando revisaron todas las casas.

A la noche no pude dormir porque sabía que a veces iban de día para volver a la noche. Mi marido me cargaba y me decía: "Bueno, ahora voy a ver si sos una militante de verdad".

Al día siguiente llegó mi hijo y prácticamente lo echamos.

No sabíamos qué hacer porque el ejército seguía dando vueltas y hablando con los vecinos. Nosotros habíamos dicho que estábamos probando unos días para ver si nos gustaba y pensamos que si nos íbamos enseguida iba a ser sospechoso. Así que nos quedamos un poco más y nos aguantamos el miedo, que era mucho, como unos señoritos.

Al final mi hijo no resistió los nervios y nos vino a buscar con una camioneta. El congreso no se hizo y volví a la vida de siempre. Andaba por todos lados llevando panfletos, mensajes, fierros. Estaba durísimo con los militares porque revisaban mucho... Pero nunca tuve miedo; al contrario, me gustaba mucho eso de estar con la gente joven. Veía qué diferentes eran las chicas a las de mi época. Mucho más libres, instruidas. Y así viví siete años hasta que pasó esto de mi hijo, tan terrible...

LA REVOLUCION QUE NO ERA PARA MAÑANA

Las acciones armadas me parece que eran necesarias. Con los años que tengo encima, he visto que cuando el pueblo quiere levantar cabeza por derecha no lo dejan. Por eso, una vez que oí decir "Por algo se lo llevarán", contesté: "Claro que es por algo, si se hubiera quedado sentado, viendo cómo lo esclavizan, no se lo hubieran llevado".

Yo pienso que hubo muchos errores en la dirección. Pensaban que podían tomar el poder, que la revolución era mañana, y creo que se equivocaron. Faltaba mucho todavía y tropezamos muy pronto. Era la juventud. Recuerdo que un día unas chicas estaban contentas porque habían vendido mil revistas en una fábrica. Yo les dije: "No se confundan. No son mil militantes, son apenas simpatizantes, y tal vez ni siquiera eso. Para que una revolución triunfe tiene que estar todo el pueblo...".

También creo que en el partido había machismo y no me gustaba nada. Había compañeras muy capacitadas, que se jugaban con las armas; sin embargo no llegaban a los puestos altos.

La mujer suele tener menos fuerza física que el hombre, pero he visto mujeres con una decisión y un coraje que muchos hombres no tienen.

Cuando viví en Europa me pareció que la mujer estaba mejor, pero ellas empezaron antes. Con todo, hay cosas del feminismo que no me gustan. He conocido feministas que se portaron muy bien con las mujeres exiliadas que andábamos en la solidaridad, pero no me parecían bien las que eran como marimachos, o las que tenían bronca a los hombres. A los hombres hay que enseñarles que tienen que estar a la misma altura con las mujeres.

Tampoco me parecía bien que a veces se dijera en el partido que los militantes no tenían que tener lazos familiares para dedicarse a la lucha. ¿Si no tienen una familia, por quién van a luchar? Yo cuando colaboraba me sentía feliz, porque pensaba que yo no iba a ver la revolución, pero mis hijos sí. Ahora veo que me mataron un hijo, y que nos derrotaron en ese intento, pero espero que el sueño se cumpla para mis nietos.

Cuando volví del exilio encontré el país muy cambiado. Al principio pensé que era yo. Después me di cuenta de que no. Creo que los años de dictadura fueron tan malos que se generalizó un "sálvese quien pueda". Eso es muy malo. No hay que permitir que a uno le roben la fe. Yo nunca voy a perder la ilusión de que se llegue a vivir en una sociedad sin injusticia.

Ya era tarde. La contemplé sentada frente a mí, con las manos cruzadas sobre el regazo y me recordó a la protagonista de "La vieja dama indigna".

—¿Cómo se definiría usted?

—Como una luchadora.

Nelida Augier
("Pola")

La carta llegó mucho más tarde de lo que yo esperaba, o desesperaba ya de recibir.
Sin embargo, la espera había valido la pena.

Tu carta me ha hecho pensar en muchas cosas que las he tenido muy adentro necesariamente, no por clandestinidad, sino por el dolor y la tristeza que los recuerdos me provocan. Este es un proceso que comencé cuando mi hijo regresó por primera vez a la Argentina después de tantos años. No me preguntes cuántos, no quiero contarlos...

Estoy escuchando a Mercedes Sosa, en medio de un montón de casetes que mi hijo ha traído de León Gieco, Spinetta, Fito Páez, Charly García. Por supuesto, por ahí está "colado" algún merengue para darle el toquecito tropical al que me he habituado bastante, tal vez demasiado.

La música es un gran removedor de recuerdos, al menos para mí, y me está ayudando a rearmar ese hilo de ternura que me une a mi tierra.

Desde el día que dejé la Argentina, intenté olvidarla para poder sobrevivir emocionalmente. Formé un nido en lo más íntimo de mi ser y lo guardé como algo imposible de reemplazar. El exilio es para mí una gran carencia con olor a calles, lugares, personas queridas y no tanto, colegio, universidad, montañas, ríos.

En estos momentos en Nicaragua no me siento una exiliada, porque a pesar de las grandes dudas y miedo encarnados, creo que podría regresar. La vida, sin embargo, se te va enredando con los años y una de las grandes enredaderas que me atan a este querido país es mi hijo de doce años, una gran hojarasca de amor y ternura "mi nica pinolero", que tiene una muy vaga idea sobre la Argentina.

Esta tierra me cobijó, me brindó su nacionalidad y sobre todo, me dio seguridad para poder estar con mis dos hijos. Cuando José, el mayor, regresó de allá con la decisión de poder estudiar su carrera universitaria en la Argentina, me alegré muchísimo, pero también sabía que esto me produciría grandes angustias. El, aunque ama Nicaragua, se siente muy argentino. Carlos, el menor, dice que es "noventa y nueve por ciento nicaragüense y uno por ciento argentino…". Como verás, estoy un tanto dividida por la vida, las circunstancias y mis hijos, que son la razón fundamental para vivir.

Me diste la opción de permanecer en el anonimato, pero la rechacé porque asumo desde lo más profundo de mí misma todo lo que hice.

Podrían discutirse errores políticos, ideológicos, sumergiéndonos en interminables discusiones que tanto nos gustaban en una época; pero no quiero hablar de eso (ya muchos lo han hecho).

Yo quiero hablar de los muchachos y muchachas que se enfrentaron al poder establecido, con una ternura, una pureza, que nos sacaba del mundo cotidiano, de la miseria humana, y con esa gran inmadurez que albergaba tanta seguridad y convicción, no sólo nos olvidamos del miedo, sino además, pretendimos representar a todo un pueblo.

Aun así, me siento orgullosa de haber pertenecido a esa generación de argentinos, que no eran sólo los guerrilleros, sino toda esa gente que nos rodeaba: simpatizantes, colaboradores, familiares que creían en nosotros, o solamente nos respetaban, o simplemente nos amaban… Incluso aquellos vecinos que se daban cuenta de que en esa casa había movimientos raros, pero que se callaban porque "la muchacha tiene cara de buena".

Por todos ellos, por los que puedan leerme y prefieran callar, y los que nunca podrán leerme porque ya no pueden hablar, no puedo, pero sobre todo no quiero callar, que fui militante del PRT y una de las fundadoras del ERP.

El sobre, grande, contiene además unas fotos.

En una, blanco y negro, una mujer joven, hermosa, pelo largo y lacio acompañada por un niño. Me quedo mirando los rasgos armoniosos, la mirada (¿ojos claros?) y la sonrisa leve (apenas esbozada, se me ocurre, para la foto). Así que ésta es Pola, pienso, y en el acto recuerdo el comentario de un ex compañero: "Era divina y más de uno estaba loco por ella".

Las otras corresponden, evidentemente, a épocas diferentes:

Benito Urteaga, padre de José, su hijo mayor; Pola sonriente acompañada por una amiga y tres niños, uno está de espaldas a la cámara. Pola dice que es José, y que no quería salir, por eso se dio vuelta. En otra, José, grande ya, abrazando a Pola junto con su hermano. Ella es solamente un rostro feliz, asomando apenas entres estos dos "bebés" que han crecido tanto.

Vuelvo a mirar la foto de Pola joven con el niño. Esta es, sin duda, la imagen que corresponde para recrear los hechos que sucedieron.

Nací en Tucumán y ya durante la escuela secundaria me acerqué a grupos revolucionarios. Más tarde, cursé un año en la Universidad de Córdoba, y continué mi actividad política. Vivía con mi abuela, que alertó a mi madre: "Esa chica anda en política". La reacción materna fue práctica y concreta: regresé a Tucumán. Esto no fue un obstáculo para mi vocación revolucionaria, y poco tiempo después tuve la primera cita para ingresar como aspirante al partido (PRT), en una esquina de San Miguel de Tucumán.

Llegué puntual. Diecisiete años, largo pelo lacio hasta la cintura, diminuta minifalda, blusa escotada, y un corazón que latía emocionado por la inminencia del encuentro con el "Responsable".

—¿Estás segura de lo que querés hacer? —la pregunta, acompañada de una mirada que se paseó sobre mi atuendo, me cayó como un balde de agua fría.

—...Yo de marxismo mucho no entiendo, pero me duelen los niños con frío y hambre —atiné a decir, mientras trataba, en vano, de estirar la mini, que seguía muy lejos de mis rodillas.

—¿Has leído algo?

Pronuncié el "no" más tímido de mi vida, sin agregar que todos los libros que había intentado leer en Córdoba me habían parecido el colmo de lo aburrido.

—Te mando otra cita dentro de unos días con el contacto —agregó con cara de asco antes de alejarse.

Volví furiosa y desilusionada, ya iba a ver la próxima vez...

Nueva cita en un bar.

Llegué primero. Pelo corto como hombre, zapatillas, *blue jeans,* camisa de hombre. Elegí una mesa medio escondida y esperé. Al rato entró. Su mirada pasó en vuelo rasante sobre mi mesa sin acusar ninguna reacción, y se sentó en otra. Diez minutos después, yo seguía esperando una seña, algo, pero nada. El, muy derechito en su lugar, sólo miraba de vez en cuando el reloj. Decidí acercarme y frente a él dije: "Soy yo". Me miró asombrado, obviamente no me había reconocido con el nuevo *look*.

—Qué loca —dijo, mientras lanzaba una carcajada y me tomaba de la mano. Sonreí. El hielo se había roto.

TU NOMBRE ES POLA

Estábamos en mi primera reunión de equipo. Clarisa Lea Place, mi primer contacto, mi primera responsable, una verdadera madre política para mí, me dijo que me llamaría Pola.

—¿Por qué? —pregunté.

—Porque es un nombre muy bonito y te queda bien —contestó.

Pola Augier había nacido. Desde ese día, enterré el Kika familiar y como pequeño homenaje a esa gran mujer que era Clarisa, nunca dejé de usarlo.

Clarisa y yo estudiábamos Derecho, vivíamos juntas en una pensión con lo mínimo para sobrevivir, y lo poco que teníamos lo gastábamos en aerosoles, marcadores y papel.

Nos levantábamos a las cuatro de la mañana para estudiar marxismo y hacer carteles. Más tarde nos íbamos a clase. La facultad, empapelada con las siglas TAR (Tendencia Antiimperialista Revolucionaria) en rojo y negro, era una prueba de nuestro celo propagandístico.

Con una insistencia que los Testigos de Jehová hubieran envidiado, nos parábamos en la puerta de las aulas a vender el periódico. Creo que terminaban comprándonos por cansancio, y finalmente comenzaron a respetar a estas dos muchachas que hablaban de la lucha armada.

En la facultad había grupos de derecha con los que teníamos frecuentes escaramuzas. Uno de ellos se enamoró de Clarisa y me tomó como confidente de sus cuitas amorosas. Esperaba que lo ayudara sin comprender que para nosotras eran enemigos.

Los días de pintadas salíamos a las cuatro. No había mucho riesgo y a mí me gustaba mucho. A eso de las seis de la mañana esperábamos que abrieran las panaderías para comer pan calentito.

En esa época vi dos veces al comandante Santucho. La primera vez, nos invitó a comer a Clarisa y a mí. La segunda, fuimos a ver *La batalla de Argel* en un cine al aire libre. Esa noche tucumana quedó como algo imborrable. Poco después cayó toda la dirección, incluidos Clarisa y el Comandante. Yo, "descolgada", debí esperar unos días hasta que llegó la orden de trasladarme a Córdoba.

BIENVENIDA A CORDOBA, COMPAÑERA

Subí a un Citroën que me esperaba en la Estación Terminal.

—¡Yo sabía que ibas a terminar con nosotros! —dijo el Gringo Menna mientras me saludaba efusivamente.

Junto con otros dos compañeros, avanzamos tranquilamente por las calles de esta ciudad donde había cursado mi primer año de universidad, cuando de pronto detuvieron el auto y se bajaron sin decirme nada. Me llamó la atención que, a pesar de la temperatura agradable, llevaran bufandas. Unos veinte minutos después aparecieron corriendo, y partimos raudamente.

Yo no entendía nada, pero no me animaba a preguntar. Pocas cuadras después comenzaron a reírse mientras me decían: "Bienvenida a Córdoba, compañera, acaba de participar en la expropiación de un Correo".

Quedé muda por la sorpresa, mientras pensaba: "estos cordobeses son más locos que nosotros".

Me preguntaron si sabía manejar armas. Recordando lo que había visto dije que sí, aunque lo único que había hecho era armar y desarmar una nueve milímetros que me quemaba en las manos. Así fue como entré a las acciones armadas de puras ganas, sin saber muy bien lo que significaría en la práctica.

TUCUMAN, A DEDO

Un compañero llegó a buscarme, con la orden de regresar inmediatamente. El no tenía plata y los cordobeses tampoco. Pero a Tucumán había que ir. Salimos a la ruta y empezamos a hacer dedo. Muchas horas después, el compañero y yo, descompuestos de hambre, comimos —gracias a la generosidad del camionero— un sándwich del que todavía puedo recordar el olor.

Así cumplíamos las órdenes, jóvenes y convencidos. Invencibles, en una palabra.

Ya en Tucumán supe que estaba designada a una práctica en el monte, dirigida por el Comandante, libre ya, como el resto de la dirección, de aquella detención que nos había separado.

Orgullosa y feliz por haber sido elegida, partí junto con los otros. Clarisa, otra compañera y yo éramos las únicas mujeres de la partida.

Unos simpatizantes nos prestaron mochilas. A mí me tocó una roja, enorme. Como buenas mujeres les metimos de todo, creo que pusimos hasta sábanas.

El encuentro era a las once de la noche en una finca semiinternada en la montaña. Formamos fila, éramos unos treinta, y el Comandante pasó revista. Al llegar a mí —y a mi mochila—, preguntó: "Polita, ¿vas a poder con eso?". Contesté muy decidida: "Por supuesto, Comandante". La caminata duraría casi toda la noche. Unos veinte minutos después, pisé mal y el peso de la mochila me hizo perder el equilibrio. Quedé como una tortuga, panza arriba, sin poder levantarme. El Comandante, que me ayudó a incorporarme sin un reproche, me entregó su mochila y tomó la mía. Súperavergonzada, contemplé la suya: verde oliva, pequeña, liviana, y con todo lo necesario.

Nos disponíamos a acampar cuando comenzó a llover. Junto con las hamacas nos entregaron unos plásticos que, colocados sobre una soga, caían formando un techo a dos aguas para no mojarse… cuando uno tiene práctica y lo arma bien.

Luchando bajo la lluvia con las sogas de mi hamaca, oí que alguien me decía despacito: "Meté la soga en una horqueta, si no al acostarte se viene al suelo". Lástima que no me dio "el secreto" para el plástico… Me acosté y me quedé dormida unos diez minutos, porque la lluvia comenzó a empaparme. El agua helada parecía correr directamente por mis huesos. Creo que esa noche aprendí, para siempre, lo que es sentir frío. A las cuatro de la mañana apareció Clarisa, envuelta en una frazada, a despertarme porque me tocaba la guardia.

—Estoy toda mojada —le dije.

—Yo también —me contestó. Puso la mano en mi hamaca y agregó: "¡Acá hay más agua que afuera!".

Corrió a su mochila y volvió con un par de medias secas y una camiseta. Reconfortada por la tibieza de esa ropa y la ternura de Clarisa, fui a mi puesto de guardia.

Más tarde, me acerqué a la hamaca del Comandante. Estaba seca. El secreto era poner el plástico muy bajo, y casi todos, inexpertos de la vida al aire libre, lo habíamos colgado muy alto. Aprendí muchas cosas, pero con la humedad y la lluvia no se podía. Pasé toda la práctica mojada y helada.

Las mujeres nos portamos muy bien, aunque resultaba duro por momentos. Durante los ejercicios de tiro, por ejemplo, había que tirarse cuerpo a tierra, en medio del barro, y cuando lo hacías mal, de nuevo al suelo y al barro.

En un descanso, Clarisa se acercó y me felicitó: "Tiraste bien, ¿cómo te sentís?". Yo estaba contenta, pero cansada. La miré dudando, y luego dije de un tirón: "Preferiría estar en una gran bañera, llena de agua caliente, con un rico café con leche, y medialunas".

Clarisa, dulce y tierna, pero muy dura cuando consideraba que algo estaba mal, me lanzó el peor de los calificativos que podías escuchar de un compañero: "Pequeñoburguesa", dijo, dio media vuelta y se alejó.

Esos días intensos y llenos de pequeños acontecimientos iban cimentando tu experiencia en la lucha. Aprendías de todo y con todos, hasta con episodios cómicos.

Un día, salimos Clarisa y yo para el lado de Cochuna, con tres obreros del ingenio Santa Ana. Yo no era mala para caminar y siempre terminaba ayudando a Clarisa que, físicamente más pequeña, se cansaba más pronto de andar cargada.

En un alto, quisimos bañarnos en un río, y con la "orden" de hacer guardia a los obreros, nos metimos, semidesnudas, en el agua.

Más tarde el capitán Pepe nos contó, muerto de risa, que al caer detenido, uno de los obreros había contado, con lujo de detalles, nuestro baño…

Fue mi primer choque entre la mística y la realidad. Nuestra ingenuidad nos había hecho suponer que esos "proletarios" cumplirían a pie juntillas las órdenes de dos estudiantes.

HACIA EL V CONGRESO

Trasladaron a Clarisa a otro frente y yo asumí su lugar por un tiempo.

Era un momento difícil en la política del partido, por luchas internas en la fijación de las líneas a seguir. Clarisa y yo, fieles seguidoras del Comandante, pusimos todas nuestras energías para combatir a los que se opusieran a sus propuestas y elaboramos un plan para mantenernos mutuamente informadas de la evolución en la lucha de tendencias. En Tucumán, el Comandante tenía un ascendiente muy fuerte, y las otras tendencias, lideradas en su mayoría por cuadros que militaban en Buenos Aires, no tenían muchas oportunidades de ganar. De todos modos, podían enviar un delegado a las regionales a fin de exponer su posición.

Uno solo de los delegados fue a Tucumán. Era hombre, miembro del Comité Central, y tenía excelentes conocimientos teóricos. Yo era mujer, no tenía su cultura política y mi rango en la organización era inferior al de él. Sin embargo, nunca me quedé callada. Creo que es un buen ejemplo de diferencias entre estrategias masculinas y femeninas. El trabajó con lo teórico, yo me apoyé en los sentimientos de la gente tucumana, que conocía muy bien. En cada reunión, luego de sus exhaustivos —e impecables— análisis, yo comenzaba con un "pasemos a la práctica". Esto prendía inmediatamente en nuestra gente, que en esa época tenía la presión de los obreros de FOTIA, muy combativos, soportando los embates de la crisis azucarera y, como gente luchadora del interior, no muy afectos a la "intelectualidad porteña".

Supongo que por esa razón fui elegida delegada al Pre-Congreso Regional, donde se votarían los delegados al Congreso. La flor y nata de las tendencias estaba presente. Clarisa y yo caíamos encima de cualquiera que mostrara dudas sobre "el camino a seguir" y fuimos las únicas mujeres delegadas al V Congreso.

Es importante destacar que el único frente que envió delegadas mujeres fue Tucumán. Ana María Villarreal de Santucho también estaba, pero al no ser delegada, no tenía derecho a voto. Ni los porteños, ni los cordobeses, ni los rosarinos, enviaron una mujer. El machismo de nuestra organización se evidenció aquí, y no fue la única vez. Esa, que fue la más criticable de las características, se manifestó hasta los últimos momentos.

EN UNA ISLA DEL PARANA

El momento crucial había llegado.

Haciendo una supersíntesis, que a más de un teórico espantaría, lo que estaba en juego era: lucha armada ya, o lucha armada quién sabe cuándo.

Mucho se ha escrito sobre esto en diferentes libros pero, siguiendo con mi síntesis, lo que a mí me importaba es que al cabo de las votaciones había ganado la propuesta del Comandante. Después de verlo con ceño fruncido y rostro grave durante las deliberaciones, una amplia sonrisa iluminaba ahora su rostro aindiado.

En este Congreso conocí a destacados miembros de nuestra organización. De Buenos Aires: Joe Baxter, Bonet, Mattini, Pujals. Luis (Pujals) fue nuestro primer desaparecido y uno de los compañeros que más respetaba políticamente el Comandante. De Rosario: Jorge Benito Urteaga, que más tarde sería mi compañero; Gorriarán Merlo, el Colo, el Cuervo, el Tordo Benedetti, Jorge Molina. De Córdoba: el Gringo Menna, Fotti, el Negro Mauro. De Tucumán, el Negrito Fernández, el capitán Francisco, Leandro Fotte, Marcelo.

Regresamos a Tucumán, en el mismo tren, pero separados. Clarisa y yo encontramos dos asientos uno frente al otro y nos acostamos, todo a lo largo, felices por sentirnos vencedoras, y cansadas de haber dormido tan mal últimamente.

Yo me desperté sobresaltada porque alguien me zamarreaba. Era un compañero que dijo: "Estamos entrando a Tucumán, han dormido casi dieciocho horas y en un tren". Lejos de mostrarse preocupada por nuestra infracción a la seguridad, Clarisa —a quien yo decía que en otra vida seguramente había sido princesa— sonrió con aire aristocrático.

DURMIENDO CON EL "CAÑO" AL LADO

Habíamos recibido la orden de iniciar acciones tendientes a conseguir armas y pertrechos para futuras unidades armadas. Al mismo tiempo, debían continuar las acciones de propaganda: apropiaciones de camiones con comida para repartir en los barrios pobres, y "caños" (bombas caseras) en las empresas imperialistas.

Preparamos con un simpatizante tres caños de gelinita y salimos a colocarlos de madrugada.

Ibamos en una moto, y mientras yo colocaba la primera, el compañero mantenía la moto en marcha. Unas tres cuadras después, le pedí que se detuviera para escuchar la detonación. Procedimos igual con las dos bombas restantes, pero la tercera no explotó. Mientras tanto, y por las otras dos explosiones, ya se oían las sirenas de algunos patrulleros. Dije al compañero que volviera, recogí el caño sin quitarle el detonador, y me lo llevé a casa. Era tarde y estaba cansada así que lo dejé al lado de la cama, y me acosté a dormir.

Al día siguiente vino un compañero de la dirección regional y me preguntó qué era eso. Le contesté muy tranquila: "Es un caño que falló anoche". Una semana presa (no podía salir del domicilio). Mi primera sanción dentro de la organización.

Más tarde me tocó entrar a una distribuidora de máquinas de impresión, que necesitábamos para nuestro trabajo de propaganda. Eramos seis compañeros y yo estaba al mando. Entré con una pareja, dejé un compañero en la puerta y los otros dos afuera, cada uno en un auto. La complicación era reducir a la gente sin que le pasara nada a nadie. En eso no hubo problemas, pero no había calculado que necesitaba dos hombres adentro para cargar las máquinas. Le dije a la compañera que cambiara su puesto con el de la puerta. Ella hizo una mueca de disgusto, ser "campana" era un escalón inferior de la acción, pero me obedeció.

En ese momento el otro compañero me informó que una de las empleadas tenía un desmayo, mientras las otras comenzaron a gritar que era enferma del corazón. Me acerqué y le tomé el pulso. Era normal y no estaba muy pálida. Pedí a los compañeros que se apuraran, y al terminar, ordené a la gente que pasara a la habitación de atrás. Tenía que encerrarlos con llave, pero no lo hice pensando en la mujer descompuesta. Salimos en el segundo auto que esperaba y al llegar a la esquina, el que manejaba me dice: "Mirá atrás". Al darme vuelta veo a dos empleadas y a la "desmayada" gritando histéricamente en la calle. Inmediatamente un taxista comenzó a seguirnos. Yo dudaba entre dispararle o no porque no sabía si era un policía o un idiota con vocación de héroe. Resolví, para estar segura, meternos a contramano por una calle... y chocamos con un camión de bomberos. Nos bajamos todos armados, y al vernos, los bomberos se tiraron del camión. Nuestro auto, con la máquina en el baúl, estaba todo chocado y pensé que no serviría. Grité a uno de los compañeros que consiguiera otro, pero entre el susto y el nerviosismo el compañero volvió al mismo auto y salió retrocediendo. Parecía una película yanqui. Seguí encañonando a los bomberos y en ese momento apareció un patrullero por la esquina opuesta. Mi reflejo inmediato fue parapetarme tras el camión y comenzar a disparar al patrullero mientras nuestro auto se iba. Creí que me había quedado sola, pero oí otra arma disparando de mi lado. Miré y era la compañera que antes había dejado de "campana". Afortunadamente, el patrullero retrocedió y se alejó. Inmediatamente comenzamos a correr mientras nos quitábamos las pelucas y los anteojos, que metimos, junto con las armas, en nuestros bolsos. Tiramos los pulóveres y unas diez cuadras después, nos separamos.

Llegué a una reunión en la que tenía que encontrarme con mi responsable regional, Jorge Molina, que me miró sorprendido. "Pensé que estabas

presa —dijo—, oímos por la radio que habían tenido un enfrentamiento."
Mientras contaba lo sucedido estallaron las risas de todos.

"LA PROXIMA VEZ TENE MAS CUIDADO"

Mi trabajo político se realizaba en varias villas, y me gustaba muchísimo. La gente me recibía con cariño y establecí relaciones muy lindas que no he olvidado.

Un día, en medio de una reunión, entró una vecina avisando que la policía había rodeado la villa y buscaban "a la cumpa". La mujer, que era una prostituta, me agarró del brazo mientras decía: "Vení conmigo". Salimos corriendo las dos entre los vericuetos del barrio. Era de noche, no se veía casi nada, y me impresionó el silencio que se había producido. Solamente se oían algunos gritos que cambiaban los policías entre ellos. De un empujón la mujer me metió en una casita miserable y me encontré frente a otra mujer, sentada en una cama. Ninguna de las dos tenía más de veinticinco años. La que venía conmigo me ordenó desvestirme y como yo demoraba, comenzó ella misma a tironearme la ropa. En pocos minutos me encontré vestida con una minifalda, un pañuelo anudado en la cabeza y unos zapatos con tacos altísimos, que no me entraban, porque tengo pies grandes. Después de pintarme los labios de rojo intenso, salí apoyada en el brazo de cada una por las calles polvorientas. Las piernas me temblaban y los tacones no ayudaban. Desembocamos en la única calle con luz, un foco diminuto en realidad, y vimos a los patrulleros cubriendo la salida.

Ellas comenzaron a reírse a las carcajadas. Yo, con los pies apretados, me preguntaba cómo haría si tuviera que correr.

A pocos metros de los policías, la que me había disfrazado me dijo: "Mové un poco el culo, che".

—¿Adónde van ustedes? —preguntó uno de ellos.

—A trabajar, cariñito —contestó mi salvadora mientras le tocaba el mentón. El otro comenzó a manosearla y ella, riéndose, lo evadió mientras decía: "Quietas las manos, gordito, que esto se paga". Nos alejamos bajo la mirada sobradora de los otros policías que observaban la escena. Yo trataba de caminar suelta y poner cara acorde, pero me sentía rígida como una tabla. Llegamos a la parada del colectivo y me dejaron allí, con dinero para el pasaje. "La próxima vez tené más cuidado", me dijeron y se alejaron muertas de risa.

No fue la única vez que me encontré con prostitutas. Muchas veces hicieron de correo y a todas las recuerdo con respeto y ternura.

EL AMOR TIENE SUS PROPIOS RECURSOS

Fui elegida para asistir a la primera escuela militar del partido estructurada seriamente, y tres meses después salí pensando que sería destinada nuevamente a Tucumán. Pero no fue así.

En esa época, Robi Santucho estaba preso en Rawson y había nombrado responsable del partido a Mariano (Benito Urteaga). Desde la prisión le hizo llegar una lista con los lugares a que debíamos ser destinados los egresados de la escuela. Más tarde supe que a mí me tocaba Rosario. Mariano me armó una cita con la gente de ese frente, pero por una u otra razón nunca llegó a concretarse. Mientras tanto el tiempo pasaba, y yo seguía "colada" en Buenos Aires. Esta situación irregular tenía una explicación muy simple: Mariano me había "echado el ojo", y trataba de mantenerme cerca. Mucho tiempo después, cuando ya éramos una pareja, conseguí un día que reconociera su maniobra.

Me encontré viviendo en Buenos Aires, ciudad que no me gustaba y donde me sentía muy insegura. Extrañaba Tucumán, mis amigos, calles que conocía como la palma de mi mano y por donde me movía con soltura y rapidez.

La primera casa donde me tocó vivir era de un psicólogo simpatizante. Personaje cómico e inolvidable, dormía en el suelo para cederme su cama, y todas las mañanas me despertaba con la Internacional.

El frente de Buenos Aires era muy teórico, tal vez porque estaba lleno de profesionales, y el Comandante, desde la cárcel, había resuelto "agilizarlo". Mi presencia, y la de otros compañeros del interior, constituyó la llamada "invasión de los campesinos" que vinieron para empujarlos a la acción. Nuestra juventud, y también nuestra inexperiencia, nos hacía ver como un pequeñoburgués a todo el que no anduviera con un fierro. Creo que fue un error; seguramente, hubiera sido más sensato y provechoso dejar que cada miembro trabajara en el ámbito de lo que era capaz.

Mi relación con Mariano significó un cambio fundamental en mi vida que viví, al principio, con bastante preocupación. La moral del partido era muy rígida, especialmente en lo que se refería a las relaciones de pareja. Cualquier compañero que no fuera fiel era criticado y sancionado. Nadie se salvaba de eso, ni siquiera el Comandante. Cuando vivió una relación con Clarisa, antes del V Congreso, se armó un lío terrible, y estoy segura de que únicamente las presiones que recibió de todos lados lo hicieron separarse de ella, que lo amaba profundamente.

Mariano había tenido una relación muy fugaz con Clarisa, antes que ella cayera presa (estaba también en Rawson). Como yo no podía hablar con ella, me sentía mal, como una traidora. Mariano estaba tranquilo, creo que en ese aspecto los hombres son muy prácticos. El Comandante fue informado de nuestra relación, y sé que le comunicó la novedad a ella. Su muerte, aquel fatídico 22 de agosto, impidió que volviéramos a vernos y hablar como yo deseaba.

Viajando desde La Plata hacia Buenos Aires me enteré de la masacre de Trelew por la radio que el conductor llevaba prendida. Mientras los pasajeros comentaban la noticia, yo, sola y desesperada, intentaba contener mis lágrimas. La otra duda que me inspiraba mi relación con Mariano radicaba en mi carácter independiente y su situación de miembro de la dirección. Esto, en la práctica, implicaba que la mujer pasara a depender de alguna manera de los pasos que el compañero tuviera que dar, y yo no sabía si podría soportarlo.

Mariano era muy alegre y tranquilo. Le encantaba reunirse con los compañeros para tomar vino, tocar la guitarra y cantar, lo que a mí, en aquella época, me parecía una desviación pequeñoburguesa. Sin embargo, esa condición suya de alegría y broma siempre a flor de labios hacía que los compañeros lo quisieran muchísimo. Cocinaba un guiso de mondongo exquisito, y aunque yo trataba de hacerlo igual, no conseguía el mismo sabor. El me decía que la clave estaba en "la gotita de amor que él le ponía".

UN CASAMIENTO MUY PARTICULAR

Mariano había estado casado y no podíamos unirnos legalmente. A mí no me importaba porque de todos modos, nuestra vida en clandestinidad impedía un matrimonio formal.

Un día que caminábamos por Avellaneda me dijo "que ya era hora de casarnos". No le hice mucho caso, pero se metió a una joyería y compró dos anillos baratos de compromiso. Salió muy contento y detuvo a una viejita que pasaba llevando las bolsas del mercado. Sin vacilar, y con esa sonrisa compradora que conseguía todo, le dijo: "Linda señora, hemos observado a todos los que pasan por esta calle y creemos que usted es la más respetable. Ella y yo —agregó mientras me señalaba— nos queremos mucho y no podemos casarnos por razones poderosas. Quisiera que usted nos casara, ahora, aquí mismo".

Yo, muda por el asombro, estaba segura de que la mujer pensaría que estaba frente a dos locos. Sin embargo, ella dejó las bolsas y con una gran sonrisa preguntó a Mariano si teníamos anillos. Los tomó en sus manos, les dio un beso y mientras nos colocábamos mutuamente los anillos, dijo algo así como: "Deberán amarse y respetarse hasta que la muerte los separe. Dios los bendiga". Nos dio un beso, levantó las bolsas y retomó su camino.

Este tipo de cosas lo hacían único a Mariano, y muy diferente de mí. Imagino que esa calle de Avellaneda, escenario de nuestro "casamiento", habrá cambiado mucho. En aquel momento, era la única ancha. Sin embargo, ni siquiera este bello episodio consiguió hacerme amar a una ciudad que yo seguía sintiendo muy hostil, y pedí a Mariano que me enviara a Córdoba.

Deseaba intensamente tener un hijo, pero perdía todos los embarazos. Cada aborto espontáneo me dejaba muy deprimida, tenía frecuentes desmayos y debía pasar gran parte del tiempo encerrada.

Luego de uno de estos abortos, me sacaron del hospital y me acosté a dormir. Pasé tres días sin despertarme. Entre sueños oía la voz de Susana Gaggero, mujer de Luis Pujals, pidiéndome que me despertara, pero no tenía ganas de hacerlo. Al cuarto día, sola, me levanté, fui hasta la cocina y tomé agua.

Un tratamiento puso fin al problema, pero tuve que quedarme en reposo viviendo con unos compañeros en el Gran Buenos Aires. La casita, muy humilde, se inundaba cuando llovía y era frecuente encontrar los zapatos flotando al despertar. Estaba feliz, sin embargo, y soportaba los efectos desagradables del tratamiento ilusionada con el hijo que nacería. Mariano seguía con sus actividades y los primeros cuatro meses nos vimos poco. El Comandante me visitó dos veces, se interesó por mi salud y me preguntó si era necesario hacer un tratamiento psicológico. Le contesté que no sabía, pero que sí estaba segura de odiar Buenos Aires, y querer llevar a término mi embarazo. En ese momento no me contestó nada, pero unos meses después Mariano me comunicó que nos íbamos juntos a Córdoba.

DESDE YA LE DIGO QUE POR ALLI NO SALE NADA

El ginecólogo oyó mi comentario con aire de suficiencia, pero él no me conocía y no podía saber entonces que cuando se me metía algo en la cabeza era imposible hacerme cambiar de opinión. Me internaron el 19 de diciembre porque mi fecha de parto estaba cumplida y comenzaron a aplicarme suero. Yo, nada. El médico, indignado, insistía con el suero, dispuesto a no ceder a mi idea de la cesárea. El 20 a la tarde se dio por vencido y me llevaron a la sala de operaciones. José, perjudicado en esta batalla, tuvo que ser llevado a una clínica neonatológica porque había tragado líquido amniótico.

Casi quince días después, temblando de miedo y emoción, subí a un avión con él en brazos para regresar a Buenos Aires. Cuando llegó la hora de la mamadera comenzó a chupar y la escupió. Hice varios intentos con idéntico resultado y, ya desesperada por su llanto, empecé a gritar que necesitaba un médico. La azafata observó la mamadera y mirándome con aire de infinito cansancio, me aclaró: "Señora, a la tetina de la mamadera hay que hacerle un agujerito para que salga la leche…". Cinco minutos después José chupaba feliz y yo comenzaba a comprobar que ser madre implica aprender una cantidad de cosas.

Nos instalamos en una quinta del Gran Buenos Aires junto a otros compañeros. Yo, obsesionada con el cuidado de José, había tomado la cocina como feudo particular al que nadie podía entrar. Cuando no estaba hirviendo los pañales o el agua, estaba preparando la mamadera… Un mes después apareció el Comandante y con toda sencillez me preguntó si no me parecía ya suficiente. Lo miré sin entender demasiado. "José ya tiene un mes —agregó—, se va a formar una unidad de inteligencia, necesitamos gente de mucha confianza y queremos que te hagas cargo de la sección de análisis." Así retomé (luego de varios meses dedicados íntegramente a mi embarazo y a mi bebé) mis tareas militantes. Algunos compañeros opinaron que ese año inactivo tendría consecuencias sobre mi vida política, pero no me importó. Yo quería ser madre, y punto.

CLANDESTINOS DENTRO DE LOS CLANDESTINOS

En mis nuevas funciones tenía cuatro equipos bajo mi mando. Cada uno analizaba un área diferente: Fuerzas Armadas y Policía Federal, partidos políticos, gobierno, archivos. Centralizábamos y analizábamos toda la información que nos llegaba del área operativa y de lo publicado en diarios y revistas. De acuerdo con la línea machista del partido, en análisis predominaban las mujeres, y en el área operativa, los varones.

El Comandante asignaba gran importancia a este aparato, que sólo tenía contacto hacia arriba, esto es, éramos clandestinos dentro de los clandestinos, lo que produjo resquemores entre los miembros del Buró Político, que no entendían su función.

El aparato llegó a tener más de cien miembros organizados en equipos. De ellos, había un gran número de simpatizantes, vale decir, gente que trabajaba para nosotros pero mantenía independiente su vida privada.

Perdido ya el miedo a Buenos Aires, me acostumbré a andar por todos lados con José a cuestas. Dormíamos casi todos los días en casas diferentes, le cambiaba los pañales o le daba la mamadera donde fuera necesario. La dupla, madre/niño funcionaba a la perfección, y yo, feliz, veía crecer cada día a mi negrito hermoso. Este sentimiento maternal, tan intenso que durante su primer año de vida me mantuvo concentrada en su crianza, ocasionó problemas en la pareja, pero pudimos superarlos. Mariano también estaba muy feliz con el nacimiento de José y cuando estaban juntos se comportaba como un niño. Me han quedado grabadas imágenes de ellos en la calesita: Mariano corriendo con él en brazos, mientras buscaba un caballito o un autito para llevarlo.

Vivíamos en una casa alquilada junto con una pareja de gente grande, que se arriesgaron a pesar de su edad y hoy están desaparecidos.

No fueron los únicos que dulcificaron mi existencia en ese momento. Cuatro compañeras: la Gringa, la Negrita (sobrina del Comandante), Titi y Yoli constituyeron un eje afectivo importantísimo.

Después de haber conocido la historia de la familia Santucho me ha quedado la intriga, que no he podido aclarar, de cuál de las sobrinas es esta Negrita que menciona Pola. Pienso que únicamente pueden ser Coty, la hija de Carlos, o Mercedes, la hija de Amílcar. Coty militó en el ERP, Pola también, de modo que podría ser ella. Si nos atenemos, en cambio, a lo que estaba haciendo en esa época, que era Inteligencia, entonces casi sin duda debe tratarse de Mercedes, ya que ella pertenecía a ese ámbito.

Recuerdo especialmente a Yoli. Tenía a su marido desaparecido, pero a diferencia de otras compañeras hablaba de él con alegría como si estuviera vivo. Yoli era serena, muy valiente, y al mismo tiempo no perdía una independencia pícara que la hacía transgredir algunas normas. Estaba prohibido, por ejemplo, llevar fotografías encima o tenerlas en la casa. La norma, que partía de un criterio de seguridad, terminó por identificarnos ante los policías, que prestaban atención cuando llegaban a una casa donde no había ningún retrato de parientes.

Un día que habíamos llevado a nuestros hijos a la plaza, Yoli me mostró una foto de su marido, a quien consideraba el hombre más buen mozo del mundo. Gracias a lo que había aprendido de su criterio humano, ni se me ocurrió hacerle un llamado de atención.

INFILTRABLES, ¿SI O NO?

Fue la gran discusión que se llevó muchas horas de nuestras energías. El criterio en la dirección era que para ser militante del PRT era necesario tal grado de compromiso que sólo un revolucionario "verdadero" aguantaría. Conclusión: no éramos infiltrables. El argumento fue aceptado con tal fuerza por la mayoría, que hasta nosotros, con indicios ciertos de la existencia de filtros a través de nuestro trabajo de inteligencia, dudábamos de la validez de nuestras deducciones. No obstante, se decidió finalmente formar un equipo de contrainteligencia para estudiar las caídas y tuve que hacerme cargo.

El tiempo, desgraciadamente, demostró que sí éramos infiltrables, y esa fue la causa del ochenta y cinco por ciento de nuestras caídas. La mayoría de los filtros eran compañeros chantajeados por el Ejército, que mantenía como rehén a una persona de la familia.

De uno solo supimos que hubiera sido entrenado para infiltrarse con nosotros. Estaba en la Compañía de Monte, y cuando fue detectado reconoció pertenecer al Servicio de Inteligencia del Ejército.

Nuestras dudas estaban concentradas en dos miembros del estado mayor de Capital, y para descartar por lo menos a uno de ellos se le ordenó ejecutar al filtro localizado en la Compañía de Monte, tarea que cumplió. En realidad fue una ingenuidad pensar de ese modo. Más tarde, y cuando ya estábamos en el exterior, el capitán Santiago me informó que ese sospechoso había sido, efectivamente, filtro.

En un solo día en Córdoba cayeron unos trescientos militantes. El Ejército quiso hacernos creer que se trataba de un compañero que había hablado, para desviar nuestra atención del o de los filtros que tenían. Después, cuando se produjo lo de Monte Chingolo, quedó demostrada la veracidad de nuestras sospechas sobre el Oso, señalado mucho tiempo antes, y que nos había costado un escándalo con el responsable de logística del estado mayor del ERP en Capital. En Monte Chingolo cayeron la Piojo y el Hippie, dos excelentes compañeros que me habían acompañado desde el comienzo de la formación del equipo de contrainteligencia.

Toda esa época fue muy desdichada. A la lucha con el enemigo se sumaban los problemas internos que nuestra actividad de "aparato" ocasionaba. Recuerdo haber entregado informes directamente al Comandante, en la casa donde vivíamos con Mariano. Nunca antes lo había visto tan nervioso. Se mesaba la cabeza, y me hacía preguntas. Era muy doloroso.

El 24 de diciembre de 1975 mis nervios no resistieron. Reunidos en la casa junto al matrimonio con el que vivíamos y otro compañero, mientras Mariano trataba de levantarnos el ánimo, yo me puse histérica. Estrellé un vaso contra el suelo gritándole que acababan de morir más de sesenta compañeros. Creo que fue la única vez que hablamos largamente. Me tomó de un brazo, me llevó a nuestra habitación, y con esa autoridad que tenía para los momentos difíciles, me hizo ver que atravesábamos una etapa crítica: de no superarla, todo estaría perdido, razón por la que era importantísimo mantener la calma y no aumentar, con escenas como la que yo había provocado, la angustia de los compañeros.

Casi siete meses después, y sin el apoyo de su presencia, tuve que poner en práctica ese consejo.

UN 19 DE JULIO

Hacía frío y abrigué a José con un gorrito de lana blanco y unos guantes azules. Antes de alejarse con su papá, me saludó agitando su mano. Desde la puerta los vi alejarse con algo de zozobra, que atribuí a los momentos que vivíamos. Más tarde me incliné a pensar en un presentimiento.

El Comandante salía del país y había pedido a Mariano que llevara a José para despedirse de él. Las horas pasaron y Mariano no regresó ni mandó a José con alguien. Pensé que tal vez se habría encontrado con una pinza, pero era extraño. Fui a una reunión y me quedé a pasar la noche con esos compañeros. A la mañana me despertaron unos gritos y me encontré con el compañero que, desesperado, decía "¿qué es esto?", mientras señalaba el diario. Corrí al baño a llorar, segura de que todo era cierto. El titular, que hablaba de la muerte del Comandante, mencionaba también a Mariano.

Salí a la calle sin que nadie pudiera evitarlo y comencé a revisar los equipos. En uno de ellos, donde estaba la hermana del Gringo, hicimos un pequeño acto. No lloré, por fidelidad a las palabras de Mariano: "Aunque estés enojada, histérica o con miedo, no lo demuestres a los compañeros, porque vos sos el hilo que los conduce hacia adentro de la organización. Si demostrás debilidad, pensarán que la situación es más crítica de lo que sea en realidad".

Pasé varios días sin poder dormir pensando en mi hijo. Me preguntaba quién lo tendría, si dormiría solo, si tendría miedo, si le harían daño. Las preguntas y la angustia eran insoportables. A partir de ese día anduve armada, no para resistir un enfrentamiento sino para matarme en caso de ser detenida. No estaba dispuesta a permitir que torturaran a mi hijo para sacarme información. Fueron dos meses espantosos. A pesar del riesgo que implicaba ocuparse de un caso así, un abogado nos representó con gran dignidad y coraje.

Por fin recuperamos al niño, que había sido retenido por la policía de San Martín. Cuando nos reencontramos me dijo: "Mamá, ¿por qué me dejaste solito?". Sus secuestradores le habían dicho que yo lo había abandonado.

Durante su cautiverio me desesperaba no tener fotos actuales de él, así que apenas pude verlo nuevamente corrí a sacarnos una foto. *(La foto enviada desde Nicaragua con su carta.)*

Para protegerlo decidimos que se quedara con la abuela, que me lo llevaba a citas para que yo pudiera verlo. Unos meses después secuestraron a mi padre en Tucumán, y a mi cuñado (lo mantuvieron preso seis años sin tener nada que ver). Mi suegra y mi hijo quedaron prisioneros en su casa. Vivir por segunda vez el secuestro de mi hijo me puso al borde de la locura.

Mientras tanto en el partido, la muerte del Comandante había producido un estado caótico de sospechas cruzadas. Todos se acusaban y creían ver filtros por todas partes. Yo, concentrada en ver a mi hijo, pedí a Yoli que me acompañara a la casa de mi suegra y se quedara vigilando mientras yo intentaba entrar. Si caía, podía avisar al partido.

Me corté el pelo y me teñí de color rubio. Con anteojos oscuros y una pistola dentro de la cartera entré al edificio. Di unos golpes suaves en la puerta y la voz de mi suegra me advirtió que era una trampa. "Ya lo sé —respondí— quiero ver a José." "No hija, no" insistió mi suegra, mientras José decía: "Mamá, mamá". Le contesté: "Te quiero, negrito lindo", y corrí escaleras abajo. Cuando iba llegando al primer piso, vi a dos hombres charlando en la escalera.

Aminoré el paso pero continué bajando, coqueteando. Me dijeron sonriendo alguna cosa. En la puerta había dos autos y un hombre con escopeta mirando hacia arriba que casi no me prestó atención, concentrado en las ventanas de mi suegra.

Apenas doblé la esquina comencé a correr. Más tarde, Yoli, que campaneaba desde una parada de colectivos, me dijo que unos minutos después había llegado corriendo un hombre, que golpeó furioso la culata de su arma contra la pared mientras decía: "Se fue, se fue de nuevo…".

En el partido decidieron que saliera del país. En un principio traté de resistir, y me "descolgué" por unos días. Por último comprendí que debía aceptar. La primera en conocer mi decisión fue Yoli. Sentadas en una plaza, lloró en silencio y me pidió que sacara a su hijo conmigo. Yo no podía hacerlo y nunca olvidaré la sensación que me oprimía el estómago cuando le expliqué mi negativa. Más tarde me dijeron que había caído junto con su hijo, tratando de pasar la frontera.

Pasaron casi dos años antes de que pudiera reunirme nuevamente con mi hijo.

DE SUEÑOS Y PERDONES

Alguna persona con buena intención me ha aconsejado perdonar.

Aunque quisiera no podría, no sabría cómo hacerlo. ¿Perdonar al que dio la orden de mantener secuestrado a mi hijo? ¿Perdonar a policías, incluso mujeres, que además de mantener a un niño secuestrado excedían las órdenes gritándole y hablándole mal de su madre? Lo que mi hijo pasó no se lo deseo ni a sus propios hijos. Los enemigos éramos nosotros, no los niños.

Para hablar en otros términos, necesitaría que no se hubieran cometido tantas atrocidades. Si las consecuencias hubieran estado circunscriptas a la muerte en combate y a la cárcel, otra sería la historia. Nosotros no torturamos (ni al Oso) y no secuestramos niños. La única vez que murió una niña en una acción (la hija del capitán Viola), el responsable fue severamente castigado y se suspendieron las ejecuciones a militares.

Sí quiero pedir perdón a los miles de niños argentinos que fueron víctimas inocentes de esa guerra, como el hijo de Tití, de quien yo era madrina, y el hijo de Yoli. Nuestra ingenuidad no supo prever que aun esa pequeña ternura sería atacada por la paralizada máscara del odio. Por eso también quiero agradecer a las Madres de Plaza de Mayo que se mantienen en pie, como ejemplo viviente del dolor.

Cuando nos lanzamos a la lucha lo hicimos con un gran romanticismo, convencidos de que venceríamos. Eso nos dio fuerzas pero trajo aparejado un gran simplismo en el análisis. No sólo subestimamos a los militares, también nos faltó capacidad para prever sus pasos y medir hasta dónde llegarían.

Me siento orgullosa, aunque perdimos la guerra, porque tratamos hasta último momento de anteponer el hombre y sus ideales. Eso no nos hace superiores, sino simple y profundamente diferentes de nuestros supuestos vencedores.

Cuando comenzamos a combatir buscábamos una salida para la miseria, el hambre y la injusticia. Esto sigue igual o peor. Las nuevas generaciones tendrán que evaluar y decidir si sacan algo o nada de nuestro intento. Si cambian o no los métodos y los objetivos que seguirán.

Una parte de nuestro sueño fracasó: no pudimos darles a nuestros hijos la patria que queríamos, pero creo que la misión ha servido para que ninguna institución vuelva a sentirse omnipotente, y si lo intentan, creo que se encontrarán con un pueblo más maduro que el de los '70. Por eso es que he aceptado hablar de lo que nos tocó vivir.

EL FAMOSO GORRIARAN

Muchos libros se han escrito sobre la guerrilla, y en casi todos, o en todos, se habla de Gorriarán Merlo. Supongo que para los autores no es fácil resolver temas tan difíciles.

Cazes Camarero dice de Gorriarán: "era bastante bruto" porque no entendía a Hegel. Tampoco yo y muchos otros lo entendíamos, y no creo que haya sido por brutos, sino por inquietudes diferentes.

Creo que Gorriarán nada de bruto tiene. Es sagaz, temerario, conocedor inmediato de las debilidades de las personas y de una gran capacidad militar. Lo que no es sinónimo de brutalidad, como tampoco ser intelectual es sinónimo de cobardía.

Un gran defecto lo fue alejando paulatinamente de los compañeros: su ansia de poder, tan diferente al paternalismo del Comandante.

Algunas personas me han insinuado que podría ser agente de la CIA. No las pongo, pero casi podría poner las manos en el fuego por él. El "casi" se relaciona directamente con nuestra experiencia, que nos enseña a no descartar ninguna posibilidad. Pero si nos ponemos en ese plan, todos los que estamos vivos caemos dentro de esa sospecha.

Del grupo de compañeros que llegamos con él a Nicaragua, los más "viejos" del partido nos fuimos yendo uno a uno. Se rodeó de personas provenientes de otras organizaciones y compañeros que lo aceptaban como una reencarnación de Santucho. Pero a diferencia del Comandante, él antepone la acción al hombre. La adulación terminó de perfeccionar una fantasía que ya venía perfilándose en él desde hacía algunos años. Inventó la "onda" del mando único, y no toleraba siquiera una sugerencia. Desgraciadamente, este cóctel de locura llevó a un pequeño grupo a una insensatez de trágicas consecuencias. Los que estábamos en Nicaragua no podíamos creer la veracidad de los acontecimientos de La Tablada. Aún ahora que seguimos sin entender, resulta imposible medir el daño irreparable de esa acción, por los hombres y mujeres valiosos que se perdieron, y por las consecuencias que eso puede acarrear a organizaciones progresistas del país.

Mi estancia en este lugar es otro capítulo intenso de mi vida.

Un aniversario tan trágico para mí, como el 19 de julio, se transformó aquí en sinónimo de alegría nicaragüense *(ese día se conmemora la Revolución Sandinista)*. Este pueblo me permitió vivir, amar y llorar junto a ellos diez años inolvidables, con sus lados buenos y malos, sus revolucionarios y sus contras. Aprendí mucho, sobre todo que las líneas divisorias no son estáticas.

Aún abrigo la esperanza de regresar a la Argentina y espero que esta carta no se convierta en otro impedimento, pero si así lo fuera creo que hice lo correcto. Lo que sí he pedido a mi familia es que quiero ser enterrada en Tucumán.

Un gran abrazo.

Pola

Liliana Callizo
("Lili")

El 24 de diciembre de 1991 conocí a Lili (Liliana Callizo) y a su marido.

Cuarenta minutos antes había llegado a la estación de ese pequeño pueblo español pensando cómo haríamos para reconocernos.

Cuando el tren se detuvo, entendí la carcajada con que habían recibido mi inquietud. No más de seis personas esperaban en el andén, escasamente iluminado. Hacía mucho frío y faltaban diez minutos para las 22:00. Esperé que alguien se acercara, de pie al lado de mi valija. Entre abrazos y comentarios, mis compañeros de viaje se encontraron con sus parientes y se alejaron charlando animadamente. Quedé sola. Traspuse la puerta que daba acceso a la sala de espera. No había nadie. Pensé que iba a ser una Navidad muy particular, sentada sola en una estación esperando que alguien viniera por mí. Los minutos pasaban.

Un empleado que andaba cerrando puertas me miró con aire inquisitivo.

A las 22:25 mi imaginación había hecho ya una larga lista con los motivos que podrían haberlos retrasado. Miré hacia la calle. Todo se veía oscuro y desierto.

Me felicité por haber llevado un "carrito" para mi valija. No iba a ser tan pesado caminar buscando un hotel.

A las 22:30 escuché una frenada. Me asomé. Un hombre y una mujer jóvenes bajaban corriendo de una camioneta.

Suspiré. La Navidad iba a ser especial. Pero no a la intemperie.

En la casa, cerca del fuego acogedor de una estufa comencé a explicar la idea de mi trabajo.

Un reloj dio las tres de la mañana cuando nos fuimos a dormir. Durante la larga conversación que mantuvimos resultó evidente que teníamos diferencias de enfoque, sin embargo, aceptaron un diálogo que sentí muy fecundo.

Veinte años después, y a miles de kilómetros del escenario de los acontecimientos, tres argentinos anónimos celebraron la Navidad con el mejor de los motivos: el respeto por las ideas del otro.

Lili cuenta que nació en un hogar de clase media. El clima de la casa estaba muy politizado. La madre era una militante radical, y parientes lejanos habían participado en la revolución del '55.

No fue suficiente para ella, que, inquieta, buscó algo más.

Yo veía que los acontecimientos eran mucho más grandes que las palabras. Nací en épocas de golpes de Estado y pronunciamientos militares. Vi movimientos de tropas usando tanques y aviones. Comprendí que esto no se compensaba con respuestas de palabras y palabras. Nada cambiaba, porque el discurso político no estaba a la altura de los acontecimientos: la injusticia seguía y el pueblo permanecía ajeno porque nunca se lo tomaba en cuenta. La salida eran las elecciones pero tampoco solucionaban las cosas. Mi opinión no es apresurada. Yo comencé participando en campañas que el partido radical hacía en pueblos del interior. Illia visitaba mi casa y yo le decía "Tío". Más tarde, cuando surgió Alfonsín, iba con otra amiga a escuchar sus discursos que a nivel de postura y de filosofía estaban bien, pero seguía disconforme. Yo cuestionaba intensamente mi medio y discutía con amigos intelectuales de clase media, señalando que las filosofías tradicionales eran insuficientes. Tampoco la actitud crítica de mis padres bastaba. De todos modos no sabía bien lo que quería porque no tenía una trayectoria dentro del marxismo ni de la izquierda ni nada. Conocía algo del Che Guevara, de la revolución cubana, sabía que había una guerra en Vietnam, y entendía que eran pueblos que se defendían de agresiones; eso me atraía porque veía que era posible organizarse desde abajo para enfrentar o modificar las cosas que nos pasaban. Cuando empezaron a actuar los grupos armados en la Argentina tuve expectativas, sobre todo porque atacaban a las Fuerzas Armadas y eran los buenos de esta película. Entonces busqué cómo llegar y empecé a hablar de eso en todos lados, con la esperanza de que alguien me escuchara.

Una vez conocí a una mujer y me pareció que pertenecía a alguna organización. No me equivoqué. Un mes después ella y un chico me pusieron en contacto con un grupo. Era un frente barrial de fábrica, en la zona de IKA Renault.

No obstante, la decisión de romper con mi medio no se dio de un día para el otro. Al principio, yo me multiplicaba e integraba las actividades de mi incipiente militancia a las demás cosas que ya venía haciendo: iba al colegio, hacía artesanías en cuero, seguía trabajando, adhería al movimiento hippie porque era romper con las corbatas y las camisas, y me gustaba mucho el rock, la música.

Le hago notar que de todas las mujeres que he conocido, es la primera que me habla del hippismo y el rock. Aparentemente resulta contradictorio.

Se puede ver así, pero yo veía que era la evolución. Ya sé que hay mucha gente que ha tomado cada cosa sectorialmente, pero el rock extranjero y el nacional me parecían lo más expresivo de un momento avanzado. Así que sin ningún problema me interesaba por la movida nueva, y a su vez por todo lo que era el movimiento sindical y la lucha política.

Con mi grupo, que era un frente de mujeres, recorríamos la zona donde estaban los trabajadores, villas miseria generalmente, y acercábamos nuestros planteamientos. Había muchos obreros de IKA. Todos los días a las cinco de la mañana ya estábamos en la puerta de la fábrica y tratábamos de vender el periódico. De acuerdo con la venta medíamos el interés. Vendíamos todo. Teníamos una camioneta cargada siempre con material. Adelante iba el conductor, atrás los que vendíamos y la guardia que llevábamos porque los guardias de la fábrica nos corrían, sacaban las armas, tiraban tiros al aire y todo eso. Después se formaron grupos de apoyo sindical fuertes, entonces ya se paralizó un poco la respuesta de los guardias. Cuando terminábamos de vender íbamos a desayunar a las siete de la mañana, y tomábamos chocolate.

Para poder estar a las cinco en la fábrica me levantaba a las cuatro y media, casi todos los días. Y luego al colegio. También estudiaba francés en la Alianza Francesa.

En el frente nos pasaban mucho material partidario, en general se refería a la historia de otros pueblos: Vietnam, Camboya, China..., relatos de su gente y de su lucha. Eso nos servía para ver que todo era posible. Recuerdo casos que me impactaron mucho: como el de un carnicero soviético que estaba a cargo de una tropa donde todos eran profesores universitarios. También estudiábamos el pensamiento de revolucionarios como Ho Chi Minh. Lo otro era mezclarnos: nuestra organización tenía un interés particular en mezclarse con los sectores marginales. Otra chica y yo estábamos metidas siempre en villas y barrios de trabajadores. Nos hicimos muy amigas de esa gente. Les hablábamos de la posibilidad de cambiar la situación de injusticia en la que vivían, les contábamos quiénes éramos, y al mismo tiempo tratábamos de acercarles cosas que no tenían: se hacían repartos de leche, carne, donativos de material escolar, requisando camiones o tomándolos directamente de las fábricas. Hubo casos en que salieron muchísimos camiones. Cuando había un operativo de éstos los barrios esperaban toda la noche a que llegáramos, y la misma gente se organizaba para distribuir de acuerdo con la cantidad de personas que había en cada familia.

UN GRUPO DE MOCHILEROS

De vez en cuando cargábamos una mochila y al atardecer tomábamos un ómnibus que nos llevaba hasta un valle. El lugar era bueno porque las balas no retumbaban. Algunos llevábamos escopetas envueltas, y era cómico, porque al envolverlas no las disimulábamos mucho: quedaban igual pero más gruesas. Ibamos separados y salíamos a horas diferentes. Si nos encontrábamos no nos hablábamos, nadie "se conocía". Después nos reuníamos en un sitio. Hacíamos cuerpo a tierra, arrastre, cruce de río, sobre todo disparar, caer y avanzar con los codos.

No era algo muy estricto, se trataba de tener una formación básica para poderte defender y además formaba parte de la moral del conjunto. Aunque algunos no fueran a luchar compartían todo lo que otros compañeros hacían.

Las armas se recuperaban de las Fuerzas Armadas, de la policía, y se llegó a fabricar una ametralladora en talleres.

"Recuperar" armas era quitárselas al que las portaba, militar o policía. Como acción menor, era típico trabajo de iniciación, previo generalmente a tener la categoría de militante. Todas/os los entrevistados coinciden en señalar que se trataba solamente de obtener el arma y no herir al dueño, pero admiten que hubo casos en que por resistencia a entregarlas, se produjeron heridos tanto entre los militantes como entre sus atacados.

Lili aclara que no le tocó participar en acciones armadas, pero que de todos modos asume todo el pasado de la organización en la que estaba (PRT-ERP), y continúa su relato.

Cuando se tomaban fábricas se arengaba a los trabajadores y presionábamos a los patrones para que cumplieran los convenios. Antes de ir sabíamos qué característica tenía cada guardia, si era capaz de disparar, por ejemplo; en ese caso se lo sorprendía y se lo ataba, pero nunca el ataque fue hacia las personas en general.

El enfrentamiento en cuarteles era realizado por batallones, fuerzas armadas de ciudad, y tenía como objetivo recuperar armas que se necesitaban para continuar la lucha.

No actuábamos ciegamente, todo estaba planificado. Pero al mismo tiempo, formábamos parte de nuestro pueblo, con todas sus características. Se nos ha acusado de inmadurez. Yo pienso que los errores tácticos que se han cometido se originan en la falta de tiempo para poder profundizar la situación en la que estábamos inmersos. Por otro lado, el trabajo político era la columna vertebral del movimiento y se le daba mucha importancia.

Cuando se superaban las cifras de cien o ciento cincuenta combatientes que se necesitaban en una compañía, la gente era transferida a otros frentes, como el sindical, que llegó a tener gran importancia. En Córdoba, por ejemplo, existió la posibilidad concreta de presentarse con un candidato a elecciones. Las conversaciones se realizaron con Agustín Tosco y Atilio López. En Tucumán hubo diputados de una candidatura regionalista que respondía al comandante Santucho. Vale decir que nuestra acción no se centró en el aspecto militar, sino que nos faltó tiempo para poder avanzar en el camino político.

Mi trabajo en el barrio, que había comenzado en el '72, terminó en el '75 cuando me transfirieron a un trabajo de estructura, de tipo administrativo. Extrañé mucho a la gente, porque me sentía muy identificada con ellos. Ese período, hasta mi caída, fue muy normal y tranquilo.

La gente piensa que uno andaba todo el día disfrazado, con otro nombre, con documentos falsos, y no era lo habitual. Yo tenía relaciones normales con mis vecinos. Al lado había un peluquero que era homosexual; me peinaba, me cortaba y me teñía el pelo, era muy bueno conmigo. Yo llevaba mi hijo a la guardería, si hacía mucho calor lo metía adentro de un fuentón con agua, lo dejaba jugando en la puerta... lo que hace cualquier otra mujer.

AMOR Y TABICAMIENTO

Nos conocimos cuando yo tenía diecinueve años. Los dos militábamos y estábamos en la misma organización, pero como pertenecíamos a frentes diferentes, ninguno de los dos sabía que el otro "pertenecía". Así que nos encontramos un día en uno de esos bares donde iban todos los hippies a escuchar rock, y empezamos a hablar...

Los encuentros continuaron, siempre sin saber uno del otro en cuanto a la militancia. Teníamos los mismos gustos en cine, música, literatura, hasta que dejamos de coincidir en el bar y no nos vimos durante casi un año. Un día, en una reunión de estructura, nos encontramos. Pronto vino a mi casa y empezamos a vivir juntos después de que habló con papá. "Espero que no te vengas a casar con ella, a esta casa vendrás como pareja", le dijo papá cuando lo conoció. Mi compañero se quedó mudo *(risas)*. Supongo que no es lo que generalmente dice un padre, pero él era muy especial. Tanto a mi hermana como a mí nos había educado con mucha libertad, inculcándonos un gran espíritu de independencia. Consideraba que, de casarnos, íbamos a perderla, así que siempre nos aconsejó que formáramos parejas sin vínculos legales.

Mamá no era tan avanzada, pero no puso objeciones. Vivimos juntos y quedé embarazada. En el '74 él cayó detenido. Yo seguí sola con la militancia y en el '75 nació mi hijo. Afortunadamente, el día que me secuestraron no estaba conmigo porque yo había tenido unos problemas de salud y lo había llevado con mi madre.

LA LIBERTAD PERDIDA

En la organización sabíamos que la represión iba a ser cada vez más dura, pero yo no vivía pensando en la muerte ni en la cárcel; era joven, amaba la vida, me gustaba vivir y todo lo hacía con pasión.

A partir del mes de marzo de ese año comenzaron a golpearnos muy fuerte, con secuestros, y la seguridad ya no era suficiente. Se decidió entonces paralizar la estructura por un tiempo. Estuve escondida en una casa donde había otra pareja y dos chicos. Es curioso, pero por esos días, un amigo judío me había traído unos libros de Semprún que relataban la vida de los campos de concentración nazis en Francia. Me dijo: "Ponéte a leer, hay que conocer estas cosas, se viene esta mano y en esta película a mí me van a matar porque soy judío...". Tuvo razón. La noche que llegaron estaba con nosotros y lo mataron porque era judío. El no militaba, era un amigo que nos ayudaba en lo que podía.

El allanamiento fue terrible. Vinieron con automóviles Falcon, rodearon la casa. Era gente del Tercer Cuerpo de Ejército. Entraron y tiraron todo. Tenía cosas comprometedoras, así que no pude negar mi pertenencia a la organización. En esa época ya tenía un proceso legal que después lo arrastré. Inclusive mi secuestro entró legalmente en el proceso; la acusación legal la mantuve el tiempo que dice la Constitución, pero por el secuestro nunca me quitaron años, fueron caminos distintos, por un lado las leyes y por otro el secuestro, que implicó estar tres años bajo control de las Fuerzas Armadas en un campo de concentración.

Fue una cosa inédita que superó toda imaginación. Era una planificación de aniquilamiento, una gran máquina de destrucción que formó parte de un sistema inhumano cuya manera de concluir las cosas era matando. Lo terrible es que con la tristeza del secuestro y la permanencia adentro, el fusilamiento era liberador.

Necesité mucho tiempo para superar esa experiencia.

En ese mundo aparte del campo teníamos grupos afectivos fuertes entre compañeros, aunque era muy difícil organizarse porque la situación era límite. Se trataba de no hablar. Sabíamos que no se podía cargar con ningún tipo de información ni responsabilidad a otro porque terminábamos todos perjudicados. Estábamos sometidos a constante observación, y si se daban cuenta de que intentábamos algún tipo de organización o algo que no fuera la amistad, venían los castigos para saber qué estaba pasando.

El lugar donde nos tenían era una cuadra grande, de un lado todas las chicas y del otro lado todos los chicos, salvo uno que se pasaba al lado de las mujeres: "Yo quiero estar con las chicas", decía. Se puso una colchoneta entre medio y ahí estaba.

Cuando uno llegaba, el maltrato, las torturas, eran constantes. El objetivo era la destrucción del ser humano, para después matar algo que no era más que una cosa.

Sabían que teníamos nuestros principios y que si golpeaban ahí la desintegración era mucho más rápida y total. Era frecuente entonces que te tendieran trampas. Te hacían dar información y después decían que la habías dado, entonces el militante que tiene una formación para resistir no podía soportar la culpa. Ellos manejaban bien nuestras reglas, las bases de nuestra moral y formación. Todo eso lo utilizaban en contra nuestra, y más que en contra de la organización lo usaban en contra de cada ser humano.

Adentro del campo se me hizo más claro que nunca el tema de las situaciones límite, que no solamente en la represión exigen de nosotros una respuesta sobrehumana.

El caso de la gente que no resistía fue erróneamente considerado muchas veces por ese purismo que pone los principios por encima de las posibilidades reales de un ser humano. Los militantes estaban preparados para torturas de uno o dos días, para la cárcel, para golpes, pero una tortura permanente, de aniquilamiento, donde el tiempo era de ellos, es imposible de resistir. O morís o hablás. La crueldad inédita sin límite ni tiempo no estaba contemplada en nuestra preparación.

Por otro lado había fallas en la estructura, entonces un militante de cierto nivel tenía a lo mejor sobre sus espaldas mucha información y responsabilidades que no tendrían que haber estado. En el campo el militante quedó como un ser individual, enfrentado solo a todas esas cuestiones porque no había una organización que te apoyara ni a vos ni al resto que quedaba afuera también.

Es en ese aspecto que considero que se evaluó mal el problema de las cantadas. Tal como hace todo el mundo, las organizaciones se transformaron en jueces, pero se juzga desde la posición más cómoda, y no se profundizó.

Hay que marcar también una diferencia importante. Una cosa es cantar en la tortura y otra es pasarse al enemigo, trabajando para él como agente infiltrado. De todas maneras fue una ínfima minoría que no llegó ni al uno por ciento. Pero es un grupo que ha hecho muchísimo daño. Estoy segura también de que algo en ellos quedó anulado. Yo podría ponerles un rótulo fácil: "traidores". Sin embargo creo que fueron destruidos, no supieron responder.

Yo no los he visto más, pero al final de la historia es gente totalmente desequilibrada porque, aunque mucha gente no sepa, ellos sí saben lo que han hecho.

Generalmente han estado mucho tiempo persiguiéndonos. Uno de ellos incluso quiso meterse en nuestro grupo de denuncia. Llamó a todos. "¿Cómo vas a entrar?", pregunté, "ya pasaste la barrera". A las Fuerzas Armadas tampoco les gustaban, y fusilaron a algunos. Había un militar que decía: "Si los vamos a tener en esta tropa, ¿qué pasa?". Era gente muy desprestigiada. Los utilizaban y nada más, no les tenían confianza.

LOS QUE NO RESISTIAN DEL OTRO LADO

Un día observé a un militar que golpeaba con un palo muy grueso a una compañera mientras la interrogaba. Ella, una tucumana muy valiente, le dijo: "¿Te creés que sos muy macho golpeándome mientras estoy sentada en un banquito?". Eso lo puso fuera de sí y la molió a palos. Había otros que estaban viendo eso, y no todos se aguantaban. Lo mismo ocurría con los traslados *(muertes)*, que al principio eran permanentes. Los que estaban en ese sector veían gente nueva todos los días. Vivían en una carnicería, pero en lugar de manejar reses manejaban personas. Algunos de ellos se sintieron tocados. Salvo los ideólogos, que eran un grupo de arriba, abajo había una tropa bastante desigual. Ahí estaba desde el que lo pusieron, o le tocó por estructura, hasta muchos que habían elegido. Los peores estuvieron fuertes hasta el final, pero el resto venía cada vez peor por el tipo de método. En las cárceles era lo mismo; había carceleros que colaboraban y hacían alguna pequeña tarea como pasar mensajes. En otros casos había gente que se sentía más apegada a alguna de las prisioneras. Hubo uno que me protegía, era el último orejón del tarro, pero siempre estaba tratando de que no me pasara nada.

Igual me hicieron de todo.

Cuando me detuvieron llegó un jefe militar que no me dejaba dormir: todas las noches me llamaba cada hora para barrer un pedazo de su oficina. Otro día me sacaron del campo y me llevaron a un sitio donde me violaron, no solamente a mí sino a todas. A una prisionera la violaron en el camino y no tenía nada que ver. El que me protegía, al ver todo eso, se horrorizaba y decía que me iba a ayudar. Era muy poco lo que podía hacer porque no tenía grado, de todos modos nos ayudaba con algo de información.

A medida que pasaba el tiempo empezamos a conocerlos y a ver lo que se podía lograr, a través de los que estaban más sensibilizados, para tratar de paliar un poco ese clima de terror que era insoportable.

Cuando había fusilamientos, por ejemplo, vendaban a los prisioneros como momias. Ellos tenían tanto miedo que pedían ir al baño. Muchas veces no iban al baño de adelante sino que volvían a pasar, todos envueltos y atados, para nuestro baño. Era terrible.

Una vez vi pasar a un chico joven llorando. Pasó por un rayo de sol que entraba, tenía la cara vendada y venía con la cabeza baja. Las lágrimas y los mocos parecían suspendidos en la luz. Nunca pude olvidarme de esa imagen… Con el miedo no tenés nada que hacer. Hubo una chica que murió de un ataque al corazón cuando la llevaban en el camión.

Yo tuve muchos problemas porque siempre dije lo que pensaba, entonces un sector siempre me quiso liquidar. Es sabido que en las cárceles clasificaban en recuperables e irrecuperables. Normalmente a los del PRT los ponían como irrecuperables, no nos querían nada, entonces fuimos quedando menos. Hacia el final de mi cautiverio estaba tan harta que apenas me trataban mal me ponía a discutir.

A CADA CUAL SU GRUPO

Llevábamos dos años ahí dentro y ellos ya no sabían qué hacer con nosotros. Estábamos casi a finales del '78 y era como si hubiéramos sido los últimos muertos. La idea de salir en libertad era hipotética y solamente se utilizaba a veces como una falsa promesa en la tortura: "Si hablás, mañana salís", decían.

Pasábamos el tiempo con las tareas que nos habían asignado, los chicos arreglando motores y las chicas limpiando autos, pisos, y atendiendo las heridas de los torturados. Si nos quedaba tiempo libre tratábamos de distraernos con alguna cosa. Un compañero, que era increíble, me dijo un día: "Vamos a hacer un mapa de Córdoba". Hicimos un gran mapa —él era dibujante— y nos quedó muy lindo. El compañero le puso PRT grande, en rojo. Para nosotros era que teníamos todo copado. Nadie se dio cuenta de la broma, salvo Menéndez. Había venido de visita y vio el mapa enseguida. En el acto dijo: "Eso es apología del terrorismo, esas letras fuera, ¿cómo van a poner las letras más grandes que el cuadro?".

De pronto un día empezaron a dejarnos salir. Una especie de libertad vigilada, pero seguíamos ilegales. A mí me llevaban a casa los viernes. El primer día que aparecí, papá se quedó estupefacto. Era un hombre muy fuerte que había soportado en silencio el sufrimiento de mi desaparición. Murió de tristeza un año después que reaparecí. El era un hombre muy rebelde, muy crítico y le hizo mucho mal tener que aguantar a los militares en casa. Cuando me llevaban en auto solían entrar. El colmo fue un día que estaba en el campo y un suboficial que iba con un camión lleno de soldados paró en mi casa a tomar mate. Papá no soportaba esas cosas.

La situación era irreal y absurda. En otra oportunidad vino una inspección de la Cruz Roja. Como no querían mostrar a los prisioneros en mal estado, me buscaron a mí y a otros que ya estábamos bien y nos llevaron al campo. Nos metieron en una celda y quedamos como los prisioneros de ese momento. La gente de la inspección quedó muy satisfecha del buen estado en que nos encontrábamos...

Cuando papá se dio cuenta de que se moría me pidió que lo llevara al hospital. "No sabés qué lío es morirse en una casa", me dijo. Yo me desesperé. Hablé con los médicos para saber qué le pasaba. "Tiene un problema de bronca, se entregó a morir", contestaron.

Era cierto. Él decidió morir. Yo le hablaba y trataba de ganarle, de sacarlo de ese estado. Él me miraba como diciendo: "No quiero este mundo ya". Y ganó él.

Después de un tiempo nos enteramos de que, en Buenos Aires, la plana mayor de Campo de Mayo había instrumentado un plan para los desaparecidos que quedaban vivos. Al parecer, nuestro jefe se sintió tocado en su rango, y entonces viajó para plantear que a él también tenían que aceptarle "su grupo" de desaparecidos.

Así fue como finalmente logramos salir.

Entre militancia y cárcel pasaron siete años.

HOMBRES Y MUJERES QUE TRATARON DE SER NUEVOS

Estamos con el marido de Lili y unos amigos en un bosque alto en la montaña. El lugar es bellísimo. Después de comer Lili y yo nos alejamos un poco para seguir conversando de su experiencia.

Nunca nos planteamos una forma de vivir distinta al resto de la gente, aunque sabíamos los riesgos. Pero no vivíamos perseguidos por la idea de lo que podía pasar. Había muchísimos chicos, todas las parejas tenían dos o tres. El mío tenía un año cuando me secuestraron.

La participación femenina era grande y, por lo general, las cifras de hombres y mujeres estaban bastante equilibradas. Hubo zonas incluso, en las que había frentes exclusivamente femeninos.

Es cierto que las mujeres no pasaron de cuadros medios, pero si lo comparamos con otras áreas de la sociedad actual, puede verse que sin desmedro de la independencia que tienen muchas mujeres, no siempre ocupan un cargo de dirección. A veces, eso es producto del machismo imperante, en otros se trata de una elección inteligente por parte de mujeres que prefieren no comprometer tanto su vida. Y para mí ese tipo de decisiones también tiene que ver con la independencia femenina.

No niego que en las organizaciones haya habido machismo. Erradicarlo fue justamente la tarea que intentamos dentro del nuevo estilo de relaciones que planteamos entre un hombre y una mujer nuevos. Existía una voluntad expresa de considerar igual a la mujer. Lo que pasa es que hay una cuestión con los hijos que es un tema muy difícil de resolver, y tampoco nosotros lo hicimos. Dada la relación entre el hijo y la madre parece que por ley y derecho a ella le corresponde casi todo, y es lo que pasaba generalmente. Sin embargo, cuando había mujeres que caían presas, sus compañeros se quedaban con los hijos y asumían todo el cuidado.

Con respecto a las armas, no creo que el tener que usarlas alguna vez te hiciera más o menos valiente. Ni el arma te elevaba a una condición ni te bajaba a otra. El arma fue una circunstancia. Si alguien lo vivió de otra manera, es su propia interpretación.

—*Dijiste que al comenzar tu militancia buscaste una solución que fuera más allá de las palabras. Después de tu experiencia, ¿seguís pensando así?*

—No sé… Eso lo tendría que determinar el conjunto de la sociedad. Creo que debería haber sectores importantes de análisis que llegaran a alguna conclusión que permitiera elaborar una orientación válida. Es muy complejo, por los intereses económicos que están en juego. Y ya se ha visto que cuando uno no se defiende, no solamente las cosas quedan como están, sino que van para atrás, y cada vez se pierde más espacio. Desde ese punto de vista, siempre la solución va a consistir en ir más allá de las palabras. Pero ir más allá es buscar y pensar la forma de lograr una Argentina más justa, con una sociedad más sana. Ese debería ser el camino. Conocer y profundizar en lo que pasó importaría mucho para el futuro. Si no se lleva a cabo esa tarea, nada resultará, porque no se pueden crear estructuras nuevas de la nada o ignorando el pasado. Muchas veces digo: "Nosotros como tal organización hemos tenido tales raíces y a nuestra gente le pasó todo esto". Vale decir, hay que contar todo lo que sucedió, bueno y malo, asumiéndolo como organización.

Mercedes

Son las 19:00 horas y estoy sentada en El Foro, justo a la mitad del salón, mirando por la ventana hacia Lavalle.
Tres meses atrás, al comenzar las entrevistas, este momento "en blanco", estaba cargado de una grata expectativa para mí. Hoy me siento mucho más cauta y casi escéptica. Demasiadas mujeres me han dicho que no quieren acordarse de un pasado con el que han cortado definitivamente. Otras han dicho que hablarían sólo de su experiencia en la cárcel, y otras han dicho que no y punto.
Miro el reloj, preocupada por la demora, y en ese momento llega. Linda sonrisa, cálida mirada. Me recompongo; a lo mejor, va a ser una buena entrevista.

En la puerta de la escuela, la preceptora me dijo que si no me sacaba la cintita no entraba. Le expliqué que yo había ido con mis padres a las marchas por la escuela laica, y que todos la llevábamos. Contestó que eso era política y que así no entraba. Me la saqué, pero me quedó grabada a fuego la actitud autoritaria de esa mujer. Yo tendría unos doce años...

Lo que me dolió es que esa mujer no entendía que para mí era muy importante lo de la cintita.

Yo iba a la escuela y se estaba jugando lo que esa escuela sería. A partir de ese día nunca más dije nada, eso me duró hasta la universidad.

Fui muy buena alumna. Me mataba trabajando en un hospital privado y seguía cuanto seminario o trabajo práctico apareciera. Quería ser una buena profesional. Tal vez por ese fervor que ponía en los estudios, mis compañeros me eligieron delegada. Era la época anterior a Onganía y los centros de estudiantes eran muy combativos. Se peleaba mucho por los derechos.

Yo no pertenecía a ningún partido político y miraba con rechazo a las organizaciones que trataban de engancharte para que militaras con ellas. Había dos listas. Una de la derecha y otra de la izquierda que también agrupaba a los independientes como yo. Tan independiente, que mi mejor amigo de esos años pertenecía a una organización de ultraderecha.

Yo me lo pasaba batallando por mejorar el estado de las aulas, de los baños, la calidad de los profesores o las fechas de exámenes, pero el ambiente estaba muy politizado, y dentro de ese clima de lucha constante, la violencia aparecía como una forma de defenderse, incluso dentro de la Universidad.

El romance con la libertad y la democracia fue roto abruptamente con la llegada de Onganía. Policía en la puerta, control de documentos para entrar, cierre del Centro de Estudiantes. Por miedo y rechazo la gente comenzó una retirada general.

Yo seguía convocando a reuniones, pero nadie iba. La evidencia me abrumó y terminé acusando impacto yo también de ese clima opresivo.

En esos días echaron a dos estudiantes por ser activistas políticos. Se hizo una nota pidiendo libertad ideológica y la reincorporación de los estudiantes. Más de doscientas personas, entre profesores y estudiantes, firmaron. La respuesta no se hizo esperar. Nos llamaron uno por uno a un cuarto cerrado, donde solamente había una persona. Tenías que ratificar o rectificar tu adhesión. Muy pocos ratificaron. Uno se sentía como si estuviera firmando su sentencia de muerte. A los que ratificamos nos prohibieron presentarnos a concurso, lo que equivalía a quedar fuera de la Universidad.

Ese fue mi primer choque con el sistema, y me sentí indignada porque mi actitud tenía una base estrictamente profesional.

A los compañeros que había tenido hasta ese momento no los vi más. Me quedé sola y seguí trabajando sabiendo que no tenía futuro profesional, mientras paralelamente y como toda chica joven, vivía mi etapa de amores contrariados. Un día me pregunté qué iba a hacer con mi vida, ahora que todo ese mundo de la Universidad estaba destruido. Resolví pedir una beca para tomar un poco de distancia. En el posgrado que hice en el exterior aprendí mucho, me casé, tuve una hija y todo parecía estar muy bien. La política, sin embargo, me hizo ver una vez más que aunque yo me mantuviera apartada, incidía directamente en mi vida y en mi trabajo.

Era becaria de una fundación norteamericana. Una vez por año se observaba el trabajo de los investigadores. Pero no se evaluaba desde el punto de vista intelectual, sino desde el punto de vista de los intereses políticos de la fundación. Si se consideraba que el trabajo no se ajustaba al molde establecido, no se podía seguir por ese lado.

Tuve que enfrentar nuevamente lo evidente. Mi profesionalidad no escapaba a la rigidez de una política que tenía sus propios objetivos. Desde el punto de vista material, las condiciones eran excelentes, pero yo necesitaba además un clima de libertad. Me sentí como un minúsculo engranaje dentro de una máquina que me trituraba. Mi matrimonio pasaba por un momento crítico también y empecé a sentirme sola, con el peso agregado de estar lejos de mi país.

Regresamos en el año '72.

BUENOS AIRES, OTRA VEZ

Tardé varios meses en conseguir trabajo mientras los conflictos de pareja empeoraban.

Las experiencias vividas me habían enseñado que donde fuera, siempre iba a encontrar políticas que de uno u otro modo intervenían en lo que uno hiciera. Resolví acercarme a algún grupo político para profundizar estas cuestiones y estar más cerca de los demás. Hablé con un amigo que compartía mis inquietudes y resolvimos buscar contacto con el FAS (Frente Antiimperialista por el Socialismo). Era una de las tantas organizaciones que habían nacido después del Cordobazo y representaba una propuesta diferente a los partidos tradicionales, con los que nunca me ligué.

Un día vimos un afiche que tenía una dirección. Mi amigo fue primero porque a mí me daba miedo. Lo recibió un tipo grandote, morocho, y mi amigo (que estaba muy nervioso) empezó a decir tímidamente: "...Yo quiero ver... si puedo conocer gente... porque quiero saber...". El otro lo sacó volando pensando seguramente que sería un policía.

No me di por vencida y empecé a hablar con gente que andaba como yo, "buscando algo", y un día me presentaron a alguien del ERP. Sin entender demasiado el alcance del asunto, me incorporé a un grupo que se reunía unas dos veces por semana para leer y discutir cosas. También hacíamos pequeñas tareas como preparar autoadhesivos, distribuir propaganda... Yo hice un curso de sanidad para primeros auxilios.

El ERP era el brazo armado del PRT, pero yo no sabía nada sobre armas, les tenía terror. Yo tenía una convicción ideológica, pero desde el punto de vista práctico me sentía absolutamente incapaz. Había también cosas con las que no estaba totalmente de acuerdo, pero en ese momento no me animaba a plantearlo. El grupo de todos modos no duró. Algunos de mis compañeros pasaron al nivel de combatientes y no los vi más. Yo me dediqué a tareas políticas y organizativas.

Mi casa se transformó en un lugar de reunión. Mi nivel era el de una simpatizante o aspirante. Para ingresar al partido debía hacer un curso. Durante varios meses, con tres compañeros que venían a mi casa, hice estudios profundos de política. No daba abasto: mi trabajo, la casa, la nena, el curso, andaba exhausta. Finalmente pasé un examen y fui admitida en un acto que para mí fue muy emocionante.

Una pareja vino a vivir conmigo. Tenían un hijo y ella estaba embarazada. La beba nació en mi casa. Los quería mucho, eran como hermanos para mí. Un día la Triple A los secuestró. Murieron en la tortura sin hablar, pero le preguntaron a la chiquita la dirección de su casa y la dio.

LEVANTAR LA CASA

Estaba en el trabajo y vinieron a avisarme que tenía que desaparecer. Sabía que eso implicaba perder mi trabajo, no volver a mi casa. Fue un desgarrón espantoso. Durante años no pude volver a pasar ni siquiera por la vereda de enfrente. Al mismo tiempo no podía dejar de pensar en mis compañeros que habían muerto sin entregar mi dirección.

Salí del trabajo con una excusa y el dolor de saber que no volvía. Retiré la nena de la guardería. Estaba aterrada, me parecía que me seguían. Fui a ver a mi ex marido y le conté todo. Le pedí que la tuviera con él hasta que yo pudiera ubicarme nuevamente. El, que estaba indignado, me cubrió de reproches y dijo que era una mala madre.

Estuve escondida hasta que finalmente encontré trabajo en una farmacia. Mi ex marido no me dejaba ver a la nena. Eso fue lo peor de ese período, pero no lo único. Yo estaba dividida entre un estado de pánico y la convicción de que no había que dejarse vencer, que había que persistir, pese a todo.

Más tarde, conseguí una casa y volví a instalarme con mi hija, previa promesa a mi ex marido de "portarme bien". Pero yo seguía militando.

Esta vez me instalé sola, pero como había hecho un curso de sanidad, mi casa era una especie de hospital de campaña. Venían compañeros heridos. Los atendía un médico, una enfermera o yo. A veces no me podía bancar las situaciones, era muy duro. También me ocupaba de comunicaciones con otras regionales, llevando mensajes, prensa, comunicaciones internas del partido. Tenía que trasladarme continuamente. Era intenso, y riesgoso.

En el relato de Mercedes, como en el de otras mujeres, salta a la vista un estilo de vida absolutamente desprovisto de comodidades y lleno de incertidumbre. Lo que siempre me he preguntado al escucharlas es si su convicción era tan fuerte como para no tener nunca dudas, tanto sobre lo que ellas estaban haciendo como sobre lo que la organización establecía como línea de acción.

La sensación en esa época es que no había tiempo. Entonces, todo lo que significara acortar ese tiempo para llegar a la revolución era aceptable. Estaba convencida de que ese camino hacia la constitución de un ejército popular podía estar lleno de errores, pero tampoco iba a haber nadie que lo hiciera por nosotros.

Por supuesto que a veces tenía dudas, o no estaba de acuerdo con determinadas acciones, o sentía rechazo; nunca dudé, en cambio, de la honradez de los dirigentes. Todos vivíamos mal. El dinero que se obtenía se destinaba a mantener una estructura a nivel nacional, que es muy costoso. No había una falta de moral, era una moral diferente, adaptada a un tiempo de lucha revolucionaria. Por otro lado, la historia me demostró que fue así, porque ninguno de mis compañeros apareció después con un estándar de vida que pudiera hacer pensar en un desvío de fondos. Hemos vivido pobremente y seguimos haciéndolo.

El amor a la revolución, a esa utopía de un mundo mejor, era tan intenso que a medida que se reprimía más y a pesar del miedo, uno se aferraba más a la idea de seguir.

Lo malo de ese circuito de retroalimentación entre militancia y represión es que la represión te hacía cada vez más clandestino, y al hacerte clandestino el mundo se achicaba, perdías contacto con la gente en general y sólo te quedaban los compañeros, que pensaban igual que vos.

Yo recuerdo que en esa época discutí mucho con mis padres, que criticaban mis ideas. Ahora pienso que algunas de sus observaciones fueron válidas.

Trato de imaginarme cómo sería un día tipo de Mercedes comparado con el de un ama de casa común. Ella se ríe.

Mis preocupaciones eran exactamente iguales a las de cualquier otra mujer. Hacía las cosas como podía. Mi nena sabía que yo trabajaba por necesidad y que tenía dos trabajos. Ella pasaba la mañana en la guardería. La retiraba al mediodía, la llevaba a casa de mi madre, pasaba a mi segundo trabajo y cuando terminaba la retiraba de la casa de mamá.

Siempre cuidé que tuviera su cuarto, sus juguetes, sus amigos, mantener contacto con los primos, llevarla a la plaza, a un cine, festejar sus cumpleaños... Como otras separadas, tenía problemas con mi ex, agravados en este caso por la militancia, que yo trataba de ocultarle porque tenía miedo de que me quitara a la nena. Él tenía buen pasar económico y le ofrecía todo lo que yo no podía darle. Sin embargo, mi hija dice que uno de sus recuerdos más dulces era cuando a la noche nos sentábamos las dos a comer una sémola con leche y conversábamos de lo que había pasado en el día.

El terror tanto mío como de las otras militantes era qué pasaba con los hijos si nos agarraban. Ya fuera porque nos mataran o porque nos chantajearan amenazándolos. Pensar que pudieran torturarla, por ejemplo, me carcomía el cerebro y el corazón. Al no saber cómo reaccionaría en ese caso, y al no sentirme segura en ese aspecto, el pánico se extendía a la muerte de otros compañeros, que también tenían hijos... Era como una espiral de terror.

Mi única tranquilidad es que yo me sentía digna. Era consciente de que no le ofrecía estabilidad ni bienestar económico, pero sabía que le estaba dando el ejemplo de vivir de acuerdo con una idea y no aflojar en las adversidades. Yo quería demostrarle que el mundo no se mueve sólo por dinero, que hay otras cosas, y que se puede tener confianza en las personas. Mi lucha también era por ella, para que viviera en otro tipo de sociedad. Si me guío por la excelente relación que tenemos, creo que, a pesar de los riesgos, no la hice infeliz.

EL GOLPE

La época que se inició fue durísima. Los riesgos aumentaban para todos y eso incluía a las familias. Uno de mis hermanos me planteó con qué derecho yo ponía en riesgo a su familia, si yo era consciente de eso. Le contesté que era algo que no dependía de mí porque el enemigo eran los militares, no yo. Recuerdo que le dije: "Son ellos los que nos van a matar a todos si pueden. No nosotros". Sufrí mucho con esas discusiones porque eran dudas que siempre tenía. Hice lo único que podía. Me alejé cada vez más para no causar problemas. Pero hubo algo contradictorio en ese momento. A pesar de los riesgos, había gente que no me evitaba y me ofrecía su casa, o me invitaba a tomar un café. No eran militantes sino gente que me quería y respetaba mis convicciones. Los recuerdo a todos con mucho cariño, porque fueron un sostén muy importante. Mi ex marido, en cambio, se había transformado en un enemigo. Tenía que cuidarme de él tanto como de los otros.

En mayo del '77 cayó mi casa. Supe por los vecinos que había sido un gran operativo. La policía, el Ejército, todos fueron. No creo que pueda explicarse lo que es perder todo de un minuto al otro. Quedé en la calle, con lo puesto. Mis cosas, mis recuerdos, los juguetes de mi hija, todo se fue con ese allanamiento.

Me dijeron que a las once de la noche llegaron camiones del Ejército. Tomaron la manzana. Yo me salvé porque estaba en la casa de mi madre. Entraron al edificio y sacaron a todos los vecinos a la calle.

La casa fue vaciada. Se llevaron hasta las lamparitas y rompieron todo. Más tarde mi padre vendió la casa por la quinta parte del valor, a un hombre que se dio cuenta de que había sido allanada.

A pesar del tiempo transcurrido eso es algo que no les puedo perdonar. ¿A quién le voy a pedir que me devuelvan mi historia? Quedé con bronca, culpa, vacío.

Cometí el error de llevar a la nena con su padre y pedirle que la cuidara.
No solamente se enfureció sino que no comprendió la gravedad de la situación y la siguió mandando a la escuela, que en estos casos era muy peligroso. Después se la llevó con él al interior y no me dejaba verla. Su plan

era que yo me fuese del país. Pero yo no quería irme. Me escondí y pasé un mes llorando, por todo lo que había pasado y por los compañeros que seguían cayendo. Había que seguir trabajando, sin embargo, y la tarea primordial era controlar quién quedaba vivo.

Las citas también eran un peligro, pero no había otra forma de controlar.

Una noche de control fui a encontrarme con un pibe jovencito. Algo me alertó. Creo que en esos momentos el miedo te desarrollaba antenas. Vi de lejos un auto de la policía. El pibe estaba adentro, todo golpeado. Me di vuelta discretamente y me alejé con la mayor naturalidad que pude. Estaba enferma de miedo.

Había llegado a un punto en que no sabía qué hacer. Pasaba horas en la calle dando vueltas. No sabía cómo encontrar trabajo, ni qué lugar podía ser seguro para vivir. Tampoco quería dejar a mi hija.

Mientras tanto, en el partido decidieron que no se podía continuar porque a nivel individual la gente ya no podía resolver su vida y la militancia se hacía imposible. Yo no quería irme porque me parecía egoísta abandonar el barco cuando se estaba hundiendo, y entonces me dieron la orden de salir del país. Estaba tan aterrorizada que en principio sentí alivio. La orden hablaba de pocos meses, y la idea era producir una tregua para reorganizarse interna y externamente.

Mi padre me prestó dinero a cuenta de la venta de mi casa, que se ocupó luego de concretar.

Tenía que renovar el pasaporte. Otro terror. Por suerte alguien que era solidario me ayudó; de todas maneras, hice el trámite temblando, sin saber si era la última vez que estaba del otro lado del mostrador.

Faltaba solucionar el problema de mi hija. El padre seguía con la idea de quitármela y no dejaba que la viera. Recién la tercera vez que me presenté me dejó que la llevara conmigo. Salí directamente para Ezeiza. Previamente su familia, y especialmente su abuelo, lo habían presionado para que me hiciera un poder. Así pude salir, sin tener idea del control que se estaba haciendo en el aeropuerto.

Tenía una valija vacía, porque me había quedado sin nada. Le compré una remera, una pollera, un par de zapatos y unas medias blancas a la nena. Ese fue su equipaje.

Mi terror me tenía casi en blanco. Hacía lo externo y formal que tenía que hacer, pero me sentía como si estuviera dentro de un sueño. Una tía vino conmigo para seguir, de lejos, las alternativas de mi salida y saber inmediatamente si algo salía mal. Habíamos convenido una señal que yo haría si pasaba sin problemas los controles.

Tuve mucha suerte. En el momento de salir y presentar los documentos, cayó una familia de italianos que andaban de turistas. Armaron un lío terrible, hablaban y gritaban todos al mismo tiempo. El empleado se enloqueció. La nena y yo, solas, tal vez le causamos buena impresión.

—Pase —me dijo. Ni miró la lista que, después me enteré, tenía con los nombres de los que no podían salir.

Cuando me dirigí hacia el avión, miré a mi tía desde lejos e hice la señal.

Apenas nos sentamos en el avión empecé a hablar con mi hija. Ella había aceptado con mucha docilidad el viaje imprevisto. Tal vez porque nunca le fallé, ella sabía, casi instintivamente, que había cosas que no se preguntaban. Le dije que cuando fuera grande iba a poder entender. Que ahora nos teníamos que ir y eso significaba que iba a estar sin ver a su papá durante mucho tiempo. También me comprometí a que apenas regresáramos, ella iba a recuperar a su padre.

Yo me iba con un cementerio dentro de mí, donde estaban enterradas muchas pérdidas que me remitían obsesivamente a cuestionar por qué yo estaba viva y ellos no.

El avión despegó. Tomé la mano de mi hija. El tiempo sin tiempo del exilio comenzaba. Yo no sabía aún cuándo sería, pero sabía que algún día iba a volver.

CONFIESO QUE HE VIVIDO

Adopto la frase de Neruda como una síntesis perfecta de una militancia intensa, dolorosa y feliz.

El exilio me sumió en un vacío difícil de explicar. Creo que solamente mi instinto de supervivencia y la necesidad de comprender el fracaso del proyecto en el que había puesto mis sueños me permitieron seguir adelante con la idea fija de volver.

Yo tenía la sensación de vivir de prestado. En cada uno de los lugares que estuve la gente fue maravillosa y me hizo reconocer el valor inmenso de la solidaridad, tan diferente de la caridad. Comencé a enfermarme. Supe que nada podía curarme, sino volver. Mi cuerpo se negaba a seguir colaborando en ese lento suicidio del desarraigo. El gran corazón de mis amigos encontró el remedio. Una colecta me llevó a México, donde conocí a un hombre maravilloso. Con él viví uno de los períodos más felices de mi vida en el hogar que formamos. Sin embargo tuve que volver, aun sabiendo que eso implicaba separarme de él. No fue el único desgarrón que pagué por este amor desesperado hacia mi país y mis raíces. Así volví.

Nunca lamenté el compromiso vivido. No sé si todavía estamos pagando el precio de haber intentado buscar una sociedad más justa, pero creo que todavía estamos pagando el precio de los años que nos pasaron por adentro a todos. Y eso todavía no está saldado. Hay muchos que no hablan con libertad. Fijáte por ejemplo las dificultades que tuviste para lograr testimonios, es la mejor prueba de lo que te estoy diciendo.

Estos años de silencio nos marcaron. Este país de hoy no sería posible si no hubieran pasado esos años. No puedo generalizar, o por suerte ahora ya no generalizo, y veo que muchos jóvenes tienen una cautela y una madurez que nosotros no tuvimos. Es como si ellos dijeran: "Vamos a ir viendo de a poco". En esto influye también lo que siento como el descrédito de las palabras, que parecen ya no tener sentido.

Los discursos son parecidos y son huecos. Mi sensación es que la política se ha enmierdado.

En este estado de cosas, yo no veo nada que me haga pensar en la construcción de algo mejor. Me parece que sólo resistimos para no degradarnos más. Ahora te manejás con personas, no con ideas. Como si ninguna idea pudiera ser representada coherentemente por alguien. Entonces me resulta muy difícil pensar o soñar con el futuro, cuando todo te está diciendo que no confíes en nadie.

Este nivel de desocupación de falta de salud, de analfabetismo, no hubieran sido posibles si no hubiera habido algo que implicó la pérdida de sentido de la defensa de lo propio.

Ahora, tener un trabajo, un sueldo mínimo, parece una conquista, y veinte años atrás no se pensaba en eso, se buscaba y se quería luchar por algo más.

Yo sigo creyendo en mi gente y en mí misma. A mí la fe no me la van a quitar, pero todo está dirigido a eso. Tampoco sé si nosotros, los sobrevivientes, vamos a tener la creatividad necesaria para aportar algo nuevo que implique salir de este grado de deterioro…

Mercedes está melancólica. Le digo que voy a hacerle una pregunta que se podría llamar la pregunta del golpe bajo, sabiendo, sobre todo, cuánto quiere a su hija. Transcribo de manera literal.

—Si tu hija viene un día y te dice que se va a "meter" en alguna organización armada, ¿qué le dirías?

Me mira sorprendida.

—…Pero hoy la lucha armada no tiene sentido…

—Eso es algo que muchos dijeron en aquella oportunidad…

Sonríe con aire de *touchée* y parece considerar la hipotética situación que le he planteado.

—…De cualquier manera, yo no voy a decidir por ella, del mismo modo que nadie decidió por mí… Frente a cualquier joven que pudiera pensar en algo así hoy, con la autoridad que me da la experiencia vivida, yo podría discutir acerca de lo que entonces creíamos que se podía hacer. Podría hacerle ver que esas cosas son muy difíciles cuando no hay una mayoría que esté de acuerdo. Yo no estoy en contra de la lucha armada. Estoy en contra de la lucha armada de unos pocos. De lo que hay que hablar, entonces, es de política. Qué país queremos, hacia dónde vamos, y con qué gente...

LA HISTORIA QUE NOS HIZO DISCUTIR TANTO

Después de una grabación, y por un comentario de Mercedes, me enteré de una historia que desató una controversia entre las dos.

1) Niña de pocos años sale un día urgentemente de la Argentina, con papá y mamá que eran perseguidos. Llegan a México y allí se instalan.

2) Papá y mamá se separan en México.

3) Papá arma otra pareja y se va de México.

4) Mamá, que continúa siendo una militante muy convencida, se va a pelear a Nicaragua. Como las condiciones son inseguras, deja a la niña con unos amigos. Se pierde el rastro de mamá.

5) Los amigos a cargo consultan desesperados con el grupo qué hacer con la niña, que evidencia trastornos de conducta.

6) Mercedes decide hacerse cargo de la niña, y la lleva a vivir con ella, en el hogar que había formado con su hija y el mexicano de gran corazón, que fue todo un padre para ambas.

7) Mercedes cumple todos los requisitos para lograr la guarda legal de la niña, que permanece dos años con ellos, muy feliz e integrada al hogar.

8) Pasado el período de guarda, había que proceder a la adopción, pero cuando Mercedes solicita la autorización al padre, éste decide que le envíe la niña a Europa.

9) La niña, de once años, parte como repatriada. Mercedes se queda mirando cómo se aleja sola hacia el avión.

10) La niña creció. Mantuvo contacto con Mercedes. No hace muchos años, comenzó a decir que quería venir con ella. Lo hizo. Trabajó aquí. Según la expresión de Mercedes, "acá se rayó del todo, porque no sólo ha perdido su raíz, no sabe cuál es su familia. Nos volvimos a declarar madre e hija. Además, la reconozco como hija. Tiene en Europa a su padre y a su madre juntos. Pero parece que no le alcanza. Creo que al volver estaba buscando su historia y que todavía está pagando el precio de haber sido una niña de esa época. Volver a verla fue algo imposible de transmitir; bueno, una madre puede entenderlo.

"En su período aquí creo que sufrió algunas desilusiones inevitables. Pero tenía que pasar por eso. Tenía que enfrentar sus fantasías, sus miedos. Le expliqué que está en el tiempo de sus elecciones y que yo quiero sobre todo que sea feliz, acá, allá, donde sea.

"Uno de sus conflictos es tener que elegir 'entre lo que me conviene y lo que quiero', me dijo. Se fue a seguir con esta etapa de comprobaciones y de búsqueda. Hace poco me llamó y dijo que quería venirse a la Argentina, conmigo".

Cuando terminó de contarme la historia, lloraba a mares.

Yo estaba absorta y con un estado de preindignación que trataba de controlar. Pero aunque tratara de ser "objetiva", me parecía muy mal que esa criatura hubiera sido obligada por un grupo de adultos a pasar por tantos desarraigos.

El caso resulta paradigmático en un libro de mujeres, ya que para todas, uno de los grandes temas no resueltos aún es el de la profesión/vocación/hijos. Con respecto a esta historia, la controversia quedó planteada alrededor del sí/no había hecho bien la madre de la niña en irse a seguir luchando por la revolución, mientras su niña quedaba sola. Mercedes votó por el sí. Yo voté por el no.

El sí de Mercedes estuvo basado en un argumento prácticamente irrebatible, al menos para mi experiencia. "El otro nivel de conciencia" de una mujer militante, y su grado de compromiso. Es decir, que la madre de la niña, actuando como una revolucionaria, también estaba luchando por su hija y, por lo tanto, no la estaba abandonando.

Refuté que ella podría haber hecho lo mismo, pero sin embargo se aferró a su hija y no quiso separarse nunca.

Contestó que el grado de compromiso de la otra compañera era mayor. Agregó que aquella mujer quería mucho a su hija, pero estaba cumpliendo una misión que las trascendía a ambas.

Y nunca nos pudimos poner de acuerdo.

Laura

La primera vez que nos vimos noté que tenía una gran formación intelectual y además quería recordar su experiencia. Eran excelentes condiciones; sin embargo, nos costó mucho llegar a una versión final que fuera aceptable para las dos, porque ella "no se veía" en las primeras que obteníamos, y yo tampoco.

El problema creo, radicó en su formación teórica como militante, que fue muy rígida, aunque la palabra no defina bien tampoco lo que quiero decir.

Ella es una mujer de gran coherencia y honradez; por lo tanto, al asumir la militancia y sus contenidos lo hizo con tal fuerza que, aun veinte años después, al evocar aquella etapa de su vida, creo que le costaba desprenderse, no de los conceptos, que su inteligencia puede analizar perfectamente, sino del espíritu y del estilo que en aquella época aprendió para manejarse en los análisis de la realidad y de sus propios sentimientos. Al mismo tiempo, esa tarea de remontar sus recuerdos significó —me dijo— algo estimulante, porque el análisis actual se veía enriquecido con el transcurso del tiempo, y no estar conforme con las primeras versiones indica claramente su nueva mirada sobre aquella experiencia que, como otros, vivió en plena juventud.

Nací en un pueblo del interior. La mía era una familia de clase media "apenas", vale decir que tuvimos sólo lo justo y necesario para vivir.

Me eduqué en un colegio de monjas hasta que terminé el secundario. Milité desde muy joven en la Acción Católica, y desde que se conoció el tema de los curas del Tercer Mundo me interesé mucho por esa corriente. Recuerdo haber leído textos del obispo Helder Cámara. También visité villas, pinté hospitales, organicé bailes, peñas, colectas para las obras en las que trabajaba. Era lo que podría definirse como una cristiana comprometida.

Salvo en este aspecto, era una chica como todas. Me gustaba muchísimo bailar, los deportes, hacía mucha natación. Los profesores que tuve opinaron que hubiera tenido un buen futuro como deportista profesional. Cuando estaba en la universidad seguí practicando un tiempo. Me iba a piletas cubiertas, nadaba un rato y después salía para la facultad.

Tuve también el clásico primer amor. No llegamos a nada porque no me animé, y es notable, porque hoy es un chico desaparecido, así que sin saberlo teníamos marcados caminos parecidos.

Me recibí de maestra y vine a Buenos Aires para estudiar psicología. Mamá no quería que viviera sola y me instalé en un Colegio Mayor Universitario, regenteado por un sacerdote, donde había una reglamentación estricta en lo referente a horarios y normas de conducta. Viví ahí casi dos años, pero terminé por rebelarme ante normas que consideraba injustas y segregadoras: no se recibía a chicas judías, vigilaban nuestras amistades y se insistía mucho con el tema de la práctica religiosa hecha de forma determinada. Al mismo tiempo, nuevas lecturas cambiaban gradualmente algunos de mis conceptos. Descubrí el marxismo, el materialismo dialéctico, me interesé por el tema del origen del hombre. Todo este nuevo mundo me deslumbraba y me situaba de manera diferente frente a la realidad. Inevitablemente quedé en el grupo marginado, en pie de guerra con la dirección del colegio y el sacerdote que la encarnaba, alcohólico por otro lado. Finalmente decidí alquilar un departamento con otras compañeras.

EN EL MUNDO DE AFUERA

En la Universidad se podía discutir todo, pero la estructura era cerrada y no se podía incidir en modificaciones de fondo.

Comencé a sentir, y no fui la única, la necesidad de participar en la transformación de los contenidos de la enseñanza y sus métodos de aplicación. Al mismo tiempo, se me hizo evidente que la Universidad no estaba aislada de una política general, y sentí en carne propia la represión por participar en movilizaciones estudiantiles.

La policía con los caballos, repartiendo palos, gases lacrimógenos y balas de goma, era la respuesta a nuestros reclamos. No podía aceptarlo ni resignarme, y la bronca fue creciendo en mí. También la impotencia, porque los jóvenes no contábamos con partidos políticos o instituciones que nos representaran y nos dieran la posibilidad de canalizar nuestras inquietudes hacia la transformación política que sentíamos como impostergable.

El país venía de dictadura en dictadura y sentíamos vergüenza de los políticos y sus partidos, obsecuentes con los gobiernos militares, ausentes o indiferentes en otros casos.

No me acerqué sin embargo a ninguna organización. Es más, sentía cierto rechazo nacido de mi espíritu cristiano y del deseo de mantener mi opinión independiente, sin encasillamientos. Mientras las agrupaciones me buscaban para que participara, yo me resistía a integrarme a un grupo determinado. Quería unirme sólo para discutir aspectos que hacían a nuestra vida universitaria.

Con el correr del tiempo me asimilé a un grupo que no me pidió que estuviera dentro del partido, y aceptó mi participación con relación a la lucha estudiantil exclusivamente. Era el Frente Democrático Antiimperialista, que planteaba, desde la democracia y el pluralismo ideológico, aspectos concretos a cambiar dentro de la enseñanza.

En lo personal, mis amores no funcionaban muy bien. Como producto de la educación religiosa, y también por influencias familiares, yo era sumamente prejuiciosa y me manejaba con parámetros muy rígidos. Creía que las relaciones sexuales debían surgir luego de conocernos mucho, para decidir luego si estábamos listos o no para una convivencia. Como el clima entre los jóvenes estaba en las antípodas de esta posición mía, me aislaba aunque yo no quisiera, y cuando alguien se me acercaba ponía todo tipo de trabas, nacidas de mis conceptos religiosos: el pecado, las cosas permitidas y las prohibidas, etcétera.

Posiblemente por inexperiencia, tampoco los varones que conocí en esa época supieron tratarme de forma que yo cambiara. Estoy segura además de que los inhibía con mi estilo místico, etéreo, poco "terrenal" para la época que se vivía. Desde el punto de vista teórico yo "entendía" los planteos que me hacían, pero cambiar fue un lento proceso que también se daba en otros frentes de mi pensamiento.

Uno de mis profesores fue clave para esos cambios. Se definía como marxista leninista, y a través de sus clases yo empecé a interesarme y a profundizar en esa línea política, aplicada sobre todo a la psicología. Estudiamos mucho a Rubinstein, un reflexólogo soviético que había investigado la relación entre psicología y sociedad. Recuerdo uno de sus libros, que me impactó, *El ser y la conciencia.*

El contacto con estas teorías movilizó en mi interior una línea de reflexiones en las que me puse a considerar mi elección por la psicología, de qué manera quería o esperaba trabajar en una sociedad que veía llena de problemas. Alrededor de este profesor se agrupaban también los estudiantes del Frente y comencé a reunirme con ellos.

Uno de los primeros temas que consideramos fue el del hombre argentino que nosotros tendríamos que ayudar como futuros psicólogos, y para encuadrar a este sujeto, analizamos primero los problemas del país. La segunda etapa consistió en el estudio de autores marxistas, Lenin sobre todo, Mao Tse-tung, Enver Hoxa (de Albania), Dimitrov, los vietnamitas y otros.

La idea de estos grupos de estudio, que funcionaban fuera de la Universidad, era conocer cuáles habían sido las experiencias de cambio social en otros países, para establecer leyes generales que nos permitieran seguir un camino seguro hacia lo que se podía hacer en la Argentina.

La experiencia que más estudiábamos era la de China, analizando con mucho interés el pensamiento de Mao a través del *Libro Rojo* y de su experiencia comentada en *La línea general política para el Movimiento Comunista Internacional*.

Mientras tanto las organizaciones guerrilleras crecían, y su propaganda, que llegaba a la Universidad, era estudiada también en el ámbito de los grupos con el objetivo de lograr acuerdos posibles en los frentes de masa.

LUCHA DE CLASES Y LUCHA DE IDEAS

Uno de los postulados básicos planteados en el *Libro Rojo* es que la lucha de clases está instalada a nivel de nuestro pensamiento como lucha de ideas. Esto se traduce en conceptos arraigados que burdamente podrían ejemplificarse como lo bueno y lo malo. O la parte "burguesa" y la parte "proletaria" que están en permanente contradicción dentro de nosotros. Esta concepción fue la base de la revolución cultural china, y fue aplicada para evitar desviaciones que impidieran la acertada aplicación de la política.

El libro especificaba claramente cuáles eran las "enfermedades" que sufre el militante. Cito algunas: el individualismo, el dogmatismo, el empirismo... y cada una de estas "enfermedades ideológicas" se analizaba desde el punto de vista de los intereses que representa.

Sobre la base de estos principios del libro, el partido (cuya existencia yo desconocía en ese momento) tenía estructuradas las "escuelas de reeducación ideológica", donde las deficiencias que aparecían en la realidad individual de cada uno eran analizadas minuciosamente. El objetivo era mejorar como personas y militantes, mediante la crítica y la autocrítica para llegar a conformar un sólido frente político.

Las amigas con las que vivía no compartían mis ideas. Una de ellas, sobre todo, que seguía con la práctica cristiana que yo había abandonado, era como un espejo de lo que yo había sido antes. Paulatinamente me fui alejando de todo lo que no estuviera relacionado con mis nuevas convicciones.

Un día comenté en una reunión del grupo que toda esa práctica teórica debería tener forma de partido político. Todos sonrieron: el partido ya existía. Sólo estaban esperando que yo sintiera la necesidad de crearlo.

Nos instalamos en una casa. La idea era llevar a la práctica cotidiana los postulados que analizábamos y así "contribuir mejor a la formación de cada uno". Con el tiempo, llegamos a ser cuatro parejas.

"VIVO POR AQUI, A SEIS CUADRAS"

Fue un cambio muy profundo en mi vida.

Sólo cursaba las materias que me interesaban. En el trabajo hacía actividad gremial, al mismo tiempo continuaba intensamente mi preparación ideológica.

La vida en la casa era absolutamente comunitaria y se evitaban los gastos superfluos. El dinero que ganábamos iba a un pozo común con el que se pagaban los gastos de mantenimiento. Si alguien necesitaba algún elemento personal, se establecían prioridades. Las tareas domésticas eran realizadas por todos y de acuerdo con el tiempo de que disponía cada uno, sin distinción de sexo.

Generalmente no íbamos a fiestas, y en el caso de que lo hiciéramos tratábamos de combinarlo con un trabajo político. Por ejemplo, fuimos a veranear unos días en carpa a la costa, pero aprovechamos para hacer un seminario.

Teníamos un lenguaje específico y propio. Para cada uno, los compañeros eran lo mejor, y los jefes, los modelos, que dejaban de serlo si incurrían en errores graves.

Las relaciones se desarrollaban sobre la base de la crítica, la autocrítica y la solidaridad. Todo estaba subordinado a la política que seguíamos. Cuando el abuelo de una compañera murió, ella pidió permiso para viajar al interior. Pero en ese momento ella tenía una tarea asignada. Si viajaba, no la hacía. Si la hacía, no iba al velatorio, y a ella le importaba. Se discutió, y finalmente fue... después de cumplir la tarea. Vale decir, llegó tarde.

Esto formaba parte de un planteo, compartido como justo y necesario, que involucraba todas las relaciones afectivas y familiares subordinándolas al grado de afinidad política que con ellas existieran. Generalmente, como una medida de seguridad, no conocían nuestros domicilios, ni podían visitarnos. El afecto pasaba por el tamiz del análisis de clase, porque "los sentimientos también respondían a intereses", y si los familiares mostraban oposición definida, se les ocultaba toda la actividad.

En mi caso sabían de mi interés por la acción política y gremial, y algo muy general sobre la construcción de un partido revolucionario. Llegaron a conocer a compañeros del grupo, pero nunca supieron nada sobre los aspectos internos, tanto políticos como militares. Las viejas amistades eran dejadas de lado. Si por casualidad nos encontrábamos en la calle, tratábamos de evitarlos, y si no se podía éramos parcos o evasivos con respecto a nuestras actividades. Esta decisión de "clandestinidad" era indispensable y apuntaba a "preservar los hombres para poder mostrar la política", en un momento en que ya habíamos experimentado persecuciones y despidos de nuestros trabajos.

Un día me encontré en la calle con un ex compañero de la facultad. Se había dado entre nosotros una leve atracción que no pasó de ahí. El se alegró mucho de verme e inmediatamente me preguntó qué hacía, dónde trabajaba y dónde vivía. Todas las preguntas eran muy lógicas. Estábamos, por otro lado, en la esquina de la casa. Me puse nerviosa, y al preguntarme la dirección, hice un gesto vago: "Por aquí, a seis cuadras", mentí. "Te acompaño", dijo. Me desesperé y empecé con una larga y enredada historia, "pero ahora no voy a casa, voy a la casa de una amiga…", "bueno, vamos", insistía él. Finalmente, y viendo que no podía sacármelo de encima puse mala cara y él se fue desanimado. Cuando comenté el episodio me criticaron porque lo correcto era "cortar abruptamente cualquier intento de diálogo". Me sentí doblemente mal. No había estado a la altura de mi actividad, y había ofendido a un amigo, que no podía imaginar mis verdaderas razones.

Abandoné la facultad. Me restaba tiempo para la política y llegué a la conclusión, luego de analizarlo en grupo, que "los problemas de la gente son de origen social", luego, lo que había que hacer era transformar la sociedad. Y a esa tarea estábamos abocados.

Mis días, los de todos, eran de una incansable actividad. Yo trabajaba en una repartición oficial, por la mañana. Cuando regresaba, los compañeros que trabajaban por la tarde ya habían hecho las compras y la comida. Luego de almorzar, los que no habíamos estado a la mañana limpiábamos la casa, preparábamos la cena y dedicábamos toda la tarde a estudiar temas o cumplir con nuestras tareas políticas.

Me sentía bien porque esta vida casi ascética me daba un sentido de plenitud que nunca antes había experimentado. Estaba convencida de la rectitud de nuestros propósitos y todo sacrificio me parecía poco para alcanzarlos.

En cuanto a la relación hombre/mujer, el machismo no existía tan manifiestamente como "afuera" y, por otro lado, existía el propósito de combatirlo. Las mujeres discutíamos a la par de los varones, teníamos la misma autoridad según nuestro desempeño, y aunque la presencia femenina era menor con respecto a los hombres, alcanzábamos también grados de autoridad o jefaturas.

Con respecto al tema militar, éramos muy críticos del "foquismo" que observábamos en otras organizaciones. En nuestro caso, el desarrollo militar se planteaba "como consecuencia y necesidad del desarrollo del frente político". Pensábamos que a partir de la formación de dirigentes de masa se iría formando un futuro ejército popular. No pasamos del aprendizaje de manejo de algún arma, de manera poco organizada y con fines defensivos.

CUPIDO EQUIVOCADO

Mi intenso compromiso con la militancia había subordinado gradualmente mi vida íntima femenina. De todos modos, aparecían algunos amores efímeros, producidos más que por la atracción o el deseo, por la cercanía física, pero no pasaba de ser una experiencia poco intensa, falta de riqueza, al ser iniciada desde la afinidad intelectual más que desde el corazón.

En ese estado de "desinterés" amoroso asistí a una reunión con gente de otros frentes.

Pasamos dos días debatiendo temas relacionados con los objetivos que nos fijábamos en el corto y mediano plazo, y luego retomé mi actividad habitual.

Poco después un compañero de la casa me dijo que un muchacho del interior, presente en las reuniones, le había pedido que nos presentara. Acepté sin mayor interés, y cuando me llamó por teléfono acordamos un encuentro para cuando él viniera por Buenos Aires.

Salimos una tarde y empezamos a conocernos. Me sentí muy bien con él. Teníamos gustos afines, los mismos ideales. Su vida en otra provincia complicaba las cosas para vernos, pero como todos los enamorados, aguzamos el ingenio para encontrarnos en algún momento. Poco antes de casarnos, me confesó algo muy gracioso. En aquella reunión de frentes, él se había interesado por otra chica, de características físicas parecidas a las mías. Como no sabíamos nuestros nombres, cuando él le describió al amigo que nos presentó la chica que le había gustado, nuestro amigo pensó que era yo. El día que nos vimos, se encontró frente a otra mujer, pero a medida que nos conocimos, terminó enamorándose de mí. Nunca le dijo a nuestro amigo que se había equivocado.

Nos casamos en el '74 y nos fuimos a vivir a otra provincia adonde el partido nos destinó.

"¿HABI... QUE?"

Sentada frente al selector de personal de la fábrica, cumplía con mi papel de chica pobre e ignorante que busca un trabajo.

—¿Cuál es su hábitat? —me preguntó este hombre, que evidentemente no tenía idea de cómo interrogar a una persona de bajo nivel cultural.

—¿Habi... qué? —le contesté frunciendo el ceño ante su palabra "difícil". Me aceptaron enseguida.

Mi ingreso respondía a nuestra estrategia política de mezclarnos con los obreros y producir frentes de masa.

En la fábrica la jornada era larga y el trabajo a destajo. No se respetaban los tiempos de descanso, el sueldo era bajísimo y no había estabilidad.

Me sorprendió el nivel de resignación en la gente. Los más jóvenes veían como algo inevitable sus pésimas condiciones de trabajo y sólo esperaban el pago de la quincena. Los más viejos eran peores. Habían sobrevivido a un largo tiempo de esclavitud y hostigaban a los "nuevos" para que se adaptaran rápidamente sin protestar.

Comencé a tirar algunas líneas de resistencia fijadas en los objetivos sindicales, pero la tarea aparecía como lenta y difícil. Mi vida de recién casada transcurría feliz. Nos habíamos relacionado con la gente del barrio, que nos veían como un matrimonio joven de trabajadores.

La posibilidad de tener hijos nos resultaba compleja. Los deseábamos, y al mismo tiempo sabíamos que sería muy difícil. Por otro lado, sentíamos que nuestra lucha también era para ellos. Finalmente, el tiempo y la historia de los días que se venían nos quitaron esa posibilidad.

UN CAFETERO QUE VENDIA ALGO MAS QUE CAFE

Salí a barrer la vereda mientras mi marido, a pocos metros, arreglaba el auto. Un hombre joven, que parecía visitador médico o corredor, por el portafolio que llevaba, se me acercó. Me preguntó si éramos del barrio y en qué trabajábamos. Le contesté que mi marido era mecánico y yo ama de casa.

"Me acerco a usted —dijo— porque veo que es una señora de la casa, y deseo comunicarle que estamos haciendo algunas averiguaciones en los barrios y buscando opiniones. Queremos que los vecinos nos llamen a estos teléfonos —agregó mientras me extendía una tarjeta— para advertirnos de movimientos raros, gente sospechosa, porque estamos buscando guerrilleros, que en estos días andan repartiendo cajas de comida y panfletos por la zona."

Yo, que me sentía en un estado casi de irrealidad y al mismo tiempo trataba de mantenerme normal frente a él, tomé la tarjeta y me puse "a sus órdenes". El continuó: "¿Ve ese cafetero de la bici? No es un cafetero, es un agente de civil que recorre las calles del barrio. Si usted ve que una persona va a tomar un colectivo, pero cuando viene no lo toma, y los va dejando pasar, no espere, hay que dar parte enseguida. Esto lo hacemos para protegerlos a todos de los subversivos…".

Cuando se fue traté de seguir con el barrido de la vereda, pero no podía sostener la escoba en las manos. Tuvimos mucho miedo, aunque no imaginamos que esa tranquila vida de barrio llegaba a su fin.

Poco tiempo después tuve que viajar a Buenos Aires. En realidad, era sólo una etapa de un viaje más largo. Mi familia me hacía saber por cartas —que llegaban a otra dirección— cuánto deseaba verme. Yo temía que mi madre viajara y complicara las cosas.

Discutimos el asunto con mi esposo. El me pedía que esperara. No sé por qué no quise escuchar sus razones. Lo único que puedo recordar es que sentí una fuerte pulsión a hacerlo en ese momento, y que me mantuve firme en una discusión donde se estaba jugando nuestro destino.

Mi marido me acompañó a la estación terminal. Nos abrazamos entre la gente. Hasta ese momento, él y yo éramos simplemente una pareja más que se despedía. Ninguno de los dos imaginó que era para siempre. Subí al ómnibus con una sensación de disgusto y pena y miré por la ventanilla a mi marido, con esa incertidumbre de todas las partidas. El ómnibus arrancó. El, sonriendo para darme ánimos, agitó la mano y gritó: "Son sólo tres días".

EL ULTIMO JARDIN

Era una tarde muy calurosa del verano del '75.

Fui a visitar a una amiga que militaba en otra organización, pero con la que frecuentemente conversaba e intercambiaba material informativo. Su casa tenía un gran jardín adelante y una puerta, lateral, por la que ingresábamos los amigos. Crucé por el jardín y llamé a la puerta, que estaba entreabierta. Me gritaron que pasara, y apenas lo hice me di cuenta, tarde, de que había caído en una "ratonera". La casa estaba tomada por un grupo de hombres fuertemente armados.

Me tiraron al suelo y comenzaron a interrogarme sobre la gente que vivía allí, el material impreso que llevaba, las razones de mi visita. Todo al mismo tiempo, sin esperar casi mi respuesta. Discutían qué hacer conmigo, como si yo no estuviera allí. Dijeron que eran de las Tres A, y ya no me quedaron dudas de que estaba frente a un grupo parapolicial.

"Vamos a hacer un viaje", me dijeron. Salimos de la casa todos juntos, y nos encontramos con vecinos que se habían reunido a observar. Al ver a la gente aproveché para gritar mi nombre y avisar que me llevaban detenida. Ellos se mantenían en silencio, y apenas doblamos la primera esquina, me taparon la cabeza y me tiraron al piso. Yo estaba como desdoblada. Por un lado, pensaba que me había llegado la hora, por el otro, me parecía que todo le estaba pasando a otra persona.

Primero me llevaron a una comisaría. Me encerraron en un calabozo y luego de sugerirme que colaborara, comenzaron a mencionar nombres de personas detenidas y a preguntarme sobre ellos. Después me llevaron a

Coordinación Federal y ahí comenzó el calvario de interrogatorio y tortura. Entre golpes, sesiones de picana, simulacros de fusilamiento y submarino, entré en una cadena de sensaciones horrorosas. El tiempo parecía detenido. Tenía mucho miedo, me sentía muy sola, y lo único que deseaba era que me dieran un balazo para terminar con eso. Al mismo tiempo, trataba de controlarme y resistir para no delatar a nadie.

Dos días después me tomaron los datos y vino el médico. Al cabo de unos cinco días, cuando ya estaba algo repuesta de los golpes, me pasaron a Villa Devoto, a disposición del Poder Ejecutivo nacional. El proceso fue caratulado como "Asociación ilícita" y en el mismo incluyeron a muchas otras personas detenidas en distintos allanamientos.

A los tres años fui sobreseída, pero continué en prisión cuatro años más. Esta situación irregular fue común para los otros detenidos de esa época, dentro del marco general de arbitrariedades en que se vivía.

En mi primera declaración ante el juez denuncié las torturas a las que había sido sometida y solicité reconocer a las personas que me habían detenido. Me escuchó impasible, sin hacer ningún comentario, y jamás me hizo llamar para la tarea de identificación que había pedido.

La experiencia de la cárcel es extrema, terrible y muy difícil de transmitir, pero soy consciente de que fue mucho peor para otros. Desde ese punto de vista puedo decir que "tuve suerte", pero esos años de prisión fueron, son, ocho años de vida perdidos que nadie puede devolverme.

Durante esa etapa perdí a mi marido, que fue secuestrado y asesinado, familiares y amigos que estaban en otras organizaciones, y a otros que quería mucho, no militantes, que cayeron por estar en una agenda o por manifestarse con libertad firmando a lo mejor una solicitada pidiendo la libertad de un compañero de trabajo.

En esos larguísimos días iguales, mientras yo estaba encerrada y lejos de todo lo que amaba, había gente que se casaba, tenía hijos y realizaba una carrera. El ámbito de la cárcel es tan irreal que todos los conceptos se dan vuelta, cambian de lugar, y uno puede llegar a girar locamente alrededor de ideas que "afuera" se asimilarían de otra manera. La muerte, por ejemplo, pasa a ser un concepto vacío y al mismo tiempo muy cruel, incorporado como una sustancia pegajosa a la superficie de la celda. Cuando trataba de "digerir" la muerte de mi esposo, no podía. Miles de veces me dije que no era verdad, que al salir nos encontraríamos. Otras veces me ganaban la impotencia y la desesperación de su ausencia. Lo mismo les sucedía también a todas las otras mujeres que estaban encarceladas, y esa suma de tensiones, amarguras y desesperanzas impregnaba el aire donde vivíamos cada uno de los minutos de esos días interminables.

Ni una sola vez, sin embargo, me pregunté "¿por qué te metiste?", pero me tocó reconfortar a gente que sí se lo preguntaba, como la mujer de un compañero, que estuvo años detenida nada más que por ser su mujer. La situación era tan injusta que a veces ella lloraba y me preguntaba: "¿Qué hago acá, si nunca he sido militante?". Era muy doloroso, pero finalmente ella entendió que estaba por arbitrariedad, por falta de justicia, y que su rencor debía dirigirse contra los que la habían puesto ahí injustamente.

En Devoto las distintas organizaciones mantenían un trabajo político de reflexión, muy importante para mantener alta la moral, que con la absoluta incertidumbre de nuestro destino ocasionaba "quiebres" en el ánimo de la gente.

Mi compromiso interior con el partido seguía intacto. En un principio traté de no ver la derrota generalizada y achaqué al golpe militar la responsabilidad total de la situación, pero gradualmente, aunque era muy duro aceptar que nos estaban barriendo y que nuestro trabajo político no había producido los frutos que esperábamos, tuve que rendirme a la evidencia de que cada vez tenía más preguntas y menos respuestas. ¿En qué nos equivocamos? ¿Qué hicimos tan mal? ¿Por qué nos quedamos tan solos?

Estos análisis se mezclaban con la vida carcelaria, cuyos códigos propios nos eran desconocidos. Tuvimos que aprender los métodos ingeniosos de los presos: golpes en las paredes, hablar por lavatorios o inodoros desagotándolos, "leer" desde lejos noticias "pasadas" con el lenguaje de las manos...

Lo malo y lo bueno de cada uno aparecía en forma desnuda y hasta desmesurada. La consigna básica era sobrevivir, pero el régimen, sobre todo el de los presos políticos, estaba pensado para el aniquilamiento.

Había que "agarrarse" de algo, cualquier cosa, para no perder dimensión humana. Cuando estaba en el calabozo de castigo, recordaba poemas enteros de Mazim Hikmet, Serrat... Otras veces me concentraba en la evocación de mis seres queridos.

MURIO PRIMATESTA

En el año '78 nuestra vida en la cárcel había tomado características de gran dureza por expresa indicación militar. Todos los beneficios estaban suspendidos para nosotras. No nos dejaban entrar correspondencia, nos quitaban las visitas, no teníamos radio ni diarios, mala comida, etcétera. Para el que está encerrado, eso es terrible. Una cosa es no leer el diario estando afuera porque uno no tiene ganas de leerlo, y muy distinto es estar aislado, tratando de saber algo de lo que sucede en el mundo.

Los presos comunes se solidarizaban con nosotros y utilizando el lenguaje de señas nos transmitían información. El mecanismo era simple: una chica se subía a la ventana y, visualizando al preso "corresponsal", empezaba la "lectura" de las noticias, que nosotras retransmitíamos a las demás.

Naturalmente, había compañeras más "prácticas" para una interpretación que se dificultaba por la distancia entre pabellones. Un día, la compañera "lectora" dijo: "M… …esta, Primatesta —dedujo—, ¡murió Primatesta!", mientras que por los inodoros se oía la retransmisión de la noticia hacia las demás celdas.

Quisimos saber algo más. La compañera confesó que no entendía. Otra más experta tomó su lugar y empezó a "releer" el mensaje que el preso insistía en transmitir. Con todo cuidado fue descifrando cada letra. El mensaje era: "Mostráme una teta".

Esta situación tragicómica se originaba en dos aspectos muy crueles de la vida carcelaria: nuestro aislamiento total, que nos obligaba a ese recurso para enterarnos de "algo" y, para los presos comunes, su desesperada carencia de mujeres, que había hecho nacer en el preso "que transmitía" el deseo de "cobrar" la información.

Estos episodios cómicos aliviaban por momentos la tensión que produce el encierro. Cosas pequeñas y simples, que "afuera" no tienen importancia, "adentro" eran motivo de discusiones interminables. No cortar con exactitud la porción de torta que correspondía a cada una, olvidarse de no tirar la yerba del mate para volver a usarla… cualquier cosa desataba el conflicto.

Después de la visita de la OEA a las cárceles vino una época de mayor libertad. Nos abrieron la proveeduría y podíamos comprar comida, cosas.

Se empezó a plantear entonces quién tenía más plata, quién comía una cosa, quién no; era muy feo y hasta agudizaba las diferencias entre organizaciones. Algunos grupos pedían plata a los familiares. Otros, con una filosofía distinta, "esperaban" que la solidaridad popular se hiciera sentir. A la hora del rancho, era tragicómico porque uno veía a algunos comiendo de todo y a los otros, con el mate cocido de la cárcel, un pedazo de pan…

Sin embargo, a pesar de estos problemas del encierro, puedo decir que la conducta fue buena, y que primó el sentido de solidaridad. De otro modo hubiera sido imposible sobrevivir.

UN VASO DE VINO TINTO

Me avisaron que me iba. No puedo traducir lo que es trasponer las rejas en el otro sentido. Salí con otras compañeras y apenas estuvimos en la calle corrimos a saludar a los familiares que estaban esperando, sin saber qué decirnos mutuamente.

Fuimos enseguida a un bar. Todos planean cosas para el momento de salir. Yo había dicho que quería sentarme en un bar y tomar un vaso de vino tinto. Como adentro no había alcohol, me parecía el símbolo de mi libertad. Cumplí.

Después, mareadas por el vino y la libertad, nos pusimos a correr por la vereda para saludar a las compañeras, que nos miraban desde las ventanas entre risas y llantos mientras nos gritábamos los últimos saludos y bromas. Sentíamos mucha pena por los que ya nos miraban "del otro lado", y tuve la sensación de que algo mío quedaba ahí adentro.

La libertad tampoco era fácil. No tenía casa, ni marido, ni proyecto en común con nadie. Como si el tiempo hubiera retrocedido, volvía a vivir con mi madre. Tenía que aprender los códigos de la nueva casa y de la nueva sociedad con las que me enfrentaba de golpe.

Me sentía como un fantasma, yendo y viniendo por la casa, disfrutando del espacio. Durante algunos días, mantuve ciertos hábitos de la cárcel. No podía ver que se dejara algo en el plato, o que se tirara un pedacito de pan. Tampoco podía conversar en grupo. En la cárcel uno habla en voz baja, para que no oigan los guardianes, y por turno. Yo pretendía lo mismo, porque me aturdía. Después lo superé.

Al cabo de diez días había conseguido trabajo.

También aparecieron otras inquietudes. Conocí a un hombre que había estado en la cárcel y empezamos a vernos. Me parecía imposible volver a enamorarme, y al mismo tiempo, mi condición de mujer renacía. La carencia afectiva de todos esos años produjo muchas parejas entre la gente que "salía" y que fueron muy importantes para la recuperación de nuestras capacidades humanas.

En mi caso permanecimos juntos dos años.

Mis pasos de inserción en la realidad continuaban y me inscribí en un curso de capacitación sindical para conocer lo nuevo que se estuviera haciendo en ese terreno.

Intenté conectarme con mi grupo para analizar nuestra experiencia pero no pudimos llegar a una síntesis. Quizá todo estaba muy próximo y no teníamos el espíritu sereno. Creo que el dolor, el resentimiento, la confusión, nos impedían el análisis profundo. El tiempo había hecho su obra también. Muchos estaban muy cambiados, otros parecían casi desconocidos.

Con algunos han perdurado el cariño, la amistad, ideas comunes, que son un apoyo para seguir mirando hacia adelante. Para muchos queda la nostalgia de lo que no pudo ser y la dificultad para aceptar un mundo tan distinto al que soñamos.

Yo sigo creyendo en el misterio de amar y desear la felicidad del hombre, y rescato la entrega casi religiosa para servir a esa causa.

Nosotros creímos en un desarrollo progresivo de la conciencia popular que los llevaría hacia el socialismo, y pensamos que la dictadura militar iba a acelerar ese desarrollo.

¿Por qué no lo logramos?

Pienso que el sentirnos dueños de la verdad nos produjo una sensación de omnipotencia, y fue tan ilusorio pensar que podíamos resolver el problema de los demás como creer que sabíamos cuál sería la respuesta de ellos.

Si hubiéramos sido capaces en aquel momento de integrarnos a un gran movimiento político, no violento, seguramente habríamos tenido una respuesta mucho mayor, pero el sectarismo y el haber pretendido aplicar dogmáticamente otras experiencias a nuestro país nos perdió.

HOY

Mirar hacia atrás es fundamental para profundizar la democracia y defender el funcionamiento de la justicia.

La caída del socialismo en otros países abre nuevos interrogantes que nos llevan a la esencia de la naturaleza humana. Naturaleza que veo muy enferma en nuestro país, aquejada sobre todo por una corrupción generalizada, y que trasciende a los hombres públicos. En las relaciones priman el individualismo, el ventajismo, la especulación, y quizá deban pasar varias generaciones para que surjan nuevas transformaciones, importantes y profundas.

Mi actual vida íntima y familiar es muy feliz.

Después de la relación poscárcel pasé un tiempo sola, golpeada por el nuevo fracaso. Sentía, al mismo tiempo, que había aprendido algo: yo era una mujer que estaba viva y dispuesta a abrirme camino. Un amigo me presentó al que ahora es mi marido. Nos enamoramos inmediatamente y decidimos desafiar todo lo que se opusiera a la formación de una familia.

Tenemos dos niños hermosos a los que adoramos. Trabajamos y luchamos juntos. Tenemos proyectos. No somos iguales, venimos de historias diferentes, pero nos amamos, nos respetamos, y tenemos ideales que tal vez nuestros hijos, o nuestros nietos, verán hechos realidad.

Mariana

Los encuentros se desarrollaron en El Querandí, escenario de su iniciación en la militancia, cuando ella y otros jóvenes de su edad se reunían allí en interminables tardes de análisis y discusión política. El bar ha cambiado y la vida de Mariana también. Ahora tiene dos hijos y su terrible experiencia como secuestrada de la Fuerza Aérea primero, prisionera en la Escuela de Mecánica de la Armada (ESMA) después, es solamente un recuerdo que no ha conseguido quebrar sus ideales.

Papá dijo: "Los hombres militan en política y las mujeres se emborrachan con la ideología". Mi réplica nos sumió en una larga discusión, durante la cual papá trató inútilmente de convencerme para que yo "tuviera mis ideas, pero no me hiciera matar". En ese momento me enojé mucho. Ahora comprendo que papá estaba preocupado por el accionar de la Triple A, que ya se hacía sentir.

Por supuesto, aquel día no nos pusimos de acuerdo. Yo quedé muy ofendida por su lapidaria definición, ampliada con la convicción "de que me parece que las mujeres, cuando abrazan una causa son fanáticas, supongo que les falta pensamiento crítico". Me fui a visitar a mi abuela, que era una mujer muy culta y leía mucho, autores como Shakespeare o Jorge Amado, traducidos al idish. Ella siempre me contaba de la vida en Polonia, y cuánto habían sufrido por el antisemitismo de los polacos y de los rusos, que de tanto en tanto dominaban la zona donde ellos vivían. Ese día también me contó sobre la militancia política de mi abuelo, cuya peluquería, frente a una plaza, era centro de discusiones políticas. Detenido dos veces, había sido puesto en libertad nuevamente. La tercera vez estuvo desaparecido. Mi abuela lo encontró finalmente en un cuartel, y desde unas rejas vio cómo lo golpeaban. Los militares le dijeron que lo sacara del país porque la próxima vez lo matarían. Vivieron horas de incertidumbre, y finalmente, amigos que ya habían emigrado le enviaron un pasaje. Así fue como llegó a la Argentina.

Más tarde viajó ella con los dos hijos. Mis tíos y mi papá pasaron su adolescencia y juventud ligados a una organización que alguien definió como "cripto-comunista". Era un grupo de clubes judíos (ICUF), afines al PC.

Como el PC estaba prohibido crearon un "partido fachada". La sede funcionaba en casa de mi abuelo. Mi tío era el secretario de la juventud, y papá, a pesar de tener sólo 14 años, militaba también. Era la época de la Guerra Civil Española, y papá formó parte de los comités de solidaridad con la República.

La conversación con mi abuela ese día me hizo bien. Después de todo, ¿de qué se quejaba papá? Ni por historia ni por educación era "casual" que yo hubiera terminado militando.

LA ADOLESCENCIA Y LA ANARQUIA

Salí de la escuela y me fui hasta el Sindicato de Luz y Fuerza, que quedaba en Ambrosetti y Rivadavia. Tenía que encontrarme con papá. Ibamos a ver *El acorazado Potemkin*. Me encantaba ir al cine con mi viejo. Yo estaba muy orgullosa de la libertad intelectual en la que me formaba. Recuerdo que recibíamos la colección "Historia de la literatura argentina", y aunque era muy chica, papá no me censuraba, y yo leía cada libro que llegaba: *La gran aldea, Nacha Regules, El mal metafísico*. No eran para mi edad, pero él decía que sola decantaría lo que no me interesara.

En la escuela primaria estaba entre las mejores. Me gustaba escribir. Un día gané un concurso de redacción, el tema era "El día de la Fuerza Aérea Argentina".

Mariana y yo sonreímos al mismo tiempo. Nuestro sentido del humor no se pierde esta "boutade trágica". La niña Mariana, de blanco guardapolvo, recibe un premio escribiendo sobre la fuerza que unos años después la secuestraría.

Entré "raspando" al Nacional Buenos Aires. El colegio estaba muy politizado, y a partir del camporismo eso se acentuó. El nuevo director era Raúl Aragón, un hombre muy progresista que nos dio mucha libertad.

En esta etapa tuve mi primer novio adolescente. Era anarquista y, guiada por él, conocí los teóricos del anarquismo. Kropotkin, Proudhon, Malatesta. Mi papá se entusiasmó, me regaló algunos libros y recordó anécdotas de la Ley de Residencias, de la brigada policial que reprimía a los socialistas y a los anarquistas allá por 1930.

Me hice amiga de una chica que era nieta de un antiguo diputado socialista. El también nos contaba anécdotas del antagonismo con los anarquistas, de cómo se unían frente a los conservadores, de las primeras etapas de la vida sindical argentina... Teníamos catorce años y nos emocionábamos con esas historias. Empezamos a militar en un grupúsculo libertario, donde formábamos parte de un "grupo de lectura". Era como una vuelta al pasado. Me fascinaba leer sobre la FORA y conversar con los viejitos anarquistas, pero el día que Montoneros se fue de la plaza llena de gente, mientras yo y mis amigos esperábamos inútilmente en un local anarquista de Villa Constitución que alguien fuera a la reunión convocada por el conflicto de ACINDAR, comprendí que la historia pasaba por otra parte.

ROMPIENDO LA TRADICION FAMILIAR

En mi casa siempre fueron antiperonistas. Yo me había criado en ese clima y rechazaba al peronismo, sin saber definir mis razones.

Un día hablé con un compañero en el colegio. Me explicó que si quería tener incidencia en la realidad tenía que elegir un movimiento de masas. "El anarquismo ya fue", me dijo, "la clase trabajadora es peronista, y si querés estar con ellos tenés que estar con el peronismo".

Me di cuenta de que tenía razón.

Empecé a leer a Evita y cambié mi forma de interpretar la realidad. Sentí que el proyecto montonero era factible. El hecho de que las Tres A centralizaran su persecución en ellos demuestra que eran la opción de poder más real, con una fuerte inserción popular.

Mi primera acción de militante fue participar en la toma del colegio. Después vino la represión. Mandaron más de cien efectivos armados a reprimir una manifestación de chicos de trece a diecisiete años. Golpearon a todo el mundo, manosearon a las chicas, apresaron a la dirigencia estudiantil. Fue una vorágine.

Pero no me acobardé. Cuando me recibí decidí "proletarizarme" y entré a trabajar en una fábrica de lamparitas para autos.

Unicamente después de trabajar en la fábrica comprendí lo que es la explotación. No hay libro ni teoría que pueda explicar lo que es eso.

Eramos todos menores. Se trabajaba en verano, en la fundición de vidrio, sin ventilador. Ocho o nueve horas frente a una máquina que trabaja a la velocidad que los capataces regulan. Había premios a la producción y la gente se mataba para ganar un cinco por ciento más. Volvía a mi casa destruida y no podía dejar de pensar que yo estaba ahí por elección, pero los otros no tenían salida.

Mientras tanto mis padres estaban horrorizados. ¿Una egresada del Nacional Buenos Aires metida a fabriquera? Alquilaron un chalet en Mar del Plata y me llevaron de prepo. Yo estaba enojada y no les hablaba. Una prima que también militaba fue a visitarme y me llevó la *Evita Montonera*. Me sentí mejor. Llegué a un acuerdo con mis padres: acepté cambiar de trabajo y me inscribí en la Universidad.

En la semana previa a este encuentro con Mariana, dos mujeres no han querido hablar conmigo. En su negativa advierto claramente el rechazo que les inspiro porque yo no soy "del palo", y el tema de las relaciones personales/ideología se instala esa noche entre nosotras.

Entre la gente politizada hay una cierta tendencia a desconfiar de los que no están en la misma línea. De todos modos, las cosas ahora están muy desdibujadas, porque ¿quién es del palo? Ex montoneros que ahora son funcionarios menemistas, ¿son del palo? La gente ha hecho diferentes procesos y hoy todos tienen posturas distintas, aunque vengan del mismo tronco.

Creo sin embargo que los efectos de la represión en la sociedad deberían estudiarlos un sociólogo o un psicoanalista. El miedo no ha terminado. Hubo gente que no tuvo nada que ver, y cayó por el famoso tema de las agendas. Lo que los represores no entendían es que alguien puede estar en una agenda por cualquier motivo que no tiene nada de político.

A mí me ubicaron por una chica que era hija de un brigadier. En su agenda tenía números de compañeros de la facultad que no eran militantes. Los secuestraron a todos. Tuvieron suerte porque les tocó un grupo "suave" que los largó unos días después, cuando comprobaron que no estaban en nada, pero hubo gente que no tuvo esa suerte. Y las secuelas subsisten por todos lados.

En mi familia han pasado cosas tragicómicas con el tema de mi desaparición.

Mis primas se enteraron mucho después leyendo el *Nunca más*. La mujer de mi tío le prohibió a su marido visitar a su hermano (mi papá) en el hospital, porque temía que secuestraran a sus hijos. Pero años después ella me recriminó por no haber ido a una marcha contra el indulto. ¡Qué loca es esta sociedad!

LA VIOLENCIA Y LOS ENEMIGOS

Desde chica estuve a favor de los indefensos. Las injusticias me rebelaban. Cuando entré a Montoneros no sufrí ningún tipo de conflicto con respecto a los métodos. Me parecía justo que se intentara reparar injusticias sociales sacando a los que tenían mucho para repartir entre los que no tenían nada, o que se matara a un torturador. Lo que no sé es qué me habría pasado si yo hubiera tenido que hacerlo. Por otro lado, la historia me demostraba que los grandes cambios habían sido violentos, y de acuerdo con eso, me parecía lógico que se creara un ejército popular para luchar contra los capitalistas. ¿Acaso entregarían ellos voluntariamente el poder que detentaban? Estaba segura de que no.

Lo más importante sin embargo, en esto de luchar, no era el apoyo teórico sino la bella utopía de una sociedad mejor, justa y libre, donde hombres y mujeres "nuevos" vivirían de otra manera. Y es solamente por ese sueño que se puede entender la entrega a una militancia que fue muy dura y que se llevó la vida de muchos de nosotros.

Nuestras jornadas eran agotadoras y no había tiempo para pensar. Solamente después, cuando en el cautiverio vi tanta muerte a mi alrededor y sentí como probable la mía, reflexioné si era lícito o no disponer de una vida ajena.

Esa experiencia me puso también frente a la relación, desconocida hasta ese momento, con el enemigo. De lejos, para mí un militar era un "milico". De cerca, era un tipo. Una persona a la que yo veía comer, que hablaba de sus chicos, o que por ahí te hacía un favor. Alguien que estaba en otra vereda, que había sido formado específicamente para eso, pero que, igual que cualquiera, tenía amores, ilusiones, debilidades.

También era el que torturaba o secuestraba. Y entonces renacían el odio, el deseo de matarlo y la categoría de "enemigo".

Para ellos era lo mismo. Cuando nos tenían un tiempo cerca, comprobaban que teníamos cara, sentimientos, historias. Por eso nos encapuchaban. Ellos no podían soportar nuestra mirada. Y cada día que pasábamos juntos se les hacía más difícil matarnos.

Hay una anécdota muy ilustrativa que Timerman cuenta en su libro *Prisionero sin nombre, celda sin número*. Un carcelero le pidió consejo, "porque usted es un hombre inteligente", acerca de su hijo que no quería estudiar. Timerman le dijo que algo le gustaría, y que tratara de incitarlo hacia cursos técnicos para capacitarse en algún oficio. El carcelero quedó muy agradecido. Yo no recuerdo cómo terminaba la historia, pero estoy segura de que si a ese hombre después le dijeron: "andá a reventar a ese judío hijo de puta", debe haber sufrido un gran conflicto o, tal vez, ya no pudo hacerlo, porque el "judío hijo de puta" había pasado a ser una persona, con la que él había hablado y de la que había recibido un buen consejo.

LA CAIDA

Vivía con mi compañero en una casa del barrio de Mataderos.

Una noche que volvía muy tarde del trabajo vi un Ford Falcon color bordó que hacía un recorrido extraño. "Rodeaba" una manzana, retomaba el camino, "rodeaba" otra, y así seguía.

Debí haber prestado atención porque ya éramos buscados. Pero estaba muy cansada y andaba preocupada por mi abuela, que estaba muy grave. Todos los días llamaba, desde teléfonos públicos, para saber cómo seguía. Esa fue mi perdición.

Un día encontré descompuesto el aparato desde donde hablaba siempre. Busqué otro y pude hablar. A partir de ese día, la historia fue repitiéndose con todos los teléfonos del barrio: conseguía hablar una vez y la próxima debía buscar otro. Finalmente me quedó una sola posibilidad. El teléfono estaba cerca de la General Paz. Esperé mi turno en la fila. Detrás de mí, un hombre joven se puso a esperar también. Después de hablar salí caminando hacia mi casa. El hombre abandonó su lugar y me siguió. Subí a un colectivo. Él subió también. Me bajé por la puerta de atrás. Se tiró por la puerta de adelante. Ya en la vereda, y mientras echaba a correr, vi que se subía a un auto y le hacía señas a otro. Estábamos muy cerca de un puente. Subí corriendo, calculando que los perdería mientras ellos, por el auto, iban a tener que dar la vuelta para llegar al puente. Me equivoqué. Subieron por la barranca. Me agarraron justo cuando intentaba subir a otro colectivo. La escena que siguió fue digna de la mejor película de acción. Yo forcejeaba con los que me arrastraban hacia el auto y gritaba para que la gente que se arremolinaba me ayudara. Pero la lucha era muy desigual y ganaron, por supuesto.

Tirada en el piso del auto, conseguí sacar la pastilla de cianuro e intenté tragarla. Puteando, uno me metió los dedos en la garganta y me la hizo largar. Cuando a los pocos minutos me bajaron a los golpes en un lugar que parecía a medio construir, pensé que me matarían y no imaginé que pasarían dos años hasta que volviera a ser alguien con nombre y apellido.

EL CUERPO DE UN ENEMIGO

Fue como una ceremonia diabólica. Atada a una mesa, me sentía rodeada por todos ellos. Eran muchos, y parecía que cada uno representaba un papel preestablecido. Gritos, insultos, expresiones obscenas, eran la música de fondo que acompañaba los golpes, la picana, el submarino con una bolsa de plástico. El procedimiento era brutal y vertiginoso. Me habían dicho que esto se hacía para sacar información rápidamente, antes de que nuestros mecanismos de seguridad funcionaran.

—Te vamos a pasar todos, hija de puta...
—Vas a quedar estéril...
—Vamos a matar a toda tu familia...
Alguien me tomó de la mano y dijo suavemente:

—Si colaborás, no te pasa nada.

De pronto me quitaron la venda de los ojos. Un hombre se acercó.

—Quiero que me veas bien la cara y sepas que yo soy tu responsable. De mí depende que vivas o mueras. Si no colaborás, la vas a pasar muy mal.

La sesión se reanudó. Sentí que llegaba a mi límite.

Me desataron las piernas. Pensé que tal vez me dejaban. Volvieron a quitarme la venda. Me hicieron ver a uno de ellos "listo" para penetrarme. Traté de ganar tiempo. Les prometí marcar una casa si me dejaban. Salimos. Vi que ya era de noche.

Dimos muchas vueltas por las calles oscuras y casi vacías. Yo sabía que en esa zona había una casa. Pero no sabía dónde. No la hubiera entregado de todos modos. La cuestión era interrumpir, aunque fuera un poco, la tortura. Cuando admití que no podía ubicarla volvimos.

El lugar era diferente. La cama donde me tiraron tenía un colchón de goma espuma, sin forrar.

Hacía muchas horas que no iba al baño, y pedí permiso para ir. Contestaron que me hiciera encima. Resistí las ganas. Finalmente, alguien me llevó. El "baño" era un agujero en el suelo. El guardián se quedó a mi lado y después me alcanzó un pedazo de papel de diario.

La tortura se reanudó.

Hubo un detalle cómico. El gremio de Luz y Fuerza venía haciendo paros sorpresivos por la desaparición de unos compañeros. Fui "beneficiada" con uno. Se enojaron mucho cuando se cortó la luz. Trajeron una batería para continuar, protestando porque no les "daba" la potencia que querían. Cuando grité me dijeron que no hiciera aspavientos, "que ésta era más liviana".

Finalmente se detuvieron. No sé si se cansaron o si el "montaje" había terminado. Me sentaron y me quitaron la venda de los ojos.

PREGUNTA LO QUE QUIERAS

Estaban sentados en semicírculo. Eran muy jóvenes. Vestían vaqueros, camisa a cuadros, botitas de gamuza, llevaban el pelo largo, y ¡hasta fumaban Parisiennes!, mi marca. No podía creer lo que estaba viendo. Salvo dos o tres que estaban de traje, los demás eran iguales a cualquier compañero.

—Sí, es para pasar desapercibidos entre ustedes —admitieron cuando les pregunté.

El clima había cambiado. Parecían dispuestos, en todo caso, a divertirse un rato.

—¿Tendrás miedo porque a los que "ven" los matamos, no? No te preocupes, son historias —me tranquilizó uno.
—¿Por qué torturan? —La pregunta provocó una explosión de risas.
—Si te ofrecemos una coca-cola ¿hablás?
—Pero la tortura es algo muy cruel. Ustedes tienen otros medios a su alcance. Son muchos, pueden seguirnos, intervenir teléfonos.
—Esto es necesario —me interrumpieron—. Por otro lado no son ciertas las fábulas que les han contado los jefes. La ratita, cortar brazos. Y vos, ¿te ibas a suicidar? —Sostuve su mirada.
—Sí.
—Bueno, la verdad, te felicitamos, peleaste como una leona...

Durante diez meses y medio estuve sola en ese lugar. La celda era de dos por dos. Había solamente un camastro. Las paredes estaban aisladas con telgopor y nunca se veía el sol. En la puerta había unos agujeros para ventilación.

A veces pasaban muchos días sin que hablara con nadie. Otras caía alguno y discutía conmigo temas políticos. Me alcanzaban la revista *Esquiú* para que leyera. Un cadete muy joven y católico me trajo una Biblia. Yo marcaba cosas para discutir con él.

Recuerdo que lo miraba y pensaba qué extraño era todo. Teníamos edades parecidas, era un soldado como yo. Pero estaba en la otra vereda. Aunque era mi enemigo, había algo en común entre los dos. Cada uno estaba peleando por algo en lo que creía.

Un día me dijeron que me iban a dejar ir a los Estados Unidos. Ya me habían dejado hablar a mi casa un par de veces, y me hice ilusiones. Pero finalmente, nunca supe por qué, me trasladaron a la ESMA.

Cada vez que alguien menciona la ESMA, surge el recuerdo, y generalmente la polémica, por el libro de Miguel Bonasso: Recuerdo de la muerte. *Escrito como una novela-documento, el libro cuenta, alrededor de la historia de Jaime Dri, las vidas paralelas de prisioneros y carceleros.*

Dentro de ellas, el tema de los "amores prohibidos" que surgieron entre las mujeres y sus captores fue, sin duda, el que más desagrado produjo.

En la ESMA, el proceso de "recuperación" de las mujeres estaba centrado en la exaltación de nuestros sentimientos femeninos. Una demostraba estar más "recuperada" en relación directa al interés que demostrara por vestirse, arreglarse, tener modales suaves, etcétera.

Al mismo tiempo, y supongo que ahí reside una de las claves de las relaciones que se dieron, ellos estaban fascinados con nosotras. Eramos mujeres absolutamente distintas a las que eran sus esposas. Con nosotras podían hablar de política, armas, estrategia, cine o filosofía. De modo que junto con la atracción, se daba una contradicción, porque para "recuperarnos" teníamos que ser como las mujeres tradicionales, pero a ellos los atraía, justamente, que no lo fuéramos.

Algo que es inimaginable es la condición de desaparecido. Uno está absolutamente solo, y dentro de la mayor incertidumbre. El "Tigre" Acosta solía decir que él hablaba con Jesusito, y Él le decía quién se iba y quién se quedaba. Por ese filo de navaja transitaba nuestra endeble supervivencia, hasta que un "traslado" terminaba con la vida de alguno de nosotros.

El desamparo era total. Entonces, cuando un carcelero salvaba los hijos de alguna mujer y, en lugar de darlos a cualquiera se los llevaba a los abuelos, o, como se dio en muchos casos, la llevaba a verlos de vez en cuando, surgían sentimientos de agradecimiento por esos hechos que aliviaban una situación espantosa. ¿Es posible ver como tan raros esos sentimientos? Lo mismo se plantea en otros casos de mujeres que se sintieron protegidas y a salvo de los otros, cuando alguien las tomaba como algo de su propiedad y les salvaba la vida.

Este tema de las relaciones amorosas y/o amistosas entre prisioneras y carceleros es muy complejo y tengo entendido que se han hecho estudios sobre eso, por cosas parecidas que pasaron en la Segunda Guerra, en los campos de concentración. Yo no me siento en condiciones de juzgar a nadie, y creo que las respuestas simples que algunos esbozan desde "afuera", sin haber conocido la vida en esos lugares, son equivocadas.

VIVIR OTRA VEZ

Me fui a vivir a un departamento. La gente de la ESMA no quiso que me instalara con mis padres porque "podía sufrir represalias", dijeron.

Esta nueva etapa de "libertad vigilada" implicaba, entre otras cosas, que no recuperaba mis documentos. Yo me sentía muy mal. Tenía pesadillas. Me sentía como una traidora por haber sobrevivido. Lloraba mucho. Es curioso, pero cuando estaba adentro casi nunca lloraba. Uno estaba en estado de alerta, y además, el castigo del campo equivalía a "pagar" tu culpa. Pero al estar de nuevo en la calle, con el recuerdo de todos los compañeros muertos, ¿cómo hacías para mirarte al espejo?

Traté de reinsertarme. Tampoco era fácil. Estar "chupado" es estar fuera de todo. Durante dos años había perdido noción de muchas cosas. No sabía qué estaba de moda, de qué forma se hablaba, qué películas habían dado. Tampoco podía hablar de lo que había hecho en ese tiempo. Cada vez que intentaba seguir una conversación normal, aparecía algo que me ponía en evidencia, y me sentía como una extraterrestre.

Había otro problema más grave. La palabra "desaparecido" era tabú para todos. Un día me encontré con un amigo de mi novio. Nos vimos dos veces. A la tercera llamó para decirme que no podía y que me llamaba otro día. Nunca más lo vi. Estar vivo te ubicaba entre los colaboradores y todos te tenían miedo.

Una prima se casó y me invitó a la fiesta. Fui pensando que me haría bien distraerme un poco.

Entre los invitados había un joven cardiocirujano, pariente político de mis tíos. Buen mozo, seductor, apenas me vio se acercó a hablar conmigo. Estuvimos juntos un largo rato. Teníamos gustos parecidos, nos encantaba el jazz. Entre bromas me invitó a escuchar unos discos en su casa. De pronto mi tío se acercó y lo llevó aparte. Vi que hablaban. No volvió a dirigirme la palabra y se pasó el resto de la noche evadiéndome. Hubo un momento en que sorprendí su mirada sobre mí. Parecía espantado. No, reinsertarse no era fácil. Mi historia era imposible de explicar a alguien que no hubiera conocido el campo.

Y entonces me encontré con Enrique.

El había sido famoso en la ESMA por su bondad y compañerismo.

Durante un tiempo nos vimos como amigos pero en la primera cita quedé embarazada.

Estoy segura de que no fue una casualidad. Mi pulsión de vida se expresó del modo más lógico y más femenino. Dando vida, yo renací.

—¡No puede ser! —dijo mamá llorando.

Papá fue más corto y más categórico. Me calificó como una puta. Todo me resultaba absurdo. Miraba a mamá que me imploraba que me hiciera un aborto, por "lo que iba a decir la gente", y me daban ganas de reír. Había estado desaparecida, había vuelto de la muerte. Todos sabían que había caído por mi militancia, ¿y a ella le preocupaba lo que pudiera decir la gente?

Mi hijo nació en el '79.

En esos días yo me preparaba para irme después de haber recuperado por fin mis documentos. Había dicho a mi responsable que quería alejarme de todo. Era cierto. Tuve la ilusión, como otros, de que estando lejos me sentiría mejor.

Mariana hace girar un anillo de plata que lleva en su mano izquierda, y comenta que fue regalo de Eduardo, su novio militante, en la Navidad del '75.

Eduardo está desaparecido. Nos conocimos en la escuela de periodismo. Militamos separados un tiempo y más tarde nos tocó la misma zona.

Pienso que cayó la misma noche que yo. Hacía poco había "levantado" una casa en Ciudadela y llevé la ropa a la tintorería. Tal vez tenían boletas con la dirección de la casa. Por otro lado, mis captores me revelaron que vigilaban la zona, y al descomponer los teléfonos públicos lograron que yo fuera hacia donde me esperaban.

Nos amábamos y nunca creí que me engañaba, como trataron de hacerme creer en el primer cautiverio. Más tarde me explicaron que esos buenos sentimientos habían sido un punto a mi favor para enviarme a la "recuperación".

Durante un tiempo tuve la ilusión de encontrarlo con vida, porque estando en la ESMA vi una ficha con su nombre y el pedido de captura. Pero mi responsable me hizo el favor de averiguar, y aunque no me dijo cómo, me aseguró que había muerto.

Conservo la última foto que nos sacaron, en una fiesta, a los dos juntos. Es una foto muy linda.

EL PASADO A LA VUELTA DE UNA ESQUINA

—¡Mariana, estás viva! ¿Dónde está Eduardo?
Me quedé mirando a Alicia, la madre de Eduardo que me miraba como si fuera un fantasma. Yo venía caminando por Rivadavia y de pronto me encontré frente a ella. Cuando salí de la ESMA traté de ubicarlos, pero se habían mudado.

—Eduardo está muerto —respondí abrazada a mi bebé.
Tuvo un ataque de nervios en plena calle:
—¡No puede ser! —gritaba—. ¿Vos viste el cuerpo, cómo podés estar segura?

No sabía como consolarla. Ahora que yo también tenía un hijo, entendía muy bien lo que ella sentía por la muerte del suyo. Le mostré a mi bebé.
—Este es mi hijo: le puse Eduardo.
—¿Es mi nieto? —preguntó súbitamente esperanzada. Tuve que explicarle que no, que me había casado, que me iba del país...

Unos días después fue a visitarme con su esposo.

Ellos no habían denunciado la desaparición de Eduardo. Y no es el único caso. Mis compañeros desaparecidos, en su mayoría hijos de militares, no fueron denunciados.

Los padres de Eduardo me dijeron que habían tenido miedo porque habían sufrido dos allanamientos, y en uno de ellos, un militar le había puesto una pistola en la cabeza a su hija de quince años.

Cuando se despidieron, el padre de Eduardo me dijo que me fuera y olvidara todo, que tratara de ser feliz.

Lo intenté. Pero no pude ser feliz en el exilio. Estar en otro lado me hacía sentir aún más extraña.

Milité junto con otros exiliados en las campañas de solidaridad. Timerman fue a visitarnos en ocasión de uno de los festivales. Sin embargo no conseguía tranquilizarme. Seguía obsesionada con la idea de lo que consideraba mi traición. En ese momento me ayudó mucho Graciela (Daleo), que desde su exilio en España me escribía largas cartas.

Finalmente, en 1984 regresé al país.

ULTIMO ENCUENTRO EN EL QUERANDI

—¿Recordás el poema de Benedetti?
Si te quiero es porque sos/ mi amor, mi cómplice y todo/ y en la calle codo a codo/ somos mucho más que dos.

—Eso era entre nosotros el amor, la pareja. La entrega a la militancia hacía que la entrega del uno al otro fuera sublime, que la identificación fuera máxima. Esa especie de sacerdocio, de sacrificio permanente al que estábamos entregados, se intensificó en las épocas de mayor represión, en las que el hoy era lo único que existía.

Cuando todo se terminó, cuando la ideología que nos contenía empezó a ser relativizada, muchas de nuestras parejas sucumbieron. En mi caso, nunca volví a tener una experiencia como la que tuve con Eduardo, tan intensa. Fueron un año y siete meses que valieron por un siglo. Cuando lo conocí era un adolescente tierno y dulce. Yo era la dura. Cuando lo veía flaquear le decía que no podíamos dejar de militar, que había que pensar en los compañeros muertos para vengarlos y seguir adelante.

Ahora, a veces me arrepiento. Recuerdo los únicos quince días que vivimos juntos. Los sobresaltos a la noche, cuando en esa piecita con techo de chapas resonaban las frenadas de algún coche. La forma desesperada de hacer el amor como medio de pelear contra la muerte. Me pregunto, después de todo, de qué sirvió tanta sangre joven. Miro el país, tan cambiado. El mundo, tan distinto. Se me aparecen las caras de Eduardo y de todos mis amigos, muertos, torturados, destrozados. Aunque no haya valido la pena, sé que fuimos intensamente felices peleando por lo que creíamos. Los evangelios dicen: "Bienaventurado aquel que da la vida por sus amigos". Hay valores que sobreviven a las ideologías, por suerte. Este debe ser uno. La justicia, otro.

Siguiendo las huellas de Adriana

En los comienzos de la investigación yo aspiraba, obviamente, a encontrarme con alguien que pudiera hablar no sólo de Adriana, sino también de la presencia femenina en Montoneros y, especialmente, de Norma Arrostito. De nombre la conocían todos, montoneros o no. Sin embargo, no lograba superar el "gran militante... muy valiente..." que remataba invariablemente con "el que podría hablar con buen conocimiento es Firmenich".

Un día vi en el diario las noticias acerca del revuelo que se había armado en Económicas alrededor de su presencia, que irritaba a los estudiantes y, aunque no me pareció buen momento para acercarse, decidí que, entre nada y alguna posibilidad, valía la pena y allá fui.

Nunca lo había visto personalmente. Anduve un rato perdida adentro de la facultad tratando de ubicar el aula, vagando por pasillos cuyas paredes estaban cubiertas de carteles que repudiaban a Firmenich. Lo imaginé recorriendo ese camino empapelado cada vez que iba a clases y confirmé, desalentada, mi impresión previa: era el peor momento para tratar de hablar con alguien que estaba rodeado por ese clima. Finalmente, rogando que no saliera por otra puerta, me aposté en el hall que da a Córdoba.

Había un solcito muy lindo que se filtraba y yo, que me había levantado muy temprano ese día, me quedé medio dormida... hasta que una sombra que pasó cerca me alertó. Lo había imaginado mucho más alto, pero era él, sin duda, caminando muy ligero y ya en la vereda. Corrí para alcanzarlo y cuando estuve al lado dije jadeando: "Señor Firmenich...".

Ni se dio vuelta, ni se detuvo. Casi de un salto me puse frente a él, y le dije todo de corrido. Que estaba escribiendo un libro sobre las mujeres de la guerrilla, que necesitaba hablar con alguien sobre Norma Arrostito.

En ese momento el semáforo cortó el paso en la esquina de Uriburu y no le quedó más remedio que detener su activa caminata. Entonces nos miramos por primera vez.

—No hablo con periodistas —se atajó.
—No soy periodista —retruqué.
Levantó los ojos al cielo.

—*No quiero hablar con nadie, porque cada vez que abro la boca me cambian todo.*

—*Dos grabadores, te quedás con los casetes si querés, los desgrabo con quien designes, aprobás la grabación, me parece que es un buen trato, y además, recordar a una compañera tuya como Norma es motivo suficiente...*

Por unos segundos pareció considerarlo.

—*Decíme cualquier lugar, cualquier hora y ya está* —*insistí.*

Me miró con sus ojitos penetrantes (su mirada podría calificarse de huidiza, pero evidentemente, cuando mira, mira) y una sonrisa entre seductora y cínica.

—*Eso podría ser muy peligroso...*

Mirá vos, pensé, pero opté por sonreír.

—*...Soy inofensiva, ¿no te das cuenta?*

—*Está bien, ¿podés aunque sea un feriado?*

Yo habría caminado hasta la China si me hubiera dicho.

—*Puedo.*

—*Entonces, el 25 en Solís 1485, primer piso.*

—*¿Algún teléfono para avisar si tengo un problema?*

Vuelta a sonreír y mirada de "¿Así que me querés sacar el teléfono?", pero me dijo un número: 27-7766.

—*Bueno, y es para hablar más tranquilos nada más, no es promesa para lo del libro, ¿de acuerdo?*

El día en cuestión recalé en el punto de la "cita". Era una casa muy vieja, de dos plantas, sede de una circunscripción del partido peronista.

Toqué el timbre. Nada. Ni entonces ni después de la hora que estuve ahí, pensando que llegaría con una llave y abriría él. Fui a un bar de esos viejos de barrio y llamé al "número". Atendieron. Era un hombre que se identificó como el cuidador. No, no había oído el timbre, porque no funcionaba... No, Firmenich no estaba, a veces iba, pero hoy no estaba... No, no había dejado ningún mensaje...

Yo sí dejé mensaje. No el previsible que mi frustración dictaba. Simplemente pedí que me llamara para fijar una nueva entrevista.

No llamó.

Yo insistí casi un mes, hasta que un día el cuidador que atendía el teléfono me pasó con "un compañero de él que está aquí, señorita...".

El compañero dijo que consultaría, que no sabía nada. Puso día para un nuevo llamado y con ese llamado —número veinte, creo— me enteré de que "Firmenich lo lamentaba pero lo había pensado y había resuelto que no...". Preocupada por el episodio y por algunos llamados telefónicos a familiares de Norma Arrostito que tampoco quisieron hablar, conseguí finalmente una "cita" con Roberto Cirilo Perdía.

La hora del encuentro se acercaba. ¿Me pasaría lo mismo?

No. Ahí estaba preguntándome si era yo, y cinco minutos antes de la hora establecida. El también me estudió un momento... mientras yo pensaba muy emocionada que me podía enterar de algo más sobre Adriana.

Pero no fue ese día, sino durante las (varias) entrevistas que siguieron.

Perdía es un hombre muy inteligente, hábil para discutir y debe ser la persona más "alerta" que haya conocido en mi vida. Cada vez que hablamos me acordé de mis gatos; como ellos, parece que siempre tiene una respuesta preparada. Hasta su cuerpo participa de esa gimnasia. Nunca lo vi distendido. Nunca la risa "tocó" la mirada. Tal vez sea una deformación "profesional", por los años de clandestinidad.

Se mostró siempre muy dispuesto a hablar y no eludió los temas. De todos modos, y aunque tiene un carácter que estalla fácil —o que él hace estallar fácil como una estrategia de discusión— llegamos a buen puerto. Esto es, a terminar un testimonio que hablaba sobre Montoneros y las mujeres, además de hablar, no tanto como yo hubiera deseado, sobre Adriana.

ADRIANA Y SUSANA LESGART

Susana empezó con una militancia de mayor compromiso que Adriana. Eso puede estar relacionado con el hecho de que ella ya se había casado con un militante activo.

Adriana era militante orgánica de una unidad. Cuando sucede lo de Trelew en 1972, donde cae Susana, se plantea una línea de acción para evitar que se repitan hechos similares. Adriana fue elegida para esa naciente organización de familiares que pedían la libertad y garantías de los compañeros presos.

Después del 25 de mayo del '73 se constituyó la Agrupación Evita, que tuvo un peso muy importante en la relación con el presidente Cámpora, otras autoridades y abogados. Adriana fue la responsable de esa estructura.

En los primeros meses del '77 salió del país, se radicó en París y regresó a la Argentina en el '79. Cayó en septiembre del mismo año, en la zona Norte, cuando quemaba su vida en la preparación de la visita de la Comisión Interamericana de Derechos Humanos de la OEA (CIDH). Esas movilizaciones, contemporáneas a la muerte de Adriana, constituyen todo un símbolo en la lucha de nuestro pueblo...

—"*Era muy tierna, se preocupaba por todos, especialmente por los chicos...*" "*Era durísima.*" *¿Cuál de las dos versiones es la verdadera?*

—...Yo la conocí bastante. Primero en el país. Durante los años '74, '75, '76, era el responsable de todas las agrupaciones, así que me reunía regularmente con los jefes. Tuve en esos años un trato constante con ella. Durante su exilio seguí de alguna manera como su responsable y muchas veces estuvimos juntos, con nuestras familias. Diría que esas dos versiones (tierna versus durísima) no se deben contraponer. Corresponden a una personalidad rica sujeta a determinadas condiciones. Su capacidad de ternura era enorme y la manifestaba en el cariño a su hijo, a los chicos de los compañeros, a los compañeros presos y sus familiares. Por eso resultó tan eficaz en el trabajo de solidaridad, a costa de un esfuerzo físico que le minó la salud y un compromiso que le llevó la vida…

Su capacidad de autoexigirse y de exigir a los demás el cumplimiento de normas y criterios, tanto en la vida personal como en la entrega a la militancia, todo eso era muy firme en ella. No se hacía concesiones ni las permitía, porque estaba convencida de la validez de la estructura y su política. Pero yo no veo contradicción entre una cosa y la otra. Vendría al caso aquella frase del Che, que dice algo así como "…que la guerra y la lucha no nos hagan perder la ternura…".

Pregunté a Perdía si conservaba alguna carta de Adriana y él prometió buscarla. Pasaron muchos días antes de que volviéramos a vernos (él vive entre Santa Fe y Buenos Aires por su trabajo como abogado y asesor en una comisión de la Cámara de Diputados).

Mientras tanto, mi hijo menor, que había estado en la casa de mi madre ayudándola a arreglar un armario, encontró una vieja carpeta con algunos papeles míos. No tenían importancia, salvo una tarjeta de Navidad que Adriana me había enviado en el '63. Yo, que no recordaba el episodio, me emocioné por la casualidad del hallazgo.

Cuando nos encontramos nuevamente, Perdía cumplió en traer una carta de Adriana. Fue raro para mí ver la misma grafía de su firma del '63, esta vez en dos cartas del '78 y con otro nombre: Patricia. Me derrumbé y no pude evitar las lágrimas. Para mí, esas cartas y la tarjeta resumían bien el trayecto que su vida y la de muchos otros habían seguido, una especie de testimonio de dos tiempos históricos diferentes: la Argentina de antes y la de después.

Leí las cartas recordando sus prolijas carpetas del secundario, pero el tema esta vez eran problemas de militancia, que discutía con la "Gorda" (esposa de Perdía).

Querida Gorda: 1978
Espero que estés recibiendo el material que te estoy enviando. Aún lo que no puedo enviarte es la síntesis completa de todo lo que se hizo a nivel de solidaridad durante el mundial. No me han llegado todos los informes y mi propuesta es darle la elaboración definitiva en la reunión de rama (femenina) la cual la deberé postergar por problemas de salud.

De cualquier manera te envío dos informes: uno de Suecia y otro de Bélgica para que por lo menos te vayas informando de lo que se hizo. En todos los países hubo presencia y los objetivos giraron en torno de la propuesta de la rama: misas, ayunos, marchas a las embajadas con la lista de los diez mil de Vance. Además hubo marchas todos los jueves en lugares importantes de cada país con mujeres y pañuelos blancos.

Acá por lo menos (París) y en Roma tuvieron mucha repercusión.

Lo único que se va a demorar es la solicitada, la cual saldría el 26 de julio. Hubo una serie de contratiempos que motivaron su postergación. De cualquier manera las firmas logradas en Francia, España y Méjico son de un primer nivel. Mi propuesta es enviarla a la Argentina para su publicación y esto me gustaría que vos lo charles con los familiares (para ver) cuál sería la vía correcta.

A las direcciones de Familiares, van diez. Con ellas cubrimos Rosario, Santa Fe, Paraná, Capital, zona Norte y zona Oeste. Ellos se comunican con nosotros, escriben a París. Desconozco en alguno de ellos cómo les ha llegado este buzón pero debo imaginar que es debido a la tarea que cumplen los familiares que se han visto conmigo. Todos son familiares de hijos nuestros y muchos de ellos con experiencia en Familiares en etapas anteriores y durante el '75 y el '76. Sobre ellos habría que avanzar en la propuesta a nivel de Capital, Rosario, Santa Fe, Paraná, Norte y Oeste. Conectar familiares, ver los grados de relación y la dependencia con la Asamblea y la Liga. Nosotros vamos a plantear la unidad de los Familiares, Presos y Desaparecidos. En Oeste (zona) hay grupos de familiares sueltos que funcionan en parroquias, lo mismo en Santa Fe por el papel que cumple Zaspe. Lo mismo tirar puntas para ver si podemos reenganchar los familiares de Sur ya que perdí el enganche porque con la Susana que me vi, cayó.

La propuesta sería conformar las comisiones de solidaridad zonales, designar un responsable que se comunique con nosotros afuera y plantearles el eje político de la solidaridad y la ayuda material. Sobre esto último sería muy bueno que pudieras traer los presupuestos ya sea por pabellón o penal y las necesidades de los familiares para los viajes. Un criterio que debemos imponer y preparar es que todos los penales tengan visitas semanales, organizar los viajes por zonas, etc. etc.

Por intermedio de la Susana que se queda a cargo de los familiares debe centralizarse los envíos de solicitud de salida del país para que acá en el exterior se gestionen las visas.

Lo mismo las necesidades económicas que puedan tener los familiares para cubrir los gastos de pasaje de los presos con PEN, etc. etc. En cuanto a los familiares de los desaparecidos infórmense qué hacen los que no

tienen contacto con las locas y en el caso que funcionen con las mismas darles el buzón, plantear la propuesta, y dejar los mecanismos de comunicación necesarios.
Incluso que a la propuesta de la Plaza de Mayo informarla porque hay familiares que no saben de eso e invitarlos a que vayan todos los jueves. Ver también las necesidades que puedan tener los familiares de los desaparecidos, traer presupuestos y mecanismos de envío. A todos los familiares informarles de lo que se ha hecho y se está realizando en el exterior en materia de solidaridad y apoyo a la lucha que ellos están desplegando en Argentina. Sobre esto podés informar de todo lo realizado y expuesto en el dossier de COSOFAM (Comité de Solidaridad Familiares). Traer direcciones para enviar material desde acá. Creo que si podés realizar alguno de estos enganches y que desde acá se vaya resguardando nuestra propuesta nos podemos dar por satisfechos. Cuando yo vaya organizaría allá la propuesta más concreta y en función de contactos establecidos en cada zona. Espero que haya sido clara y que cualquier duda me escribas. Por favor, contestáme si recibiste los materiales y cartas de tu familia que te he enviado. Lo mismo si resolviste con Carlitos fecha de tu viaje. No dejes de escribirme, cariños a la gordita, un abrazo para los dos,

Patricia

P.D. A los zapatos no quisieron cambiármelos, además no había otros.

Otra vez ocupándose de zapatos, de eso ya me había hablado S...
Perdía me "tradujo" los términos "buzón", dirección; la "Susana", una militante; "locas", imaginé bien, las Madres. La otra carta estaba incompleta.

Querida Gorda:
Ayer arreglé con xxx *(tachado)* el nuevo pedido de dinero para que vos puedas llevártelo en función de los nuevos cambios. Estuve pensando horas y horas la nueva propuesta y espero que la podamos lograr. Insisto que mi presencia es importante.
Entiendo la situación del conjunto del partido y la represión continua en el país pero siento un compromiso moral, que es político por todos aquellos que de una u otra manera expresan su odio, su oposición a esta criminal Junta. Por todo esto te pido que tengas el máximo de serenidad y confianza, vamos a encontrar apoyo en muchos de ellos. Otros te cerrarán la puerta por miedo, pero no porque no lleguen a entender. Están de acuerdo, pero el terror y la impotencia los aíslan. Aunque no lo

creas esperaré ansiosa tu regreso para continuar en la organización de esta importante empresa que si la logramos hacer no nos para nadie.
Paso a detallarte algunas cosas que serían convenientes que se las des a algún familiar para que las haga.
1º) Son giros postales para presos.
2º) Criterios: no hacerlos todos desde el mismo…

Supongo que diría "lugar". El resto de la carta alude a lo que evidentemente era el caso de alguna militante con un hijo a la que planeaban ayudar a salir del país.

…que la salida sea conjunta, o sea evitar alguna jugada del enemigo ya que le puede retener el hijo. Que averigüe todo detalladamente, que se prepare y nos avise.
En caso que ella salga y el niño no, ya tengo otro plan para sacarlo pero que lo implementaríamos por otra vía.
Dejá todo tipo de comunicación y enganches por lo de la Negrita, como por todo lo que ella pueda hacer con los familiares y el trabajo de la rama.
Pedíles buzón y mecanismos de comunicación a ella.
Creo que esto es todo —Espero que…
…Ya puedes partir para la misión. ¡Mucha fuerza y serenidad!
Nos vemos a tu regreso.
Un gran abrazo.

                                                    Patricia

Cariños a la Gordita.

Mi tiempo cordobés

I

Partí acosada por esos sentimientos femeninos que nos sugieren catástrofes en nuestra ausencia, y la emoción del reencuentro con aquella ciudad llena de recuerdos juveniles que se habían reavivado a partir de las cartas de Adriana.

Negrita, Elena y Gringa, tres militantes cordobesas que habían pasado por distintas experiencias, me citaron a una primera reunión para conocer el propósito de mi trabajo. Más tarde conocí a Ana, razón por la que aquella tarde no estuvo en esa charla previa a sus historias, que encendió los recuerdos y las anécdotas.

EL MIEDO

NEGRITA

Hablé con mis compañeros y les dije: "Yo sé que debo hacerlo... pero siento miedo de fallar, y siento miedo por ustedes. Además me siento muy mal por lo que voy a hacer, como ser humano..."

GRINGA

Eso yo no lo hablé nunca... aunque también sentí eso que vos decís sobre la competividad con el hombre, no para ser mejor, sino para estar a la par y que no pudieran decir "está débil".

NEGRITA

Durante los operativos me sentía bien, pero cuando volvía a la casa a veces me ponía a llorar... pero nunca tuve problemas con mi compañero o con los otros porque me pasara eso.

ELENA

Yo estaba de unos siete meses, y se me ponía la panza dura cuando iba a salir para una acción o cuando volvía. Mi responsable me dijo: "El cagazo que tenés se lo transmitís al bebé... poner la panza dura es como una defensa". Y yo lo sentía como una ofensa, porque no podía aceptar que tenía miedo, así que le discutía que era por el factor RH negativo... En la actualidad, sin embargo, al pasar por lugares donde he estado en situación de riesgo me corre un frío por la espalda, igual que en aquellos momentos, cuando al terminar un operativo, cruzaba la calle y tenía la sensación de que iba a ser baleada por la espalda.

—*¿Y no es eso natural, se puede acaso vivir sin emociones?*

No, pero en ese período las emociones estaban cercenadas...

GRINGA

Nos acostumbramos a manejarnos con mucho temple.

ESTILO FEMENINO PARA SORTEAR SITUACIONES DIFICILES

NEGRITA

Tenía un carnet de conductor trucho, por negligente, porque para no ir a rendir me hicieron uno los compañeros, y me paró la policía. Apenas lo mostré el policía me dijo: "Señora, esto no sirve". Yo puse cara de inocente y le pregunté por qué. Me contestó que era trucho, y él mismo me dio la idea para zafar, porque me dijo que seguramente lo habría obtenido por medio de un gestor. "Mi marido me mata", le dije, y expliqué que lo había hecho porque me daba miedo ir a rendir. Me dejó ir con la promesa de volver a la semana siguiente con el carnet en regla...

ELENA

Andábamos con una Renoleta que estaba destruida, cargada con toda la prensa de la zona. Pasamos por una cuneta muy pronunciada y se nos rompió la punta del eje. Quedamos varadas con casi cuatrocientos periódicos tapados con una capa de pañales descartables.

Muy cerca había una garita del ferrocarril. Me acerqué a pedir ayuda y me encontré con un policía que estaba con el señalero. Entre los dos trataron de levantar la Renoleta pero estaba pesadísima, y en realidad no podía ser porque los pañales no pesan nada. Mi compañera dijo que pesaba tanto porque también llevábamos una garrafa. Como no había forma de moverla dejamos todo ahí, y les pedí que hicieran el favor de mirar que no nos robaran la carga.

Cuando les dijimos a los compañeros que el auto estaba vigilado por un policía, nos trataron de locas y no querían saber nada de ir a buscarlo. Así que tuvimos que volver nosotras y agradecer la atención...

GRINGA

Participaba de un operativo en pleno centro y las cosas salieron mal. Nos dispersamos y yo salí corriendo con un *walkie talkie* en la mano con la antena desplegada. Al doblar una esquina un policía me agarró del brazo y me preguntó qué pasaba, le contesté con cara de susto "No sé agente, pero hay una de tiros... Déjeme ir por favor que tengo miedo", mientras tanto seguía con el transmisor en la mano, supongo que él también estaría muy nervioso porque inexplicablemente me dejó ir.

Otro día iba en el colectivo, parada, y se me cayó un cargador al suelo. Un hombre que iba sentado sintió el ruido, miró el cargador, me miró a mí, yo lo miré a él, miré el cargador, lo levanté, lo puse en el bolso y me bajé volando...

ELENA

Tuvimos que levantar una casa. Me subí a un colectivo con mi bebé y un bolso lleno de armas y material. Me agarra una pinza y paran el colectivo. Cuando me toca a mí, que no tenía documentos, le pido al policía que esperara un momentito porque no los encontraba en el bolso. Yo metía la mano y simulaba buscarlos, pero al revolver el bolso se escuchaba el ruido del fierrerío que llevaba. Al final le pedí disculpas y le dije que no los encontraba, y entre carita de circunstancias, y nene que lloraba, y sonrisa, no sé, ahí quedó.

NEGRITA

Ibamos para un operativo, mis compañeros en una camioneta, y yo, que estaba embarazada, en un auto. Nos encontramos con una pinza. A ellos los dejan pasar, y me paran a mí. Yo no tenía documentos. Cuando me paran empiezo a hacer ver que estaba embarazada, pero el tipo, nada (eran del Ejército). Arriba de la guantera llevaba la billetera con toda la plata para comprar mercaderías ese mes. Empiezo con las excusas por no tener documentos, y al final me dice, bueno, yo voy a hablar con el jefe, pero usted tendría que hacer una colaboración. Le contesté que no tenía plata, y entonces me dice: "Sí señora, ahí arriba tiene". Me dejó plata para la nafta y se quedó con el resto. Salí y a las pocas cuadras me encuentro con mis compañeros que me estaban esperando. Mi marido me dijo contento, "¡Bien!, los cagaste…". Yo le contesté con una sonrisa: "No, nos cagaron, se quedaron con toda la plata". Pero me imagino que si hubiera sido un hombre hubiera sido peor…

ELENA

Creo que de parte de ellos había una subestimación con respecto a nuestra condición femenina y eso permitió que a veces nosotras pudiéramos hacer cosas con más facilidad que los compañeros, como las levantadas de autos. Era cuestión de ponerse una minifalda y una blusa provocativa, y caían todos. Además no se acobardaban. Hubo noches en que "hacíamos" cuatro o cinco autos. Al mismo tiempo era muy interesante la reacción que se producía en los hombres. Algunos se enojaban y se pasaban toda la noche puteando hasta que les devolvíamos el auto, pero por lo general se sorprendían, y lo primero que nos decían era "cómo es posible que una joven tan linda ande en estas cosas". A veces se produjeron conversaciones muy interesantes e incluso uno de ellos, ejecutivo de una empresa, publicó al día siguiente un aviso en el diario agradeciendo la devolución del auto. Al final del mensaje agregó "suerte".

GRINGA

El impacto que producíamos como mujeres militantes era grande, y eso se notaba en las noticias que publicaban los diarios. A veces era que simplemente los partes militares o policiales exageraban, pero otras veces pienso que se impresionaban tanto que los testigos declaraban, por ejemplo, "que una mujer fuertemente armada…" cuando en realidad, a veces ni siquiera estábamos armadas.

Una vez me tocó vigilar toda la noche a un hombre, hasta que le devolviéramos su vehículo. Él tenía las manos atadas y yo tenía una pistola. Me pidió que le soltara las manos porque se sentía muy incómodo. Era un hombre corpulento y creo que si me soplaba yo me caía. Sin embargo lo solté, y nos pasamos la noche hablando. Cuando me despedí me dijo que me cuidara mucho.

ACCIONES

NEGRITA

Una vez fuimos a ajusticiar a un torturador muy conocido. Hacía varios días que lo observábamos y ya sabíamos que todas las mañanas salía de su casa, siempre a la misma hora. Él caminaba por un pasillo que tenía una pared baja, de modo que uno podía controlar el momento en que llegaba a la puerta de la casa. Ese día otro compañero y yo, con las armas listas, lo esperamos apuntándolo, en la caja de una camioneta. Pero cuando llegó a la puerta descubrimos algo que la pared nos había tapado: traía una nena, imagino que su hija, de la mano. Cuando nos vio, levantó a la nena y se protegió con ella. Nos quedamos paralizados y nos fuimos en el acto. El se portó como un cobarde, al protegerse con la nena. Sabía que al verla no íbamos a disparar. No era nuestra costumbre andar matando chicos o inocentes que no estuvieran implicados. Lo que pasó con la hija de Lambruschini y la de Viola fueron cosas accidentales que nos afectaron muchísimo. Somos conscientes de que mucho más afectados quedaron los padres, pero no fue intencional.

II

En la esquina de Colón y General Paz subí a un taxi y me dejé llevar hacia la dirección que Liliana, hermana de Adriana, me había dado en nuestra previa charla telefónica.

La vereda estaba muy oscura y tuve que acercarme hacia la luz de la esquina para releer la numeración que tenía anotada. Al volver sobre mis pasos llegué a una puerta antigua y muy alta. Mientras tocaba el timbre miré a través de los vidrios hacia adentro, pero no se veía a nadie.

Mi segundo llamado se propagó en un eco que me resultó tan desolado como el aspecto silencioso del barrio y, aunque no era muy tarde, experimenté esa inquietud inevitable de sentirme sola en un lugar donde no parecían aguardarme.

Unos minutos después pasé un papel con un mensaje bajo la puerta. Apenas vi un taxi le hice señas y me dirigí hacia la casa de Adriana. Sabía que sus padres seguían viviendo allí.

Me bajé en la plaza vecina y vacilé un momento en la oscuridad hasta ubicarme. Había llovido mucho durante la tarde y el suelo parecía viscoso mientras me dirigía hacia la casa. Eran pocos metros pero una angustia súbita me trepó desde el estómago. Casi treinta años después mis pies reconocían la vereda y parecían manejarse solos. La luz de la esquina era igual a la que recordaba. La noche, como tantas. ¿Era entonces o ahora? Por unos segundos me hundí en ese vértigo atemporal de una manera tan intensa que al tocar el timbre busqué apoyo con una mano en la pared, mientras el corazón me latía con fuerza. Esperé contemplando la puerta, que seguía siendo blanca. El silencio que me llegaba desde adentro era la exacta contrapartida del tropel y los comentarios que habitualmente se escuchaban unos segundos antes del sonido metálico del picaporte.

Con el pelo colgando hacia un lado me había abierto un día la puerta Susana cuando hacía poco tiempo que conocía a Adriana. Los ojos verdes y enormes me examinaron un momento antes de aclararme que ella había salido.

Liliana, la única hermana sobreviviente que minutos antes buscara inútilmente, tampoco estaba allí. Busqué con la mirada un teléfono público y aunque no vi ninguno me dirigí hacia el cartel luminoso de una estación de servicio. Eran más de las nueve cuando un tercer taxi me condujo nuevamente hasta la primera dirección en mi ronda de aquella noche y esta vez, junto a dos perros que aparecieron ladrando, me encontré por fin frente a Liliana Lesgart.

III

—...Un día dije basta y entré a sacar cosas porque hasta el camisón de Adriana había quedado colgado atrás de la puerta de su cuarto...

Hacía más de media hora que conversábamos en la cocina y hasta ese momento (tal vez porque la memoria está llena de huecos y los sentimientos que anidan en ellos resultan generalmente inexplicables) me había sentido como anestesiada en esa casa enorme y frente a Liliana. Nunca nos habíamos visto. En la época que yo conocí a Adriana, Liliana era sólo un nombre que escuché alguna vez unido a la referencia de sus estudios en Bélgica.

Llegar hasta ella había sido difícil porque es una mujer que necesitaría un día de cuarenta horas para cumplir con sus obligaciones: padres enfermos y ancianos, hijos propios más el hijo de Adriana, más llevar adelante la empresa familiar, más su trabajo en Derechos Humanos, más una casa para atender. Mucho para esta mujer que hacía preguntas sobre mi trabajo mientras limpiaba unas frutillas y echaba de vez en cuando un vistazo a una olla en la que algo se cocinaba.

Hasta que mencionó al camisón (que imaginé celeste, no sé por qué), sentía que todavía no había encontrado a Adriana en esta casa donde vive su hijo, que tiene ahora la misma edad que en aquella época nosotras tuvimos.

—El duelo es algo muy pesado cuando no tenés un cuerpo, porque es algo que no se termina nunca. Mamá dejó los cuartos de las chicas sin tocar. Parecía que ellas habían salido un rato antes y en cualquier momento regresaban. Pero habían pasado años. Por eso un día levanté todo. Había que darle fin a la historia.

Los perros, que después de cumplir su ritual de ladrar y olfatearme se habían echado a dormir gruñeron y se incorporaron.

—Debe ser Juampi —dijo Liliana y me aclaró—: Juan Pablo, el hijo de Adriana.

El ya estaba muy cerca de nosotras. Alto, delgado, pelo largo, rostro afilado, ojos inquisidores.

Liliana me presentó como "una compañera de colegio de tu madre". Me miró echando la cabeza un poco hacia atrás, y el gesto, que evocó algunos de Adriana, me dejó sin palabras. Recibió mi beso en la mejilla con esa amable resignación que tienen a veces los adolescentes con los adultos y aunque me pareció que despertaba alguna curiosidad en él, se fue enseguida hacia adentro y ya no volví a verlo.

—Salvo la parte de la frente no se parece mucho a Adriana...

—Se parece mucho al padre —contestó Liliana mientras quitaba las hojas de la última frutilla.

Negrita

Tenía 27 años y desde siempre había observado la injusticia que se daba en todo. Primero me pregunté qué hacer, después la forma de hacerlo, a quién ver... Conocí gente del PRT-ERP y entré por un corto tiempo. Pero yo no acepto el verticalismo. Cuando pedía o intentaba dar alguna explicación y me cortaban con "es una orden", me rechiflaba y no lo aceptaba. Junto con otros compañeros nos fuimos o "nos fueron" en el '72, por diferencias de método y estructura.

A partir de ese momento, integramos la fracción llamada ERP "22 de Agosto". Un día me avisaron que venía un compañero responsable. Lo conocí, hablamos largamente y se dio una coincidencia total, a nivel de militantes y a nivel hombre-mujer. El tenía seis años menos que yo, pero como no se preguntaba ni edad ni nombre, de eso no se habló. La segunda vez que nos encontramos él ya sabía todo de mí. Nunca supe cómo.

Nos separamos inmediatamente porque él, que estaba ilegal, tenía que volver a Buenos Aires.

Veinte días después regresó. Mientras tanto, yo me había ido de mi casa porque mi padre me emplazó a elegir entre la política y la familia, una decisión que los afectó mucho.

Apenas volvió mi compañero decidimos formar pareja. Más tarde nos fuimos a Buenos Aires y estuvimos viviendo juntos una semana hasta que ingresé en una escuela político-militar de cuadros.

Ese mes tuve mi primera falta y comprendí que estaba embarazada. Le avisé inmediatamente a mi responsable, y él, que no podía tener hijos con su compañera, se emocionó muchísimo y empezó a cuidarme para que no hiciera nada.

La experiencia en la escuela fue muy linda. Eramos cuatro mujeres y diecisiete varones. Había mucho compañerismo con excepción de dos muchachos que eran muy machistas.

Finalmente hubo una operación, y la casa fue usada para un secuestro. Las únicas que sabíamos éramos las mujeres. Supongo que quisieron probar nuestra reacción.

Mi vida de pareja duró tres años y tuve dos chicos, así que pasé la mayor parte del tiempo embarazada.

Cuando nació mi primer hijo, salí del hospital y fui a vivir a una casilla que le prestaron a mi marido. Unos amigos suyos que antes la habían ocupado construyeron una casa para ellos y dejaron la casilla al fondo del terreno. Así fue como conocí a una familia muy buena, que nunca tuvo nada que ver con nuestra militancia, y sin embargo nos ayudó siempre.

Confiaban tanto en mi marido que aceptaban todo lo que él decía. Pero mi marido era muy bromista.

El día que aparecí con el bebé y el moisés, me presentó y dijo muy serio que yo era una chica de un colegio de monjas, y que al trabajar ahí de jardinero me había conocido. Ellos escucharon y sonrieron con picardía cuando mi marido agregó como explicación final: "Y me la levanté a la Negra, me la cautivé, me la robé...". Tomaron tan en serio "la explicación" que me costó trabajo convencerlos de que era una broma.

A partir de la muerte de Perón las cosas fueron poniéndose más y más peligrosas. Consideramos que teníamos que entrar en una clandestinidad mayor y que no podíamos poner en riesgo a esta familia que nos prestaba la casa. Tampoco podíamos irnos sin explicar. Mi marido les dijo la verdad haciendo hincapié en la necesidad de dejar de vernos. Nos querían tanto, que sólo después de insistir mucho aceptaron con la condición de seguir viéndonos.

Más tarde, cuando tenía que participar en un operativo dejaba los chicos con ellos, para que avisaran a mi familia si algo pasaba. Eso me ayudaba a soportar la tensión. Hubo mucha gente que se solidarizaba así.

Trabajé un tiempo en documentación y después pasé al frente militar, que es donde yo quería estar. Prefería ese nivel porque ahí me sentía útil. Medidas concretas para problemas concretos. Yo quería que las cosas cambiaran y actuando militarmente sentía que luchaba para eso. Lo otro me parecía lento y sin resultados.

ROCK CON HORMIGAS

En el '76 hicimos la última operación. Era una época muy difícil porque se había aprobado la pena de muerte.

En la casa donde vivíamos se construyó una cárcel del pueblo. Yo, que estaba embarazada, hacía las compras y charlaba con los vecinos.

Uno de los problemas era picar el piso para hacer el sótano sin que se advirtiera el ruido. En la casa de al lado había un chico que tocaba la batería y tenía un grupo de rock. Le tomamos el horario en que practicaba, y trabajaban en ese momento. Era cómico, porque a veces los compañeros se quedaban con el pico en el aire cuando la canción paraba de pronto.

Al cavar empezaron a salir hormigas por todos lados y descubrimos un gran hormiguero en el cimiento de la medianera. Un día se asomó la vecina por la tapia para preguntarme si en casa también había hormigas y al ver una pila de arena y tierra, me preguntó si estaba construyendo algo. Le contesté que las hormigas habían causado problemas de cañerías así que íbamos a arreglar un poco.

Muchos años después, cuando salí de la cárcel volví al barrio y visité a la vecina. Ella me dijo sonriendo: "¡Me hiciste tragar el cuento de las hormiguitas!".

Me contó que antes de entrar a mi casa los del ejército hablaron con todos los vecinos para decirles que no saliera nadie. Ella se preocupó y le dijo al militar: "Ay, oficial, ¿me deja que vaya a buscar a la señora de al lado que está sola?", y él le contestó: "No se preocupe señora, que a ella la vamos a buscar nosotros".

ALGUIEN LLEGA A LA PUERTA

Un mes antes cayeron dos compañeros. Uno de ellos sabía muchas cosas. Entre ellas, el nombre bajo el cual figuraba mi compañero en su documento falso. Otro error fue que habíamos conservado la camioneta del secuestro. Yo lo había planteado, pero la respuesta fue que entre ocho millones de habitantes no se iban a poner a buscar una camioneta. Los acontecimientos me dieron la razón. En ese momento yo dije que me iba de la organización, pero no de la casa porque estaba a nombre de mis padres, y que en caso de una caída no iba a defenderla porque ahí vivían mis hijos.

Mi actitud llevó a convocar una reunión en la que finalmente resolvieron deshacerse de la camioneta. Eso fue un domingo. El lunes, cuando mi compañero fue a buscarla lo rodearon y lo llevaron. Las horas pasaban y mi compañero no volvía. Primero no me preocupé, pero de pronto, y sin saber por qué, me puse a llorar.

A eso de las ocho y media golpearon la puerta como golpeaba mi compañero, pero a mí me llamó la atención que antes de golpear, el que venía se llevó por delante un autito de los chicos que estaba en la galería. A los que vivíamos ahí eso no nos pasaba porque estábamos acostumbrados. ¿Por qué no tuve en cuenta el detalle si me di cuenta?

Abrí la puerta y ya estaban entrando por atrás. Yo me mantuve calma frente al militar y pregunté qué pasaba. "Yo te voy a decir qué pasa, hija de puta", me contestó.

Mis dos chicos (uno de dos años y el otro de cuatro meses) estaban con nosotros. Me hicieron a un lado y empezaron a romper todo, preguntando dónde estaba el pozo. Les dije que en el dormitorio. "Vení, abrílo vos", me ordenaron, porque tenían miedo de los "cazabobos".

El lugar, de todos modos, estaba abierto, y la entrada era de las más comunes: la puerta del placard.

Sacaron al compañero que hacía la guardia y al secuestrado, que recién entonces me vio. Hasta ese momento él había pensado que sólo había hombres y que era un depósito de café.

Mi chiquito más grande se puso a llorar. Yo intenté tranquilizarlo y le dije: "No es nada, los señores están jugando como en la televisión". Pero la excusa sirvió un ratito nada más, porque cuando empezaron a pegarme y me sacaron al bebé, ya no hubo forma de parar su llanto.

Un militar se acercó y me preguntó: "¿Adónde dejo a los chicos?". Le dije que se los llevara a la vecina y le di la dirección de mi familia. Tuve mucha suerte porque efectivamente se los llevaron a ella. Lo único que hicieron fue sacarles las cadenitas de oro que les habían regalado mis padres.

Mientras tanto yo no sabía que mi compañero había caído, y rogaba mentalmente que no viniera.

Armaron un simulacro de enfrentamiento. Los de afuera gritaban: "Ríndanse, hijos de puta, que están rodeados". Los de adentro les contestaban: "Vengan a buscarnos". Era ridículo, y en medio de todo ese circo y los tiros yo estaba sola con ellos en la casa.

Cuando volví años después, la vecina me contó que los tiros siguieron toda la noche y a la mañana siguiente se llevaron todas las cosas. Esta señora mandó un telegrama a mis padres. El texto fue increíble: "Pasen a buscar chicos. Padres desaparecidos". Al día siguiente vinieron militares a llevarse a los chicos. La señora explicó que ya había mandado el telegrama, pero le contestaron que tenían órdenes superiores. Cuando llegaron mis padres, empezó el peregrinaje. Estaban sin plata, así que dormían en la estación de trenes, o donde los agarrara la noche. Los mandaban de un lado a otro. Pero cuando fueron a La Tablada, a pesar de las negativas, mi mamá reconoció una maceta que había en mi casa, y se puso a llorar. El oficial le dijo: "Tranquilícese señora, la trajimos porque nos dio lástima la planta". Mi mamá le contestó: "A usted le da lástima la planta, pero no le da lástima que yo no sepa dónde están mis hijos". "No tenemos nada que ver —insistió el militar— nosotros encontramos esto nomás..."

Resolvieron volver a una comisaría donde también habían negado saber nada de los chicos. Mi madre lloró tanto que finalmente un comisario se apiadó y le dijo que en veinticuatro horas se los entregaba. El problema era que estaban en lugares distintos (nunca supe dónde).

Finalmente aparecieron. Cada chico en un patrullero. Papá dice que no se olvida cuando los vio entre armas largas y custodiados. Mi mamá estaba preocupada porque había visto al Tucho cuando recién nacido y tenía miedo de que se lo hubieran cambiado. Pero cuando el más grande se bajó del auto, y al ver al bebé corrió a abrazarlo, se quedó tranquila. Mientras tanto, yo estaba en El Vesubio.

UNA CANCION DE SERRAT

Atada y encapuchada oí una voz que me dijo: "Negra, acá está tu compañero". Yo, muda. Al rato me vuelven a hablar: "Yo soy también una secuestrada". Seguí sin hablar. La voz insistió: "Está el Pelado". El había caído veinte días antes y lo creíamos muerto. Pero no me animé a hablar. De pronto oí una canción de Serrat que siempre le pedía al Pelado. El tenía una voz muy linda y había tenido un grupo musical. Recién entonces estuve segura de que no eran voces de policías y hablé.

—Sí, soy la Negra —contesté.
—Jorge está acá —me dijo el Pelado.

Me puse a gritar pidiendo que me llevaran al baño. "Sacáte la capucha", me ordenó el que vino. Yo no podía, estaba toda atada, y además no quería. Me la sacaron ellos y me pusieron frente a Jorge. "Mirá lo que quedó de tu macho", dijo uno. Estaba hecho un monstruo, todo hinchado y lastimado, pero consciente todavía. Le habían roto las costillas, y al respirar hacía un ruido raro, como cuando se hacen gárgaras.

Se había mordido la lengua para no confesar en la tortura y hablaba mal. Me preguntó si me habían violado o golpeado y cómo estaban los chicos. Tenía llagas en las muñecas, en los pies... estaba tan destrozado que yo quería darle un beso y no me animaba a tocarlo por temor a que le doliera.

En el lugar donde nos tenían había cinco celdas que daban a una pequeña sala. Como eran tantos los secuestrados, los viejos iban quedando en la sala y a los nuevos los metían en los calabozos.

De vez en cuando, un guardia se acercaba a mi marido, le ataba los pies con las manos y lo arrastraba como si fuera un paquete hasta una pileta donde había una canilla que perdía agua y ahí lo duchaban. Comenzó a delirar. "Por favor, tapáme", decía. Se callaba un rato y volvía a empezar: "Tráeme una manta por favor". "No puedo, esperá un ratito", le contesté una vez. Era desesperante no poder ayudarlo.

Al segundo día de estar ahí me llevaron a la sala de torturas. Mientras me torturaban, el Pelado cantaba los temas de Serrat. Era su manera de darme ánimos. A él lo habían destrozado, pero cantaba igual. Todas mis torturas tuvieron de fondo la voz de él cantándome. Finalmente lo mataron.

En otra sesión de tortura, que resultó ser la última, empecé a perder leche (yo estaba amamantando al más chiquito). Uno de ellos preguntó si tenía chicos. "Sí", contestó el torturador, y agregó riéndose: "El que toma de esa leche sale guerrillero". La voz me preguntó si me podía sacar la leche. Le contesté que sí. "Desátenla", ordenó. Me saqué la leche con mucho trabajo porque estaba desnuda pero vendada. Cuando terminé, el torturador me volvió a acostar, pero la voz le ordenó que me sacara y que no volvieran a torturarme; dijo que no estaba dispuesto a presenciar otra sesión con una parturienta. Nunca supe quién era.

Jorge siguió perdiendo la razón. De a ratos estaba lúcido y nos pedía que cantáramos. Cantamos "Zamba de mi esperanza" y "La López Pereira", que le gustaban. El trataba de seguirnos a media lengua, se cansaba y luego volvía a intentar.

Hasta último momento se preocupó por mí. Una de las veces que me traían de la tortura se me habían roto las medias. Yo había caído vestida con medias negras y una pollera tubo con vuelo abajo. Cuando me vio tirada en el suelo con los pies atados, las medias rotas y la pollera que se me había levantado, con lágrimas en los ojos me dijo: "Bajáte la pollera que te van a coger estos hijos de puta". El era así. Me quería mucho y no le importó decir eso con los guardias al lado.

Mientras agonizaba, el ruido de su respiración se fue haciendo cada vez más fuerte pero más espaciado. Lo pusieron en el calabozo y se fueron. Yo, que estaba atenta al ruido, me di cuenta de que ya no lo oía. Empecé a gritar, y cuando lo sacaron vi que ya estaba muerto. Me puse a llorar y gritar junto con los compañeros: "¡Hijos de puta, ustedes lo han matado!". Un guardia trató de calmarnos: "No, está descompuesto, lo llevamos al hospital".

A partir de ahí ya no supe más de él. Cada vez que pregunté me dijeron que estaba bien. No he podido olvidarlo y aunque lo vi muerto ahí, cuando veo a alguien parecido, me quedo temblando y empiezo a imaginar si no podrá ser posible que haya estado sin conocimiento en ese momento, si fue cierto o no que lo llevaron a un hospital, si tal vez perdió la memoria y por eso no me buscó... No hace mucho vi en la calle un hombre muy arruinado, medio tontito, en una puerta. Me pareció que tenía las manos de Jorge. Me volví y pasé dos veces frente a él, mirándole las manos. Después me dije: "Estoy loca, estoy loca".

UN NUEVO TRASLADO

Unos diez días después de la muerte de mi esposo me trasladaron a Monte Grande. Seguía estando ilegal. El lugar era una comisaría donde había presos comunes. Ahí no me torturaron físicamente, pero el maltrato te afectaba mucho psicológicamente. Amenazaban por ejemplo con un "Ya te vengo a buscar", y para el que ha sido torturado es horrible estar esperando que vuelva a pasar. A veces me llevaban a otra sala, me encerraban, me daban una trompada y me decían: "Acá tenemos los chicos, hablá", y ponían grabaciones de chicos que lloraban y decían: "Mamá". Era desesperante porque además pensaba que los iban a matar.

Junto conmigo había una chica y un muchacho. El calabozo era muy oscuro. Cuando salí tenía problemas en los ojos porque había estado cinco meses sin ver la luz. Tampoco nos daban de comer. Dos veces por semana le tocaba guardia a un policía que se apiadaba de nosotros y nos traía los restos de comida que dejaban los oficiales. Otras veces un preso con un guardia, después del reparto a los otros, nos alcanzaban algo. Me puse muy delgada.

Era espantoso estar sin salir de ese cuarto, sin intimidad. Y al mismo tiempo es increíble lo que puede el instinto de supervivencia. Yo un día me encontré un nódulo y pensé: "Pucha, a ver si tengo cáncer". Era ridículo porque no sabía si iba a vivir.

Lo que más me hizo sufrir fue la incertidumbre de no saber dónde estaban mis hijos. Ya nos habíamos enterado de que se apropiaban de los chicos y eso era una pesadilla constante.

A veces preguntaba y me decían: "Se los han llevado a tus padres en un avión". Pero al día siguiente venía otro que me decía que no era verdad. Me volvía loca.

Cuando llevaba cinco meses ahí apareció una camioneta del Ejército y me subieron a las patadas. Hicieron tres simulacros de fusilamiento. Finalmente se conformaron con violarme. Mientras uno lo hacía, otro me puso el borceguí en el cuello. Sentí asco y odio.

¿DAN DE COMER AQUI?

Llegué a Devoto aterrorizada y toda embarrada. Durante el traslado llovía mucho y me habían tirado al suelo para violarme. Me sacaron fotos y después vino la revisación médica. El médico me preguntó qué tenía, y le contesté que era barro porque me habían llevado en una camioneta.

Al bañarme vi que eran hematomas.

Después de la suciedad del calabozo en Monte Grande, me pareció que en Devoto había olor a limpio.

La hora de la comida había pasado, pero las compañeras me preguntaron si tenía hambre y pidieron comida. "¿Nos dan de comer acá?", pregunté sorprendida. Tuvieron que explicarme todo, que estaba legal, que podía escribir, que salíamos al patio. Yo no podía creerlo.

Me trajeron sopa y una ensalada. Comí todo. Las compañeras se rieron. "Se nota que tenés hambre, nosotras la devolvimos."

Mandé una carta a mamá y pregunté por los chicos. Cuando recibí la respuesta, me habían escrito en letras grandes: "LOS CHICOS ESTAN BIEN, ESTAN CON NOSOTROS". Me puse a llorar y no pude seguir. Mamá me contaba que todos esos meses, cada día, al levantarse, revisaba cerca de la puerta para ver si encontraba una nota, algo que le dijera dónde estaba.

Se acreditaron como familiares y entonces pude recibir más cartas. Me mandaron fotos de los chicos. Al más chiquito, que lo había dejado como bebé, no lo reconocía. Esperé un año y medio para verlos porque estaba muy mal y no quería que me vieran así.

Cuando me recuperé pedí una visita de contacto porque quería besar a mis hijos, a mamá. Me la otorgaron y cuando llegaron dijeron que no, y los tuve que ver atrás del vidrio. El más grande me miraba asustado y el más chico, pobrecito, no entendía, yo sólo era una persona atrás de un vidrio.

Por fin pude estar con ellos en el patio. Habían pasado casi dos años sin que pudiera darles un beso. Unos meses después salí de la cárcel.

SALIDA A LAS 22:00

Una noche la celadora me dijo que no me acostara. Pregunté por qué y me contestaron que a las 22:00 me iba en libertad. Me negué, pensando que me iban a matar. Pero, por supuesto, tuve que salir. Antes de irme le dije a una compañera que si en diez días no tenían noticias mías, avisaran a mis padres de mi desaparición.

Recuerdo que era un día viernes. Me llevaron a Coordinación Federal y ahí me tuvieron hasta el domingo. Antes de salir, mientras me tomaban las huellas, el policía me dijo: "¿Así que te vas?". "No sé", le contesté. Seguía con miedo, esperando que me mataran.

Me dieron plata que había depositado mi madre, pero no tenía documentos. Cuando estuve en la calle, lo primero que noté fue que mi aspecto no tenía nada que ver con el de la gente. Sandalias con plataforma, pantalón *oxford*, un bolso de *jean* que había hecho en la cárcel... eso no se usaba más. Miraba a la gente típica de los domingos, en su auto, con los chicos, nadie tenía idea de los dramas por los que habíamos pasado y que muchos seguían pasando.

Me fui a la casa de esos amigos que me habían cuidado los chicos. No había nadie. Caminé unas cuadras y tuve mucha suerte, porque encontré al marido trabajando en una obra. Lo llamé y me miró mudo por la sorpresa. Creía que había muerto y que mi marido estaba prófugo. Fuimos a buscar a su mujer. Ella estaba con unos amigos comiendo un asado. El marido me advirtió que no dijera nada y comentaron a los otros que había tenido un accidente grave y que me creían muerta. Entonces yo, en el asado, tenía que contestar las preguntas que me hacían sobre el accidente. Una locura. Al día siguiente partí desde Retiro.

Cuando llegué a Córdoba esperé un colectivo, pero no pude resistir estar parada ahí y resolví tomar un taxi. El chofer se puso a conversar y me preguntó por Buenos Aires. Le contesté que no sabía nada porque había salido de la cárcel. El no sabía que había mujeres presas por razones políticas. Cuando llegamos a mi casa no me cobró el viaje y me deseó suerte.

En casa fue un revuelo. Lloraron todos. Mamá agradeció de rodillas frente a una foto de Jorge. Dice que le pedía siempre por mí. Mi hijo mayor, que tenía cinco años, me tomó de la mano y me llevó a la casa de todos sus amigos. "Vino mi mamá", le dijo a cada uno. Imagino que él se sentía muy mal frente a ellos, y quiso mostrarles que tenía madre, como todos. Pudimos superar bien el trauma de la separación y ahora tengo una relación muy linda con ellos. El más chiquito es idéntico al padre.

El dueño de la fábrica donde había trabajado antes volvió a ofrecerme trabajo. Es una persona que nunca me rechazó por mis ideas y si tengo que viajar por mi trabajo en Derechos Humanos, tampoco hace ningún problema.

CATORCE AÑOS DESPUES

Para mí fue una experiencia hermosa la militancia. Yo tenía una pareja linda, amaba a mi marido. Tampoco me arrepiento de la lucha que llevé a cabo, porque las razones eran justas.

Pienso que si nos derrotaron es porque nos quedamos solos, y nos quedamos solos porque no supimos explicar nuestros motivos a la gente. Rechazaron las acciones violentas porque no sabían contra quiénes las hacíamos. Lo único que veían era el resultado. Y nos condenaban.

Me opongo también a las generalizaciones y a las comparaciones. Siempre se nos ha criticado por los secuestros, por ejemplo, y con ese criterio se justifican las torturas y secuestros de los militares, pero nosotros (hablo por mi grupo) nunca torturamos a nadie.

Cuando fuimos a secuestrar al señor que tuvimos en mi casa, la primera vez no pudimos porque estaba con los chicos y no queríamos que les pasara nada. Después le dimos un trato excelente. A él —era un industrial— le gustaba charlar, leía *El capital*. Pidió un televisor y se lo compramos. Incluso lo dejamos grabar unos casetes que él quería mandar a la esposa en el día del cumpleaños. Y para nosotros fue un riesgo muy grande dejarlos en la casa, que estaba custodiada. Cuando fue liberado, salieron en el diario sus declaraciones y reconoció que había sido muy bien tratado. Un día, fue a la casa de la vecina, preguntó por nosotros y se interesó por los chicos. Dijo que si no había familiares quería hacerse cargo. El contacto humano fue tan bueno que hubo cosas graciosas: le gustaba jugar a las cartas y uno de los compañeros que lo cuidaba era muy nervioso. Peleaban como si estuvieran en un café, y el colmo fue un día que el compañero se puso como loco porque perdió y no podía aceptar que el otro "lo hubiera dado vuelta…". Hago notar también que la empresa no tuvo reparos en pagar el dinero, que era bastante; en cambio se negaron a reintegrar a los trabajadores. Me parece que eso define su criterio moral. A nosotros en cambio, nos importaba la suerte de los trabajadores, y eso fue lo que nos perdió, porque en la demora de esa tratativa en la que insistíamos, nos ubicaron y nos secuestraron. También he oído decir que cómo es posible que una mujer participe de un hecho armado. Se escandalizan por eso, pero no se escandalizan si una mujer trabaja veinte horas y deja los chicos solos mientras tanto.

No tomaba como un juego las acciones armadas. Tampoco tenía miedo. El miedo era antes y después. Lo que había era una tensión, estar atentos a que todo saliera bien. A no hacer macanas. Yo pensaba mucho en mis hijos. A veces volvía de una acción y me ponía a llorar. Era aflojar la tensión, pero eran también los conflictos. No actuaba sin que nada me importara. Actuaba porque estaba convencida de que era la forma de cambiar las cosas, pero me costaba.

Lo peor es que muy poca gente entendió. Lo que se generalizó es la condena y la ignorancia sobre todos los temas que tienen que ver con esa época.

Hace poco pasamos una película en un barrio sobre los chicos desaparecidos y después se arrimó una señora a decirme: "Yo tengo siete hijos pero son todos míos, yo tengo todos los papeles". ¡No había entendido nada! Charlamos, y parecía que había vivido en otro planeta.

También hubo cosas feas en la militancia. La fracción ERP "22 de Agosto" con la que me fui se originó en profundas diferencias políticas; en mi caso, además, se daba que yo no soportaba el verticalismo ni el machismo. Lo malo fue que nos echaron como a enemigos. Tal vez por eso es que me molestan mucho las autocríticas que ahora hacen algunos ex dirigentes. Con ex militantes en cambio, tanto del PRT como de Montoneros, tengo buenas relaciones y muchos son amigos. La autocrítica, el análisis del pasado, son necesarios. Cada uno sabrá lo suyo. Yo reivindico lo que hice.

Ahora estoy separada de la política. Ningún partido me convence. Lo único que me interesa es mi trabajo en Derechos Humanos, buscando chicos desaparecidos. Creo que es la única línea que va a tener futuro. A los compañeros que han sido asesinados no los podemos recuperar, pero los chicos están vivos.

Me parece muy importante tener lugares que centralicen los datos, donde ellos, si tienen dudas sobre su origen cuando sean grandes, puedan ir a buscar información.

Negrita se queda callada. Tiene los ojos llenos de lágrimas.

—Han pasado catorce años —dice.

Gringa

Mi historia de militancia comienza a los dieciocho años.

Yo estaba en cuarto año de la escuela secundaria y mi hermana, que estaba en quinto, empezó a venir a casa con la prensa partidaria.

Hubo discusiones entre nosotras, no porque el tema no me interesara, sino porque estaba muy metida en el famoso viaje de estudios del secundario. Una de mis cualidades es que soy buena organizadora, y en esto del viaje —que era a Punta del Este— yo era uno de los pilares del grupo. Mi hermana, imbuida de su fervor revolucionario, se escandalizaba y me decía "cómo vas a ir a Punta del Este". Ella no podía entender que después de haber trabajado cuatro años yo no quería perder el viaje. Así que todo el primer año me debatí entre una militancia secundaria y mi viaje a Punta del Este.

Ingresé después a Ciencias Económicas, y de a poquito fui haciendo tareas de activista, en el PRT. Pero como yo vivía con mi cuñado y mi hermana, que estaban en el frente militar, decidí cambiarme. Así que sin haber tenido una gran experiencia en legal, digamos, pasé directamente al frente clandestino.

Ahí conocí al que después sería mi compañero, que también estaba en el ERP. De modo que entre mi hermana, mi cuñado y mi compañero, que ya estaba en operaciones, mi desarrollo personal dentro de la organización, "saltó el escalafón" en un proceso que no era normal. Vale decir, yo empecé de arriba y ahí me quedé, viviendo en una casa operativa. Me asignaron tareas de enlace entre los distintos sectores, era un correo...

Mi pareja se formó como tantas otras en ese momento, a partir de una militancia en común; la atracción venía después. Eramos muy distintos. A pesar de la juventud e inexperiencia, siempre fui muy reposada, madura para mi edad. El era un ciclón, un tipo muy instintivo, muy improvisador. No formamos una pareja muy tradicional. Lo nuestro duró dos años con separaciones impuestas por la militancia. El se fue al monte seis meses. Después lo trasladaron a Buenos Aires porque empezó a ser reconocido en la calle por los servicios.

No pude irme con él por mis tareas y más tarde fui a una escuela de formación. Vale decir que, si contamos las separaciones, tuvimos poco tiempo de convivencia efectiva.

Pensar retrospectivamente esas vivencias me llena de alegría pese a todo, pues me reconozco llena de ese fervor militante con el que los compañeros y compañeras llevábamos a la práctica, y hasta sus últimas consecuencias, nuestro pensamiento sobre la transformación de la sociedad, que en el caso del PRT era hacia el socialismo.

EL MIEDO, LA ACCION Y EL ANALISIS

Esta militancia mía que se daba con una progresión tan atípica no me conflictuó ni me preocupó. No tenía miedo de pertenecer a una organización clandestina. Ahora pienso que sí tuve miedo en situaciones puntuales. Pero en esa época, yo no registraba como "miedo" el temblor de mis piernas, por ejemplo.

Pienso también que esta negación del temor ante uno mismo tiene que ver con el modelo masculino que seguíamos. A pesar de que yo me reivindico muy feminista, creo que teníamos asumido que para tener dotes de mando tenías que ser varón, y en acciones u órdenes que tuve que dar, lo hice sin que me temblara la voz, "como lo hubiera hecho un hombre". Sin embargo, las acciones me han dejado una secuela: me alteran esas bromas en las que alguien te sorprende por atrás y me doy cuenta muy bien de que es por las situaciones de riesgo en las que uno hubiera querido tener ojos en la espalda para ver si venía alguien.

Con respecto a la famosa cuestión de la acción armada realizada por una mujer, lo viví como un hecho que integraba un contexto de lucha global, de modo que no era algo que me produjera problemas morales. Manejar armas es duro para el que no estaba en el tema, y forma parte además de una cultura muy hipócrita que no se asusta, o no le resulta "duro", que una mujer haga otras cosas para sobrevivir. Dentro del momento histórico que estábamos viviendo, el arma pasaba a ser una prolongación, una forma de exteriorizar la lucha en la que participaba la mujer. El caso no es aislado. Si bajamos por el mapa, desde Centroamérica vemos que hay miles de casos en que las mujeres han demostrado ser capaces de cuidar los hijos, hacer el trabajo de la casa y agarrar un arma para combatir contra el opresor que la priva de la justicia, o de darle de comer a sus hijos.

Este asunto del arma está siempre envuelto en una mistificación que no viene al caso. O que en realidad viene al caso porque me parece cargado de la intención de hacer que las mujeres nos quedemos siempre lejos del tema.

Las críticas y autocríticas posteriores han señalado que las acciones armadas nos apartaron de los objetivos políticos, y no es así exactamente puesto que nuestras acciones tenían un objetivo político, y estaban insertas en un fenómeno mundial que no solamente se estaba produciendo en ese momento, sino que reconocía antecedentes históricos concretos.

Nosotros no éramos Argentina versus el resto del mundo en el sentido de encarar una lucha política distinta. Esto tenía el modelo cierto y contemporáneo de Vietnam, Cuba, los Tupamaros uruguayos, el Frente Popular de Allende en Chile, etcétera.

No éramos unos loquitos sueltos. Nos inspiramos en una acumulación de luchas que venían desde principios de siglo, desde la Revolución rusa hasta la fecha, buscando salidas que para ese momento eran opciones verdaderas. Con el correr del tiempo es fácil decir "si hubiéramos hecho esto o lo otro". Creo que en ese momento para nosotros no había alternativas.

No me quedan dudas de que en muchas cosas precipitamos salidas que no se maduraron políticamente dejando al pueblo allá atrás y nosotros muy adelantados. Lo que no significa que estábamos acertados; veo bien que eso nos costó y costará muchos años más para poder encontrar otra vez una salida colectiva.

Los análisis que ahora hacemos todos, en aquel momento se dejaban para los más entendidos, y eso es una cosa que yo también me he cuestionado mucho después. En definitiva, fuimos todos responsables de nuestra derrota porque nosotros no éramos muy críticos. Nosotros acatábamos una línea. Eramos muy verticalistas, porque era muy verticalista la sociedad también, y no había una experiencia de horizontalidad en la lucha.

Teníamos proyectos de una nueva sociedad, pero en la manera de encarar la lucha reproducíamos el modelo oficial del autoritarismo. Por ejemplo, en los hechos yo vi siempre relegada a la mujer, pero en ese aspecto puede ser que haya "visto" más que otras porque es un punto especialmente sensible para mí. Incluso si se hubiera preguntado a las compañeras si había discriminación, posiblemente hubieran dicho que no. Pero eso es natural porque la cuestión femenina como una se la plantea hoy es nueva, y en aquel momento no estaba separada de lo que nosotros llamábamos la lucha social en general. Mi análisis actual es que evidentemente es una lucha separada porque son necesidades muy concretas las de la mujer, que si no las toma y no cambia su propia mentalidad difícilmente se la pueda transmitir al resto de la sociedad.

Las organizaciones no estaban en otro planeta, y pasaba lo mismo que en cualquier otro ámbito. Entonces la mujer, además de militar "igual que un hombre", tenía que ocuparse sola de lo considerado "femenino". Cuando marido y mujer tenían una cita a las seis de la mañana, la que salía cargandó los chicos era la mujer. Yo eso lo he visto, lo he vivido, y lo peor es que a la hora de promoción de los cuadros se traducía en una discriminación impresionante. La mejor prueba es que, habiendo una presencia femenina casi igual a la masculina, había más cuadros hombres porque las mujeres, haciendo su trabajo de la casa y de los chicos, no podían estar tan preparadas como ellos.

A pesar de que fue muy difícil ese doble rol femenino y militante, no veo que haya habido otro momento en la historia de cada una en que podamos habernos sentido tan vivas como entonces. Con el tiempo todas las vivencias se van tapando bajo la vivencia cotidiana, que es gris. Pero en ese momento había un potencial impresionante que era creatividad pura. Todo estaba todo el tiempo en juego.

UN CORREO ESPECIAL

Me tocó traer a Córdoba el estatuto del ERP.

Salí de Buenos Aires en tren, lo puse en una bolsita y dejé el paquete en la parrilla de los equipajes. Me senté del lado opuesto, teniéndolo a la vista, y estuve las doce horas del viaje con el ojo encima.

Para nosotros era un acontecimiento único. Se estructuraba el ERP y quería decir que crecía.

Después hubo experiencias como la salvadoreña o nicaragüense, en que se dio un salto cualitativo importantísimo en lo que se refiere a la organización popular a través de lo militar. Pero eso pasó diez o quince años más tarde.

Un compañero contó que los nicaragüenses le dijeron: "Ustedes tenían la organización para la revolución, pero les falló el pueblo, la masa, digamos".

Evidentemente, nosotros habíamos formado la organización para la toma del poder, o ya tomado el poder, pero faltaba toda esa otra etapa que es muy importante para cualquier transformación.

A partir de la estructuración del ERP, conforme a los Estatutos, se organizó la Compañía "Decididos de Córdoba", a la cual pertenecieron unos cien compañeros y compañeras combatientes. Con el correr del tiempo, comenzó a prepararse la segunda Compañía, porque hasta 1975 estábamos en constante crecimiento. El lema era "Vencer o morir", por la Argentina y por el proyecto de país que defendíamos. En esa lucha estábamos acosados continuamente por las bajas, los presos, los traslados al monte. Fue una sangría. Los mejores compañeros y compañeras fueron a parar a Tucumán. Todo el mundo pedía ir porque era la etapa superior de la lucha. Hubo sin embargo pocas mujeres.

Yo también pedí el traslado al monte pero por la tarea específica que tenía, no me dejaron ir. Como fumaba mucho, me cargaban y me decían: "Con tu fumata no vas a llegar ni a cuatro cuadras de marcha en el cerro".

Para las mujeres, el tema de los hijos y el monte era conflictivo, pero he conocido madres que fueron, haciendo un gran sacrificio al separarse de sus hijos.

Recuerdo a una compañera que pidió ir con su compañero y dejó a sus dos hijos. Se llamaba Susana y era sargento del ERP. Tuvo una actuación destacada y fue mencionada como héroe dentro de nuestras filas. Posteriormente fue secuestrada y la fusilaron en el campo de concentración La Perla, de Córdoba.

La cultura oficial puede llegar a decir que era una mala madre. Yo no pienso así, al contrario. Ella lo hizo básicamente por sus hijos, porque si nosotros lográbamos el triunfo, era para ellos y para el pueblo. Lo notable de su gesto es que realizó un doble sacrificio: separarse de sus hijos e ir a luchar en las durísimas condiciones del monte.

Nunca se dijo lo suficiente, pero el monte fue bombardeado, barrido con napalm, y los compañeros que estuvieron arriba lo vivieron. Hubo miles de hectáreas incendiadas para hacer que los compañeros salieran. Los que caían prisioneros iban al campo de concentración en Tucumán, de modo que no era una "pavada". Para los que estaban ahí, la consigna de "Vencer o morir" formaba parte de su realidad cotidiana, y ellos lo sabían.

Susana ganó su grado de sargento en el monte. Después de tomar un pueblito, izar nuestra bandera y hablar con la gente, emprendieron el regreso al campamento. Fueron emboscados por el camino y se dispersaron. Ella quedó sola y se escondió en un maizal. Esperó toda la noche con la esperanza de poder irse, pero el lugar fue rodeado y comenzaron a buscarla con perros. Nos contó que al sentirlos muy cerca pensó: "Bueno, cuando lleguen por lo menos tiro antes de que me maten". Así fue como se encontró frente a un policía, que según la noticia publicada más tarde, era un comisario. Tiró y salió corriendo bajo los disparos. Logró salvarse y fue ascendida a sargento.

Cuando regresó a Córdoba siguió con su militancia, y en ese momento yo trabajé con ella. Era excepcional.

Cayó casi junto con su compañero, y como los reconocieron, los torturaron en forma salvaje. El, que se llamaba Simón, murió en la tortura y ella fue perdiendo la razón.

Según testimonios de sobrevivientes, si hubiera estado lúcida habría preferido morirse, porque enloquecer fue lo más terrible que pudo pasarle. Es un crimen imperdonable, un combate en muy desiguales condiciones.

A ella y al marido los fusilaron. Pero a él lo hicieron aparecer como muerto en un enfrentamiento en las sierras de Córdoba. Los chicos quedaron con los abuelos.

Hay mucho dolor en estas historias nuestras. Dramas de todo tipo que afectaron a muchas mujeres, de las que la mayoría de la gente no tiene idea.

En estas historias de madres que dejaron a sus hijos, me tocó una vez protagonizar algo terrible.

Una compañera, la sargento Clara, tenía que hacer un operativo y me dejó a su beba de seis meses para que la cuidara. Como yo también tenía que salir, la dejé con mi madre, y volví a la hora de almorzar.

Mientras comíamos mirábamos el noticiero, y yo ya estaba viendo que faltaba poco para llevar la beba a mi compañera. De pronto apareció la imagen de Clara, muerta en la vereda de un barrio. Es algo imposible de describir lo que sentí con esa beba en brazos mientras contemplaba la imagen de su madre muerta.

Esos son los días que pasaban las compañeras. Por eso no puedo admitir que se las califique con frivolidad. Se puede no estar de acuerdo con su lucha, pero no se puede desconocer su sacrificio.

HOY FRENTE AL FUTURO

Las dos cosas que me importa dejar en claro en mi balance, son la valoración de la violencia y el papel de las mujeres.

En primer lugar reivindico la entrega, y por eso reivindico la etapa. Con respecto a la cuestión armada, creo que está inserta en la problemática nacional, cuyo camino puede seguirse desde la Independencia para acá.

La lucha armada no es más o menos violenta que lo que se vive en la sociedad, pero hay intereses muy fuertes que quieren hacernos creer que es distinto, y que es un monstruo el que maneja un arma, pero no lo es el que ejecuta políticas que hacen morir de hambre a la gente. Con el agravante, además, de que los ejecutores de esas políticas tienen el poder en sus manos y pueden elegir, mientras el que se rebela no tiene opciones.

Por eso no acepto la teoría de los dos demonios.

Hace poco, la protagonista de una obra de teatro reflexionaba sobre la mortalidad infantil: "Cada cinco minutos muere un niño en América latina", decía. Frente a esa realidad, ¿qué hacemos?

Hay algunos que se sientan a esperar que algo suceda o que se arregle alguna vez, y otros que no esperan y buscan la salida. La experiencia me ha demostrado que cuatro bien intencionados no pueden resolver el problema a los millones de habitantes que vienen detrás. Pero esos que arriesgaron la vida y fueron castigados de una forma muy cruel, por otro lado, no pueden ser agrupados bajo un concepto demoníaco.

Reconozco que fue un error ocupar un espacio que correspondía a todos, pero la intención fue evitar sufrimiento al pueblo. Hubo mucho amor en esa lucha tan desigual que mantuvimos.

Con respecto a las mujeres y su condición de madres, que tanto se ha criticado, pienso que vale la misma aclaración, porque no es buena madre solamente la que se queda en casa con los hijos. También es buena madre la que sale a luchar por algo que va a ser para ellos y para todos. Transformar una sociedad tan cruel, donde muchos de esos hijos no tienen ninguna posibilidad de subsistencia, es el mejor regalo que una madre podría tratar de brindarles.

Ana

Nací en Entre Ríos pero a los cuatro años nos vinimos a Córdoba. La mía es una de esas típicas familias provincianas. Papá es radical y mamá, una cristiana militante. El es uno de esos tipos honestos, que te marcan una conducta. Era una familia normal dentro de lo que se dice. Más vale pobres. Papá y mamá trabajaban, pero crecimos, y ahí está el *quid* de la cuestión, con una serie de valores fundamentalmente cristianos. En el camino que después tomé, yo creo que tuvo mucho que ver esa formación cristiana de verdad, no cristiana descomprometida como suele ser habitual.

Papá era muy machista, pero en el sentido de un gran respeto por las mujeres. Eramos tres hermanos y dos hermanas, y a él le gustaba plantear situaciones posibles para educarnos. Un día le preguntó a mi hermano: "Bueno, vamos a ver, ¿qué hacen ustedes si van por la calle y hay un señor pegándole a una señora?". "Pero, ¿cómo le va a pegar?", preguntó mi hermano, que no tendría más de doce años en ese momento. "Bueno, imaginemos que lo hace porque es una ramera", contestó papá. "No papá, si le está pegando yo la defiendo." "Muy bien m'hijo, porque es mujer."

Ese tipo de cosas estaban muy marcadas en los chicos, nadie nos podía decir nada, ni insultar. La palabra "honor" en casa era muy importante y se defendía a ultranza.

Fue muy linda y muy sana la vida que tuvimos. Papá se divertía mucho con nosotros y desde muy chicos nos llevaba de campamento. Nos hacía conocer lugares y nos sentíamos medio aventureros.

El había sido marino y conocía el mundo. Nos contaba historias de los viajes, y cuando estábamos en los campamentos nos hacía hacer cuerpo a tierra, salto de rana, ese tipo de cosas, pero lo hacía muy gracioso y alegre, a nosotros nos encantaba.

El primer colegio adonde fui era de monjas. Yo me tomaba todo muy a pecho y una vez llegó mamá a casa y me encontró rezando arrodillada con las manos en cruz: "¿Qué hacés?", me preguntó. "Estoy rezando así porque la madre Encarnación dice que de esta forma Dios escucha", contesté muy seria. Le conté también que si te portabas mal le clavabas una espina al Corazón de Jesús, y si te portabas bien le sacabas una espina y le ponías una flor. Mamá fue al colegio y armó un lío terrible. Me sacó de ahí y me mandó al colegio del barrio, donde hice toda la escuela primaria. El secundario lo hice en otro colegio religioso. Era un colegio caro al que iba gente rica, pero nos becaron. La formación que daban era muy buena, a mi criterio, por los valores en sí y la vivencia del cristianismo que te daban las monjas.

Te cuento una anécdota que es buen ejemplo de eso. La directora del colegio nos pidió que lleváramos, para la ofrenda de la misa, cosas para la gente pobre. Yo llevé un kilo de azúcar. Después de la misa nos habló la monja, colorada de bronca. "¿Qué se piensan?, habría que echarlas como a los mercaderes del templo, miren lo que han traído, zapatos de verano, polleras brillantes que nadie puede usar, es una vergüenza." Habló muy bien y nos hizo llorar, haciéndonos ver que realmente llevábamos lo que nos sobraba. "Vamos a hacer otra misa y van a hacer otra ofrenda. También quiero que piensen si los pobres sólo comen fideos, polenta y porotos. Piensen si así comen ustedes todos los días, porque eso es lo que han traído."

Mamá también nos inculcó valores muy fuertes. Cerca de donde vivíamos había una villa, y una señora de ahí que nos cuidaba cuando mamá trabajaba nos llevaba a su casa y nos hicimos amigos de los chicos, de modo que todo nuestro clima era de mucha relación con la realidad de los pobres y de mucha solidaridad. Recuerdo que estando de campamento en el dique San Roque con papá, nos encontramos a un francés, un italiano y dos italianas que andaban de mochileros.

Les habían robado todo. Plata, documentos, no sabían qué hacer. Papá les dijo: "Bueno, vayan a casa hasta que solucionen el problema". Así eran en casa, se recibía a todo el mundo y se ayudaba en lo que podíamos.

"SI SOS CRISTIANO TIENES QUE SER REVOLUCIONARIO"

Ese era uno de los puntos fundamentales de las ideas que compartíamos con mis hermanos. Yo me inscribí en Ciencias de la Educación, conseguí trabajo y empecé a militar. También mis hermanos, menos los más chiquitos, eran simpatizantes o militantes. Considerábamos que no te pueden pasar de costado los problemas. Es decir que el nuestro no era ese cristianismo acomodaticio que opina que Dios hizo los pobres y los ricos, y que los pobres mientras más sufran van a estar mejor... Luchar por el bienestar de todos, que seamos todos iguales, eso era lo esencial de nuestra consigna.

Iniciada la militancia se me hizo muy difícil cumplir con todas mis tareas, entonces dejé la facultad y seguí trabajando. Más tarde estudié un año de enfermería que me sirvió mucho para ayudar en casa y en el barrio.

Cuando me detuvieron la gente decía: "No, si era la chica que nos ponía las inyecciones, que nos tomaba la presión".

Empecé en el ERP. Pasé por distintas etapas y completé mi formación en la escuela de cuadros. Hice volanteadas, participé en tomas de fábricas, trabajo en barrios, vendí el periódico.

Mientras escucho el relato de Ana, y observo su estilo sobrio, casi ingenuo, reflexiono si le habrá tocado cumplir alguna vez ese rol de "seducción" en el que se usaba a las mujeres jóvenes. Ella se ríe muy espontáneamente cuando se lo pregunto.

No, yo era más bien flaquita, así que por ese lado, nada, y me tenían bien catalogada en lo inocentona que era. Justamente una vez había que hacer eso y un compañero le dijo a otra compañera: "Vos flaca, vas a tener que hacer de puta", y la otra dijo "No, llevála a ella", y se mataban de risa. Por cómo fui criada había cosas de las que no tenía ni idea. No sabía lo que era un "mueble" por ejemplo ("albergue transitorio", en jerga cordobesa), y en la escuela de cuadros pasé un papelón porque durante un recreo salió ese tema y empezaron a bromear. Yo me quedé callada. A la noche nos reuníamos para contar las cosas del día en una mateada. Cada uno hablaba de las conclusiones que había sacado, qué cosas no le gustaron, críticas, todo eso. Cuando me tocó a mí saltó que yo no sabía lo que era un mueble, y todos se rieron mucho.

Trabajé mucho en propaganda porque hacía buena relación con la gente. Estaba acostumbrada, por la vida que había hecho en casa, a tratar con gente de todo tipo.

En nuestra estructura había frentes diferentes, divididos en células. Pero no era una división absoluta que encasillara muy estrictamente el trabajo. Al estar como yo en propaganda, por ejemplo, no solamente volanteaba y hablaba con la gente, también recababa datos que podían ser útiles, es decir que cada tarea hecha en un frente cualquiera podía aportar algo para los que estaban en otro.

"UNA VEZ QUE ABRAZO ESTO, DEJO TODO"

Había una relación muy estrecha y humana en todo el grupo. En cuanto al verticalismo, yo pienso que todos éramos un poco estructurados. Uno decía: "Una vez que abrazo esto, dejo todo", y supongo que frente a la gente común eso nos diferenciaba, pero en eso también jugaban la personalidad y la historia de cada uno.

El compañero que fue más tiempo mi responsable era muy humano, en el sentido de que él no se pensaba que las sabía todas. Cuando había que hacer una acción, él nos decía: "Vamos a tomar una fábrica", o "Vamos a volantear un teatro". Y nos explicaba, nos hacía ver los volantes, te preguntaba si te sentías capacitada, si tenías miedo, y se discutía.

Mucha gente se ha formado el concepto de que no teníamos miedo de nada, o que no teníamos conflictos. No es así; uno sentía miedo, o tenía pruritos, o se angustiaba por cosas que se planteaban en la vida personal de cada uno. Recuerdo que una vez me encontré con un compañero que estaba muy triste. Le pregunté qué le pasaba. El era bastante más grande que yo, y lo hago notar porque el espíritu de compañerismo borraba estas diferencias, y me preguntó entonces qué opinaba yo del aborto. Te imaginás, con mi formación cristiana, le contesté que me parecía mal porque en definitiva cercenabas una vida. El dijo entonces: "¿Y si no fueras cristiana?". "Igual estás cortando algo que tiene que ser", le respondí. Ahí se le cayeron las lágrimas, y me dijo: "Yo pienso exactamente lo mismo que vos. La flaca…". Pensé que todavía no lo habían hecho y le aconsejé que lo hablara. El me miró muy triste y dijo: "No, ya está". Siempre me quedó grabado esto. El pensaba que tenía que respetar la decisión de su mujer. Ya tenían una nena y ella consideraba que no era tiempo de tener muchos hijos, porque no se podían criar bien. Le hice ver que con ese criterio los vietnamitas nunca hubieran tenido chicos. Sonrió y me contestó que tenía razón. Esa es una de las cosas que más rescato de la relación con los compañeros, el analizar cosas juntos, confiar, comprenderse.

¿Y EL AMOR?

Cuando era jovencita tuve un novio que me llevaba diez años, yo era muy niña todavía. Mamá y papá nos daban libertad para todo. Nos íbamos de campamento en grupos, podíamos dormir en una misma pieza diez mil, que ni se nos ocurría… Me parece que esa inocencia ya no existe.

Este chango era un militante pero yo no lo sabía.

Venía a casa, y si yo estaba en la calesita con los demás chicos me iba a buscar ahí, era muy tierno. Fue imposible conocerlo y no enamorarme de él. También conquistó a toda la familia. Era un personaje. Trabajaba en la construcción y vivió un tiempo en casa. Le encantaba proponer temas que originaban rondas de discusiones en las que todo el mundo aportaba. A través de esas charlas se nos abría la cabeza, se sacaban conclusiones.

De su militancia me empezó a hablar de a poco y recién a los dos años de conocernos se me declaró. A pesar de que era grande, y era militante, no sabía cómo tratarme. Estuve de novia dos años con él. No tuvimos relaciones sexuales porque yo tenía unos principios muy fuertes y era muy romántica. Yo sentía que no quería ir más allá de lo que me imponían mis límites de niña. Cuando empecé a militar, no teníamos tiempo para vernos. Los dos militábamos en lo mismo pero en frentes diferentes y la militancia era muy sacrificada. Había que estar dispuesto a moverse continuamente. Eso nos fue alejando. Después cortamos porque él se puso mal, empezó a tomar, parece que venía de antes pero yo no me había dado cuenta.

Tengo muy buen recuerdo de él. Era un chango extraordinario, de gran sensibilidad, muy inteligente, algo posesivo también. No le gustaba que trabajara, pero creo que en realidad era porque me seguía viendo como a una niñita. Y era cierto en parte, lo que no impedía que tuviera ideas propias.

Me costó mucho separarme de él, y durante mucho tiempo no quería tener nada con nadie. Pero era joven, y aunque no había perdido mi timidez, los compañeros se me declaraban. Una vez caí llorando a ver a mi responsable... "¿Qué hago yo?", dije. "Yo debo parecer, no sé... o debo provocar, no entiendo qué pasa..." Me sentía mal porque un día se me declaró el cura, al día siguiente otro compañero y yo sentí que perdía el clima de camaradería que teníamos. "No te preocupes, vos no hacés nada", me consoló el responsable. Me hizo ver que en ese momento yo era la única mujer de ese frente entre varones que estaban sin compañera, y entonces era lógico que todos me buscaran a mí. Lo habló en el grupo y no hubo más ningún problema.

EL MONTE Y LOS MIEDOS

"Cómo van a ser guerrilleros si los guerrilleros son los que matan." Eso dijo una vecina que presenció mi detención.

Yo era una persona normal y corriente. Todos éramos personas comunes. La diferencia estaba en nuestros ideales, nuestra convicción que nos impulsaba a una lucha en la que nos jugábamos la vida, y ¿quién no tiene miedo de perder la vida?

Al principio yo tenía miedo de confesar mi miedo. Creía que al entrar a militar tenía que ser de determinada forma, que no me podía permitir nada que no fuera el espíritu de sacrificio, la entrega, valores que incentivábamos mucho. Después, en las charlas con los compañeros pude aclarar eso y me sentí muy reconfortada, aun en los peores momentos.

Al monte fui tipo enfermera, por mis conocimientos. Me preguntaron y dije que sí. Estuve poco tiempo, porque me enfermé. Me empecé a hinchar... había compañeros médicos pero no sabían qué tenía. Entonces me hicieron volver. Era una desproteinización. Ya había tenido pérdida de proteínas antes, pero no había hecho caso. Supongo que se me agudizó en el monte, por el gran desgaste físico de mucho andar, armar y desarmar campamentos.

Hacíamos marchas largas. Subíamos y bajábamos durante horas. Generalmente salíamos apenas oscurecía y volvíamos al amanecer, muy cargados.

Yo llegué con jabón, perfume, ropa interior linda. Cuando empecé a sacar las cosas, me preguntaron: "Compañera, ¿qué es lo que trae?". "Perfume", contesté. Se empezaron a mirar, pero el compañero que estaba a cargo dijo: "Perfume, jabón..., esas cosas no hay acá, pero a mí me parece bárbaro que hayas traído todas esas cosas, porque ver a una mujer linda es como ver flores en el desierto. Ahora cuando bajemos a hacer supermercados vamos a traer, no nos habíamos dado cuenta, pero es lógico, son mujeres...".

Mi grupo arribó al campamento —en un lugar de Tucumán— después de una marcha larguísima. Nos estaban esperando compañeros encargados de equiparnos con la ropa de fajina que teníamos que usar. Cuando estuvimos listos partimos. Cada uno que iba llevaba cosas para surtir a los que ya estaban, y como eran muchos campamentos las mochilas eran pesadísimas. Tenías que llevar, además de tu equipaje, tarros de leche, comestibles, libros, armas, de todo. Me la banqué. Tal vez por amor propio y por la responsabilidad de saber que había que aguantarse. Ahí me encontré con un compañero que había sido un instructor en la escuela de cuadros. Apenas me vio dijo: "Sabía que ibas a seguir y que ibas a llegar a hacer todo, mirá dónde nos encontramos". A mí eso me llenó de orgullo.

En el camino hubo un tiroteo. Al compañero capitán lo hirieron en la pierna, pero zafamos, no hubo ningún muerto y llegamos bien. Los compañeros nos recibieron con mucha alegría. Todos querían saber las noticias; me encontré con conocidos que preguntaban por Córdoba, por el barrio.

En el grupo que yo estaba, éramos varias mujeres, casi mitad y mitad. Nos levantábamos muy temprano, 4:30 ya estábamos en pie. Si uno quería se bañaba en el río, después había que acomodar las cosas y salir. A veces íbamos a campamentos lejanos y estábamos más de dos días entre marcha y marcha. Se aprovechaba también para hacer tareas de comunicación entre los grupos.

Había compañeros excepcionales. Uno de ellos era un sueco que se nos unió después de cruzar caminando, desde Chile, solo, con los helicópteros encima.

A veces bajábamos al pueblo y traíamos lo esencial. Tomábamos un supermercado o un almacén de esos grandes y sacábamos víveres para abastecernos.

Todo era bastante precario, a mí me hace gracia cuando dicen: "los helicópteros que tenían…". Eramos un grupo que andaba a pulmón, resistiendo por la voluntad, con mucho espíritu de sacrificio, con mucha moral. Los campamentos se armaban con tinglados. Poníamos cuatro palos y con lonas hacíamos una habitación. Una para la cocina, otra para dormir, según las necesidades que tuviéramos.

Las guardias eran de dos horas, salvo que hubiese una situación de emergencia. En ese caso cambiábamos cada hora o cada media hora, porque tenías que garantizar un estado de mucha atención, con todas las antenas paradas. En las guardias uno estaba solo, en la oscuridad. Era bravo. Tu compañero estaba como a cincuenta metros, entre subidas y bajadas. Se elegían lugares estratégicos para observar. Se cavaba un pozo con un parapeto, como una trinchera, y ahí nos quedábamos.

Si uno veía algo, tenía que avisar. La orden era disparar un tiro para alertar al campamento y escabullirte cuerpo a tierra.

A mí me pasó una sola vez. Estaba de guardia y vi un milico que subía… Hice el disparo de alerta y salí reptando con un susto bárbaro porque era la primera vez que tiraba un tiro en lo que podía ser una acción. Enseguida vinieron otros compañeros, que eran los encargados de la contención, y me mandaron al campamento. Era un grupo chico de militares, no más de cinco. Supongo que era una patrulla de reconocimiento. Los dejaron pasar. Ellos tampoco buscaron mucho a pesar de haber oído el disparo. Se armaron patrullas para ver dónde estaban y encontramos los rastros que habían dejado. Se notaba por la forma en que ponían las carpas.

Lo que me resultaba terrorífico eran los helicópteros. Me parecía que nos veían. Los que tenían más experiencia me tranquilizaban explicándome que la vegetación era tan tupida que era muy difícil que nos vieran porque estaba todo camuflado, pero me ponía muy nerviosa sentirlos arriba dando vueltas…

El clima de la época que me tocó fue benigno en general. De todos modos no es fácil vivir en el monte. Al principio teníamos muchas ampollas en los pies, granos, por la humedad constante y el poco sol, piojos. Pero uno se acostumbra.

De ese grupo hubo una compañera que no resistió. Ella dijo: "Yo no me la banco y no me la voy a bancar. Pensé que era otra cosa, tal vez tuve una idea más romántica. Pero es muy duro. No aguanto las caminatas, andar cargada con tanto peso, la situación de riesgo, y estar siempre alerta. Yo no sirvo para esto", concluyó. Era una compañera muy comprometida y se sintió muy mal por eso. Al sentir que no servía para nada, que había fracasado, sufrió una desvalorización grande. El capitán le explicó que no servir para el monte no la desmerecía como militante, y le recordó lo buena que era ella en otros frentes. Finalmente bajó.

El Descamisado, *la revista de Montoneros que aparecía cada martes.*

Anuncio del libro escrito por el sacerdote tercermundista Carlos Mugica publicado en El Descamisado *del 26 de septiembre de 1973.*

Número 17 de El Descamisado *que publicó la declaración de principios de la JTP (Juventud Trabajadora Peronista) definida como "Trasvasamiento sindical para el Socialismo Nacional".*

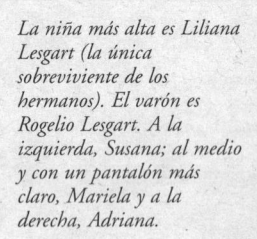

La niña más alta es Liliana Lesgart (la única sobreviviente de los hermanos). El varón es Rogelio Lesgart. A la izquierda, Susana; al medio y con un pantalón más claro, Mariela y a la derecha, Adriana.

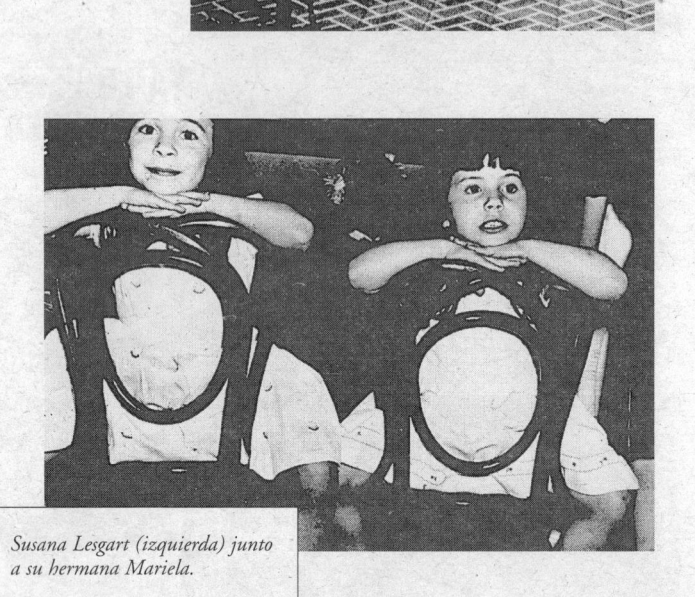

Susana Lesgart (izquierda) junto a su hermana Mariela.

De derecha a izquierda: Benito Urteaga (esposo de Pola), y su padre. Benito estaba en la casa donde mataron a Santucho junto con su hijo.

Pola Augier con su hijo mayor, pocas horas después de recuperarlo.

La última vez que estuvieron juntos los cinco hermanos Lesgart. De izquierda a derecha las mujeres: Adriana, Liliana, Mariela y Susana. Los varones son: de izquierda a derecha, Deodoro Roca, Andrés Silvart y Rogelio Lesgart.

Tarjeta de navidad enviada por Adriana Lesgart a Marta Diana.

Escuela Normal de Profesores "Alejandro Carbó"

EGRESADAS 1965

Invitan a Ud. y flia. al Baile de Egresadas a realizarse el día 16 del cte. en el Country Club a las 21 hs.

Córdoba, Diciembre de 1965.

- Norma E. Ahumada
- Aurelia A. Arce
- Susana de la Arena
- María Rosa Arnunin
- María del Carmen Badariotti
- María Matilde Bastn
- Matilde Bello
- Mónica Graciela Briucri
- Raquel M. Bengio
- Angélica del Valle Buitrago
- Ana María Crna
- Priscila A. Crisol
- María Cristina De Gennaro
- Marta B. Diana
- Marta Adriana Dajomy
- María Elisa Fagalde
- Mary Flores
- Zulma R. Gelfo
- Ilonre A Hanán
- Cristina Iglesias
- Sara C. Klein
- Adriana A. Lesgart
- Cecilia Lobo
- Lila M. Malvares
- Mónica I. Montaldo
- Norma S. Nosetti
- Susana Noves
- Clara M. Núñez
- Mirta E. Paive
- Beatriz J. Parisi
- María Isabel Rinaldi
- Martha Mónica Rodríguez
- Silvia B. Romero
- Silvia C. Roger
- Dora T. Suárez
- María Inés Vevas
- Mirta G. Zareik

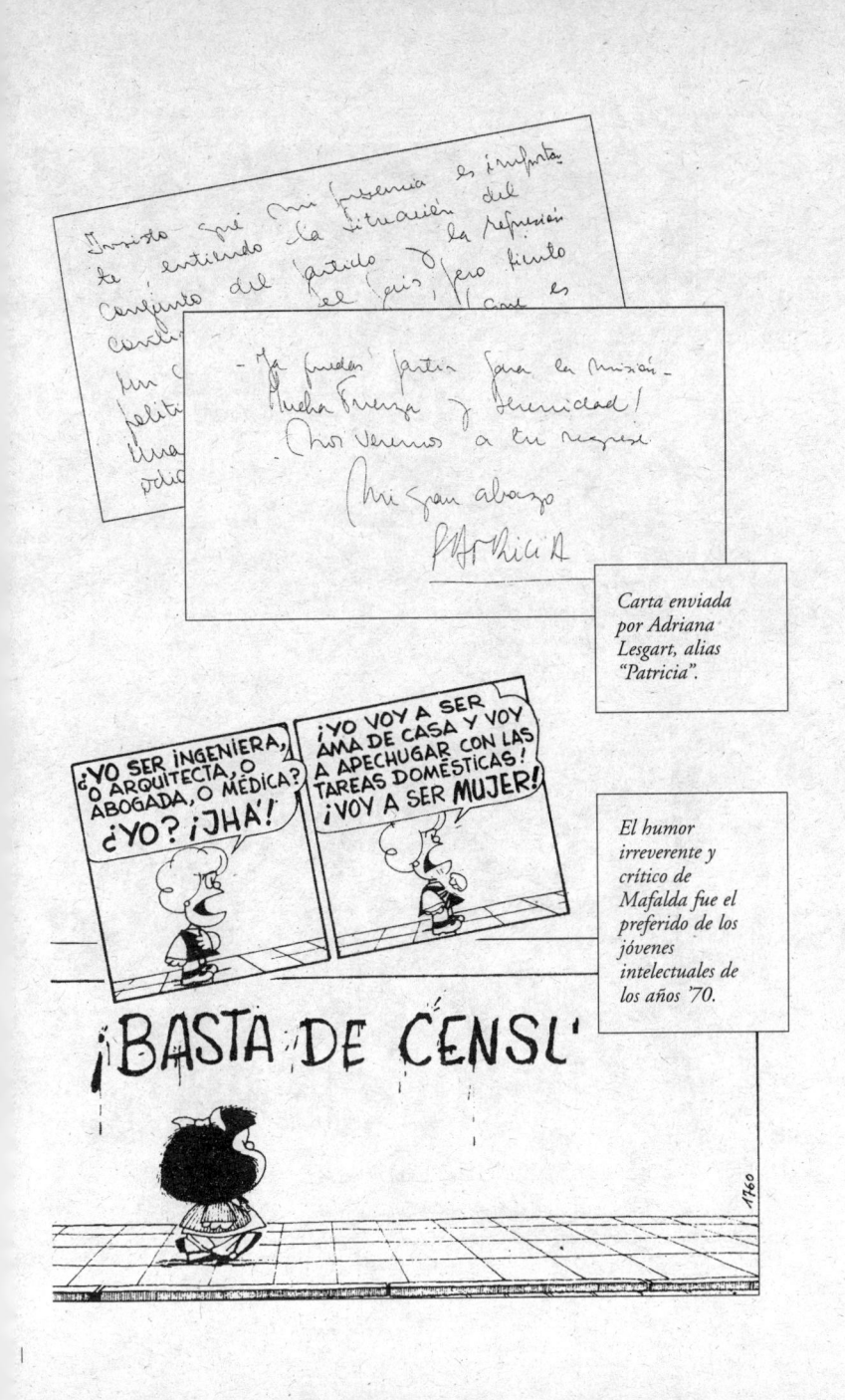

Carta enviada por Adriana Lesgart, alias "Patricia".

El humor irreverente y crítico de Mafalda fue el preferido de los jóvenes intelectuales de los años '70.

"Despedida" de las alumnas de 5º VII en uno de los patios de la Escuela Normal "Alejandro Carbó" de Córdoba. Dentro del grupo de alumnas que están sentadas, la que está al medio con su cabeza recortada sobre el cuerpo de la profesora: Adriana Lesgart.

Egresadas en la fiesta realizada en el Country Club de Córdoba el 16 de diciembre de 1965. En la fila superior contando desde la derecha la tercera (con flequillo) es Adriana.

Revista Crisis, *foro de la izquierda.*

Marcha, *el combativo semanario uruguayo publicado durante treinta y cinco años hasta su clausura en 1974. (El último número fue el del 8 de febrero de 1974 y tituló* Los últimos minutos de Allende.*)*

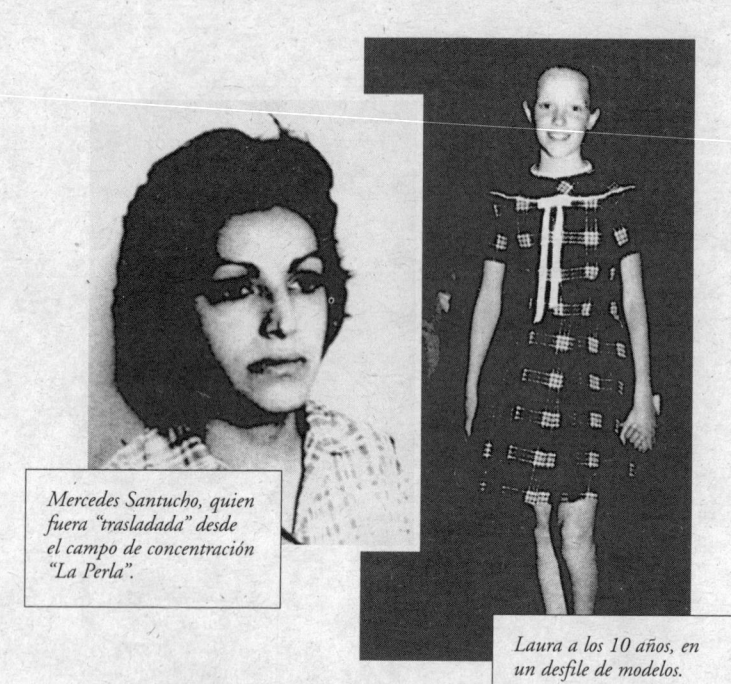

Mercedes Santucho, quien fuera "trasladada" desde el campo de concentración "La Perla".

Laura a los 10 años, en un desfile de modelos.

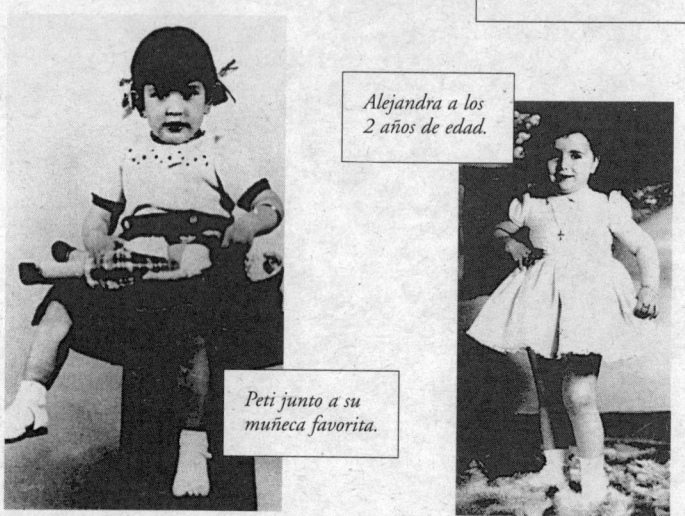

Alejandra a los 2 años de edad.

Peti junto a su muñeca favorita.

Irene Mónica Bruchstein, junto a su hija Victoria, poco antes de ser secuestrada.

Días felices para los hermanos Bruchstein en el '68. De izquierda a derecha: Irene Mónica, Aída Leonor y Víctor, también desaparecido. En el extremo derecho, Luis, a los 18 años.

*Tina, en 1996.
A la derecha, en su casa
en Suiza.*

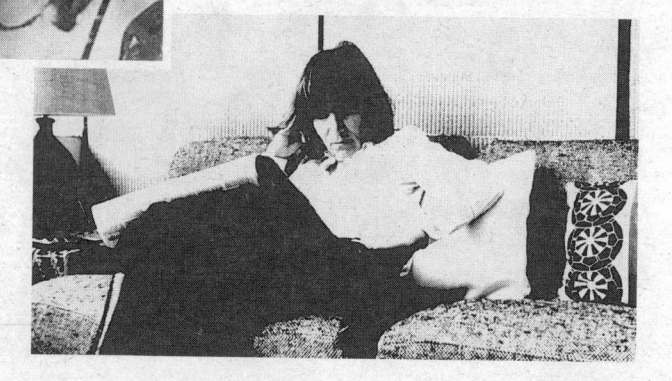

*Vicky, en 1996. Abajo, durante
su exilio en España.*

Gringa, en 1961.

Negrita, a los 6 años.

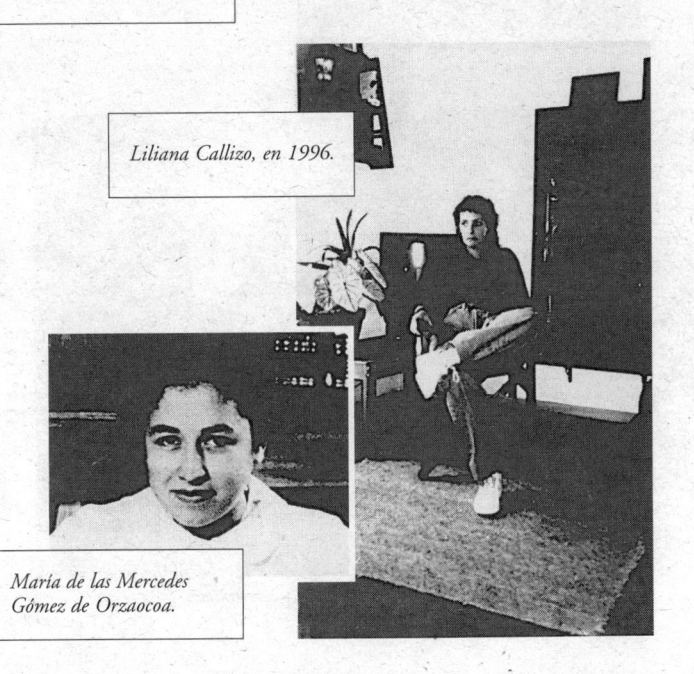

Liliana Callizo, en 1996.

María de las Mercedes Gómez de Orzaocoa.

Ramona el día de su casamiento, en 1940.

En la capilla de la cárcel de mujeres, en Ezeiza.

UNA REUNION FRUSTRADA

Nuestro responsable nos avisó que íbamos a tener una reunión de plenario con el comandante Santucho. Todos estábamos muy contentos y yo emocionada porque había oído hablar mucho de él. Unos compañeros que iban bajando a reunirse con él pasaron por el campamento y un día después volvió uno de ellos. Nos contó que habían hecho contacto con los militares y que habían muerto dos compañeros. El lugar era un hervidero de militares y no podíamos acercarnos. La reunión se suspendió y nos quedamos con un dolor muy grande por los compañeros muertos y porque no veríamos al Comandante. Después ya no tuve otra oportunidad.

Hicimos una ceremonia para recordar a los caídos. Formamos y pusimos la bandera a media asta. Habló el capitán. Mientras hablaba se le caían las lágrimas, y todos nos emocionamos mucho. Una compañera del frente universitario, muy combativa, cuyo compañero había caído en el monte, le dijo al capitán que en lugar de llorar había que ir a reventarlos a todos. El capitán la miró serenamente. "La venganza por la venganza no sirve", le contestó. "Nuestro principal motivo de lucha es el amor, y esa es la diferencia con ellos. Del odio no sale nada —continuó— y uno debe ser lo suficientemente macho para llorar por los compañeros muertos." Nos dio una gran lección. El tenía una templanza especial.

Afortunadamente no me tocó ver muchos heridos. Tampoco había una estrategia de estar buscando enfrentamientos. La intención era mantenerse en la zona, y las acciones principales estaban destinadas a tomar armas de los militares.

A veces se producían enfrentamientos cuando bajaban al pueblo a abastecerse y los emboscaban. Otras veces se salvaban porque la gente del lugar avisaba cuando pasaban los militares.

Yo sé que hubo casos de gente que denunció, pero en la zona que a mí me tocó la gente era muy solidaria y ayudaban en todo lo que podían.

UN BALANCE

Para mí fue una experiencia imborrable y estoy orgullosa de haber participado. Es bueno medirse a uno mismo y comprobar que una idea te puede dar fuerzas incluso para resistir condiciones duras como las del monte. Desde el punto de vista militar tal vez fue un error trasplantar gente de sus lugares naturales para llevarlos a una zona difícil como esa. Posiblemente hubiera sido mejor dejar a los militantes en sus ámbitos naturales. No sé…

Hay que tener en cuenta que éramos gente común; tal vez, con más tiempo, se habrían podido armar grupos especiales para ese tipo de lucha.

Lo que rescato y queda para siempre en mí es ser parte de una generación que luchó contra la injusticia y la explotación. Cometimos errores y nos derrotaron, no sólo a nosotros, a todo el pueblo. Pero no me arrepiento de haber luchado por amor.

La época era cada vez más difícil. Yo seguía, sin embargo, viviendo con mis padres. Un compañero que cayó no resistió la tortura y dio mi nombre. Ese día estaba cuidando los bebés de una vecina que había tenido que salir. En la casa se habían quedado sin gas, y cuando llegó la hora de alimentar a los bebés fui hasta mi casa, que quedaba a unos treinta metros, para preparar las mamaderas... pero me encontré con la policía que me estaba esperando. Los vecinos, que me conocían de toda la vida, se precipitaron a defenderme, pidiendo a la policía que me dejara, que yo era una chica buena. Se llevaron a dos mujeres que protestaban y luego de una paliza las liberaron.

De la jefatura me llevaron al campo de La Rivera, y luego a La Perla. Finalmente me pasaron a la cárcel de Córdoba y desde ahí me derivaron a Devoto, donde permanecí hasta el final.

La experiencia de la detención, la tortura y la cárcel es para escribir un libro aparte. Es también una etapa inolvidable de mi vida, por lo duro que fue y por el cariño, la amistad, la solidaridad, de la mayoría de las compañeras. No hubiéramos podido resistirlo de otra manera.

Salir y reencontrarme con mi familia, los amigos, los vecinos, compañeros de trabajo y de militancia, fue inolvidable. Muy triste también por las ausencias. Conseguí trabajo enseguida y me dediqué a tareas sindicales.

Más tarde formé pareja con un compañero viudo. A su mujer la mataron cuando su hija tenía un año. En realidad fue un reencuentro. Nos conocimos cuando éramos jovencitos; vivíamos en el mismo barrio. Tuvimos hijos y hemos formado una familia que es el eje de nuestra vida; desde ese centro no nos olvidamos de nuestros ideales. Seguimos viviendo y trabajando para colaborar en todo lo que podemos con el barrio, el colegio, la capilla, el sindicato. Creo firmemente que la vida tiene sus compensaciones. Aunque parezca poco lo que uno hace, es fundamental para nosotros vivir de acuerdo con valores que nos inculcaron desde la cuna.

Pertenecemos a una generación que se jugó con lo que tenía. Cometimos errores serios, como el método utilizado, que no estaba acorde con el sentir de la gente, que lo repudiaba. Si no hubiéramos pecado de soberbia al creer que éramos una vanguardia, y no nos hubiéramos separado del pueblo al que pertenecíamos, otro hubiera sido el cantar. Esta es, seguramente, una de las enseñanzas más importantes que esa etapa me ha dejado.

Elena

Yo vengo de una familia de militantes pero criada en un colegio de monjas. Hay que agregar un padre alcohólico, bastante ausente, una madre muy fuerte que nos bancó.

Mi viejo era católico, mi mamá no. Ella trabajó toda la vida como maestra de música para criar a sus cinco hijos. No sabía de la vida más que eso, hasta que empezaron a matarlos. Hoy es una Abuela de Plaza de Mayo.

Los cinco hermanos éramos militantes de diferentes fuerzas políticas: PC, peronistas, marxistas. Cuando estaba en cuarto año, empecé a militar como dirigente secundaria. Se había formado un frente de agrupaciones secundarias no peronistas. Primero estuve en la TERS (Tendencia Estudiantil Revolucionaria Secundaria), y después pasé a la LAR (Línea de Acción Revolucionaria).

Mi próxima etapa fue la Juventud Guevarista y ahí hice contacto con el PRT. Primero actué en propaganda, en forma legal. Después pasé al frente militar, donde permanecí un año. Sin embargo, era tan intenso que en aquel momento lo sentí como si hubieran sido muchos más.

Pasaban tantas cosas... Cambios de casas, muertes de compañeros, vida en clandestinidad; era terriblemente vertiginoso. Había también otras pérdidas; por ejemplo, uno vivía en una casa operativa, compartía cosas, se hacía amiga de alguien y después, de pronto, un día te tenías que separar y tal vez nunca más te veías. A mí me dolía, extrañaba. Pero "extrañar" era una palabra pecaminosa, porque la idea era que todos los compañeros eran iguales y entonces daba lo mismo estar con uno que con otro. No es así, pero yo lo vivía con culpa.

SIN MILITANCIA NO HAY PAREJA

"La militancia y la pareja tienen que ir juntas", dije a mi novio de entonces. "Estás loca", contestó. "Entonces esto no puede ser", fue mi conclusión, que ahora siento infantil y esquemática. En la época de los sucesos de Trelew me fui a vivir con Héctor, un compañero, a una casa operativa, y luego de un año tuve mi primer hijo.

Pienso que a muchos les pasó lo mismo. Es decir que la pareja se armaba sobre una base ideológica y no sobre una base afectiva. Al menos en mi caso, recuerdo que con Héctor, los diálogos, el modelo de pareja, todo pasaba por "el hombre nuevo", todo lo que intentábamos hacer de nuestra vida tenía que ser un ejemplo. ¡Pero nosotros no éramos hombres nuevos! Entonces resultaba muy duro. Teníamos veinte años y la situación no podía ser peor. De mis conflictos nunca hablaba con él porque me parecía que eran debilidades. Las dudas ideológicas también eran "debilidades", y además como siempre me acusaron de pequeñoburguesa, yo sentía que tenía que demostrar que no lo era. Dejé la facultad y me puse a trabajar en una fábrica. Era, en realidad, una falsa interpretación de lo que era proletarizarse, un error en el que caímos muy a menudo.

Yo no creía mucho en la proletarización porque lo veía como un estereotipo en mí, pero no lo cuestioné para afuera. Estaba de acuerdo en demostrarlo con la ropa, con la austeridad. Aclaro que no eran cosas que implicaran sacrificio o renunciamiento para mí, no lo vivía de una manera mesiánica, como se ha pensado. Yo estaba convencida de que tenía que ser así, y para que naciera un "hombre nuevo" había que hacer ese tipo de vida, manejarse junto a la gente, en fin, tener un compromiso serio con los oprimidos y los explotados.

Trabajé primero en una fábrica de calzoncillos y después en una fábrica de camisas. En esa época el partido ordenó que las parejas no tenían que salir a hacer acciones juntas. Como ya tenía el bebé, nos turnábamos: una vez yo y una vez él.

De todos modos, si no hubiera estado de acuerdo con esa orden, o con cualquier otra, tampoco le hubiera dicho a mi compañero. Consideraba que de hacerlo hubiera caído en el "amiguismo". Tal vez en eso influía también que nos conocimos siendo yo su "responsable" y hasta el momento de la separación me resultó difícil esta cuestión del "poder". Pero todo indica que éramos más compañeros de militancia que pareja.

Por último, mi marido se quebró. "Se quebró" significa que rompió con el partido, y con lo ideológico. Fue una mala época. Hubo muchos compañeros que se quebraron estando dentro de la cárcel y que hablaron, otros se quebraron antes de caer presos o, simplemente, tuvieron diferencias y se fueron. Yo nunca dejé de sentir que era una militante, en realidad no me fui nunca, sino que simplemente me quedé sin partido porque todo terminó.

A partir de su rompimiento con la estructura mi marido me planteó: "O seguís militando o te venís conmigo". "Te sigo", le dije, "pero voy con vos porque no tengo adónde ir".

Para la época del Proceso la pareja ya estaba rota y sin embargo seguimos viviendo juntos. Ese es un fenómeno que también se dio en otros. Seguíamos juntos porque era lo único que teníamos en un momento en que se veía que todo estaba perdido. Recuerdo que el día que decidimos irnos al interior me sentía terriblemente sola, desamparada, tenía miedo. A la mañana me habían dicho que no podía entrar más a la cárcel donde estaban presos unos amigos y mi hermano mayor. Antes, afortunadamente, me había despedido del que actualmente es mi pareja. Tenía una cita a las siete de la tarde con un compañero y el compañero no fue. Entonces me di cuenta de que todo estaba terminado.

Durante los años que siguieron de huir y esconderse, ya no había nada fuerte entre mi marido y yo. Mil veces a lo largo de esos ocho años le hice ver que nuestra base era ideológica, no afectiva, y una vez desaparecidas las coincidencias ideológicas, fue como si la pareja estuviera suspendida en el aire. El no lo aceptaba. Muchas veces intenté separarme, pero cuando no la secuestraban a mi hermana, habían secuestrado a mi hermano, o habían matado a mi tío, entonces nunca podía juntar fuerzas para hacerlo. En las proximidades del '83 dije: "Basta".

Teóricamente era la época que mejor estábamos. Teníamos trabajo, habíamos comprado una casita, había nacido mi tercera hija y yo me había ligado las trompas con la decisión de empezar a vivir una nueva vida.

UN EXILIO NO TAN DORADO

Mi exilio fue "interno". Me fui a otra provincia.

Somos una familia muy golpeada. Siete desaparecidos en total. Sin embargo, a pesar de estar en contacto con mi hermana, yo no podía hablar de nada. Hace pocos días recién, y después de tantos años, hablamos de aquellos momentos. Mi otro hermano había caído en un combate. Una hermana estaba en Mar del Plata y la otra estaba conmigo. Era militante gremial, contacto del PRT, pero estaba muy perseguida, ya habían matado a los compañeros de la comisión gremial en la que estaba. Estuvimos viviendo siete meses juntas en una pieza de barro con techo de zinc. Ella y yo, embarazadas, sus dos hijos y el mío. Prácticamente no salíamos a la calle porque sabíamos que nos buscaban. No teníamos plata. Nuestros maridos hacían changas en otras provincias y volvían. No teníamos espacio físico para vivir. En esas condiciones absolutamente precarias uno de los chicos se enfermó de hepatitis. A la noche llorábamos las dos en silencio, pero ninguna le decía a la otra por qué lloraba. En ese momento secuestraron a la esposa de mi hermano muerto. Un mes después a mi tío y, a los pocos días, mataron a mi prima y a su compañero, que había vivido conmigo en una casa operativa. Más tarde secuestraron a mi otra hermana y a su marido en Mar del Plata. Ella esperaba su tercer hijo. Estaba embarazada de siete meses.

El marido de la hermana que estaba conmigo era un italiano muy trabajador que no militaba, y permanentemente nos reprochaba que a causa de nuestras actividades él había perdido sus posibilidades de progreso económico.

Yo vivía la situación de mi pareja con mucha culpa, porque no podía aceptar que no amaba a mi esposo.

Ese grupo era como un estereotipo de familia normal. Es decir que las dos nos esforzábamos en mantener una estructura familiar que no existía. Porque, a su vez, yo creía que mi hermana y su marido eran una pareja normal y feliz, pero ahora me enteré de que no.

Pienso que seguíamos adelante, manteniendo esa situación absurda, porque era la única manera, en ese momento, de seguir viviendo.

De todos modos, si naciera de nuevo haría exactamente lo mismo, nunca renegué de la militancia. Lloré mucho a todos los compañeros, a los siete desaparecidos y muertos de mi familia, a mis amigos, pero nunca me paralizó eso, porque uno puede haber hecho todas las críticas al partido, a la militancia, pero hubo cosas muy valiosas.

A diferencia de otros, yo no le hago críticas al verticalismo, era necesario en esos momentos. Mis críticas se centran en otras cosas, como es el tema de la represión en la afectividad, que no estoy segura si es una consecuencia del verticalismo o de modelos que nosotros nos habíamos impuesto. Y cuando hablo de reprimir la afectividad me refiero a eso de manejarnos con referencias externas y a veces lejanas. Como el modelo de la mujer vietnamita con el chico y el fusil…

Por otro lado tuve mucha suerte con los compañeros, sobre todo con mi primer responsable, que me marcó con su ejemplo. Sé que hay otros compañeros que tienen otra idea de él. Yo nunca quise preguntar siquiera. En ese momento, yo necesitaba referentes de ese tipo y los tomé fuertemente.

¿MUJERES IGUALES O NO?

Había indudablemente una segregación con la cuestión de género, pero era más fuerte la cuestión de clase que la de género. Yo era "la pequeñoburguesa", al menos así lo sentía en ese momento. Reflexionando ahora creo que también tuvo que ver, posiblemente, con la condición de mujer. No se explicarían de otra forma ciertas actitudes mías de competir con mi compañero. Poder hacer lo mismo que hacían los hombres. También, tal vez esto de insistir para pasar a Militar (al frente militar).

Yo tenía un hermano que estaba en Legales y en Prensa. El no estaba de acuerdo con que yo, "su hermana menor", estuviera en situación de tanto riesgo. Creo que además de estar en juego su afecto de hermano mayor, también subestimaba mi capacidad por el hecho de ser mujer y tener veinte años.

Pero me gustaba estar en Militar, creo que por la cuestión de la clandestinidad. Me gustaba y me daba miedo.

Vos preguntás si no me gustaba también el desafío; puede ser, mi vida está medio marcada por esa característica: jugar con el peligro, estar en el filo de la navaja, hasta en las parejas. Esto no se relaciona con la veta aventurerista de la que se nos ha acusado. Es algo más profundo.

Otra crítica que le haría al partido es que no teníamos espacio para un mundo interno. No teníamos tiempo. Yo, en esa época, dormía no más de cuatro o cinco horas por día, amamantaba un niño, lo criaba, trabajaba en una fábrica y el resto del tiempo me lo quitaba la militancia. Entonces al no darnos tiempo para hablar, me parece que se produjeron este tipo de parejas.

COBRARLE COSAS A LA VIDA

Antes de separarme empecé un proceso de apertura. Y esto quiere decir mucho, porque empecé a hablar con los vecinos.

Con Omar, que sería luego mi segundo compañero, empecé a escuchar música, a ir al cine, a hacer un montón de cosas. También a militar en un organismo de Derechos Humanos. Junto con dos compañeros de Liberados creamos, en una provincia del Norte, la Comisión de Familiares de Detenidos-Desaparecidos por Razones Políticas. Hasta ese momento éramos muy pocos, pero sabíamos que había más víctimas ahí. Creamos la Comisión y anduvo muy bien. Entonces mi marido me dijo: "Bueno, o esto o lo nuestro", y ahí yo dije: "Basta".

Agarré mis tres hijos y me vine sin nada.

Después de separarme, formé pareja con Omar. El había estado preso diez años. Esta segunda pareja fue muy linda. Vivimos juntos siete años. Fue hermoso empezar de nuevo. Hace dos años se terminó, pero no hubo ruptura; al contrario, somos amigos. Hace poco estuvimos hablando sobre eso y los dos coincidimos en que fue un ciclo de renovación en el que cada uno de nosotros fue como un salvavidas para el otro.

Mi pareja actual es un compañero que militó en el partido como yo, pero estuvimos en diferentes frentes. El cayó preso junto con mi hermano, así que cada vez que visitaba en la cárcel a mi hermano, él estaba. Tuvimos un gran enamoramiento, pero de los prohibidos, así, terribles... dentro de un marco de historias cruzadas.

El era compañero de mi cuñada, de mi ex cuñada en realidad, porque ella ya se había separado de mi hermano. Fue muy intenso el flechazo.

Lo mejor de esta nueva etapa de mi vida es que siento que me estoy cobrando cosas, todo eso que no viví en mucho tiempo. Durante los diez años del Proceso fue el silencio, vivir escondida... y ahora me cobro las cosas a una velocidad escalofriante. En cinco años hice la carrera, me perfeccioné, trabajé y armé dos parejas muy distintas, con características propias que corresponden a etapas particulares, pero muy ricas las dos.

Con mi compañero actual primero vivimos juntos. Ahora estamos de novios. Es un hombre que tiene muchas cosas sin resolver. Su historia es la de muchos, la de todos diría.

Después de la cárcel, estuvo diez años en Francia. Volvió en el '90, justo cuando yo me separaba de mi segunda pareja. Fue muy lindo el reencuentro, y comprobamos que el sentimiento seguía vivo. Nuestros procesos interiores están medio desfasados porque esto que él vive después de su exilio yo ya lo viví en el '83, y sé que es muy difícil. Este reencuentro con cosas, la gran inseguridad de no saber quién sos en tu propio país y a los cuarenta años, es doloroso.

En su caso, yo veo que se tuvo que acomodar a un país, a un idioma, a una situación que no eran los propios. Vuelve acá esperando encontrarse con sus códigos, su gente, su aire, sus valores y encuentra todo cambiado. Yo trato de ayudarlo en ese proceso. Hay cosas en las que puedo, hay otras que no. La más seria es el tema de sus chicos. Tiene cuatro y están en Francia. El se fue de acá con una compañera. Volvió con él, pero no se adaptó y dijo: "Yo a la Argentina no vuelvo más", y él contestó: "Yo a la Argentina tengo que volver algún día". Y volvió. Ella se quedó en Francia con los chicos. Es una situación muy dura: no ve a sus hijos. Y tiene que resolver eso porque hasta que no lo haga no va a poder encarar nada, ni pareja, ni trabajo...

Por eso hablo de un cruce de tiempos, porque yo en esta etapa estoy disfrutando mis adolescentes como loca. Me encanta estar con ellos, quiero darles gustos, exigirles cosas, aprender junto con ellos... vivir, en una palabra. Y es apasionante.

Hace poco tuve otra hermosa experiencia. Me fui a Cuba tres meses con una organización de mujeres. Pasé enero, febrero y marzo haciendo un curso de capacitación para mujeres líderes de comunidades de base. Estudié y tuve muchas discusiones de la problemática de género y de clase, justamente porque creo que mi experiencia de militante me marcó como un tipo de mujer.

CICATRICES

Esta fiesta que es para mí vivir esta etapa, llena de intereses y deseo de hacer cosas, se contrapone en ciertos momentos con el espejo de otros.

Esta mañana, por ejemplo, me encontré con tres casos de ex compañeros que me dejaron muy triste.

Entré al hospital psiquiátrico donde trabajo, y en un pasillo, sentada en un rincón, vi a una paciente con todo el aspecto de un cuadro muy crónico y deteriorante. Su cara me resultó conocida. Ella también pareció reconocerme. Pregunté a la enfermera su nombre y era Susana. Repetí el apellido mientras la miraba de nuevo. Alrededor del '72/'73, era una compañera delgada, de rasgos muy lindos y pelo largo. Tenía una nena. Nos habíamos conocido en el FAS. Su compañero estuvo secuestrado, ella creo que también. En aquella época sabía que a su hija la criaba una abuela... pero no me animé a preguntarle por ella.

Continué mi trabajo y cuando llegó el momento de administrar la medicación, escuché entre los pacientes mencionados a Silvia P. Un mes atrás había estado con ella, hablando de un proyecto, muy interesante, para "niños de la calle". La noté algo excitada, pero no imaginé que iba a terminar internada con un brote psicótico. Ella trabajaba conmigo en un equipo de Prensa y Propaganda. Uno de sus hermanos fue asesinado en la cárcel. Su madre murió de cáncer, y el padre murió en el exilio. Lo único que le queda de su familia es un hermano que vive en Europa. Ella intentó quedarse allá, pero como muchos otros, volvió buscando sus códigos, su aire, su gente... y encontró la psicosis y un hospital.

Llegó la hora de irme. A punto de salir, muy conmocionada por los encuentros que había tenido, me cruzo con un ciego. Lo miré sin poder creer casi lo que estaba viendo. Muy despacio, y con ganas de equivocarme, le dije: "Chiquito..." (el nombre con el que lo conocíamos). Me reconoció en el acto. Me contó que después de la cárcel, donde estuvo unos siete años, le fue muy mal. No conseguía trabajo, y gradualmente fue cayendo en el alcohol. Hacía varios meses había intentado suicidarse disparándose un tiro en la sien. No consiguió terminar con su vida, y para colmo de males, el disparo lo dejó ciego. Lo habían internado en una institución, donde su alternativa de rehabilitación era fabricar bolsitas de residuos que luego vendía en la calle.

Me fui preguntándome cuántos más como esos compañeros que encontré habrá en todo el país. Sin cobertura social, sin posibilidades de trabajo, sin familia, y con nosotros mirándolos llenos de impotencia.

Esto es lo que muchas veces me lleva a decir con amargura: "La mayoría de la generación nuestra está en un loquero, exiliada o muerta", e inmediatamente tengo una sensación de privilegio culposo.

La culpa, por otro lado, es una vieja historia en mí. Lo mismo sucede con el caso de mi hermana, por ejemplo: por qué ella está muerta y por qué yo estoy viva.

Para todos los que hemos sido marcados por estos dramas, resulta muy difícil el equilibrio, porque no se puede dejar de arrastrar lo que pasó.

Mi otra hermana se hizo cargo de los dos hijos de mi hermana secuestrada, y creo que hasta el día de hoy tiene el prurito de que los chicos le digan "mamá". Esa culpa de haberse apropiado de los hijos de otra creo que la paga de mil maneras, con cientos de actividades, con una militancia atroz, que le quita horas de sueño, como si tuviéramos que rendir cuentas a los que murieron. Mi mamá, cuando me habló de vos, me dijo: "Hay una periodista que quiere que usted le hable de la militancia de la Meche" (mi hermana muerta), como si yo no hubiera sido militante también. El hermano que está vivo está en una permanente identificación con mi hermano muerto, y no tienen nada que ver uno con el otro, pero él trata de responder a una imagen que mi madre espera encontrar.

Mi hermana muerta fue bastante más dura que yo como militante. Ella se abrió de la lucha armada, dijo "no estoy de acuerdo con tal y tal cosa" y se fue a militar a un partido legal. En la última charla que tuvimos me dijo: "Creo que es un proceso por el que vas a pasar vos también, seguílo, pero cuidáte mucho".

La muerte de esta hermana forma parte de las paradojas crueles que produjo una represión indiscriminada. Mi hermana había dejado la militancia y mi cuñado, Tomás, estaba en contra de la lucha armada, pero los mataron a los dos. Esto sucedió en Mar del Plata, la llamada "noche de las corbatas", porque se llevaron cinco abogados. Eramos bastante parecidas, aunque nos conocimos muy poco. Ella pensaba que no era el momento para la lucha armada. Militó solamente en el Partido. Yo, que estuve en los dos (PRT y ERP), opino que las acciones armadas fueron aprobadas en un principio por las bases. Luego el fenómeno se despegó. Si las bases hubieran seguido como en un principio, sí habría sido el momento.

Dejar la lucha armada y concentrar la acción en un partido político, que ahora se ve como más lógico y sensato, no era lo que nos decía la situación nacional de ese momento.

Nosotros teníamos mucho trabajo de base, estábamos al lado de la gente y creíamos que podíamos revertir el fenómeno del peronismo con el trabajo nuestro. Nos equivocamos, pero creo que lo que hicimos fue con la absoluta honradez de creer que estaba bien. Semejante entrega no hubiera sido posible sin la convicción.

Yo reivindico la militancia y las características del PRT fundamentalmente. Reivindico los cuadros y los militantes de base, creo que hubiéramos sido un gran partido político con esa gente viva. Eso es lo que pienso.

IV

Me despedí de Elena, y caminé despacio hacia la Plaza Colón.

Tenía una media hora de espera hasta la cita con Liliana Lesgart. El lugar casi no había cambiado.

La mole del Alejandro Carbó seguía tal cual, imponente y única dueña de la manzana. En la plaza nada había cambiado tampoco, excepto el tamaño de los árboles, ahora mucho más grandes.

En realidad, antes de llegar a Córdoba, mi idea había sido entrar en el Carbó. Quería subir la gran escalera, recorrer los patios y las galerías, mirar las que habían sido nuestras aulas.

Ahora, frente al edificio, sentí que el ánimo, algo, se me revolvía y me echaba atrás.

Me senté justo a la altura de la entrada y encendí un cigarrillo. En una de las ventanas superiores distinguí la silueta de una mujer. Seguramente, una profesora dictando su clase. Las ventanas tenían, tienen, un antepecho grande, símbolo de una época en que este país era otra cosa, y una escuela se construía con tal generosidad de materiales que ahora suena a despilfarro.

Por una de esas ventanas "se tiró" Clara Núñez un día que estábamos en hora libre. Cursábamos el cuarto año. Cuarto cuarta éramos. Eso quiere decir: cuarto año, cuarta sección.

Se habían armado grupos. En los primeros bancos las más responsables aprovechaban el tiempo para repasar lecciones, y si no recuerdo mal, entre ellas estaba Adriana. A un costado yo conversaba con Sara Klein (que ahora vive en Israel), y hacia el fondo un epicentro de cuentos y carcajadas. De pronto, Clara (que era terrible para inventar cosas) subió a uno de los bancos, de ahí pasó a una de las dos ventanas abiertas y de espaldas al vacío (estábamos en el primer piso), dijo algo así como "adiós, me despido de este mundo" y desapareció de nuestra vista.

El grito, o mejor, la suma de jóvenes chillidos femeninos que siguió es indescriptible. Algunas, menos paralizadas que otras, alcanzaron a levantarse de sus bancos, pero antes de que llegaran a la ventana fatídica, Clara apareció muy sonriente por la otra.

Naturalmente, el truco había sido saltar de un antepecho a otro... con el vacío como red.

Más tarde, en el recreo, comentamos con Adriana el episodio, que obviamente se había transformado en el tema del día. Recuerdo que Adriana movió la cabeza y dijo:

—*¡Qué loca esta Clara, te imaginás, si le hubiera fallado... una compañera muerta...!*

Aplasté el pucho contra el suelo, respiré hondo y crucé la calle. Subí los escalones de la entrada y avancé por el hall, que estaba vacío y silencioso. En ese hall nos apretujábamos de pie, cada mañana, esperando que la puerta se abriera. Adriana y yo teníamos como punto de encuentro un rincón a la izquierda. Ella generalmente llegaba junto con Susana y solía recitarme alguna lección para estar segura. Precaución inútil, puesto que siempre "sabía".

Miré por la puerta entreabierta hacia el interior que se abría cargado de recuerdos, avivado por el rumor lejano de las aulas. Entonces me venció el olor. Es increíble, pero fue el olor, el mismo olor de entonces lo que no pude resistir.

Salí nuevamente a la calle buscando el aire que me faltaba y enfilé para el bar donde tenía que encontrarme con Liliana. Su llegada interrumpió la oleada de recuerdos. Apurada, como siempre, se sentó frente a mí y miró el reloj. La charla, breve, finalizó con su promesa de escribirme.

Tardó, pero cumplió. •

Una carta desde Córdoba

Pasaron meses hasta recibir una carta de Liliana.
Se notaba en las hojas, escritas en momentos robados a sus días, una escritura nerviosa, de persona corriendo contra el tiempo.
Al final, tres palabras resumían perfectamente lo que ya había advertido en nuestro encuentro de Córdoba: "Me siento triste". Eramos dos. El viaje a Córdoba me había dejado en un estado melancólico que me resultaba muy difícil de superar.

Querida Marta:
Aquí intento ponerme con lo tuyo. Lo haré lo mejor que pueda, a pesar de los avatares. Mi vida giró 180º desde que nos vimos y realmente tengo que hacer muchos esfuerzos para acomodarme a esta situación, que es realmente límite. Por primera vez tengo la sensación de familia diezmada...
Liliana, que es la mayor de los hermanos (nació en 1942), vivió desde el '63 hasta el '70 en el exterior estudiando y obtuvo una maestría en Psicología en la Universidad de París. Por eso no la conocí cuando comencé a visitar a Adriana. El 1º de mayo de 1976 se fue al exilio después de la desaparición de Mariela y Rogelio, y volvió al país en agosto del '83.
Adriana vivió en el exterior desde diciembre del '76 hasta principios del '79. El tiempo que ambas coincidieron en el extranjero vivieron en Bélgica y París.
Liliana trabajó en el CNRS (Centre Nationale de Recherche Scientifique) en el ámbito de Psicología, y más tarde comenzó a dedicarse de una manera creciente al trabajo de solidaridad y campañas de denuncia que llevaba a cabo Adriana.
El tiempo prolongado de ausencia del país es un escollo insalvable en lo que se refiere a muchas de las vivencias y diversas circunstancias familiares que rodearon la militancia de sus hermanas, de la que tiene solamente una visión global.
La nuestra es una familia de clase media baja. Nuestro padre era visitador médico de Parke Davis y llegó a ser gerente de ventas. Más tarde puso un negocio de materiales descartables para cirugía. Mamá era ama de casa.

Posición ideológica y política de él: ateo, militó en el Partido Socialista y fue dirigente gremial de empleados de farmacia en Rosario. Mamá era cristiana y admiraba la figura de Lisandro de la Torre. Los dos, antiperonistas, fueron muy influidos por la Revolución rusa.

Desde el '66 al '70, mis padres tomaron bastante bien la militancia de las chicas (Rogelio no militó nunca). Sabían y se asustaban por eso, que iban a las manifestaciones, que eran golpeadas como todos en esas ocasiones por la policía, que las llevaban presas, pero que salían, etc. Era además una época en la que los obreros y los estudiantes armaban una manifestación en quince minutos. Una vez, un directivo de IKA Renault que conocía a papá lo llamó para decirle que había visto a Mariela llevando un cartel en la puerta de la planta. Cuando se vieron, Mariela se escondía atrás del cartel.

Después de La Calera, las cosas cambiaron. Susana pasó a la clandestinidad y a partir de ese momento terminó la época de paz para la familia. Mis padres no criticaron mucho (mamá era la más remisa), pero aunque estaban ya seriamente preocupados, siguieron de cerca su vida, discutían de política, etcétera, pero no sabían exactamente lo que hacía.

Papá acordaba una gran importancia al desarrollo intelectual de todos, pero especialmente de nosotras, ya que opinaba que una mujer debía estar bien preparada para defenderse en la vida. El aspecto artístico/estético tampoco fue descuidado. Todos aprendimos a ejecutar un instrumento musical aunque la consigna encontrara algunas resistencias, como en el caso de Mariela, que dejaba el violín en la puerta de la casa para que se lo robaran porque no le gustaba. Creo que en realidad se cansaba de mantener el brazo levantado.

Mamá cuidaba más el aspecto "organizativo" del trabajo doméstico, que estaba pautado con obligaciones para todos. Si uno se cansaba de estudiar, tenía que hacer algo: hachar leña, hacer dulce, tejer, lavar el auto, etcétera. Cuando fue la epidemia de polio en el '55, no hubo clase gran parte del año. Yo tenía doce años y Mariela, que era la menor, tres. Mis padres nos propusieron que pintáramos toda la casa y lo hicimos. Siempre fueron rigurosos, estrictos y exigentes. Yo no lo siento como un defecto, pero mis hermanos lo sentían como un poco asfixiante. Era muy estilo clan y para crecer, en un momento dado, había que irse. Todas nos fuimos, salvo mi hermano.

Por otro lado, papá, que en su juventud había tenido inclinaciones anarquistas, se ocupaba también de ponernos en contacto con la realidad social. Eramos chicas y nos llevaba con él al leprosario, a Oliva (el manicomio provincial), al Santa María de Cosquín (hospital para los tuberculosos) y nos explicaba todo. Regalar remedios a la gente necesitada era otra de sus actividades en la que participábamos; a él le gustaba hacer eso y nosotras lo seguíamos.

María Amelia Sáenz, la madre, y Rogelio Lesgart, el padre, encontraron en los tres hijos mayores una respuesta acorde a los logros deseados: Liliana Ivonne obtuvo su maestría en París, Adriana Amalia fue medalla de oro por su licenciatura en Ciencias de la Educación y Rogelio Aníbal, médico cirujano. Las aulas de la Universidad de Córdoba, que ya habían contado con la asistencia de Adriana y Rogelio, vieron pasar también a Susana Graciela y María Amelia (Mariela). En el caso de ellas dos, sin embargo, la militancia las alejó de sus estudios de Arquitectura e Historia (Susana) y Arquitectura (Mariela), que las dos iniciaron luego de recibirse de maestras en el Alejandro Carbó, donde las conocí. De Mariela recuerdo solamente una cara de niña y un aspecto menudo. A veces se cruzaba con nosotras, igual que Susana, durante algún recreo. Pero lo que siempre capté con respecto a las tres es que había entre ellas una especie de unidad, originada posiblemente en ese espíritu de clan que menciona Liliana. Eran diferentes, no sólo porque eran alumnas brillantes; tenían más madurez que el resto de las chicas y una cierta reserva con respecto a su vida familiar que noté también las veces que visité a Adriana en la casa.

Me sorprendió más tarde saber que formaron parte de Montoneros, ya que en general y como le comenté a Liliana, en esa organización la línea original está marcada como de cristianos, nacionalistas, en sintonía con el peronismo, y al menos Adriana no era creyente. De haberlas imaginado en un grupo del momento, hubiera pensado en algún otro de línea marxista.

Creo que tu caracterización de Montoneros es un poco esquemática. Lo que yo pude notar en mi contacto con las chicas, es que en cualquiera de las organizaciones había una "ensalada" de orígenes ideológicos y de clases sociales. ¿No te preguntaste por qué en el ERP había curas y monjas? Creo que estas "orgas" nacen de miles de pequeños grupos que se van articulando entre sí; la pertenencia a unos y otros no me parece muy importante. Adriana y Susana, por ejemplo, militaron primero en el PRT y los grupos "troskos". La ida y vuelta, pasajes, etcétera, entre los grupos era muy grande. Pienso que a los militantes les importaba más estar con gente que se entendían, que la organización en sí. En mi familia, por otro lado, se nos había educado con ciertos principios de justicia social y soberanía política que eran sagrados. Al mismo tiempo, el descubrimiento del peronismo, no sólo para mis hermanas sino para toda esa generación, abrió una vía de acceso a la historia y la política argentinas donde todos se nutrieron.

Mariela comenzó en el grupo de Integralismo de la Facultad de Arquitectura, en la experiencia de taller total. Después militó en el peronismo de base, sobre todo a nivel gremial. En algunos momentos estuvo muy ligada a la CGT de los Argentinos, con los gremios gráficos de Raimundo Ongaro y con el gremio de empleados de Farmacia. Tanto ella como Rogelio fueron llevados a La Perla, pero de su período no quedan sobrevivientes.

Susana vivía en Tucumán. Fue detenida en noviembre del '71 y después de quince días trasladada a Devoto. Nosotros la visitábamos todas las semanas. En marzo del '72, durante una visita nos enteramos de un traslado masivo de presos a Rawson. Allí la vi por última vez en julio del '72. Siempre estaba eufórica, a las risotadas, llevándose todo por delante... ¡Era muy distraída!

Las fotocopias de denuncias presentadas con motivo de la desaparición de sus dos hermanos revelan que Rogelio, otra de las víctimas por "portación de apellido", fue secuestrado del domicilio familiar, Avenida 24 de Septiembre 877, el día 25 de abril de 1976 a las 14:30 horas por un grupo armado de ocho personas vistiendo ropa de fajina. Rogelio, de treinta y un años en ese momento, no tenía militancia política y seguramente fue secuestrado para obtener información sobre Adriana, si tenemos en cuenta que Susana ya estaba muerta y, al parecer, aunque Liliana no lo aclara, Mariela era perfectamente ubicable. El grupo se identificó como "del Ejército", razón por la cual el padre, acompañado por Mariela, se dirigió a la comisaría de la seccional sexta a efectuar la denuncia del caso, que no le fue recibida, ya que le explicaron que él no podía "denunciar al Ejército". Al mismo tiempo, retuvieron a Mariela y tres días después desapareció de esas dependencias policiales, sin que tuvieran más información sobre ella y Rogelio.

En el '76 la situación era muy seria y los militantes lo sabían. Unicamente el fuerte lazo familiar que entre ellos existía explica algo tan ilógico como la presencia de Mariela en la seccional. Si se llevaron a Rogelio, que no tenía militancia, ¿qué podía esperar ella? Y sin embargo, fue.

En ese momento Adriana estaba en Buenos Aires con su hijo Juan Pablo, nacido el 30 de enero de 1976. Nueve meses después de la desaparición de sus hermanos, salió del país. Esta información, extraída de las notas de Liliana, me aclaró la intriga que tenía sobre la época del embarazo y nacimiento de su hijo.

Cuando el niño tenía diez meses perdería a su compañero, Héctor Talbot Wright, y de acuerdo con lo comentado por S. ella sufriría posteriormente un infarto.

Nadie sabía que sufría del corazón. Hacia fines del '76 tuvo un infarto, estuvo internada y después salió del país. Juan Pablo era un bebé y se le planteaba el problema que no podía alzarlo ni hacer fuerza con él. De vez en cuando se desmayaba y no se sentía bien, pero no aceptaba mi intervención, no podía ni preguntarle por el tema.

Su marido cayó en una cita. Cuando se dio cuenta de que lo iban a detener corrió, le dispararon y lo mataron. En el mismo acto, mataron a un chico de nueve años que pasaba por el lugar con su madre. Supimos por medio de sobrevivientes que Héctor llegó muerto a la ESMA. Adriana se ocupó de averiguar los datos del chiquito y fue a ver a su madre.

Me senté en la mesa 17 de la Hemeroteca del Congreso con el tomo de La Nación *correspondiente a octubre del '76. Habiendo muerto un niño sería fácil de ubicar, si había sido publicado. Ese mes de octubre está plagado de operativos, donde generalmente no se consigna el nombre de los caídos.*

Como siempre, buscando una cosa se encuentra otra. El diario del sábado 2 de octubre publicaba un operativo realizado el 29 de septiembre en la calle Corro esquina Yerbal. El comunicado del Comando de Zona 1 del Ejército informaba de un enfrentamiento donde habían caído varios integrantes de la "organización declarada ilegal". Entre ellos me llamó la atención el nombre de una mujer: María Victoria Walsh. Viky para sus compañeros. Al menos así la recordó S. cuando evocó la caída de la hija de Rodolfo Walsh. Volví a mi objetivo, que era saber algo sobre la muerte del marido de Adriana, y seguí leyendo sobre cuanto operativo encontré. En el diario del día viernes 15 me llamó la atención otro título: "Hallaron nueve cadáveres en el canal San Fernando". La información era de Prefectura y consignaba el hallazgo de tambores de 200 litros con una tapa sellada con cemento. Los buzos habían buscado también en el lecho del río donde habían hallado otros. En total cuatro mujeres y cinco hombres, al parecer jóvenes, en un avanzado estado de descomposición... Seguí leyendo, tratando de alejar de mi mente las imágenes que suscitaba la noticia de Prefectura y algo cansada por el medio tomo recorrido. Por fin, en el domingo 17 de octubre encontré algo que evidentemente se relacionaba con lo que Liliana informaba. "En un confuso episodio murió un niño." "A las 11:15 en Peña y Azcuénaga dos hombres, que eran perseguidos por un grupo armado..." Los dos habían sido alcanzados por los disparos. Uno murió en el acto y el otro, herido, "fue obligado a ascender al automóvil en el que se desplazaban los agresores y tras cubrirlo con arpilleras, subieron también al cadáver". Por el lugar iba pasando una señora con su hijo de nueve años, que también fueron heridos. El niño murió y la madre fue trasladada "en un móvil de la policía al Hospital Fernández". El apellido era Montero. Los dos habían estado unos momentos antes en la capilla del Colegio Nuestra Señora de la Misericordia. Era lo que había comentado Liliana, evidentemente. Llegué hasta el final del tomo pero el otro caso que encontré (donde también había muerto un niño que salía del colegio), era en Córdoba, en el barrio de San Vicente.

Decidí consultar otro diario y pedí Crónica. *La colección se estaba microfilmando. ¿Clarín? Un rato después, nueva lectura de octubre. Encontré la noticia... En el diario del 18 de octubre, bajo el título "Tiroteo", pero esta vez la información había cambiado el tono. "Penosa derivación tuvo un enfrentamiento con subversivos ocurrido el sábado al mediodía en la esquina de Peña y*

Azcuénaga. Allí fueron cercados dos extremistas que atacaron a balazos a los efectivos de las fuerzas de seguridad. En ese preciso instante una señora con su hijo de nueve años...". El cable de la agencia Noticias Argentinas no indicaba el apellido que proporcionaba La Nación y solamente aclaraba que el balazo recibido por la mujer era en la cadera.

Que la agencia pudiera el lunes aclarar que se trataba de "extremistas" podía significar simplemente que los antecedentes ya habían sido establecidos, en cuyo caso podrían haber indicado el nombre del muerto y del herido. ¿Pero por qué dos hombres que corrían perseguidos por un grupo armado que iba en auto (según La Nación del domingo), se habían convertido el lunes en dos hombres que "atacaron" a balazos a los efectivos? Me quedé mirando la hoja como si fuera a encontrar ahí la respuesta, pero claro, no la encontré.

¿Cómo hizo Adriana para encontrar a la mujer? ¿Fue al Fernández? Me parece difícil porque habría sido peligroso para ella. Pero S. dice que descuidaba su seguridad, y evidentemente tener aunque fuera un detalle sobre la muerte de su marido debía ser motivo suficiente para arriesgarse. Tal vez los ubicó por los avisos fúnebres, lo que tampoco era muy sensato. De todas maneras, de haber acatado estrictamente las normas de seguridad que su vida en clandestinidad imponía no debería haber hecho aquella visita, y eso indica, me parece, que su corazón podía más que los reglamentos.

Mi próximo pedido fue septiembre del '79. Liliana marca la desaparición de Adriana el día de la primavera. Catorce años antes, nuestra promoción resolvió un festejo especial porque era nuestro último Día de la Primavera como alumnas del Carbó. Se decidió, luego de "arduas" discusiones en el aula de quinto séptima, llevar un sombrero lleno de flores. Gran recorrida por placards y roperos de tías y abuelas para encontrar el sombrero. Ese día todo el mundo con "eso" en la cabeza. Yo, si no me equivoco, me resistí, víctima ya de la "depre" que cada tanto nos sacudía y que nuestra preceptora asumía con santa indulgencia porque estaba acostumbrada a que pasara eso con las de "quinto". Según su sabia definición, "se pasan cinco años despotricando contra el colegio y cuando tienen que irse lloran... ¿quién las entiende?", decía. Ella era una mujer joven, excelente y muy buena con nosotras. Nombre: Mary Garcés. Tengo una foto de ese día que me salió fuera de foco. Estamos amontonadas en un ángulo del patio que estaba frente a nuestra aula. En primer plano, de costado, Adriana.

En este septiembre del '79 no había sombreritos con flores. El tema constante alrededor de esa semana de la desaparición de Adriana son las alternativas de la visita a nuestro país de la CIDH (Comisión Interamericana de Derechos Humanos). Ningún operativo, salvo el de Munro, publicado el 21, cumplido el 19, donde se habla de la muerte de Armando Croatto y Horacio Mendizábal en un supermercado Canguro de esa localidad. Unos días después el atentado a la casa de Klein. No hay otra información que hable de alguna mujer detenida o muerta en esos días.

Al día siguiente revisé nuevamente el sobre de Liliana. Había enviado algunas fotos de cuando eran chicos pero... no estaba aclarado quién estaba en ellas. Suspiré. ¿Porqué no me había dado cuenta antes? Bueno, no sabía y tenía que saber. La mejor alternativa: llamado telefónico. Atendió uno de los chicos. ¿Sería el hijo de Adriana? Unos segundos después hablaba con Liliana. Le comenté la noticia que había leído en los diarios. "Sí, era ésa." ¿Cómo había encontrado a la madre del niño? "Nunca me dijo." Era un riesgo hacerlo. "Así era ella, cuando quería hacer algo..." Bueno, supongo que tratar de saber algo sobre su marido era un motivo muy fuerte... "No, ella sabía que Héctor había muerto, me dijo que había querido ver a la mujer por lo de la muerte del niño y le dejó algo de dinero para ayudarla, la mujer había recibido una herida..." Aproveché entonces para preguntarle algo: ¿cómo habían sabido la fecha de la desaparición? "Porque ese día dejó el chiquito en la guardería y no volvió a buscarlo..." Me quedé muda. ¿Cómo? "Sí, ella no volvió, una semana después nos enteramos y hubo que viajar a Buenos Aires para traerlo..." Colgamos. Desde la conmoción que la revelación me había producido surgió una dolorosa secuencia de preguntas. ¿Qué habría sentido el hijo de Adriana, que tenía tres años en ese momento, cuando todos los chicos se fueron y él quedó solo? ¿Habría jugado, como suelen hacer los chicos, para alejar el miedo que le provocaba la ausencia de su madre? ¿Cuánto tiempo resistió antes de echarse a llorar? Mientras tanto, su madre ¿recorría ya el temido camino del secuestro desesperada por la imagen del niño que la esperaría inútilmente? Ella sufría del corazón. ¿La afectó eso tanto que le produjo un nuevo infarto? ¿La torturaron y por esa condición suya no resistió? Nadie sabe, me dice su hermana, nada sobre su final concreto. Es una desaparecida como otras, vale decir alguien cuyo destino ha quedado en la incertidumbre.

Ezeiza

I

El tren llega a la estación y la gente que espera irrumpe en los vagones. Sorteo como puedo la marea que me asalta y salgo hacia la calle. Dos automóviles viejos, estacionados con sus puertas abiertas, constituyen, al parecer, la "dotación" de taxis. El viaje hasta la Unidad 3, Instituto Correccional de Mujeres, es corto.

Visto desde lejos, el edificio, bastante nuevo, semeja un club, o un colegio. Pero la gran puerta enrejada, que el personal uniformado abre previa identificación, comienza a desmentir, lenta pero irremediablemente, la primera impresión.

Mientras espero en una pequeña oficina que "me traigan" a una interna, contemplo por la ventana el campo que rodea a la unidad.

No es la primera vez que veo el campo. Pero es la primera vez que contemplo su infinita libertad desde un ámbito cerrado, creado hace muchos siglos para aislar a las personas.

Todo es correcto y formal. "Parece" una entrevista más. Sin embargo, voy a conversar con cuatro mujeres que, de cumplir su condena, saldrán dentro de muchos años, o no saldrán nunca, de esta isla social que es una cárcel. Las cuatro han sido condenadas por su participación en el asalto al regimiento 3 de La Tablada en las primeras horas del día 23 de enero de 1989.

Claudia Acosta (prisión perpetua), ama de casa. Mujer de Roberto Sánchez. Sindicada por el fiscal como integrante del grupo que tomó el casino de suboficiales y como la "jefa absoluta de las operaciones dentro del cuartel".

Cintia Alejandra Castro (once años de prisión), antes del 23 de enero no tenía ocupación. Pareja de Carlos Samojedny. Ella pudo huir pero fue detenida unos días después. Formaba parte del grupo de agitación.

Isabel Margarita Fernández (prisión perpetua), asistente social. La acusación del fiscal es que ocupó el casino de suboficiales.

Dora Esther Molina (quince años de prisión), contadora pública nacional, pareja de Roberto Felicetti. Su cargo incluye haber adquirido una escopeta y ser líder del grupo de agitación con el que fue detenida.

Oigo pasos y respiro hondo porque, me guste o no, estoy nerviosa por esto de hablar en un lugar tan poco íntimo, tan poco cálido, tan vigilado, tan diferente, en fin, a los bares donde me encontré con las otras mujeres entrevistadas.

Claudia Acosta

Entró con mucha decisión a la salita, se sentó y, apenas esbocé el propósito de mi consulta, comenzó a hablar rápidamente. Creo que su experiencia de vida carcelaria le permitió ubicarse mejor que yo en que el tiempo corría y había que aprovecharlo. También, aunque la primera pregunta iba dirigida hacia su vida de familia, prefirió hacer una introducción sobre el enfoque político que había nutrido la decisión tomada en aquel momento por su partido.

Antes quería explicarte el enfoque de La Tablada en relación a la etapa pasada y por qué consideramos que no somos mujeres guerrilleras sino militantes de un partido que no tiene una táctica de lucha armada. Nosotros creíamos que a partir del '83 en la Argentina la lucha armada no era posible ni estaban dadas las condiciones para ello.

Hoy se dice que terminaron las ideologías, pero nosotros seguimos pensando que es posible cambiar este país, conseguir una verdadera democracia y por eso luchamos.

A través de nuestros análisis notábamos el avance militar, y a pesar del Juicio a los Comandantes, el resultado son los indultos. Ni Semana Santa, ni Monte Caseros ni Villa Martelli fueron un invento nuestro. Sencillamente los militares no querían perder su poder. Yo recuerdo, sobre todo después de Villa Martelli, que el comentario generalizado de la gente era la duda sobre lo que pasaría...

Pudimos llegar a la conclusión, de acuerdo con la información de los diarios, datos que estaban en poder de los partidos políticos y alguna otra fuente, que yo desconozco, que el 23 de enero sería la fecha del levantamiento militar.

Durante mi adolescencia yo viví la etapa de la Universidad en el '75 con las persecuciones, un país donde no se podía opinar y todos los días había desapariciones. Después vino el destape y se empezó a saber de los NN, de los campos, y fueron estos hombres los que hicieron esto. El levantamiento era volver a esa etapa, y no creo que ningún ciudadano argentino quiera, recordando aquella época, volver a esos momentos... yo por lo menos no quiero volver a vivir algo así... Ante la inminencia del golpe, realmente el intento era frenar... Nunca pensamos que unos cuarenta hombres y mujeres íbamos a frenar un golpe. Fundamentalmente, en todos los análisis, estaba el papel de la gente...

—*¿Querían llamar la atención, convocar, "hacer punta", cómo se dice?*

El objetivo no sería llamar la atención. Como se dieron las cosas no nos dio tiempo para poder seguir denunciando lo que se venía. No te olvides que inmediatamente la policía rodeó el lugar y eso impedía el acercamiento de cualquiera.

Yo, que vengo de una familia de clase media, recuerdo mi secundaria con un marco de grandes movilizaciones, compañeras de colegio y amigos que se interesaban por todo lo que estaba sucediendo... Más tarde, cuando yo estudiaba Matemáticas en Ciencias Exactas, me empecé a relacionar con compañeros de la facultad que se movían. Creo que la juventud de ese momento era muy sana, con muchos deseos de cambiar el país y con la certeza de que era posible. Eso me llevó a la militancia en el PRT. Luego se produjo el golpe, las cosas se pusieron más difíciles y en el '77 me exilié en París.

Me dediqué al trabajo de la solidaridad. Recuerdo mucho la época del Mundial porque era terrible ver cómo en tu país parecía que todo estaba bárbaro mientras que bajo tierra, lo digo como metáfora, había tantas cosas horribles. Fueron dos años de mucho movimiento en ese sentido. En Francia conocí a mi compañero, que es Roberto Sánchez. El está desaparecido en la actualidad porque hay cadáveres que no han sido reconocidos. En el juicio quisieron dejarlo como muerto, por la versión de un soldado, pero por otro lado, la Justicia lo tiene con pedido de captura por la INTERPOL.

Con la primera mención de su compañero, sus ojos se llenaron de lágrimas, pero se repuso y continuó hablando.

Tengo 36 años, no tengo hijos. Nos conocimos en París, adonde él llegó después de haber estado preso aquí. No formamos pareja inmediatamente, no fue un flechazo. Era un compañero maravilloso, un tipo que te hacía sentir cada cosa que había vivido. Lo respetaba muchísimo, y a medida que lo conocía me enamoré profundamente de él...

Ahora sí. El llanto desconsolado ahogó las palabras que estaba a punto de pronunciar. Detuve el grabador y, sintiéndome tan mal como siempre en esos casos, encendí un cigarrillo.

Ella se calmó al cabo de unos minutos y mientras sonreía y se limpiaba los ojos, me hizo señas para que pusiera en marcha el grabador.

...Creo que en nuestro caso lo concreto es esto: los dos estábamos en el exilio, veníamos de un fracaso generacional, no sé si de una derrota, y creo que al pensar que en la Argentina todavía se pueden hacer cosas —porque el pueblo es maravilloso—, sentíamos el compromiso de no haber logrado lo que uno tanto había ansiado; era la conciencia de un deber, algo que debía hacerse por la gente.

Eso fue muy importante para la unión de nuestra pareja. El objetivo de los dos era volver y seguir junto al pueblo participando de alguna actividad que permitiera lograr el cambio que tanto ansiábamos.

La noche antes del operativo estaba ansiosa porque no sabía lo que podía pasar. No hablamos de lo que pudiera pasarnos, simplemente nos preparamos.

Algo que me gustaría aclarar es que a través de todo lo que pasó se trató siempre de denigrarnos como personas y tergiversar el objetivo. Eso es lo que hicieron los medios, los políticos, el poder. Los buenos eran los del gobierno y los militares, y los monstruos éramos los que habíamos entrado tratando de frenar y hacer algo.

De mí se dijeron cosas horribles y, con el correr de los días, todo lo que se publicaba estaba destinado a armar un juicio en el que desde el vamos estábamos condenados.

Lo mismo ha pasado con gente esclarecida y de izquierda, que si bien al principio pueden haber estado confundidos, después podrían haber reflexionado. Algunos, aun sin avalar el hecho, nos han prestado su apoyo, otros no. Si vos leés el libro de María Seoane *(Todo o nada)* o el de Luis Mattini *(Hombres y mujeres del PRT-ERP),* Gorriarán Merlo está presentado de tal manera que es alguien que evidentemente tenía que terminar en una cosa así, y esa tergiversación no solamente lo hace quedar mal a él como persona, sino que nos hace quedar mal a todos y echa por tierra nuestra lucha.

Creo que eso pasa en parte porque cuando se está dentro de la lucha hay objetivos comunes con los compañeros que también están en eso, pero después de la dictadura me parece que mucha gente tuvo miedo, no sé si por la represión, o miedo a repetir errores. A veces es muy difícil reconocer los miedos personales y muchos prefieren ponerle otro nombre.

Entré con la esperanza puesta en que íbamos a conseguir detenerlos. Pensé mucho en los compañeros, y sentí que la gente iba a responder. Me preocupaban los soldados y hablé con algunos, les pedí que salieran del cuartel.

Me hizo señas para que no grabara. Parecía muy angustiada y era evidente que trataba de poner en orden sus pensamientos. Miré la hora y me di cuenta de que nos quedaba poco tiempo.

Había compañeros heridos, no había forma de salir...

Me miró como pidiéndome ayuda para seguir, mientras sus manos se abrían en un gesto de impotencia.

—*¿Te sentiste en una encerrona?*

Sí, pero lo que más me importaba es que había compañeros malheridos y no podía sacarlos. Pasamos la noche ahí; ellos seguían tirando. Lo peor era la sed.

Cuando nos rendimos salí junto con Pancho Provenzano, que estaba detrás de mí. Nos tiraron al suelo, nos desvistieron. Pancho traía un compañero herido. Me pusieron una camisa y nos llevaron a un lugar que después supe que era el casino de oficiales. Nuevamente en el suelo, escuché la voz de Carlos Samojedny, hablando en voz baja. El que me llevaba a mí me interrogó y me metió el fusil en el ano, eso lo declaré ante el juez, pero no le dieron importancia; sentí que golpeaban al resto, oí también la voz de Pancho, finalmente nos llevaron a un lugar donde nos hicieron firmar algo. Pero yo tenía la cara hinchada y no veía nada. Después me entero de que era una declaración donde reconocíamos que los golpes eran sufridos durante la acción.

Antes de entrar, un tipo, que por el acento era correntino o formoseño, me pegó un culatazo y me apretó los pezones, igual que a otra compañera. Volví al salón, me tiraron al suelo de nuevo y volví a escuchar la voz de Pancho. Un tipo pasó recorriendo y dijo: "Yo soy Dios, ¿se acuerdan de la noche de los lápices...?". Pensé en los compañeros tratando de darme cuenta quién estaba y quién no. Alguien dijo: "Viene el juez". Yo no creí que fuera cierto, me parecía que nos iban a matar a todos y de hecho es lo que pasó con Pancho y Berta, que los mataron después de la rendición. De Carlos no supimos nada.

El llanto volvió. Se quedó con la cabeza baja como si estuviera mirando algo que yo no veía. Detuve el grabador nuevamente. En el pasillo se oían pasos que se acercaban y me pregunté si ya vendrían a buscarla.

Me preguntaron el nombre y no dije el mío, porque nos amenazaron diciendo que iban a reventar a toda la familia. Así que lo seguí ocultando.

Nos llevaron a Coordinación, vuelta a desnudarnos, interrogatorio con golpes y estoy segura que nos doparon, porque dormimos mucho tiempo y al final nos llevaron ante el juez.

Nos sacaron las impresiones dactilares y yo seguía negando mi verdadero nombre aunque me daba cuenta de que era inútil porque con las huellas podían identificarme perfectamente, pero era como una defensa que yo intentaba...

Cuando estuve frente al juez estaba con pantalones de policía, una camisa enorme, la cara hinchada, y él me preguntaba las formalidades. Yo no hice ninguna denuncia sobre los golpes, me sentía sin ninguna garantía.

La celadora apareció en la puerta y anunció que la entrevista había terminado. Claudia se puso de pie, me dio un beso y dijo: "Bueno, chau... ¿Vos volvés...?". Ya estaba en la puerta con la celadora al lado que esperaba en silencio. "Sí", contesté, mientras cruzábamos una mirada indefinible.

Cintia Castro

Cintia habló con mucha fluidez, casi sin esperar mis preguntas. Me pareció muy segura y con una estructura mental sólida nutrida en lecturas varias. Tuvo mucha fortaleza al recordar a su compañero y aunque se le llenaron los ojos de lágrimas un par de veces, no flaqueó. A ella le gusta cuestionar y analizar, "no esquivar el bulto", según su definición.

Tengo treinta años. Mi compañero, Carlos Samojedny, está desaparecido. Fue secuestrado en el cuartel cuando lo detuvieron. En la década pasada, perteneció al PRT-ERP. Este año cumpliría 49. Lo conocí cuando él estaba preso por razones políticas y yo participaba en organismos de Derechos Humanos. Estuvo detenido desde 1974 hasta 1983. Estuvimos en pareja desde que él salió de la cárcel hasta La Tablada. No tenemos hijos.

Yo milité en el Partido Intransigente. Soy técnica de laboratorio pero trabajé como empleada del Estado estos últimos años, en la Secretaría de Seguridad Social.

Cuando salió la revista *Entre Todos* me sumé al proyecto que luego originó el Movimiento Todos por La Patria. A esa convocatoria adhirieron compañeros que fueron militantes en la década pasada, otros como yo que cuestionaron la dictadura y otros que se sumaron al momento de formarse el movimiento o después. También había cristianos como el padre Puigjané.

Mi familia está compuesta por mi padre, mi madre y una hermana. Vienen a verme los fines de semana. También tengo unas amigas de hace veinte años que vienen a visitarme.

Nosotros veníamos haciendo denuncias mucho antes del 23 de enero de 1989. Hubo políticos como Trócoli, Duhalde, hasta Alfonsín, que hicieron comentarios acerca de la posibilidad de un golpe. Luego se desdijeron.

Todo ese mes previo fue muy tenso por la espera del golpe, que esperábamos peor que los alzamientos de Semana Santa y Monte Caseros. Fuimos al cuartel a parar el golpe desde afuera, no sabíamos que íbamos a entrar.

Durante el juicio nos amparamos en el artículo 21 de la Constitución Nacional, que establece la obligación de todo ciudadano de alzarse en armas contra los que quiebran el orden institucional y pedimos que se investigara que había un golpe en marcha, pero no lo hicieron.

Tampoco tuvieron en cuenta que ningún hecho se comete bajo la coacción. Nadie va adonde no quiere ir; sin embargo, la Cámara condenó a algunos con mayores penas porque decían que nos habían "arrastrado". Eso es falso.

Yo no entré al cuartel. Fui a denunciar la desaparición de mi marido cuando vi que no estaba en las listas de muertos ni en la de detenidos y quedé "pegada" porque tenía pedido de captura. Pero aunque no entré, avalo todo lo actuado por ellos.

Lo que se veía desde afuera era terrible. Estuve segura de que los estaban masacrando. Sentí odio y desesperación, por mi marido y los compañeros que estaban adentro. Se veían miles de policías, militares y tanques.

Me quedé parte del día y después fui a casa de gente amiga. Allanaron mi casa y robaron algunas cosas, tonterías. Por ejemplo, se llevaron una camisa Ombú de Grafa, después dijeron que yo tenía una camisa militar.

Mis padres algo de miedo deben haber tenido. Tengo amigos desaparecidos. Mi mejor amiga desapareció cuando yo tenía 15 años. Nunca me dijeron que abandonara, sí se dio lo de "nena, tené cuidado". Pero a mi militancia la tomaron como algo irreversible. Yo ya soy así, no puedo cambiar mi línea de pensamiento. Aprendí a leer antes de ir al jardín de infantes porque quería leer el diario. Pero no me interesaba como algo anecdótico sino porque quería saber. Esa actitud continuó y siempre ha sido con la intención de transformar lo que considero que no está bien.

¿Rebelde? Yo creo que tengo un fuerte sentido de justicia. Por ahí suena soberbio pero no es así. Yo separo las cosas que no me gustan de las que considero injustas. Acá, en nuestro régimen, hay muchas cosas que no me gustan pero mientras no rocen mi dignidad no hago nada.

Con mi compañero decíamos que no nos íbamos a separar nunca más allá de lo que sucediera con la pareja porque habíamos atado lazos más fuertes. Yo creo que nos respetábamos mucho y que nos queríamos mucho por eso. Discutíamos, sí, porque yo soy muy discutidora, vivo en el arte de cuestionar, quiero saber el porqué de las cosas.

En nuestro caso nos conocimos estando él preso, y conformamos una pareja, digamos, platónica hasta que salió. Se hicieron muchas parejas ahí adentro de la cárcel pero todo el mundo nos dice que nosotros somos los únicos que seguimos siendo una pareja real, hombre-mujer. Lo que pasa es que en las otras parejas que se formaron alguno de los dos o los dos dejaron de militar y entonces se les terminó el sueño común. Nosotros seguimos juntos como militantes y como pareja.

No teníamos proyecto de tener hijos por el momento, aunque a él le gustan mucho los chicos. Tiene dos de un primer matrimonio. Luego tuvo una segunda pareja que murió en Monte Chingolo, cuando ya estaba preso.

Yo creo que un hijo te demanda muchos esfuerzos y mucho tiempo, y no sé si estoy dispuesta a dejar de hacer algo de lo que hago. Por ahí suena un poco duro, pero la militancia es lo que más me llena la vida.

El problema de los hijos es para cualquier mujer, militante o no. Pero en mi caso yo no siento la necesidad de la maternidad. Me gusta jugar con un chico, te lo puedo cuidar si me lo pedís, pero al rato siento como una carga, aunque no esté haciendo nada concreto. Necesito el tiempo para mí. Supongo que al hacerte más grande también se pone más difícil tomar esa decisión, y a esta altura, pensar que otro dependa de mí ya me hace mal, me supera.

Hubo compañeras en la década pasada que tuvieron hijos, y Dora, una de las compañeras, tiene tres hijos. Creo que no es problema de militancia, tiene que ver cómo es uno...

Carlos es psicólogo, atendía su consultorio y yo trabajaba. Militábamos aparte. Esto nos hacía tener horarios desordenados. Las cosas de la casa las hacía él porque no me gustan nada, salvo cocinar que me encanta y lo hago muy bien. A veces venían más de veinte compañeros y yo cocinaba para todos. No me cuesta nada.

Estuvimos de viaje muchas veces pero una luna de miel no tuvimos, no se nos ocurrió *(risas)*. Nos establecimos como compañeros, sin hacer una cuestión legal de esto. A mí me parecía una atadura. Prefiero sentir que me puedo ir cuando yo quiera sin ningún problema. Con un papel de por medio te podés ir igual pero yo lo siento así, una atadura. Carlos le daba mucho menos importancia que yo.

Amigas de afuera de la militancia son éstas que te comentaba que vienen siempre a verme. Son parte de un grupo de cuatro que éramos junto con la que desapareció. Somos amigas desde la infancia. La desaparición de aquella amiga creo que nos unió muchísimo, nos hizo como un bloque más fuerte. Nosotras seguimos buscándola...

No necesito que sean militantes para que sean mis amigas. Tenemos sensibilidades parecidas, criterios de justicia. Un amigo tiene que compartir cuestiones fundamentales, no todas las cosas.

Para mí las contradicciones son de clase. No son ni generacionales ni sexuales. Por eso no sé qué contestar cuando me preguntan cómo veo la militancia desde ser mujer. Soy mujer en mi sexualidad, no en el hecho militante. Yo leo el diario como mis compañeros varones, leo libros como ellos, entonces analizo la realidad desde lo que trato que sea objetivo. Nunca me sentí discriminada por ser mujer. Y si lo sentí fue pocas veces. Supongo que soy de una generación en donde esto casi no se notó. Yo me siento capaz de levantar una pared, así que si veo a compañeros que lo están haciendo me pongo a ayudarlos sin que nadie me diga que lo estoy haciendo mal.

Entre nosotros había compañeras en puestos de dirección. En las organizaciones de la década pasada eso no se dio. El tema es que el mundo cambió. En los '80 a nadie, dentro de una organización, se le va ocurrir decir que una mujer es menos. Yo cocino pero mi marido lava los platos y esto es así porque lo pensamos los dos. También es el caso de muchos compañeros, aunque posiblemente a la madre nunca le levantaron un salero de la mesa.

Yo compraba los comestibles y él se encargaba de los artículos de limpieza, había como una división de todas las cosas de la casa.

Yo leo mucho, él también, es un intelectual. Puedo bandearme desde la *Fenomenología del espíritu* a una novela de Dickens, no tengo preferencias marcadas. El cine me gusta mucho, el europeo sobre todo. De Bergman casi todas, Saura, el primer Fellini porque al último no lo entiendo mucho. Las de acción y románticas no. Me interesan las que hablan de la realidad del hombre. Yo creo que cada uno debe afrontar los tiempos históricos. No hay que esquivarle el bulto a la historia. Podría estar muy tranquila en mi casa de Belgrano, pero yo creo que uno accede por necesidad o por conciencia a los cambios. En mi caso, que entré por convicción, a esta altura se me ha hecho carne, se me ha convertido en una necesidad...

—*¿Te has sentido sola frente a tu decisión; qué respuesta sentís que tuvo en la gente?*

A mí me parece que el golpe que ellos querían dar no se dio y una parte importante es por lo que hicimos nosotros. Supongo que llamamos la atención sobre el hecho y por eso tuvieron necesidad de abortarlo.

Estoy tranquila con lo que hice, porque hice lo que debía. Yo creo que el hecho más grave e irreparable fue la pérdida de compañeros. Eran seres tan excepcionales que a veces uno se pregunta ¿volveré a encontrar gente así? Yo en el fondo sé que los voy a encontrar porque esto es el andar y seguir sumando compañeros.

No conozco el desarrollo europeo de mujeres, pero las latinoamericanas hemos dado el ejemplo. Tenés a Amanda Espinoza en Nicaragua, la comandante Ana María en El Salvador y las Madres en nuestro país. Yo creo que una de las características de la mujer latinoamericana es la lucha. Me parece que a nosotras no nos pasan de largo las cosas. También es así en la historia, por eso hubo mujeres en las montoneras.

Mi situación actual no me produce angustia. Siento tristeza por mis compañeros muertos. Impotencia sí, sobre todo cuando veo que los políticos tratan de estúpido al pueblo. Los ves en la corrupción, comprándose mansiones. Yo creo que eso todo el mundo lo ve, la cuestión es saber qué hacer con el caudal de lo que ves. Me parece que la gente, por desilusiones políticas sucesivas, se siente en una situación límite, pero el punto está en que reconociendo esa situación límite, le encuentren las salidas.

Un ejemplo de tantos es el de la violencia policial. Cualquier mujer de barrio sabe que cuando su hijo sale de noche a bailar es probable que no vuelva. Eso lo tienen internalizado, pero el asunto es qué hacen con eso, cuál es la salida; por ahora esta sociedad no está dando la solución. Yo creo que el camino es luchar y transformar las estructuras perversas. La Patria tiene que ser para todos, no para unos pocos. Sé que se puede lograr.

—*¿Cómo pasan los días aquí?*

—No hay problemas. El director anterior nos había quitado las actividades, pero las nuevas autoridades nos las han devuelto. Yo leo, escucho música, trabajo en el taller de encuadernación, hacemos gimnasia, estudio francés con una presa que es profesora. Nos llevamos muy bien con el resto de las detenidas. Antes de estar aquí estuvimos dos años en una cárcel de hombres, en la 16. Estábamos aisladas. La cárcel es muy vieja y todos los días pasaba algo: se hundía el piso, se caía el techo, hacía un frío espantoso. Es un lugar donde los detenidos son ex integrantes de fuerzas de seguridad. Estaba Seineldín, Guglielminetti, los de Aeroparque...

En una oportunidad, cuando las elecciones del '89, el Servicio Penitenciario nos sacó porque parece que el rumor era que si Menem no tenía Colegio Electoral propio los de Aeroparque iban a atentar contra nosotras. Nos cambiaron a la *(Unidad Nº)* 1 durante el fin de semana. Después nos devolvieron. Al estar aisladas no podíamos hablar con nadie. Aquí hablamos con todas las chicas, aunque estamos alojadas solas.

La hora de entrevista llegaba a su fin. Le pregunté si deseaba agregar algo. Primero dijo que no, y quiso saber si me había "servido" porque aclaró, "por ahí yo soy un poco dura". Le dije que no tenía un "molde" previo donde necesitara que ella "encajara", lo que importaba era su motivación y sus vivencias. Antes de salir cambió de opinión y evocó a sus compañeras muertas (que luego mencionaría Dora), agregando un nombre: Claudia Deleis. Quise saber si había más mujeres en el Movimiento y me queda la duda sobre lo que ella entendió, porque me dijo: "No, las que cayeron, y las que estamos presas, no había nadie más". La miré para aclarar que no me refería al operativo de aquel día, sino al partido en general. Pero antes de que dijera nada, ella insistió sonriendo: "En serio, las que cayeron y las que estamos aquí...". Mi respuesta/aclaración se interrumpió con la entrada de la guardiana; el tiempo se había cumplido. Cintia me dio un beso y se fue, sonriendo todavía.

Dora Molina de Felicetti

Se veía muy serena. Contestó brevemente mi primera pregunta referida a la familia y aclaró enseguida que le parecía mucho más importante hablar de cómo había surgido su militancia. Tuve la sensación, y puedo estar equivocada, de que no estaba muy interesada en la entrevista. ¿Lo habrían resuelto de común acuerdo con sus compañeras y ella aceptó por solidaridad con el grupo?, me pregunté. ¿Tendría la natural desconfianza, que otras mujeres habían tenido, al no saber "de dónde había salido" yo? Esa sensación me dominó parte del tiempo que hablamos.

Tengo 34 años, estoy casada con Roberto Felicetti, tenemos tres hijos de 8, 7 y la última de 3 años, que nació en la cárcel.

Provengo de un hogar de típica clase media argentina, una familia bien constituida, normal, sin mayores complicaciones. Hice el secundario y me recibí de contadora en Mar del Plata.

Comencé a militar ya a finales de la dictadura. Mi decisión no tuvo en cuenta solamente la violación de los derechos humanos, sino también toda la problemática económico-social. Empecé a militar en el Partido Intransigente, justo después de la guerra de Malvinas.

En enero del '83 conocí a mi marido. El había estado preso durante ocho años. Salió en libertad en diciembre del '82. Había sido detenido por militante del ERP en el año '75, antes de que se desatara la represión más dura. Juntos vivimos todo lo que se llama la vuelta de la democracia. En ese momento el Partido Intransigente era una gran esperanza para todos los que querían construir algo acorde con los tiempos. En el año '85 el PI se rompe. Era previsible, por el burocratismo y una dirigencia que no era consecuente con las esperanzas de toda esa gente que se había incorporado.

Mi marido y yo nos fuimos del PI. Ya estaba en gestación o al menos en idea la creación del Movimiento, con gente que venía o no de la otra época, otros de la reorganización de la izquierda peronista, algunos del radicalismo.

Pregunté si la relación con su marido había comenzado como un "flechazo". Sonrió, aunque mantuvo el tono de distancia.

Sí, en parte sí. Fue todo muy rápido. Cuando lo conocí a mi marido yo venía de un divorcio muy reciente. Creo que fue un proceso total, porque mi seguimiento de la militancia fue algo que me distanció más de mi ex marido. Yo me había casado a los 20 años y creo que eso influyó mucho, no teníamos nada que ver en el aspecto ideológico y cuando yo me defino, entrando al PI, se termina la pareja. Lo que me alejó de mi ex marido me acercó a mi compañero; él representaba todos mis anhelos, lo nuevo y, a la vez, todo lo que se vivió en este país. El cayó preso a los 20 años y salió a los 29, prácticamente pasó toda la década en la cárcel. Esta nueva pareja entonces es una unión con una gran cohesión ideológica, con un proyecto común de vida y eso es algo que sigo sintiendo así. En el '83 empezamos a vivir juntos, en ese año vino el primer nene, el otro en el '84 y en el '86 vino la otra. Digamos que la pareja se fue armando así, militando todo el tiempo, compartiendo ideales.

—*¿La relación con tu familia?*

La relación con mi familia es buena. Mi padre también militaba en el PI, el ambiente de la familia era progresista. Terminaban los gobiernos militares y era un momento en donde participábamos todos, colaborando unos más que otros, pero no tuve ningún problema con ellos por mi militancia...

Al comienzo hice fundamentalmente trabajo barrial. Los chicos me los cuidaba un poco mamá, o iban a una guardería. Cuando nos vinimos a vivir acá yo trabajaba y militaba, entonces se pasaban seis horas en una guardería porque eran muy chiquitos. Pero yo los acostumbré siempre a venir conmigo, si iba a alguna reunión, e incluso si iba a algún barrio los llevaba. Me parece que tiene que ser así; las mujeres del '70 también lo hicieron. Los chicos deben ser educados dentro de la realidad y compartiendo lo que están haciendo sus padres, después ellos elegirán el día que sean grandes.

El día de La Tablada los chicos ya no estaban conmigo. Los había mandado a principios de diciembre, cuando fue Villa Martelli, a Mar del Plata. Tomé esa precaución porque el partido sabía que los carapintada planeaban un golpe y estábamos decididos a evitarlo. Yo tenía, lógicamente, preocupación o miedo por lo que pudiera pasarme, pero esa reflexión yo la hice en el momento de tener los chicos. Cuando pensé que yo quería aportar algo para evitar males mayores en este país, decidí también equilibrar entre ser mamá, tener mi familia y hacer lo que quisiera. Desde ese momento, mi criterio era también no participar en una cosa riesgosa o totalmente alocada, sino en una cosa coherente y necesaria.

El riesgo siempre está. A cualquier mujer que milita en un partido político y va a una marcha le pueden tirar una piedra y con eso solamente ya corre un riesgo. Pero por otro lado, nosotros no esperábamos que la cosa se diera como se dio. Nosotros sabíamos que la gente movilizada pacíficamente en Semana Santa pudo detener el golpe. Pensamos que en ese momento iba a pasar exactamente lo mismo. Nunca esperamos que miles de tipos iban a rodear el cuartel.

Nosotros estábamos afuera, en ese sentido, movilizándonos. Eso fue lo que hicimos.

—*A la gente le resulta "raro" esto de un operativo militar que aparece aislado de la actividad o la estrategia política del momento... —Me interrumpió.*

La intención era pacífica; tenía su riesgo, claro, pero era una movilización en la que contábamos con la adhesión de la gente. Pensamos que al ver cierta fuerza y con una movilización afuera, depondrían su actitud. Esto es lo que no ocurrió, quería explicarle...

Supongo que fue consciente del tiempo que se nos acortaba, porque de pronto abandonó el usted y dijo: "¿Cómo es tu nombre?". Me alegré (por fin se había roto el hielo) y me desesperé: ¿cuánto tiempo nos quedaba?

Me gustaría decirte, con respecto a esto de un hecho aislado y en el sentido de que no hubo otros partidos que tomaran esa actitud, que lo vemos como producto de la crisis. La actitud digna en ese momento, para cualquier militante, era la que tomamos nosotros, eso lo reivindicamos y lo reivindicaremos por siempre. Lo que pasa es que en este país hay una crisis política tan grande que todo el mundo está desarmado. Si no hubiera sido por nosotros, el golpe se daba y habríamos vuelto a lo de siempre. Parece que no hay capacidad de respuesta, de asumir con entereza una defensa. En ese momento los únicos que quisimos defender y tuvimos una respuesta fuimos nosotros. Mal, bien, nos podrán criticar, son cosas para analizar, pero la actitud la asumimos como algo digno. Tenemos veintiocho muertos, cinco desaparecidos... Eso significa algo, me parece.

Recordé Monte Chingolo. ¿Habían estado ellos también "infiltrados"? Ella pareció muy segura de su respuesta.

No, nosotros hicimos una declaración pública donde eso se descarta totalmente. Sí decimos que por tareas de inteligencia, no dentro del partido sino las que se hacen siempre, tal vez siguiendo nuestros movimientos, pueden haber tenido una idea de lo que podía llegar a ocurrir, sobre todo a nivel de la Policía de la Provincia de Buenos Aires. También denunciamos a un ex compañero que supimos trabajaba para ellos, pero en ese momento, de lo que pensábamos hacer, no sabía nada, se lo había separado ya. Esas son las cosas que hasta ahora evaluamos y es lo que públicamente el Movimiento ha asumido.

—¿*La gente que entró al cuartel entró por una cosa del momento o era el plan prefijado?*

No, fue una cosa del momento. Se había estudiado, pero fue así.

Todos los compañeros que estamos presos nos hemos propuesto que este tiempo sirva para algo a través de un crecimiento interior. No es fácil y, en mi caso, me duele mucho estar separada de mis hijos. Ellos están con mis padres en Mar del Plata. Los veo una vez al mes. Eso es lo más doloroso, pero al existir una razón justificada —es por un motivo que yo decidí libremente— se hace más llevadero. Antes los veía cada quince días, ahora no se puede por problemas económicos, pero una vez al mes también hablo por teléfono con ellos, les escribo una carta, les mando un dibujo a cada uno por mes, es decir, trato, aparte de pedirle a mi familia que los ayude a comprender la situación, que sientan que me preocupo por ellos, que pienso en ellos.

Cuando caímos yo estaba de dos meses, y en agosto, en pleno juicio, nació, un día después que nos casamos, sí, justo al otro día. Cuando la tuve estábamos en la cárcel vieja, en la 16. Se crió bárbara, estar entre cuatro mujeres la incentivó muchísimo. Separarme de ella fue muy doloroso pero para ella era mejor. Tenía un año y medio. Previamente hice que saliera los fines de semana, para que se fuera acostumbrando. He visto también a través de otras mujeres presas que cuando un chico ya camina y empieza a salir no quiere volver, porque aunque quiera estar con su madre se da cuenta de que acá está encerrado. Cuando ella volvía, nos agarraba de la mano y nos decía: "calle". Más tarde, cuando mamá la trajo en la primera visita, al ver que nosotras íbamos para adentro, se agarró de ella y no había forma de soltarla. Pensó que volvía y no quería.

—*¿Proyectos?*

—Seguir trabajando para cambiar un poco esta realidad. Se puede aportar de cualquier lado.

—*¿Cómo definirías tu personalidad, tu carácter? ¿Sos cuestionadora? —Primero se sorprendió y después rió con ganas.*

—Sí, soy cuestionadora. Pero eso no significa que haga un planteo a cada rato. Por lo general soy tranquila, me comunico bien... *(ahora sí, tuve ganas de bromear por el tono que había tenido al principio la conversación).* Bueno... tengo mis "revires" como todo el mundo, a veces un poco más, trato de profundizar las cosas, encontrar una explicación. Me gustaría agregar para eso del proyecto de vida que en lo inmediato cuando salgamos quiero abocarme a la reorganización familiar, porque todos estos años se sienten. La condena de mi marido, además, es mayor. Pero, bueno, hay que convenir que la situación de la cárcel en este momento no tiene nada que ver con lo que fue la dictadura. Nosotras aquí tenemos acceso a los medios de comunicación, no hay un mal trato como fue en aquella época. Convivimos, aunque estemos aparte, con las otras chicas en todas las actividades. Eso nunca se hizo. Yo estoy dando clases de matemáticas a las chicas que hacen el secundario, hacemos gimnasia juntas, hacemos la fajina. Igual uno está preso, pero no tiene nada que ver con lo de aquella época, que mi marido lo conoció muy bien.

—*¿Las mujeres que cayeron tenían hijos?*

—Sí, Claudia Lareu tenía una nena que ahora tiene ocho años; Aldira Pereyra Nunes, un hijo de siete años, y Berta Calvo tenía dos hijos, no los conozco, pero sé que los tenía...

—*¿Sentís como un modelo las mujeres del 70?*

—Indudablemente, es una generación que entregó todo por cambiar el mundo. En ese momento era una situación internacional que se daba. Creo que son un ejemplo para imitar. No en las mismas condiciones.

—*¿Has hecho un análisis crítico de tu experiencia y la de ellas?*

—Todo lo que es producto de una época se da en forma transparente. En ese momento, con la revolución cubana, todo el continente estaba en la lucha, y en ese contexto se sumaron a la lucha. La reacción que vino después fue un trabajo bien hecho para frenar todo eso.

Toda la propaganda, la cultura, está dirigida a fomentar el individualismo y de esa manera "distraer" la atención de las cuestiones sociales, y lograr que la gente quede aislada, metidos cada uno para adentro, así no pasa nada. Nuestra misión es justamente revertir eso: reivindicar a toda la gente que cayó en la otra época, mostrar el ejemplo, buscar los medios para seguir una lucha democrática.

Isabel Fernández de Messutti

Isabel parece muy joven. Entró muy tranquila, no tan estilo "tromba" como Claudia. Sentada frente a mí, me contempló en silencio, esperando mis preguntas. Más consciente ahora de lo escaso del tiempo, le dije que si estaba al tanto de mi consulta sería mejor abreviar ese tema. Estuvo de acuerdo y quiso saber solamente cómo se llamaría el libro. Hizo un gesto de desaprobación cuando escuchó el título (no ha habido una sola mujer que esté de acuerdo) pero aceptó que estaba planteado así e inmediatamente comenzó a hablar.

Tengo 28 años, me casé en la cárcel. Yo estaba en la 16 y mi compañero, Gustavo Messutti, en la 1. Nos casamos porque no nos daban la visita, porque éramos novios, no concubinos. El tiene 31 años.

Soy de una familia de clase media tirando a baja. Mi papá, que está jubilado por invalidez, era visitador médico. Cuando él se jubiló mi mamá tuvo que salir a trabajar. Somos tres hijos, una hermana mayor que yo y mi hermano que es más chico. Yo me recibí de asistente social en la Escuela Diocesana que depende de la Universidad de Morón. Antes de terminar la facultad ya trabajaba, en la Municipalidad primero y después en las escuelas primarias.

En el cuartel sentí nerviosismo, preocupación, incertidumbre. En ese momento toda la situación política era de incertidumbre. Ya desde Villa Martelli no se sabía qué podía pasar con las amenazas de Seineldín; era un ambiente caldeado, y para el que milita en un partido, después de todo lo que pasó, uno sabe que nunca se puede estar seguro de lo que van a hacer.

No pensé en que pudiera morirme dentro del cuartel, ahora sí, y tampoco imaginé que iba a caer presa. No tuve ese tipo de pensamientos. Me detuvieron junto con Acosta y en ese momento sí pensamos que nos iban a fusilar, porque conociéndolos no creíamos que fueran a respetarnos. A Provenzano y a Samojedny los detuvieron con nosotras; Samojedny está desaparecido y el cadáver de Provenzano fue identificado pero estaba destrozado, aunque se había rendido.

Con mi compañero salimos desde el '86 cuando empecé a militar. Hacíamos trabajo barrial, alfabetización con el método de Freire, y cuando salió la propuesta del Movimiento (*Todos por la Patria)* nos sumamos al grupo.

La relación con mi compañero comenzó al poco tiempo de conocernos. Tuvimos altibajos, el proceso propio de las parejas, pero de todos modos seguíamos militando juntos en La Matanza. No tuvimos hijos, pero me gustan los chicos.

Cuando yo caí presa tenía veinticuatro años y con mi compañero todavía no teníamos un proyecto de vivir juntos, de consolidar una pareja. Cada uno de nosotros seguía viviendo con su familia. Los problemas económicos también influyeron, no estaban dadas las cosas como para que uno pensara en instalarse. Pienso que para tener un hijo se tienen que dar todo ese tipo de condiciones. A las cosas las pienso. No es que planifico todo en mi vida, pero antes de hacer una cosa veo los pro y los contra... Ahora han pasado cuatro años, y sí me dan ganas de tener un hijo, aparte *(sonríe)* es como que estoy un poco más vieja. Llegando a los treinta son cosas que una mujer se empieza a plantear.

El está en la 1 con los otros compañeros. No tenemos visita íntima. A fin de año pasaron la circular avisando que ya la habían autorizado y que la iban a instalar en todo el Servicio Penitenciario Federal, pero dicen que no tienen las condiciones edilicias. Cada quince días nos vemos, voy con Molina porque ella ve a Roberto, y tenemos la visita juntos.

No busco responsables, soy consciente de lo que hice y realmente no me arrepiento. Yo me considero militante, así que pienso seguir en lo que estaba haciendo, en un proyecto político. El MTP sigue como organización política, no está proscripto, hay compañeros que están trabajando y siguen luchando por nuestra libertad, nos sumaremos cuando salgamos.

—*Un casamiento "afuera" tiene amigos, flores, risa y fiesta. ¿Y "adentro"?*
Hizo un gesto muy gracioso.

Todo fue a las apuradas. Fue en la 1, el 8 de enero del '90, en una salita un poco más grande que ésta.

Estaba con pantalones y remera, porque para entrar a la 1 ponen una serie de requisitos que hay que cumplir o te quedás afuera. No se puede ir con musculosa, o con algo transparente.

A mi marido lo bajaron dos segundos antes de que la jueza empezara a hablar, así que no tuvimos ni tiempo de saludarnos y hacía un montón que no nos veíamos. Después comimos unos sándwiches pero fue una cosa de quince o veinte minutos nada más...

A mi papá no lo querían dejar entrar, tenían problemas con la requisa porque ahí la requisa es bastante vejatoria.

Estaban mi papá, mi mamá, mi suegro, mi suegra, mi cuñado, que salió de testigo, mi cuñada con el nene, otra señora, la suegra de Molina, que salió de testigo, la hermana de Acosta, que salió de testigo y otra señora amiga que también fue testigo.

Con mi marido al principio nos escribíamos. Después, cuando fue el juicio, que duró cuatro meses, nos veíamos todos los días en las audiencias. En realidad, lo del casamiento estaba hablado ya por carta, y lo propuso él... *(rió con ganas por el "como corresponde" con que la interrumpí).*

Recién en marzo nos dieron la visita a la que tenemos derecho. Estuvimos dos meses sin vernos y estuve reclamando todos los días.

—¿*Habías pensado que sería así tu matrimonio?*

—Hasta los quince años tenía toda esa idea del matrimonio formal; después, cuando uno empieza el ritmo de los novios, con las primeras decepciones amorosas te das cuenta de que no todo es rosa, que una pareja no es salir jueves y sábado y después te casás, sino que es algo que se construye. A los veintiún años me recibí, era profesional, trabajaba, tenía una vida más independiente y ya no veía que todo dependiera de formar una pareja, tener la casita.

Cuando empezamos a salir con Gustavo tampoco se nos había planteado como una urgencia porque nos veíamos todos los días.

Se acomodó en el asiento y tuvo otro de sus gestos. Pregunté si era "nerviosa".

Sí, soy nerviosa. Tengo una gastritis que arrastro desde hace años. Nunca sé por qué pero vivo apurada, siempre me cargan con eso. Para resolver cosas, en cambio, me considero bastante racional en el sentido que no me precipito, como eso de tener hijos.

Con respecto a una vocación, creo que probé y elegí, no es que me dejé llevar por unas circunstancias. Estudié música y me di cuenta de que no iba a ser profesora de música; estudié Servicio Social y antes de terminar ya me había dado cuenta de qué era lo que se esperaba de una asistente social en la Argentina. Empecé el magisterio pero también me di cuenta de que ya estaba un poco grande para eso. Mientras tanto militaba, fui directamente al MTP, no tenía militancia anterior, me sumé en el '86.

Había tenido amigos que militaban en distintos partidos..., gente que estaba en el peronismo. En la época que empezó la Renovación Peronista pensé en integrarme, pero la doctrina peronista no es algo que me convenza, ni su historia, no me parece algo sólido. De todos los grupos políticos que conocía, ninguno me convencía como para militar orgánicamente y cuando me sumé a este grupo donde estaban Gustavo y Félix, que falleció en La Tablada, me conecté por una amiga. Ellos eran de izquierda pero no formaban parte de ningún partido político. Iban a los barrios, trataban de hacer actividades, como alfabetización, andaba el SERPAJ (Servicio Paz y Justicia) por ahí también, se trabajaba con el tema de los asentamientos, como el de La Matanza. Después surgió la revista *Entre Todos* que nos interesó en el Movimiento.

Mis ilusiones están definidas por la militancia, y para cualquier militante el objetivo es ayudar a cambiar el país y hacer un país mejor para todos. Creo que le voy a dedicar el resto de mi vida a eso, con mi pareja, tratando de combinarlo y formar una familia... Cada día trato de mejorar, de estudiar, de pulir mi carácter, porque todos tenemos defectos y para aportar a ese proyecto en la medida que yo quiero, tengo que cambiar yo también, y mi gran ilusión, por supuesto, es poder verlo concretado.

Volvió a quedar a la expectativa de mis preguntas.
—*¿Sos religiosa?*
—No.
—*Hay un religioso entre ustedes...*
—Sí, y hay compañeros que son cristianos.
—*¿Cómo te llevás con tu familia?*
Pareció sorprendida.

No se puede decir bárbaro. Es decir, nunca tuve una armonía completa. Ellos dicen que es porque soy la del medio. No sabría decirte si me llevo mejor con papá o con mamá. Con mi vieja siempre tuve encontronazos, realmente es una mujer buenísima y yo la adoro, pero siempre tuvimos fricciones, puede haber sido por celos de la más grande o del más chiquito. Con papá no tuve una relación muy intensa. El es muy reservado, sin embargo en estos años no dejó en ningún momento de venir a verme. Desde el día que caí presa estuvo moviéndose. Yo no esperaba una actitud así de él, porque como están separados, no vivíamos juntos y no nos veíamos con frecuencia. Ahora tenemos una relación que en otra época no la hubiese imaginado. Mucho mejor, mucho más estrecha, más tierna, sobre todo eso, y él no era de andar haciendo mimos.

Mamá tiene la idea de que uno se debe a su familia. Le cuesta comprender, aunque no es egoísta; cree que yo tendría que haberme concentrado en sacar adelante la familia y no volcarme a una militancia. Pero viene a verme, me mima, a veces me trata como si todavía fuera chica. Por ejemplo, antes yo me compraba todo con el dibujo de la gata Kity, y ahora ella me sigue trayendo cosas así, me busca pañuelitos, cualquier cosa que tenga esa imagen. Me parece que trata de mantener cosas de antes. El tema militancia no lo conversamos más, porque ella tiene su postura y yo la mía. Ella piensa que las mujeres fuimos a La Tablada porque fueron los hombres, porque fue mi novio, y no es así; por más que lo quisiera, si no hubiese estado convencida no habría participado. Le cuesta entender que uno lo haya analizado y le parece que una mujer se deja llevar por lo que decide el hombre, tiene una mentalidad un poco antigua en ese sentido.

Somos tres hijos. Tengo una hermana, Laura, que tiene treinta años. Ella vive sola y es profesora de castellano. Mi hermano, Pablo, tiene veinticuatro años y vive en el campo, en San Pedro, donde tiene una quinta. A él no lo he visto en estos cuatro años. A Laura sí, al principio vino, pero después no vino más.

No me gusta escribir cartas porque las leen, siempre llegan abiertas, o todas pegoteadas; al margen de que hables cosas de todos los días, molesta, es una violación de la intimidad.

El tiempo de la visita a mi marido es de cinco horas. Ellos cocinan, comemos juntos los cuatro. Una vez por mes van los nenes de Molina.

Aquí estamos las cuatro juntas. El lugar es chico, así que estar sola, como uno puede tener ganas a veces, es imposible. Yo soy bastante reservada. Nunca fui de bandas de amigos, sino de pocas amistades individuales. Recién en la militancia me acostumbré a formar parte de grupos más grandes. Me gusta estar sola escuchando música o leyendo. Leo de todo, novelas, ensayos, libros políticos.

A la mañana tengo la fajina general (limpiamos), después cada una se dedica a limpiar parte del lugar donde estamos. Con las chicas estamos organizadas de forma que cada una limpie una zona y así siempre está limpio. Hacemos lectura conjunta. Me gusta mucho coser, hacerme la ropa. En los cursos del CONET hice el curso de juguetería, muñecos de trapo. Ahora no hay clases por el verano, pero los familiares nos traen esas bolsas de retacitos de tela y yo los aprovecho para hacer cosas, almohadones, lo que sea, me ayuda a descargar y es constructivo. En invierno tejo, tengo la guitarra y a veces me dedico a sacar alguna canción. Acosta toca la guitarra también así que ella me enseña a rasguear. El resto es un poco de tele, tenemos una para las cuatro.

—*¿Cómo fue tu infancia?*

—Creo que fue muy dedicada a la escuela. Era buena alumna, no de diez absoluto; la que tenía siempre diez era mi hermana. Tenía buena conducta, era tímida. Me gustaban Historia y Geografía.

Volvimos al silencio. Nos "miré" a las dos, sentadas en esa salita, sin saber casi nada una de la otra. "¿Te sentís sola?", pregunté.

Aunque no se note a simple vista, creo que no me he sentido sola en la militancia; el pueblo argentino tiene una actitud general de apoyo. Tarde o temprano la gente termina por rebelarse ante las injusticias o los atropellos, no me parece que los argentinos tengan características de mansedumbre o de dejar pasar las cosas. Lo que pasa es que hay tiempos, tarde o temprano encontrarán los canales para manifestar eso...

—*¿Para las mujeres de tu generación, las militantes del '70 han sido un modelo?*

Yo creo que sí. No conocí personalmente a muchas, pero creo que en esa época se tomaban las cosas de otra manera, más comprometida… Como si a las chicas de mi edad les costara más salir del tema de la casa, de lo que es "femenino", digamos. Cuando iba a la facultad, en el año '82, a pesar de que había un movimiento de la mujer profesional, había todavía un cierto silencio. Más tarde, hablo del último tiempo que estuve afuera, había más interés. Había pasado lo de Semana Santa y, al menos en el ambiente en que me movía yo, de profesionales de la educación, se notaba un interés por reflotar lo que había pasado, empezar a conocer más.

Fuera de la militancia, actualmente, no tengo amigas. En la época de la facultad sí, tenía algunas, íbamos al cine. Creo que la última película que vi fue *La deuda interna*, pero no estoy segura…

Salir es sí, un pensamiento permanente, aunque uno no lo tenga consciente en todo momento.

Hace unos años me gustaba escribir, poemas, reflexiones. Siempre me pareció más fácil expresarme a través de lo escrito que hablando, incluso me pasaba en los exámenes. Ahora no escribo, no he sentido ganas. Supongo que también tiene que ver con eso de que te revisan las cosas. El asunto de las requisas lo sentís como un ultraje porque te revuelven todo.

Lo más desagradable sin embargo es la requisa de la 1, cuando vamos. Tenés que sacarte la bombacha, tenés que agacharte, te revisan la vagina. Si te negás no entrás; no te tocan, pero te miran. No es algo que me ponga nerviosa, que me altere, pero es un asunto de pensar qué tiene esta mina en la cabeza que eligió este trabajo, cómo se sentirá ella haciendo esto…

Con las otras mujeres presas no tenemos ningún problema, nos quieren mucho, nos ayudan, nos tienen en cuenta, nos buscan.

La relación con el personal varía por épocas. Nosotras tenemos un trato respetuoso hacia todos porque no somos de andar patoteando a nadie, ni de contestar mal. Los problemas surgen cuando vemos que hacen algo que no corresponde, y ahí sí, nos ponemos firmes, conservando la actitud correcta. Con el director anterior teníamos más problemas porque nos tenía mucha bronca. Al principio no quería dejarnos salir ni a Educación. En ese momento íbamos a Inglés, Cintia iba a Francés, y hasta eso nos quería prohibir. Para poder anotarse en el curso del CONET hubo que hacer un lío porque no quería, también nos sacó el trabajo. Ahora con el cambio de dirección hay una actitud más correcta.

—*¿Tu balance?*

Al margen de esta situación que es triste, estar separada de la familia, de todo, creo que hice cosas. No siento que he tenido una vida vacía, no me dejé llevar por lo que venía. Probé distintos trabajos y cuando elegí Servicio Social busqué ubicarme en un campo acorde con lo que yo pensaba.

Como asistente social quería ayudar a la gente, que crecieran, y vi que con ese trabajo no se podía. Entonces pensé que lo único era militar, cambiar desde abajo.

Mirando para atrás creo que tal vez no tendría que haber sido tan independiente de mi familia, tal vez tendría que haberles dado un poco más. Me parece que no me di cuenta de que también me necesitaban y seguramente podría haber hecho las dos cosas, no darle menos a la militancia, sino un poco más a ellos, tratar de hacerles entender lo que estaba haciendo.

—*¿Tenés esperanzas?*

Sí, a pesar de todo lo que está pasando en el mundo, creo que se va a poder concretar lo que esperamos.

II

El expediente que tramité para conseguir entrevistar a estas cuatro mujeres debía ser motivo más que suficiente para aprovechar o "cobrarme" la espera yendo al penal unas cuantas veces más, y en principio, esa fue mi idea.

Después de la última entrevista, sin embargo, me detuve a reflexionar sobre el asunto.

Es absolutamente normal no estar conforme con una primera entrevista, pero a esa circunstancia se sumaban en este caso otros elementos que ponían una tonalidad ominosa en el encuentro.

Yo nunca había estado en una cárcel y aunque, obviamente, no esperaba "un jardín de rosas", el ambiente me resultaba insoportable. Las dos veces que fui volví tan triste y deprimida que el resto del día se me fue en oscuras divagaciones.

Tengo experiencia y disciplina suficientes como para obligarme a soportar el impacto anímico, pero de todos modos, por primera vez consideraba algunas cosas que no había tenido antes en cuenta.

El punto fundamental de mi rechazo giraba alrededor de algo que era imposible de arreglar: la falta de libertad de las entrevistadas.

Todas las mujeres con las que conversé tuvieron absoluta libertad en nuestros encuentros. Cada encuentro fue en el lugar, en el día y en el horario que ellas eligieron. Podían decirme o no su verdadero nombre, podían darme o no un número de teléfono para ubicarlas.

El tema era otro punto.

Mi interés giraba alrededor de su vida personal: "condición femenina y militancia" era la estricta definición de mi objetivo y aunque suene fácil, era en realidad muy difícil para ellas, porque tenían que hablar de su vida íntima con una desconocida.

Con más o menos suerte, el escollo fue sorteado a costa de largas charlas y unos cuantos litros de café en distintos bares. Casi siempre terminamos muy bien, pasando por discusiones, algún paréntesis, o incluso —en muy pocos casos— el abandono del asunto.

Todo fue libre e íntimo. Era entre ellas y yo. No importa que el material estuviera destinado a ser público más tarde, porque el anonimato elegido por la mayoría o aun la identidad revelada de las restantes, dependían de una elección que ellas tomaban.

Pero con estas cuatro mujeres, salvo la decisión de conversar conmigo, ninguna de las otras condiciones estaba dada y la principal carencia, la falta de intimidad, se transformaba en un muro infranqueable.

Recuerdo que insistí ante los funcionarios para que me dejaran hablar con ellas "afuera" del edificio. Yo quería sentarme al aire libre, aunque a diez metros tuviéramos guardianes.

Pero eso no me fue concedido.

Mi propuesta no era bucólica. Yo quería que ellas y yo estuviéramos seguras de que nadie nos escuchaba. Si así hubiera sido, entonces sí habría valido la pena hacerme unos cuantos viajes y llegar a un mínimo nivel de confianza y conocimiento mutuos.

La sala de visitas era, es, un cuarto muy pequeño. Un escritorio, dos sillas y un armario que resultaba anacrónico.

Yo no sé si en las cárceles existen normas de seguridad internas por las cuales (así como se someten a requisas los paquetes o, en mi caso, solamente las revistas y diarios que llevé de regalo en mi visita) se aplica un mecanismo de control sobre las conversaciones.

La duda simple, y tal vez errada de mi parte, acerca de si seríamos o no escuchadas me planteaba a su vez otra que me repugnaba profundamente. Yo no quería ser el agente involuntario de una "desnudez" que inevitablemente se produce con este tipo de temas.

Sabía también que desde el punto de vista de la "inteligencia" nuestras conversaciones serían completamente "inofensivas". Pero lo que no es inofensivo es que alguien que está encerrado y controlado me revele sus miedos, sus ilusiones, sus penas y sus esperanzas, porque eso, como todo lo íntimo, deja vulnerables a las personas.

Cualquier periodista sabe además lo difícil y sorpresivo que puede ser el clima de una entrevista. A veces, casi siempre, lo mejor se dice con el grabador apagado. A veces, la mejor línea surge cuando uno está pensando en despedirse y la conversación fluye de pronto, natural y espontánea.

Ese timing aquí no existía, porque en la hora prefijada había que ganar tiempo y no quedaba ningún espacio para romper el hielo, conocerse, divagar un poco y, sobre todo, no cortar cuando lo mejor estaba surgiendo.

El ejemplo perfecto de estas malas y, al parecer inevitables condiciones, fue con Claudia Acosta.

Habló apasionadamente primero del aspecto político, después nos acercamos un poco a la historia personal. Cuando surgió el tema de su compañero desaparecido las lágrimas se llevaron otra parte de nuestro tiempo. En condiciones naturales ese día la entrevista hubiera terminado, o nos hubiéramos tomado el tiempo suficiente para que se repusiera, pero aquí había que seguir. En la mitad de una frase entró la guardiana a decir que el tiempo se había terminado, y adiós.

Ya sé. Los reglamentos de una cárcel son estrictos. Igual que las condiciones de vida y, sobre todo, la esencia del asunto: estar privado de la libertad. Ninguna sociedad ha resuelto bien ese tema y, desgraciadamente, no veo que seamos la excepción, ni que estemos en vísperas de serlo. Así que resolví no volver. A pesar de que significaba una frustración enorme no hacerlo, a pesar incluso, de la buena voluntad del oficial responsable, que después de mi protesta del primer día porque la guardiana estaba de pie junto a la puerta, hizo que se retirara, al día siguiente, a la zona del pasillo.

¿Cometí un error al suspender las entrevistas? No lo sé. Estoy muy segura en cambio de que no era así como quería hablar con ellas, ya que incluso el hecho de estar en cautiverio les impide, creo, la visión "en perspectiva" que solamente se adquiere con el paso de los años y el ejercicio de la libertad, que en el caso de estas cuatro mujeres y sus compañeros varones encarcelados se plantea una y otra vez, con las gestiones realizadas por el MTP y entidades de Derechos Humanos, así como a través del rumor de un indulto presidencial que al cierre de este libro no se ha concretado.

Esa permanencia en prisión implica asimismo que la experiencia, para ellas, no está terminada, y teniendo en cuenta el confuso marco sociopolítico en que aquellos hechos se produjeron, queda mucho por analizar y reflexionar sobre un tema que tampoco para la Historia está terminado.

Graciela Daleo
("Viky")

El río se ve marrón y enorme desde la pequeña ventanilla del avión treinta y tres plazas en el que viajo rumbo a Montevideo.

Me han dicho que es muy dura. Ella misma, anticipando una posible negativa, ha dejado en claro que "primero tenemos que hablar para saber si le interesa o no, y que no quisiera que yo me hiciera el viaje en vano...".

18:50. Ya estoy instalada en un bar de la Avenida 18 de Julio y me entretengo observando a estos parientes próximos que se pasean abrazados a un termo y el mate.

18:55. Trato de recordar una cara que he visto en alguna fotografía y cuando por fin la tengo frente a mí, descubro que es más baja de lo que creía. Ella sonríe pero tiene una mirada que taladra.

Conversamos ¿o me interroga? Digamos que conversamos siguiendo una línea muy precisa que ella marca para conocer mis ideas, poniendo objeciones aquí y allá.

Quedamos para el día siguiente por la mañana. Esa noche tiene un casamiento y se tiene que ir a lavar el pelo, ponerse linda, dice y sonríe nuevamente, esta vez, sin taladro.

Me levanto temprano y camino despacio hacia nuestro punto de encuentro, contemplando la playa como una promesa para más adelante. Conversamos un rato pero no tiene mucho tiempo y me deja con una pila de papeles que viene escribiendo. Son notas donde se mezclan recuerdos y reflexiones.

Un cortado, cigarrillos, los anteojos. A leer.

"...Los tíos me atiborraron de vino ribeiro, caldo gallego, erizos, pulpo, filloas..."

Dice que el pueblo se llama Cervo. Alrededor de una mesa se han reunido para agasajarla los tíos gallegos. El abuelo que se fue, Julio Crego, lo hizo para escapar del servicio militar que debía cumplir en Africa. La nieta que volvió lo hizo para poner distancia con los dieciocho meses que pasó "chupada" (secuestrada) en la ESMA.

Entre las dos huidas han pasado setenta años. El punto inicial del círculo que su presencia completa es un viaje de ida que termina en la pampa argentina, y un viaje de vuelta que empieza a la salida de la ESMA. En medio hay historias cruzadas, proyectos, sueños, y una muerte que anda demasiado cerca.

Julio, el gallego, se estableció y tuvo hijos en la nueva tierra. María Teresa, la mayor, se recibió de odontóloga y allá por los 40 recaló con su título flamante en Tornquist. Más tarde se casaría en Huanguelén con Joaquín Daleo.

El 23 de enero de 1948 nació una niña, y nadie imaginó que sería ella la encargada de volver, forzadamente, a la tierra de los abuelos.

Dicen que los gallegos tienen carácter fuerte. Lo habrá heredado de ellos entonces. Porque esta niña aplicada, buena alumna, que llora cuando no la dejan ir a la escuela por enfermedad, desde muy chica se rebela contra las injusticias y ya es capaz de admirar a Evita, cuyo retrato bajo la almohada acompaña todas las noches sus sueños.

Se operó la nariz, que "tenía una joroba agrandada por un pelotazo", un mes antes de cumplir los dieciocho años. Epoca clave evidentemente, donde estrenó título de maestra y partió a "misionar" en un pequeño pueblo de Tartagal, al norte de Santa Fe.

En la misión descubrió la miseria ancestral de los hacheros, se sacudió con "los cachetazos espirituales" del padre Mugica, estuvo cerca de Roberto, su amor imposible desde los quince años, y conoció a Mario Firmenich, Carlos Ramus y Roberto Perdía (entonces joven abogado que fue a visitarlos un día).

Acción Misionera organizaba estos encuentros donde frecuentemente participaba el padre Mugica, coordinador de la Juventud Estudiantil Católica. Viky recuerda que "le tenía terror", sentimiento que seguramente fue decisivo para flaquear en el interrogatorio al que ella y la Gorda fueron sometidas por haber puesto una víbora muerta en la taza de Firmenich. Cargó sola con la culpa y la penitencia: lavar todos los días con lavandina la taza, hasta que perdiera el olor.

Cada noche se reunían con Mugica. Un texto del Evangelio servía de marco a la reflexión que calaba hondo y desmenuzaba el tramado que la vida cómoda y segura había tejido en cada uno.

No era suficiente sin embargo. El poblado, muerto después que La Forestal lo abandonara, era un álbum de miserias, y alguno lanzó un día la idea: "Había que hacer algo". Y lo hicieron.

Los hacheros, citados al salón de actos de la escuela, vinieron de todos lados. Con sus denuncias (pago con vales, trabajo discontinuo, falta de asistencia médica) se redactó un documento que comenzaba diciendo: "Nosotros, trabajadores del monte de la zona de Tartagal...". Firmaron todos. La mayoría, con sus huellas. Alumnos de la Escuela de Cine de Santa Fe, dirigida por Fernando Birri, realizaron más tarde un documental sobre el tema que incluía la declaración. Viky asegura que esa fue una de las emociones más grandes de su vida, cuando, sin saberlo aún, habían comenzado a escribir una página diferente de la historia.

Tan profundos fueron los cuestionamientos surgidos en ella que Firmenich hubo de convencerla para que no se quedara con los hacheros a compartir su destino. No pudo convencerla en cambio para que aceptara ser su novia. Ella siguió firme, esperando que Roberto advirtiera lo que todos sabían.

DOS CONSEJOS Y UN CAMINO

Mugica terminó la misa y se dirigió a la sacristía. Viky juntó coraje y le habló. El escuchó en silencio su consulta y le dio dos consejos: aceptar a Mario (Firmenich) y afiliarse a la Democracia Cristiana, porque el peronismo "era demasiado fuerte para ella". No tuvo en cuenta ninguno de los dos.

El golpe de Onganía la alejó de la Facultad de Filosofía y Letras, donde se había inscripto para cursar Sociología.

Se inscribió en El Salvador. Pero la facultad era solamente una referencia que prometía un título. Sus intereses se perfilaban nítidamente ya, desde la época en que había hecho contacto con el Movimiento Familiar Cristiano. La reflexión sobre el comunismo, el liberalismo, y el diálogo entre protestantes y católicos la fueron acercando a temas que serían decisivos en su militancia.

Consiguió trabajo en la librería Hachette. Disfrutó mucho la compañía de los libros, que amaba desde niña, cuando leía todo lo que caía en sus manos. *Cristianismo y Revolución,* la revista que dirigía Juan García Elorrio, le mostró un camino posible. Faltaba "dar" el paso. (*Cristianismo y Revolución* comenzó a salir en el año '66. El grupo político que se formó alrededor se llamó Comando Camilo Torres.)

El momento llegó cuando menos lo esperaba. A punto de salir para su hora de almuerzo se le apareció Roberto, buen mozo como siempre, con un impecable traje gris.

Fueron al Hamburgo de Carlos Pellegrini y Tucumán. Una breve detención en Montevideo durante un encuentro clandestino de la Juventud Peronista había hecho reflexionar a este esquivo amor imposible. Sacó una lata de marrón glacé —"los odiaba", dice Viky— y le declaró su amor. Tal vez por los cuatro años que llevaba esperando, ella intentó una evasiva femenina. Roberto cortó de cuajo los remilgos: "No me digas nada, entre nosotros siempre estuvo todo dicho".

DE LA MANO DEL FLACO EMPECE A MILITAR

"En mi primera reunión con el Comando Camilo Torres, leímos un mensaje del Che Guevara." El grupo ya venía elaborando algunos postulados básicos alrededor de los cuales giraban sus análisis y proyectos: ante la injusticia, hay que hacer la revolución. Apelar a todas las formas de lucha. La revolución en la Argentina pasa por el peronismo y debe ser socialista. La revolución interior formará el hombre nuevo.

En su mensaje, el Che hablaba de la necesidad de crear "dos, tres, muchos Vietnam" en América latina para hacer la revolución. Viky dice: "me pareció terrible, entendía que era necesario porque estaba de acuerdo con las ideas que manéjabamos al respecto: la violencia de arriba engendra la violencia de abajo, la burguesía no está dispuesta a dejar sus privilegios gratuitamente... pero nunca pude pensar siquiera, en transformarme en una fría máquina de matar...".

No dice si ella habló sobre eso con el grupo o se guardó los conflictos que el tema le ocasionaba.

De esa época Viky recuerda que "asistíamos a reuniones en las que Gonzalo Cárdenas, Hernández Arregui, Cooke, nos daban charlas, sobre todo de historia nacional. Participaban Roberto (el Flaco), Firmenich, Carlos Ramus, Fernando Abal, Norma Arrostito. Había grupos similares en Córdoba y San Juan".

DISTURBIOS EN LA CATEDRAL

El 1º de mayo de 1967 se celebró una misa en la Catedral, organizada por la Federación de Círculos Católicos de Obreros. *La Nación* del día martes 2 informó que "...el desarrollo de la ceremonia oficiada por el cardenal Caggiano, se vio turbado por incidentes protagonizados por un grupo de personas que repartieron volantes, cuyo texto intentó leer una de ellas desde el presbiterio, lo que fue frustrado por la intervención de fieles y policías de civil asistentes".

"Una de ellas" era Juan García Elorrio, quien, parado frente al micrófono que arrebató al sacerdote, intentó leer el volante firmado por el Comando Camilo Tores, que inauguraba así su actividad pública. Lo que siguió es digno de una película neorrealista italiana.

El cardenal pidió a los policías mesura para reprimir teniendo en cuenta el ámbito, y en consecuencia, revoltosos y policías siguieron juntos el desarrollo de la ceremonia, observándose unos a otros. Al finalizar el acto, García Elorrio se acercó al cardenal, le besó el anillo y le pidió su mediación para evitar ser detenido. La foto del diario lo muestra en ese preciso momento, y como, según la crónica, el primado le respondiera que intentaría hablar con la policía, salieron juntos hacia la calle. La extraña comitiva era encabezada por el cardenal, a quien seguían García Elorrio y dos compañeros, seguidos a su vez por los policías. "Ya en el propileo de la Catedral —informa la crónica— los acompañantes de García Elorrio trataron de facilitar su fuga", hecho que naturalmente quiso ser impedido por los policías y entonces, "mientras García Elorrio se tomaba de un brazo del purpurado, hubo un cambio de golpes, y en la confusión, éste recibió uno en el pecho". El cardenal, asistido por sus acompañantes, se retiró sin haber podido llevar a cabo sus funciones de mediador. Fueron detenidos "Juan García Elorrio, argentino, casado, veintiocho años, director de *Cristianismo y Revolución*, Fernando Luis Abal, argentino, soltero, de veinte años, y por repartir volantes sobre el mandatario depuesto en 1955 y panfletos alusivos a la ley universitaria y las libertades públicas, Casiana Josefina Ahumada de Leloir, argentina, viuda, de veintinueve años y otros".

El 24 de noviembre del mismo año, Día de Acción de Gracias, la Catedral fue blanco de otro operativo que se iniciaría con el estallido de un petardo.

Los detalles, cuidadosamente planeados, incluyeron una prueba que realizó Carlos Hober en una terraza, encendiéndolo con un cigarrillo. La idea era, y fue, colocarlo en un altar lateral, mientras simulaba que rezaba.

Ella recuerda que "hasta Onganía se tiró al suelo".

No es para menos, diría; si uno va a una oración comunitaria como la de ese día, no espera petardos, objetivo que se cumplió perfectamente, y según la noticia publicada en *La Nación,* "…la respuesta del coro: Escúchanos, Señor fue quebrada a las 20:10 por un potente estampido. Un petardo había puesto en el recinto una nota ingrata…".

El petardo estalló en la capilla de Nuestra Señora de Vladimir, patrona de Rusia y hasta ese momento todo había funcionado de acuerdo con lo previsto. Los peros vinieron de la vida, que enseña todos los días que hasta los mejores planes fallan.

"Ignacio, Ana, Pedrito y yo, fuimos a nuestros lugares prefijados", pero Ignacio, muy corto de vista, se había sacado los anteojos para "despistar". El resultado previsible es que chocó con todo el mundo a la hora de "dispersarse", vulgo salir corriendo.

Se fue de su casa por primera vez y no regresó hasta que los compañeros (Ignacio y Ana) salieron en libertad. La madre, previendo que lo suyo podía exceder las actividades de una cristiana inquieta, había dicho: "Ojo con lo que hacés". Ella recuerda que puso "cara de santa".

La entrada en la política activa, sin embargo, no iba a significar un estado idílico y permanente. "La rebelión de los enanos" ya se había producido cuando ella, en enero del '68, viajó a Chile donde hizo un curso de alfabetización con Pablo Freire. La palabra "enanos" aludía a la escasa altura de algunos rebeldes: "Carlos Ramus, Mario Firmenich, la petisa y su compañero...". En el grupo de García Elorrio, que había pasado a llamarse Comandos Peronistas de Liberación, la independencia de criterio de Viky era el mejor caldo de cultivo para críticas que surgían en ella una y otra vez, originadas por pautas de vida que observaba en Juan García Elorrio y su situación de indiscutible número uno que parecía establecida "por derecho divino".

La crisis, que se precipitó en noviembre, está registrada con la precisión de su memoria privilegiada: "El 16 de noviembre del '68 me expulsaron por cuestionar a la conducción".

Junto con otros expulsados de la misma época y gente nueva que habían conocido formaron un grupo de Juventud Peronista en el que militó durante el '69 hasta que en octubre del mismo año cayó presa por volantear.

"Pasé quince días en un calabozo con diez prostitutas, una menor fugada y dos quinieleras. La detención era el precio de querer hacer la revolución. La expulsión formaba parte de la interna de la organización. Fue un descubrimiento porque hasta ese momento, yo había creído que un compañero era para toda la vida. Me equivoqué por mi tendencia a idealizar a los que quiero."

Cuando la expulsaron del grupo de García Elorrio tenía veinte años; cuando la detuvieron por primera vez, veintiuno. Era sin duda una época intensa donde los acontecimientos se sucedían muy rápidamente. Ella estaba enamorada y veía a la revolución como algo cercano y posible, que llegaría con la absoluta dedicación a una lucha que no podía ser demorada.

"Nosotros queríamos pasar a la acción en serio. Formar una vanguardia, fortalecer un foco y extender nuestra acción política más allá de los cristianos de izquierda."

Como tantas veces en la vida, aquella experiencia del Camilo Torres quedó atrás. En el nuevo grupo formado, contando ya con la experiencia adquirida en su primer desencanto político, Viky se lanzó a la actividad agotadora de una labor agitativa en la que se repartían mil tareas como trabajadores forzados. "Estudiábamos de noche los lugares posibles para pegar los afiches o hacer las pintadas. No había quien bancara, comprábamos entre todos lo necesario. Dos pintaban y dos hacían de campana en las esquinas. Prefería pintar, me ponía muy nerviosa estar esperando. También había cosas cómicas. Un día teníamos que ir a tirar unas 'molo' por Florida. Las habían dejado listas en la escalera de servicio de un edificio. Por supuesto, ninguno 'conocía' a los otros. Resultado: un grupo de 'desconocidos' en un ascensor. Cada uno con un paquetito igual al del otro."

AMOR VERSUS MILITANCIA

De la mano del Flaco comenzó a militar, y por seguir al Flaco dejó, por única vez en su vida, la vida agitada de reuniones políticas, volanteadas y corridas varias.

Un problema familiar obligó al Flaco a trasladarse hasta un obraje en Santiago del Estero. El planteo de él fue que la militancia la hacían en pareja o no se hacía. Ella dice que dejó "con culpa y bronca" pero aceptó trabajar como secretaria en la oficina de su ¿futuro? suegro.

"Hubo buenos y malos tiempos, pero los caminos se fueron bifurcando. Esquizofrenia manifiesta: terminamos discutiendo si cuando se arreglara la situación del padre compraríamos o no un velero. Para dos que querían hacer la revolución era algo un poco superfluo, ¿no te parece?"

La ruptura llegó a fines del '72, planteada por el Flaco, que al parecer preocupado por la inexperiencia de ambos (habían sido el uno para el otro, primeros novios), deseaba conocer otras mujeres. Con el corazón roto ella siguió trabajando en la oficina mientras el Flaco iba y venía. Un año y medio después ella puso fin a la situación abandonando sus funciones de secretaria.

"En la definitiva el paso fue mío. Si no, por ahí todavía nos seguíamos encontrando de manera confusa y empastelada."

Y así fue como Estrellita Oriental (seudónimo humorístico que se autoaplica) volvió a sus amores de siempre: la universidad, los amigos, la militancia. La muerte, sin embargo, ya había tocado su núcleo original: el gordo Maza, Fernando Abal y Carlos Ramus habían muerto militando (el 1º de julio de 1970, Maza; el 7 de setiembre del mismo año, Abal Medina y Ramus).

Mil novecientos setenta y tres fue, sin duda, el año del retorno. Se asimiló a una JP montonera de Parque Patricios. Recuerda esa época efervescente como la más feliz. Se podía hablar de política, y se hacía política. Según su definición, las unidades básicas "florecían" en todos los barrios.

Destinada a una circunscripción cuyo centro estaba cerca del Riachuelo, se acostumbró a un lugar del que, cuando era chica, no soportaba el olor.

"Hacíamos reuniones, bailes, peñas en el Club Torino, y la gente del barrio venía. Después, cuando uno iba a timbrear (me costó mucho vencer la timidez para eso) para consolidar estos contactos, la gente nos reconocía como los chicos de la JP."

No era cuestión solamente de vencer la timidez para "timbrear". Otras cuestiones más profundas ya estaban en juego en ese momento.

Las diferencias con Perón iban apareciendo y se hacía muy difícil hablar con la gente del peronismo tradicional sobre temas que inducían a una progresiva fractura.

Paralelamente, el ministro Taiana impulsó una campaña de alfabetización de adultos. Allá fueron Viky y sus compañeros. Ella ya tenía experiencia en el tema por haber hecho un curso con Pablo Freire en Chile. Se prepararon y cada uno con un diploma bajo el brazo, donde no habían puesto los nombres, partieron a alfabetizar.

El anonimato no era un capricho. Perón ya había muerto. La Triple A estaba en acción y muy atenta. Desde el lanzamiento de la campaña hasta el comienzo de su implementación asesinaron a Ortega Peña y a Mugica. Tampoco algo tan "apolítico" y loable como alfabetizar era fácil.

"Recorrimos casa por casa detectando los analfabetos. La gente se avergonzaba y lo ocultaba. El primer día conseguimos anotar siete personas. Convocamos a la primera reunión. Ninguno se presentó. Después de mucho insistir, conseguimos que una pareja asistiera."

Cuando parecía que iban a empezar a ver los resultados, ella fue destinada a otro frente de lucha. Adiós a la alfabetización.

La última etapa, hasta su secuestro el 18 de octubre de 1977, transcurrió en Avellaneda.

Ni soñar con hablar de política. Pero en todos los barrios hay un club. Dijo que era "del barrio" (en realidad vivía en Villa del Parque), cuando se acercó "para ver la posibilidad de hacer una guardería".

"Timbreaba" para hablar con las mujeres, y en el club se hacían sociales, fraternizando con los jubilados. Muchos partidos de bochas la vieron inclinada para ver si había sido "buena" o "mala". Perdía siempre, dice, pero la amistad avanzaba. En otro sector del barrio, un cura que tenía mucha ascendencia sobre la gente daba cursos de apoyo escolar. Se ofreció como voluntaria.

El trabajo en el club se suspendió después de que uno del grupo, Cacholo, obrero ferroportuario, fue secuestrado. El de apoyo escolar terminó con el suyo.

VESTIDA COMO UNA SEÑORITA

Dentro de la sencillez, asegura que siempre le gustó vestirse bien, "como una señorita", y no se ha olvidado de alguna prenda que prefirió especialmente. Recuerda "un trajecito verde oliva, de gamuza sintética, que me regaló mamá". Dice que le gustaba mucho, porque además de ser muy lindo era "justo" para su militancia.

Una de las preguntas tocaba el tema de los amores, y esta militante que no perdía la elegancia ni dejaba a un lado el mundo de los afectos, reflota algunos episodios que forman parte de esa ligazón entre su vida personal y su vida política.

El primero ocurrió el 25 de mayo de 1973. Lugar: frente a la puerta de la cárcel de Devoto.

"Yo estaba con mucho miedo, las horas pasaban y la situación se ponía cada vez más tensa. Los guardias apuntaban con sus armas. Me dominó el pánico y me quise ir. El Flaco me contuvo con una buena sacudida: 'Hace años que estoy soñando con este momento y de aquí no nos vamos'."

Se quedaron. Y gracias a ese "autoritario gesto machista que sirvió" no se perdió una de las jornadas más importantes de su militancia.

El segundo tuvo que ver con el sentimiento de culpa que ella relaciona con su extracción cristiana.

"Me perseguían la tristeza y la bronca de haber dejado algo que yo amaba *(se refiere a la época de secretaria)*. Además empezaron a matar compañeros con los que yo había empezado la militancia. Me sentía como una hija de puta que había abandonado la lucha mientras otros compañeros habían dado la vida por eso. El Flaco me ayudó haciéndome ver que no era cuestión de sentir culpa por estar viva sino rabia porque los habían matado."

La segunda pareja mencionada es el Gordo José (José Vicente Vega).

El era viudo, su mujer había sido asesinada, y tenía dos hijos con los cuales Viky llegó a tener muy buena relación. El Gordo José alquiló una casita en Valentín Alsina y la invitó a compartirla. Ella no quiso porque le preocupaba cambiar tan rotundamente de vida, y hacerse cargo de dos hijos, sobre la base de una pareja muy reciente.

El último fin de semana que se vieron, ella se fue pensando que estaba teniendo ya muchas ganas de irse a vivir con ellos. Dos días después la secuestraron. Unos meses más tarde le llegó el turno a él, que continúa desaparecido.

La tercera pareja es con el Gordo, pero de la ESMA. El flechazo se produjo en la increíble Nochebuena del '77.

Menciona al pasar: "Hay cosas personales que no he tenido".

¿Una pareja que pudiera haberla acompañado toda la militancia, hijos?

Mi duda quedó satisfecha tiempo después, cuando nos reunimos para el balance de su historia.

EL SUBTE AL QUE NUNCA SUBIO

Bicho me levantó la capucha.

—Soy uno de los que la agarró. Decían que andaba con un cinturón de granadas. 220 dijo que la atraparía viva. ¿Qué hubiese hecho si le hubiésemos dado el alto desde lejos, como yo quería?

—Tirarme a las vías.

El diálogo que transcribo de las notas de Viky resume bien el minuto fatal que cortaba aquella militancia que había comenzado "de la mano del Flaco" y terminaba el 18 de octubre de 1977.

La nueva etapa comenzaba con dieciocho meses en la ESMA. Pero en ese momento no lo sabía. Estuvo segura de que la matarían y, extrañamente, sintió alivio. Dice que una psicóloga le explicó más tarde que eso se llama "alivio por el terror". Puesto que todo estaba terminado, la persecución había llegado a su fin. En los que creyó sus minutos finales dos elementos surgieron nítidos: "No voy a ver más a María ni voy a hacer más el amor", pensó.

María tenía en ese momento dos años y era su ahijada, hija de un compañero que había desaparecido en diciembre del '75 en Córdoba.

En la 13, cuarto de tortura, recuerda haber visto un cartel con un organigrama montonero lleno de nombres. Al parecer estaba destinado a convencer a los secuestrados de la inutilidad de su silencio. Total, otros ya habían hablado.

Se preparó temblando para lo peor. Le habían hablado de torturas espantosas, la de la rata, la sierra... no hubo eso. "Golpes y picana. Golpes y picana. Simulacro de fusilamiento...", así define el trato recibido. Diferentes categorías del horror. Había que pasar por otras cosas que atañen al universo femenino.

Esa mañana había salido más temprano de la pieza compartida que alquilaba en el Pasaje Chimborazo de Villa del Parque, vestida con "una falda escocesa, camisa blanca, saco rojo, sandalias negras de plataforma, medias negras gruesas que ocultaran sus piernas sin depilar...", detalla puntillosamente en las notas, y decidió ir a depilarse antes de entrar a trabajar. Pero en la estación Acoyte el viaje del día tomó un camino temido: frente a las puertas abiertas del tren estacionado, todos los pasajeros subieron, menos ella. Gritó su nombre y el número de teléfono del trabajo de su padre mientras la arrastraban por las escaleras del subte hacia la calle, donde antes de entrar, no le había dado importancia a un Falcon beige estacionado cerca de la esquina.

"Drogas, es por drogas", contestó uno de los que la llevaban a la pregunta que un desconocido se atrevió a formular. La solidaridad o la piedad llegaron más lejos. Tres personas retuvieron mentalmente el número que gritó y llamaron al padre. Mientras la madre corría hacia la casa después de enterarse del secuestro, para encontrarse con el marido solo y catatónico en el living, ella recorría el proceso que había imaginado en tantas pesadillas: ser desnudada, estar sin depilar frente a la irónica mirada masculina y asistir como protagonista principal a la puesta en escena de su fusilamiento.

Ya encapuchada, cuando la desvistieron para torturarla, los oyó calcular qué esposa o novia heredaría el saco rojo que llevaba, regalo de su madre.

Después de la picana y la paliza, el entonces teniente Antonio Pernías le comunicó la sentencia: "Se lo dije, si no habla, al atardecer será su fin".

Vestida nuevamente, el saco rojo volvió a su cuerpo y alguien tocó las solapas: "Qué bien le va a quedar a mi mujer".

Se prepararon. De pronto, uno quiso sacarle las esposas para quitarle el saco; no quería que se arruinara con las balas y la sangre.

"Decí tu última voluntad."

"Quiero que me saquen la venda. Quiero ver cómo me matan."

Uno intentó. Pernías lo prohibió, indignado. Martillaban, disparaban. Las balas no llegaban.

Advirtieron: "Bueno, ahora va en serio, arrodíllese".

Sintió el pasto bajo las rodillas. Nuevos disparos. Nada. Sin explicaciones, la condujeron nuevamente al auto. Los dieciocho meses en la ESMA comenzaban.

NO CONFIES EN NADIE, NI SIQUIERA EN MI...

Su primera madrugada en la ESMA la encontró tirada en la "cucha" (pequeño espacio destinado a "dormitorio" de los secuestrados, delimitado por tabiques y donde solamente había una colchoneta en el suelo), esposada, engrillada y encapuchada. Alguien le apretó el hombro y le susurró "fuerza". Reconoció la voz de "la Cabra" Alicia Milia. Más tarde "la Chinita" Cristina Vieyra, sobrina de Massera, le dejó un pedacito de chocolate al lado de la capucha. En la noche siguiente, también como parte de esa solidaridad, recibiría la lección más dura e importante. "No confíes en nadie, ni siquiera en mí." La advertencia partió de "La Chiche", Ana María Martí, que había conseguido unos minutos de gracia para que el guardia las dejara hablar sin capucha. Viky dice que no olvida la desconsolada expresión de Ana María mientras pronunciaba el mensaje útil y terrible.

En las que define como "tinieblas de las primeras noches", otros se acercaron. Norma Arrostito le dejó junto con su abrazo furtivo la certeza de su ánimo intacto: "Yo no colaboro", le susurró antes de apartarse. Juan Gasparini le dio una noticia extraordinaria: "Si ya te subieron a Capucha, es difícil que vuelvan a torturarte". Trató de no hacerse demasiadas ilusiones, pero reconoció la fuerza alentadora del mensaje mientras crecía su asombro oyendo las reflexiones de Juan, que había decidido para "cuando saliera en libertad, sumarse a la socialdemocracia…".

Con ese humor que pareciera no abandonarla nunca, Viky concluye: "Que alguien pensara en salir de allí dentro ya era un sueño. Pero que además ya tuviera decidido su futuro lugar de ¡encuadramiento político…!".

LAS INCREIBLES "FIESTAS" DEL '77

La historia relatada se llama *Fantasmas en la Nochebuena* y está dedicada "A Andrés Castillo, que me ensanchó el corazón ese 31 de diciembre".

Viky recuerda en ese texto su vivencia de las fiestas de fin de año, que para ella y sus compañeros se impregnaban de sentimientos muy especiales.

"En ese entonces teníamos cábalas absurdas: que si durábamos hasta el 25 era que vivíamos para siempre. Luego corrimos el tope hasta el 1º de enero." Las cábalas no obstante se habían demostrado ineficaces.

"De los que estuvimos juntos en las fiestas del '76, para mayo ya habían desaparecido todos, menos yo, que duré hasta el 18 de octubre. Anselmo, Ernesto y Cristina, César Vela, Rafael Spina, Ariel Ferrari, Beto Santi y Esther, su madre."

Así que cuando llegó ese diciembre del '77, Viky se encontró viviendo "el clima navideño" en la ESMA.

El 22, tuvieron "visita" del almirante Massera que, recuerda Viky, "dio su versión de la cruzada militar, y ¿milagro de Navidad? hasta habló de futuro".

Por la noche, el "ministaff" (prisioneros que se habían "pasado" al bando de la Marina), preparó una fiestita en la que no faltó un arbolito.

Con su humor feroz recuerda: "¡Otra que *Cambalache*! Anita Dvatman, que me señaló en la calle para que me secuestraran, ya por entonces 'señora' del teniente Radice —eficiente y certero asesino del Grupo de Tareas— se ocupó especialmente de hacerme probar pan dulce".

Los prisioneros, por su parte, aguzaron el ingenio y de acuerdo con el nivel de actividades permitidas a cada uno armaron para los que estaban peor y privados de todo, los "regalos".

"Sacamos de los diarios historietas y crucigramas. Armé libritos prolijos con esos recortes. Ana María Ponce —la Loli— pintó cuadritos en trozos de madera que del subsuelo traían Serafín y Mantecol. Kika Osatinsky les dio forma de muñecos a retazos de tela."

Habían arreglado con un guardia, el Guri, que el 24 iban a poder saludar a los compañeros de Capucha y Capuchita (altillo al que se accedía por una escalera desde el pasillo del tercer piso, donde estaba Capucha). El operativo, que había que cumplir en el tiempo exacto que duraba la ausencia del oficial que hacía la ronda nocturna, podía costarle muy caro al grupo "en proceso de recuperación" (prisioneros sometidos a lo que Viky define como "versión naval del lavado de cerebros cuyo resultado esperado era convertirlos a los valores occidentales y cristianos según la expresión del teniente Antonio Pernías").

Como en la mejor película de suspenso, las secuencias se sucedieron precisas e impecables. Primera etapa: brindis de Navidad y saludos de la oficialidad.

"Subieron los oficiales de guardia: el Gato González Menotti y el Rubio Astiz, que quince días antes secuestraron madres y monjas. Uno a uno nos fueron dando la mano y buenos deseos. El Rubio, Angel, Cuervo, otro publicista que me pasó su aviso: 'Si no la hubiéramos traído acá no nos hubiera conocido, ni a toda esta gente'. Se escapó una verdad a mi feroz control, y dije: 'Hubiera preferido no conocerlos nunca'. Exabrupto peligroso que por suerte se diluyó en el 'aire de Navidad'."

Y entonces llegó la verdadera Navidad.

El raid, que funcionó perfectamente, cubrió todos los objetivos: Capucha, Capuchita y pieza de las embarazadas.

"Nunca abracé ni me abrazaron tan fuerte a pesar de las cadenas. Sin palabras, tratando que no hubiera llanto. Las lágrimas en la ESMA eran peligrosas. Señal de 'no recuperación', de que no les creías cuando te decían que ibas a vivir. Señal de que seguías siendo vos, cuando uno debía aparentar ser lo que ellos querían que fueses."

Después de los llantos sofocados, de la impotencia, la desesperación y la amargura, los días siguieron su marcha en el calendario de un país que festejaba otras "fiestas".

Y finalmente llegó el 31. ¿Quién no tiene una cábala ilusoria para ese día? ¿Quién no ha rogado secretamente por sus esperanzas cuando suenan las doce? Increíble pero cierto, Viky tuvo esa noche la prueba tangible de su "milagro en la tierra de los fantasmas".

Ya no había regalos, solamente saludos. "Cuando sonaron las 12 enterrando el tenebroso '77, volvimos a brindar uno a uno con cadenas. Cuando choqué mi vaso plástico con el del Gordo Castillo, me abrazó diciéndome al oído: 'Por que este año podamos hacer bolsa a todos estos hijos de puta'. Entonces me enamoré de él. Lo miré y sentí que se me ensanchaba el corazón. Cada vez que lo recuerdo abro los brazos para hacerle lugar. Supe que no mentía. Que no me tiraba de la lengua para después mandarme tragada con el guardia, como algunos. Por fin alguien me decía lo que sentía, y sentía como yo."

La cuenta regresiva, que en la ESMA corría hacia la muerte, raramente hacia la libertad, tuvo a partir de entonces una luz diferente para Viky. Nunca más, dentro de esas paredes terribles, volvería a sentirse sola.

BOLIVIA - VENEZUELA - MADRID

No es un tour pensado por algún trasnochado agente de viajes. Ese fue el recorrido que siguió a su salida de la ESMA.

Viky explica su liberación con las palabras del teniente de navío Juan Carlos Rolón.

"Estoy seguro que el diez por ciento de los que libero, un día me van a poner la pistola en el pecho. Pero por ese diez por ciento, no me banco mandarlos a todos para arriba."

Este poder omnipotente sobre la vida y la muerte estaba orientado según la interpretación de Viky a desmontar todos los mecanismos de defensa de los prisioneros. La tarea de desintegración incluía algo tan deseado como las visitas a la familia, de las que Viky recuerda: "Ellos necesitaban que tuviéramos expectativas de vida. Visitar a tu familia era contactarte con la vida. Uno volvía destruido. Eran todos mecanismos para desarmarte y armarte nuevamente como ellos quisieran...".

El proceso de la liberación prometida comenzó con una visita a los padres, que ella recuerda así: "Unos días antes me llevaron a casa de mis viejos. Pasé el día ahí. Vi al Flaco. Quería contarle que estaba viva, que seguía siendo yo. Después me despedí".

Trasladar prisioneros a países limítrofes formaba parte de un plan gradual de liberación. Estaban fuera de la ESMA pero estaban sin documentos (los movían con documentos falsos). De esa forma se les hacía imposible escapar entrando legalmente a otro país, y además, como ese tiempo "a prueba" no estaba definido, mantenía y aumentaba la incertidumbre de los prisioneros.

En Bolivia permaneció desde el 20 de enero hasta el 10 de abril de 1979. Al menos en distancia geográfica ya estaba lejos de la ESMA, los días del cautiverio y las situaciones atroces o insólitas que le tocó vivir. Como aquella noche en que aprovechando su habilidad para escribir a máquina la sacaron de la cucha donde estaba "tabicada, con esposas y grilletes, me llevaron a la Pecera y me sentaron frente a una máquina de escribir para que pasara una monografía sobre la batalla de Verdún, que le habían hecho escribir a otro prisionero, para que el mayor Acosta, hermano del 'Tigre', aprobara su curso en la Escuela de Guerra. Me sacaron la venda, pero escribí con las esposas puestas y me transformé en un espectáculo que venían a contemplar. Parece que no habían visto escribir al tacto y rápido. Era una Olivetti Lexikon".

La permanencia en Bolivia, sin embargo, se le hacía insoportable por la presencia del teniente de navío Benazzi, miembro del Grupo de Tareas que había sido designado Agregado Naval en Bolivia. Su destino anterior había sido París y la obvia diferencia en la calidad del lugar, que lo aburría y desesperaba, lo mantenía pegado a Viky y a su compañera de vivienda, mujer de un ex prisionero de la ESMA que estaba embarazada. Sus visitas diarias derivaban en pedidos de compañía para ir al cine o hacer compras, convencido de que "ellos (los militantes) eran muy vivos".

La compañera embarazada, que no se sentía bien, se negaba a salir de la casa, por lo que siempre le tocaba a Viky el trabajo de acompañante. Así fue como se encontró un día sentada en un cine viendo *Sacco y Vanzetti* con el teniente de navío al lado. La situación absurda y kafkiana para Viky se agudizó con la dolorosa comprensión de una secuencia de la película, que le había pasado inadvertida la primera vez que la había visto, hacía muchos años ya, con el Flaco.

"Mientras están ejecutando a uno de ellos en la silla eléctrica y el otro espera, la luz se prende y se apaga por las descargas. Cuando estábamos en la ESMA, también había ese tipo de descargas mientras torturaban con picana, y ahora que yo comprendía la escena cabalmente, verla con un marino sentado al lado, era una repetición de la tortura."

Otro día tuvo que acompañarlo a comprar un Volkswagen para ayudarlo a regatear, y explica: "Por eso Bolivia era para mí una prolongación de la ESMA, yo seguía siendo una prisionera bajo las órdenes de los miembros del GT".

Había que convencerlos a ellos entonces del éxito del "proceso de recuperación", sobre todo después de recibir una carta del Gordo, vivo y a salvo en Venezuela. Evidentemente, no la había olvidado y guardaba el recuerdo de los sentimientos nacidos entre ellos. El había decidido volver a vivir con su mujer y sus hijos, aunque insistía en que "era muy importante" verse, analizar todo aquello y organizar la denuncia del cautiverio vivido.

Hasta ese momento, su idea era escaparse a Panamá (país donde no necesitaba visa) si no conseguía documentos para llegar a Venezuela. La alternativa, aunque meditada, la aterraba con la idea de una nueva persecución por América latina. Habló con Benazzi, le contó que había conseguido un trabajo y necesitaba la autorización para viajar a Venezuela. El no opuso reparos, pero como la visa solamente se la podían dar en Buenos Aires, en pocos días más se encontró sentada en un avión rumbo a Buenos Aires no sin antes enviar un telegrama al Gordo contándole la "buena nueva". Por alguna misteriosa y tecnológica razón, el Gordo no pudo comunicarse con ella, así que mientras su viaje de retorno a Buenos Aires seguía adelante, el Gordo en Venezuela se hacía cruces pensando en el riesgo de que fuera "chupada" nuevamente. Ella recuerda que su ilusión y su ansiedad por salir de Bolivia eran tan fuertes que en ningún momento había considerado aquella lógica posibilidad que atormentaba al Gordo... hasta que en Ezeiza vio a Perren solo, esperándola. "Me secuestran de nuevo", pensó. Mientras caminaba hacia él con el cuerpo rígido, tuvo una súbita y total conciencia de su desamparo. El avión detrás, Perren adelante, y ella con documentos falsos en tierra de nadie.

Perren, apodado "el Puma", oficial a cargo de su caso, se limitó sin embargo a llevarla a su casa.

Define como "horribles" los diez días en Buenos Aires. "Perren y un marino casado con una prima que yo quería mucho, también miembro del GT, me visitaban. Entre la espera de la visa y las 'visitas' me sentía sometida a una presión constante que me destrozaba los nervios."

Finalmente, el 20 de abril de 1979 llegó a Venezuela y al Gordo que la esperaba, firme, en el aeropuerto de Maiquetía.

Más tarde, y más tranquila, se preparó para el trabajo a realizar. Andrés, imprevistamente, cambió los planes: "Estás aquí, estamos juntos", definió. El amor pudo más que los propósitos.

El 4 de octubre del mismo año siguieron a Madrid y recién cuando tuvo en sus manos el pasaporte de refugiada sintió su liberación como definitiva. España fue el descubrimiento a la inversa. Las raíces, la comida que adoró, el maravilloso reencuentro con los amigos, la venta ambulante con la que sobrevivió en El Rastro, los mercadillos, la costa en el verano, la manifestación de los jueves frente a la embajada argentina para solidarizarse con las Madres, la denuncia en Ginebra, la insólita convivencia en Madrid con sus enemigos.

"El periodista Héctor Sayago, que visitaba la ESMA, amigo del capitán Acosta, trabajaba en la RTVE (Radio y Televisión Española). El teniente de navío Jorge Suárez, alias Loco Antonio, era gerente de una concesionaria de la Ford en García Morato y Sanjurjo. El almirante Massera se paseaba por Goya con un pie enyesado."

Finalmente, tras cuatro años y medio en España, dos de los cuales pertenecieron a la convivencia con Andrés, resolvió regresar.

"En la madrugada del 5 de mayo de 1984 salí de Barajas."

Cuenta que lloraba desconsoladamente mientras le sellaban el pasaporte y que el empleado le preguntó: "¿Por qué lloras, qué quieres, irte o quedarte?". Dice que sufrió el desgarrón entre los amores descubiertos en la calidez de la familia y los amigos que quedaban. El período intenso, feliz y dramático engrosaba ahora esa gran masa de recuerdos sobre la que un funcionario de aduanas ponía un sello de salida.

Una nueva etapa comenzaba, y al final del camino se divisaba la tierra prometida.

LO PRIMERO QUE HIZO FUE...

¿Qué hace uno cuando regresa de un largo viaje, a casa? Ella dice que, obviamente, aterrizar fue lo primero y agrega: "Aunque el aterrizaje 'real' fue mucho más lento y me llevó ¿años?".

Había soñado que "sonarían las trompetas y Ezeiza se iluminaría con una luz celestial", pero claro, no fue así. Se tomó un Valium en el pre-embarque de Barajas y otro cuando despegó el avión porque le tiene miedo a volar sobre agua, sensación a la que naturalmente se sumaban todos los "otros" miedos. Volver, ausencia de los compañeros desaparecidos, incertidumbre por el destino de otros...

Los dos Valium cumplieron bien su cometido y cuando se despertó ya estaba en Buenos Aires, sobre el río y... con el edificio de la ESMA a la vista. Pensé que se habría tomado otro sedante, pero no, aguantó la imagen, la oleada de recuerdos asociados, y bajó obedm¡ente "con el corazón saltando" por la manga que dirigía el camino de los pasajeros. Unos hombres que observaban el desembarco la hicieron transpirar porque imaginó que serían marinos controlando regresos. ¿Paranoia o experiencia? Generalmente, la segunda es madre de la primera.

Pero allí estaban sus seres queridos "de aquí", porque si alguna cosa he notado en su historia de cambios y de viajes es que siempre ha anudado amores donde ha estado.

"La madrina estaba con un matambre que sacudía como si fuera una bandera." También la esperaban:

"Mi padre, emocionado. Mi hermano, tan serio y contenido como siempre. Willy, compañero de exilios y agrupación —el primero de nosotros que volvió—, el único que entendió en toda su profundidad este momento, y mi madre, que le quitó toda solemnidad arreándonos como si estuvieran por cerrar el supermercado con nosotros adentro."

Después que uno termina con las valijas, listo, a vivir. Pero no fue así para ella, como para muchos otros que volvieron.

"No quería tomar el subterráneo (porque me secuestraron allí), ir a lugares grandes (donde me podían ver sin que yo los viera), ni calle Florida, ni estaciones de trenes..."

El pasado no eran sólo los miedos. También las obligaciones que se había impuesto, así que sus primeras actividades extrafamiliares fueron ir a la CONADEP, al CELS y a todo juzgado donde su testimonio fuera necesario para alguna causa. Dice que le daba miedo, pero que lo hizo igual.

¿POR QUE VOS SI Y ELLOS NO?

Les ha pasado a todas/todos y ha sido uno de los puntos más dolorosos a superar: la desconfianza de amigos y parientes de los desaparecidos que recriminan, directa o indirectamente, la supervivencia del que se salvó. Para Viky el episodio más duro estuvo relacionado con la madre de una amiga, Susana Díaz, con quien vivió dos meses en el '76, hasta que ella desapareció.

Cuando eso pasó, hizo lo único que podía: cerrar la puerta, dejar todo y buscar otro lugar. Más tarde, cuando estaba en la ESMA los compañeros le contaron que llegó muerta el 14 de octubre de 1976. El encuentro con la madre de Susana fue malo. Ella estaba distante, y aunque le entregó unas cosas que había recuperado de la casa, para que "pudiera reconstruir su pasado", y lloró al escuchar la poca información que podía darle sobre la suerte de su hija, mantuvo una actitud fría que traducía muy bien lo que ella sabía perfectamente. Desconfianza y recriminación por estar viva.

El dolor quedó guardado con otros hasta el 24 de diciembre de 1987. Estaba por casualidad en la oficina, y atendió el teléfono. Era la madre de Susana. Con una voz que casi no reconocía le oyó decir: "Quiero decirle que fui injusta con usted. Me llevó todo este tiempo darme cuenta de que su vida no es a cambio de la vida de mi hija".

Asegura que fue el mejor regalo en esa Navidad. Se vieron tres días después en la presentación de *José,* el libro de Matilde Herrera. "Entonces sí nos abrazamos y lloramos las dos."

LA CABRA AL MONTE TIRA

Muchos sobrevivientes, al regresar del exilio, dieron por terminada su actividad política, pero Viky lleva la política en la sangre.

Primero se acercó a la Juventud Peronista Unificada y en julio del '84 declaró en la causa por las monjas francesas desaparecidas.

Vivía en un departamentito al que llamó Siberia, porque "era tan frío que se me escarchaba la pasta de dientes". Desde septiembre de ese año fue secretaria en una cooperativa-service de ex perseguidos que se dedicaban a tareas de plomería, electricidad, etcétera.

En octubre del '84 dejó el trabajo por unas horas y se presentó ante el juez Blondi para declarar en la causa de los Padres Palotinos. La presentación incluía un momento de máxima tensión: "careo con el capitán de corbeta Antonio Pernías (quien me torturó en la ESMA)".

Su tarea de denuncia comenzaría muy pronto a recibir respuestas.

"Al día siguiente recibí una carta con un supuesto currículum delictivo. La carta era anónima por supuesto, como fueron también anónimas las llamadas a casa de mis padres que menudearon en abril del '85. *'Te damos 24 horas para salir del país. Si no, te vamos a matar'*. Paralelamente, y siempre en la línea de anónimos, aparecieron en algunas redacciones 'biografías' de militantes del '70, muchos de los cuales habían sido convocados por Strassera en la Causa 13. La mía incluía la acusación de haber participado en el secuestro de los Born."

Ya había dejado el trabajo en la cooperativa y ahora estaba en un estudio jurídico donde permaneció hasta unos días antes de su testimonio en el juicio a los ex comandantes, el 18 de julio de 1985. El 16 de julio nueva carta-aviso, pero esta vez con firma supuesta de un ex prisionero de la ESMA. Con el humor que no la abandona dice que la carta "me acusa de todo lo sucedido en el país desde Facundo Quiroga para adelante, incluido el secuestro de los Born".

¿Cómo medir la magnitud de un "aviso"? No pensaba dejar de presentarse al juicio, así que avisó a Eduardo Rabossi, subsecretario de Derechos Humanos, lo que había pasado. Rechazó la protección policial ofrecida y el 18 se presentó con la carta, que entregó a los camaristas.

Los cambios continuaron. Agosto del '85 la encontró de ruptura con la JPU y otro trabajo, esta vez en el estudio jurídico de Duhalde y González Gartland. En el mismo ámbito funcionó la editorial Contrapunto, que Duhalde inauguró a fines del '85 editando *Ezeiza*. La nueva línea de trabajo encantó a Viky. "Amo los libros. Ahora no sólo los leía, sino que contribuía a parirlos una vez que los autores los habían parido."

De esos contactos entre libros y autores, tuvo mucha importancia el que surgió con Tito Paoletti, a quien quería mucho, mientras ayudaba a armar el contenido de su libro *Como los nazis, como en Vietnam*.

En marzo del '86 se integró a la Multisectorial de la circunscripción 14. Este podría haber sido un final coherente para la historia: "Y ahora estoy ahí, mi actividad política es intensa...". Pero no fue así, porque al parecer, con ella nunca sucede lo lógico y, si me perdonan la humorada (ella seguro que sí), seguir sus pasos es como ver "El fugitivo".

A mediados de septiembre del '86 llamó a su madre para charlar un rato, y ella le avisó que un policía había llevado una citación. Cortó pensando que sería por alguno de los juicios en que era testigo, pero su radar la hizo repetir la llamada para tener más detalles. La citación era del Departamento de Policía. "Defraudaciones y Estafas", aclaró la madre. "Pregunté en calidad de qué me citaban. De imputada, me contestó. Corté. Me temblaban las rodillas."

No encontró a Duhalde ni a González Gartland en el estudio, así que tuvo que esperar hasta la noche. Había un homenaje a Juan Gelman en la Facultad de Ciencias Sociales y sabía que ellos irían. La tranquilizaron. En esos casos se pide la eximición de prisión, que generalmente se concede. Pero ya estarán adivinando que esta vez, no. Adiós vida normal, adiós.

Ella no sabía en ese momento que el proceso que se iniciaba duraría *siete años* y que al mejor estilo de las comedias de enredos habría entradas, salidas, personajes falsos, intrigas, errores encadenados y corridas varias. Pero cuando el escenario son estrados judiciales y las situaciones afectan la vida de una persona, no hay protagonista que pueda aguantarlo con humor, aunque las etapas a veces tengan ribetes que ella define como "sainetescos".

Mi tarea de comprensión del tema fue todo un peregrinaje. Hablamos en Montevideo durante las entrevistas que tuvimos y fuimos aclarando puntos en los que los fax y yo cruzábamos el río en ambas direcciones.

Finalmente, y después de hablar con su abogado, Carlos González Gartland, resolví que la única posibilidad de entender algo de su muy compleja situación procesal era mediante una cronología.

Me la entregó en la esquina de Santa Fe y Uriburu, unos dos meses después.

Septiembre de 1986. El juez Carlos Luft, del Juzgado Federal de San Martín, me procesa en la causa por el secuestro de los hermanos Born, realizado por Montoneros en septiembre de 1974.
Acusación: partícipe necesaria en secuestro extorsivo. Doble homicidio. Asociación ilícita calificada. Manejo ilícito de fondos.
El juez deniega la eximición de prisión pedida por mis abogados, que apelan a la Cámara Federal de La Plata. Yo paso a la etapa de "Ana Frank": o sea, escondida hasta ver qué resolvía la Cámara.
También procesa a Raúl Magario y María Eugenia Calderón (su mujer) y otros.

12/12/86. La Cámara de La Plata me concede la eximición con 4.000 dólares de fianza. Desecha los cargos de partícipe necesaria, doble homicidio y asociación ilícita calificada. Recaratula y me acusa de asociación ilícita simple y manejo ilícito de fondos.

19/12/86. Pago de la fianza. Vuelta a la vida normal. Eximen de prisión a Magario y su mujer. Se sanciona el Punto Final.

La vuelta a la vida normal significó volver a la editorial, que se mudó a la calle Talcahuano, y no ver nunca más a Tito Paoletti, muerto a principios de diciembre (antes que su libro fuera publicado), cuando ella estaba en "etapa Ana Frank".

Enero de 1987. Se empieza a instruir la causa de la ESMA (recordar que el punto 30 de la sentencia a los ex comandantes disponía la instrucción de juicios campo por campo). Me presento a declarar.

Febrero de 1987. La Prensa retoma la campaña contra sobrevivientes y testigos. Aparece una solicitada con nuestros nombres, documentos, etcétera, acusándonos de todo.

25/2/87. Entra en vigor el Punto Final. Un rato antes dejan anónimos en juzgados de capital y provincia repitiendo la historia: desde Facundo Quiroga para adelante, estuve en todas. Por ejemplo, en la bomba que mató al general Cardozo en 1976. El juez Del Castillo me cita a declarar en base a ese anónimo. Me desimputan y archivan la causa.
El juez Piotti, de San Isidro, me acusa de haber participado en el secuestro de Heinrich Metz, directivo de Mercedes Benz, en octubre de 1975. Ana Frank breve. El juez me concede la eximición de prisión. Mil dólares de fianza. También procesa a veintinueve personas, entre las cuales hay quince que están desaparecidas o fueron asesinadas (y su caso fue tratado durante el juicio a los ex comandantes), y otras tantas que somos sobrevivientes de la ESMA. También procesa a Raúl Magario, que es encarcelado cuando se presenta a pagar la fianza en la causa Born, en San Martín. (Magario permaneció en la cárcel hasta que fue indultado, en octubre del '89. Igualmente Marcelino Olarciregui, encarcelado en marzo del '87.)

Marzo de 1987. Me presento en la indagatoria en la causa Born en San Martín. Me niego a declarar. Los fiscales dicen: "Hace mucho tiempo que debería estar presa. Lo que pasa es que tiene amigos poderosos que la protegen". "¿Quién?", pregunto. "La Cámara Federal y el fiscal Strassera."

Abril de 1987. Me presento en la indagatoria en la causa Metz en San Isidro. Declaro. Me presto a que me tomen una prueba grabada de mi voz para compararla con la de quien negociaba telefónicamente el rescate. Envían las cintas a los Estados Unidos para su estudio. Viene Semana Santa. Luego viene la Obediencia Debida.

Mayo de 1987. El juez Piotti dicta mi sobreseimiento por prescripción en la causa Metz. El fiscal González del Solar apela ante la Cámara Federal de San Martín ese sobreseimiento. La Cámara decide dejarlo en suspenso hasta que se resuelva la causa Born.

Febrero de 1988. Vuelve el resultado de la pericia de la voz, que dice que hay un 96-98 por ciento de semejanza entre mi voz y la de la "Señora Marta" que llamaba para negociar el rescate. Iniciamos averiguaciones para realizar una pericia alternativa.

Julio de 1988. El juez Piotti me entrega las cintas originales, que estaban guardadas en la caja fuerte del juzgado, donde están las grabaciones de la negociación del rescate de Metz, para que les saque una copia para enviar a un instituto de Holanda donde se hará una pericia alternativa que luego usaría en mi defensa.
Hago la copia y voy al juzgado a devolver los casetes. Piotti me dice: "Creí que no me las iba a devolver". Respuesta: "No es mi voz, por eso se las devuelvo". Las cintas viajan a Holanda para su estudio.

Agosto de 1988. Participo junto a otros dos sobrevivientes de la campaña que se realiza en Concordia —Entre Ríos— para declarar persona no grata y lograr el traslado del jefe de Prefectura de allí, prefecto Antonio Febres, represor de la ESMA encargado de las embarazadas y de repartir los bebés nacidos en cautiverio.
Participo en la campaña por la restitución de Juliana —nacida en cautiverio— a quien se creía que era su familia de sangre.

2/9/88. El juez Luft recaratula la causa en San Martín, utilizando como prueba el resultado de la pericia de la voz que está agregada al expediente de San Isidro. Sostiene: "La pericia demuestra que la voz es la de Graciela Daleo". Por lo tanto, Graciela Daleo participó en el secuestro de Metz. El secuestro de Metz lo hicieron los Montoneros, que también hicieron el de Born. Ella participó en el de Metz, ergo, participó en el de Born. El perro se muerde la cola, o la teoría especular, según González Gartland. Luft ordena mi encarcelamiento.

6/9/88. Gran despliegue con corte de tránsito en la calle Talcahuano entre Corrientes y Sarmiento, para detenerme en la editorial Contrapunto blan-

diendo mi arma preferida: el teléfono. Bajo al baño y me sigue un policía (todos de civil, por supuesto) que revisa hasta el botiquín. Me advierte: "No vaya a hacer alguna locura". "Pasé por cosas peores. Sólo necesito-…"(no le dije "hacer pis", era dar demasiada información al enemigo).
En una situación bastante sainetesca y llevada del hombro por Eduardo Duhalde, mi abogado, voy hasta el Falcon estacionado en la puerta y pronuncio la célebre "Volveremos", que *La Nación* consideró "amenazadora". De ahí a Tribunales, de Tribunales a Ezeiza.

Cuando conversamos sobre aquel episodio aseguró no saber por qué "me había salido ese ataque MacArthur". Creo que fue una humorada, como cualquier otra de las que le afloran constantemente y que en ese caso intentaba calmar su impotencia y los mecanismos del terror ya experimentado en su secuestro, que seguramente la detención reflotaba.

7/9/88. De Ezeiza a Tribunales, de Tribunales al juzgado de San Martín, donde me hacen notificar que estoy presa.
Mis abogados piden la excarcelación. Me la deniegan.
De San Martín a Ezeiza, hasta el 2 de diciembre de 1988.
El caso toma estado público y empiezo a recolectar solidaridades múltiples. La Comisión de Personas Desaparecidas de la ONU se interesa por esta curiosidad tercermundista de que los torturadores sean exculpados y las víctimas, encanadas.

Octubre de 1988. Primeros días. Aparece solicitada en *Página/12* y *Clarín*, reclamando mi libertad. La firman todos los diputados del Partido Justicialista, la conducción del partido, Cafiero, Duhalde (el hoy gobernador) y muchos más. Mis abogados presentan el "informe *in voce*", en reemplazo de la audiencia oral. Todos empezamos a orar. Llega el resultado de la pericia de la voz que me hicieron en Holanda. Afirma que el estudio anterior es un disparate, sin ningún fundamento científico.

30/11/88. En el penal de Ezeiza me toma una prueba de la voz un científico del Instituto de la Voz de Los Angeles enviado por un grupo de solidarios de los Estados Unidos.

2/12/88. En medio de las corridas de los Albatros que se escaparon de su cuartel, y de Seineldín que corría de Martelli a Patricios, salgo en libertad sobreseída definitivamente por prescripción de la causa, según decisión de la Cámara Federal de San Martín.
Todos celebramos.

Cuando salió de la cárcel fue derecho a la editorial. El "Volveremos" demostraba su eficacia. Ella dice que sintió la imperiosa necesidad de "Volver al lugar del que me sacaron".

Días después el fiscal Romero Victorica apela ante la Cámara este sobreseimiento. Afirma que él tiene la forma de demostrar que yo seguí perteneciendo a la "asociación ilícita" por lo menos hasta el momento en que me secuestraron, por lo tanto no me correspondería la prescripción, y que el sobreseimiento le impide poder probarlo (¿qué diablos hizo en los dos años anteriores?, me preguntaba). La Cámara rechaza la apelación. El fiscal recurre en queja a la Corte. La Corte hace lugar a la queja. El entonces retoma su trabajo en las sombras, yo vivo inconsciente y feliz, dedicada con mis abogados a lograr que Piotti —quien ya había recibido el resultado de la pericia de Holanda y la segunda de Estados Unidos— resuelva mi pedido de prescripción en San Isidro (o sea que haga regir el que había quedado en suspenso desde 1987). El le pasa vista al fiscal, que tendría —según el código de procedimientos, creo— tres días para contestar. El fiscal se encariña con el expediente, lo usa de almohada. No resuelve, ni nos deja verlo.

6/10/89. Menem dicta los indultos. A mí me indulta por la causa de San Isidro, o sea, Metz.

18/10/89. Me presento ante el juzgado de Piotti rechazando el indulto por inconstitucional. Yo estoy procesada, no condenada. El indulto es para condenados.

23/10/89. Menem me indulta en la causa Born.
Tres o cuatro días después me presento ante la Corte Suprema (donde estaba la causa desde principios del '89) rechazando el indulto por inconstitucional: en esta causa estoy o procesada o sobreseída. Nunca condenada. La Corte no se pronuncia y le envía el fardo al juez Luft para que se pronuncie.
Después de estas dos tandas de indultos, no quedan más procesados en las causas Born y Metz, exceptuando a Juan Gasparini (vive en Suiza), que sigue procesado en la causa Born.
Poco después Piotti rechaza mi rechazo del indulto. Apelamos a la Cámara de San Martín, que también me lo rechaza (siempre en la causa Metz). Presentamos un recurso extraordinario. Me lo conceden en noviembre del '90, cuando ya estoy en plena huida. Mi abogado desiste del recurso. Quedo indultada en la causa de San Isidro.

9/5/90. El juez Luft hace lugar al rechazo del indulto "atendiendo a mi derecho a la presunción de inocencia". Pero no declara inconstitucional el indulto. Considera "prematuro" tratar el tema de la inconstitucionalidad. Devuelve la causa a la Corte para que se pronuncie sobre el pedido de Romero Victorica de reabrirme la causa desconociendo el fallo de la Cámara de San Martín del 2/12/89. Hay, entonces, en la causa Born, dos procesados: Gasparini y yo.
Agosto de 1990.
Romero Victorica viaja a Ginebra a ver a Gasparini. Le ofrece el indulto a cambio de que venga a la Argentina a declarar en la causa Born y a dar elementos sobre la causa Graiver para ver cómo resolver el tema de los 60 millones de dólares. Gasparini se queda pensándolo. Lo indultan. Romero Victorica le dice entonces que "muy a su pesar" a mí me van a reabrir la causa, y seré condenada a una pena de entre ocho y diez años.

20/11/90. Romero Victorica es profeta. La Corte (de nueve miembros desde julio) ordena la reapertura de la causa, devolviéndola al juez. Hago el atadito y me voy al Uruguay.

15/1/91. Naciones Unidas me concede el estatuto de refugiada.
Entre diciembre de 1990 y abril de 1991 Roberto Perdía, Rodolfo Galimberti, Raúl Magario y Pablo González Langarica (todos arrepentidos) se presentan ante Luft para testificar que "perteneció a la ilícita por lo menos hasta el momento en que la secuestraron".

9/4/91. El juez pide la prisión preventiva. Mis abogados piden la eximición de prisión. El juez la deniega. Apelan a la Cámara de San Martín.

4/7/91. La Cámara de San Martín me niega la eximición de prisión. Mis abogados presentan un recurso extraordinario. El argumento es algo así: El juez hizo lugar a mi rechazo del indulto, pero no a los argumentos que fundamentaban ese rechazo —que el indulto es inconstitucional porque fue aplicado a procesados—, por considerar que tratar la inconstitucionalidad era prematuro. Por lo tanto, argumenta González Gartland, si el indulto no fue derogado, ni declarado inconstitucional, está vigente. Por lo tanto, la admisión del rechazo que hace el juez sólo sirve a los efectos de continuar la causa para que yo pueda demostrar mi inocencia. Si soy inocente, no necesito indulto. Si soy condenada, ahí me aplican el indulto, ya que se cae mi argumento de que el indulto es para condenados.

7/4/92. El procurador general Aldo Montesano Rebón hace lugar al recurso extraordinario. El paquete vuelve a la Corte.

Abril/mayo de 1992. Mientras tanto, Victorica no duerme. Toma estado público que con su bendición judicial los Born y los Graiver acordaron repartirse los millones de dólares que el Estado argentino durante el gobierno de Alfonsín les había reconocido como acreencia a los Graiver por todo lo que les sacaron los militares.
Hasta ese día, Victorica había impedido el cobro de las cuotas pactadas argumentando que el patrimonio de los Graiver y el de los montoneros estaban fundidos, por lo tanto, era subversivo, por lo tanto, a los Graiver ni un peso. Parece que, contagiado de la epidemia de amnesia nacional, Victorica decide olvidar el pasado (ayer nomás) y homologar el convenio.

6/4/93. La Corte Suprema resuelve favorablemente el recurso extraordinario, y envía el paquete a la Cámara.

Junio de 1993. La Cámara Federal de San Martín, me concede la eximición de prisión y ordena la prosecución de la causa conmigo en libertad. Le manda el paquete al juez Luft.

10/12/93. El juez Luft decide sobreseerme ya por indulto.

13/12/93. Me notifico de que estoy indultada en la causa Born.

COMO VIVI EL PROCESO JUDICIAL

¿Qué significaron para mí estos siete años de procesamiento? Lo que más me afectó en términos profundos es que volví a ser un objeto.

Cuando estuve secuestrada en la ESMA, además de lo que nos hicieron en el cuerpo, éramos objetos sobre quienes intentaron el "proceso de recuperación". Su intención era "devolvernos a la sociedad" transformados en cosas moldeadas útiles a sus fines. Con un gran costo personal y colectivo logramos que no alcanzaran ese objetivo.

Con los procesos que me abren bajo el gobierno de Alfonsín vuelven a transformarme en un objeto, etiquetada con varios números. En la ESMA fui el 008. En la democracia, causa 41.811, la 989, 1001, D/6, D/9 y otros más que no me acuerdo. Cada incidente es otra etiqueta. Hasta llegar a

4926 fojas que el expediente tenía en febrero del '93, y luego siguieron agregando papeles. Siempre un número. Hasta dos decretos de indulto: 1002 y 1003.

También objeto político a manipular para variados fines: engrosar la balanza de los "dos demonios" y tranquilizar a los militares. El mensaje era: "golpeamos a algunos militares, pero también a algunos guerrilleros".

Objeto nuevamente en el momento del indulto, con la misma lógica de contrapesar en la balanza.

Hubo razones políticas, éticas y morales por las que rechacé el indulto. También hay algo visceral. No quiero estar junto con los asesinos, en el mismo decreto.

Sin embargo, toda la maquinaria de esta justicia organizada para impunizar pudo más que mi voluntad. El 13 de diciembre del '93, cuatro años después del 6 de octubre del '89, objeto otra vez, tuve que darme por notificada del indulto. Al poner la firma sentí un profundo asco. No pensé: "Qué alivio, esto les pone fin a siete años de persecución jurídica". Lo viví, lo sigo viviendo como una derrota.

El sentimiento de persecución no es fruto de una paranoia. Las "curiosidades" de mi "proceso" han sido tantas, que un abogado ha resuelto utilizarlas para un documental.

Entre esas curiosidades puedo señalar que en 1986 me involucraron en la causa por el secuestro de los Born, *doce* años después que se produjera ese hecho. *Curiosamente*, después de haber sido prisionera del Estado dictatorial argentino —la Marina fue parte de la Junta de Comandantes—. *Curiosamente,* después de que me otorgaran un pasaporte durante la época de la dictadura, y otro durante el gobierno de Alfonsín, que renové en 1985. Sobre todo, *muy curiosamente*, después de que denunciara públicamente el 18 de julio de 1985, durante el juicio a los ex comandantes, que el día anterior había recibido una carta —supuestamente firmada por un ex prisionero de la Marina— donde se me acusaba de haber participado en el secuestro de los Born. La carta está agregada a la Causa 13. Ese día, cinco jueces, los miembros de la Cámara Federal, escucharon la denuncia. Evidentemente la consideraron sin fundamentos, pues no ordenaron ninguna investigación.

Luego de ser eximida de prisión por la Cámara de La Plata y, *curiosamente*, luego de declarar nuevamente contra los marinos, fui procesada en la causa Metz por Piotti, junto a 29 personas —15 de las cuales están desaparecidas y 14 fueron prisioneras en la ESMA—. El fundamento para acusarme fue que un tal Moser me reconocía como *la obesa cuarentona que lo miró en 1975*, cuando fue a recoger un mensaje en la estación Tropezón. En 1975 yo tenía 27 años y siempre he pesado 45 kilos. Mis abogados certificaron con un forense el *detalle* de mi peso. Mis amigos me bautizaron en ese momento "Mirada profunda" y "Ojos brujos", porque si alguien era capaz de recordar mi mirada doce años después...

Las dos fianzas que tuve que pagar sumaron cinco mil dólares que yo no tenía y que se juntaron gracias a la solidaridad de amigos, agrupaciones políticas y organismos de Derechos Humanos. Nueva broma, yo valía más que el kilo vivo en Liniers... 5000 dólares divididos por mis 45 kilos.

Esa solidaridad que me acompañó estos años ha sido la única prueba de que no todos me consideraban un objeto. Pero a pesar de ese apoyo, que agradezco profundamente, no ha sido fácil ni gratuito soportar que un expediente me manejara la vida.

Como si fuera una abogada, tuve que peregrinar por juzgados y fiscalías, sufriendo el maltrato de la burocracia judicial. Durante un año no hubo forma de ver la causa de San Isidro. Iba al juzgado y me decían que la tenía el fiscal. Caminaba las cuadras que median entre ambos edificios y cuando llegaba a la fiscalía me decían que estaba en el juzgado.

También estaba el miedo. Miedo de volver a estar en la cárcel. Miedo de que me mataran. Miedo a tener que empezar de nuevo...

En el Uruguay mi horizonte se ha ampliado y enriquecido. Otra vez el beneficio de la solidaridad. Y es más. Cuando este pueblo ganó el plebiscito contra las privatizaciones, estuve a punto de escribirle a Romero Victorica diciéndole que a él le debía tres de los días más felices de mi vida: el 2 de diciembre de 1988 cuando salí en libertad, y dos fechas uruguayas: el 1º de octubre y el 13 de diciembre de 1992. Si él no me hubiera forzado al exilio, no habría participado de esta lucha y de este triunfo.

¿Dónde seguirá mi vida ahora? ¿En el Uruguay o en la Argentina? No lo sé. Me asusta volver a empezar por vez número mil. Decida lo que decida, es una amputación, y a veces siento que ya no tengo más para amputarme, con casi treinta años forzada a quirófanos. Voy y vuelvo. Lugar de partida y de llegada se me confunden. Pero igual sigo fiel a lo que canta Sabina: "No tengo otro amor que el del Río de la Plata".

GUERRILLERA NO, MILITANTE REVOLUCIONARIA

Este "balance" (que hicieron todas las mujeres entrevistadas), tuvo lugar en Montevideo.
Lo primero que hice fue pedirle que me aclarara aquello de "Hay cosas personales que no he tenido...".

"Cosas personales que no he tenido" se refiere a no haber formado una familia, aunque esta no sea la única razón ya que la mayoría de las compañeras lo hicieron, pero algo debe tener que ver en que no lo haya hecho yo.

El tema de los hijos entre nosotros se hablaba, y sobre todo en la primera etapa (coincidente con mi noviazgo con el Flaco, al menos parte del tiempo). El planteo era no tener pibes en esos tiempos, ya que la "subida al monte" parecía inminente. Después surgieron otras complicaciones. La idea era dejarlo para después, cuando hubiera triunfado la revolución. Ya en los '70 eso fue cambiando, y hablábamos del tema poniendo como modelo a los vietnamitas, pensando que en una "guerra popular y prolongada" los hijos serían quienes tomarían la posta, pero ya en esa época no tenía pareja.

También me refiero a que dejé la carrera varias veces, y que salvo alguna escasa excepción, el trabajo no lo elegía porque me gustara sino porque tenía que ganarme la vida. Sin embargo, por una de esas cosas de la vida y de la suerte que no me abandona, los trabajos no fueron una fuente de realización en sí, pero significaron una infinita cantera de amigos y compañeros que compensa cualquier insatisfacción.

Cuando encaramos el balance en sí, se desató la "tormenta" que sacudió todas las entrevistas en lo que se refiere al título del libro. Aguanté el "chubasco" con santa paciencia, nutrida en mi convicción del derecho de todo entrevistado a que sus objeciones queden muy claras.

La militancia era una especie de útero que te contenía en todos los terrenos: político, cultural, afectivo. Todas las amistades eran de ahí, los amores, los sueños... por eso me opongo a ser considerada en forma reduccionista como una guerrillera. La guerrilla se asocia a una forma de lucha y no es la única que mantuvimos. Nuestra lucha abarcaba terrenos dispares en lo social, y en el interior de cada uno implicaba la transformación en hombres y mujeres nuevos.

Trabajamos en los sindicatos, en las villas, en los colegios y la universidad, con los viejos y con los chicos, tratando de ayudar a mejorar sus condiciones de vida. En todo caso, el error fue querer asumir la conducción de esas reivindicaciones, en lugar de acompañarlas. El discurso que nos califica de violentos ignora estas otras facetas, con la intención de desacreditar la totalidad de nuestras acciones. Por otra parte, es importante remarcar que planteábamos la construcción de una sociedad socialista, y por lo tanto, el fin del capitalismo. Queríamos hacer una Revolución, no sólo mejorar las condiciones de vida.

La derrota provocó o desató lo peor. Hizo aflorar el individualismo, no involucrarse, ser espectador. Pero yo no me siento derrotada. La militancia fue la época más plena de mi vida. Conocí a la mejor gente y a la peor. Me inicié con Mario Firmenich y Roberto Perdía, que hoy son la contracara de lo que fuimos en esos años. Tuve que aprender que la militancia no te redime de tus defectos. No te transforma en santo o héroe, porque no es como el bautismo que te redime del pecado original. A algunos incluso les agudizó las lacras. Hubo ambiciones de poder, egoísmos, trepar. Pero también y sobre todo, hubo generosidad, empuje, imaginación, entrega, y por eso, a pesar de algunos conflictos y desilusiones, estoy contenta de la vida que elegí. Lamento solamente que todavía no se hayan alcanzado aquellos sueños.

Hay una construcción muy hipócrita alrededor del tema de la violencia, porque el noventa por ciento de los que se horrorizan o se pronuncian en contra de la violencia cuando la ejercen las organizaciones revolucionarias, son tipos que no cuestionan el discurso de la guerra, y si uno es tan pacifista a ultranza que no tolera una sola muerte, también tiene que estar en contra de la guerra del Golfo, por citar un caso.

Creo que hay casos en los que la violencia está legitimada. Hace veinticinco años, sin los matices que brinda la experiencia, yo hubiera dicho: "El fin justifica los medios" o "El fin no justifica los medios"; ahora creo que hay momentos en que algunos fines justifican algunos medios y por esa razón me siento completamente identificada con las palabras que el subcomandante Marcos pronunciara durante una conferencia de prensa el 22 de febrero de 1994:

"…Y queremos preguntar otra vez a través de ustedes —la gente de prensa— ¿por qué es necesario matar y morir para que ustedes y, a través de ustedes, todo el mundo, escuchen a Ramona decir cosas tan terribles como que las mujeres indígenas quieren vivir, quieren estudiar, quieren hospitales, quieren medicinas, quieren escuelas, quieren alimentos, quieren respeto, quieren justicia, quieren dignidad?

"¿Por qué es necesario matar y morir para que pueda venir Ramona y puedan ustedes poner atención a lo que ella dice? ¿Por qué es necesario que Laura, Ana María, Irma, Silvia y tantas y tantas mujeres indígenas hayan tenido que agarrar un arma, hacerse soldados, en lugar de hacerse doctoras, licenciadas, ingenieras, maestras?"

Yo quisiera devolverle a nuestra sociedad esta pregunta: ¿Por qué fue necesario que la generación mía se planteara morir y, porque estaba planteándose morir, también se planteara matar, para que las cosas cambiaran?

Y lo tremendo es que no ha cambiado.

Desde 1930 cuando el ejército derroca a Yrigoyen, continuaron los dramáticos vaivenes de nuestra historia y de su lucha de clases, término que considero vigente porque la lucha de clases no es un invento de Marx, es el nombre de algo que existe en la sociedad.

No puede verse como una casualidad que lo que el pueblo consiguió con la ley en la mano, al ganar el peronismo las elecciones, se perdió con las bombas de la Marina en la Plaza de Mayo el 16 de junio del '55, y los fusiles del Ejército a partir de septiembre del '55, por mencionar hechos muy gruesos, porque también se perdió con la Constituyente del '57 que desconoció las conquistas de los trabajadores.

Lo que me gustaría que quede marcado es que para nuestra generación apelar a la violencia como una de las herramientas de la lucha política no fue gratuito ni placentero porque salvo que uno sea un enfermo, a nadie le gusta ejercer violencia sobre el otro ni pensarse a sí mismo en actos de violencia.

En mi caso hay que agregar que soy mujer, que las mujeres nos vemos menos en ese papel, y que yo tenía una formación cristiana que también pesaba mucho. Pero hoy, a casi veintiocho años de mi primera reunión, donde yo me impresionara tanto con las palabras del Che y aquello de convertirnos en frías máquinas de matar, aunque en ese mismo mensaje estaba el maravilloso ejemplo de humildad que nos daba el Che, encuentro estas palabras del subcomandante Marcos y, además de sentir que el levantamiento es como una bocanada de aire puro en el clima generalizado de injusticia, sus palabras me emocionan, y me siento identificada con ellas porque creo que ha hecho una síntesis perfecta del problema de la violencia.

Creo que ese es un eje para reflexionar sobre lo que sucedió en la Argentina. Los que hoy toman medidas que significan un retroceso de cien años con respecto a conquistas que han costado sangre —porque el capitalismo no regala nada a los trabajadores— ¿van a responder por la magnitud del daño causado?

Tal como están planteadas las cosas, parece un gran verso el que te digan: "La democracia da armas que no son las armas de la fuerza". Yo me pregunto cuáles son esas armas, porque con el voto participamos, un día, un momento, pero la continuidad, y el derecho a vigilar esa continuidad, no está garantizada. ¿Qué armas tiene un ciudadano cuando el partido que asume el poder no cumple lo que prometió?

No pretendo transmitir un mensaje de que nada sirve y nada vale, al contrario, creo que el ejercicio de una profunda democracia participativa y real entrañaría la corrección de muchos de los males que nos aquejan, pero lo cierto es que en el estado actual de cosas, *esa* democracia no se ve.

Además arrastramos el tremendo retroceso que significaron los distintos gobiernos dictatoriales y todo lo que vino después, con el cercenamiento de las expresiones populares que surgieron en la década del '70.

De ahí para adelante, no hemos parado de perder.

Por supuesto, las derrotas nunca son definitivas, pero mientras tanto la vida de las personas se va y se gasta en luchas por conseguir algo de lo que en justicia les correspondería.

Por eso, después de haber vivido y aprendido muchas cosas, ni me asusta ni creo exhortar a ningún despropósito cuando opino que en algunos momentos, hay algunos fines que justifican algunos medios o los explican.

Al mismo tiempo creo también que cuando se pueden utilizar fines menos dolorosos, hay que utilizarlos. El paralelo que se puede establecer es que tal vez con un dramatismo diferente, nuestra rebelión estuvo basada en la comprobación de la inutilidad de ciertos medios en ese entonces, y por eso dijimos: "Cerradas todas las vías legales y legítimas, arrancadas las conquistas populares por medio de la violencia, afirmada la instalación en el poder de una cadena de gobiernos dictatoriales, es legítimo que el pueblo argentino se alce en armas para reconquistar sus derechos".

La lucha de mi generación tenía base y fines legítimos. Que no siempre lo hicimos bien, es cierto. Que la violencia ejercida por las organizaciones revolucionarias tiene que estar legitimada por la participación o el reconocimiento popular, es cierto. Que a veces esa manifestación de violencia pierde su calidad representativa cuando la gente no se reconoce en eso, es cierto.

Estoy dispuesta a la revisión autocrítica de toda mi práctica, y me gustaría que los compañeros de mi generación se avinieran a que lo revisáramos en conjunto, pero no estoy dispuesta a rechazar de plano todo lo que hicimos porque "apelamos a la violencia". Ojalá nunca hubiera que recurrir a la violencia, ojalá los jubilados no tuvieran que salir cada miércoles a gritar por lo que les corresponde. Por eso son perfectas las palabras del subcomandante Marcos:

"…Si es posible que no sean ya necesarios ni las armas ni los ejércitos, sin que haya sangre y fuego para lavar la historia, sea. Pero si no. ¿Y si nos vuelven a cerrar todas las puertas? ¿Y si la palabra no logra saltar los muros de la soberbia y de la incomprensión? ¿Y si la paz no es digna y verdadera, quién —preguntamos— nos negará el sagrado derecho de vivir y morir como hombres y mujeres dignos y verdaderos? ¿Quién nos impedirá entonces vestirnos otra vez de guerra y muerte para caminar la historia? ¿Quién?…"

Este hombre ha resumido lo que muchos filósofos nunca han conseguido expresar. Lo dice con el lenguaje simple de un combatiente que ha bajado de las montañas, hablando en nombre de muchos que eligieron morir peleando por su dignidad antes de continuar muriéndose de disentería. En el caso nuestro, muchos no íbamos a morir nunca de disentería porque éramos de clase media, pero nos importaba el dolor de los otros.

Cuando comencé tenía diecinueve años y creíamos que en cinco años llegaríamos a realizar nuestros sueños; veintisiete años después parece que estamos lejos. Se me hace cuesta arriba. Pero me niego a renunciar.

Se produce el silencio de todos los finales. Ella está seria y parece muy lejos de mí. Tengo que despedirme. Reacciona y me gasta su última humorada.

Ya ves, todavía falta lo mejor en la historia de "Estrellita Oriental".

Así las recordaron

Inés

Inés es la hija de Mercedes, quien dudó bastante en presentármela y optó finalmente por una decisión salomónica: lo consultó con ella.

El día que nos encontramos en La Opera, vi llegar a un vendaval con faldas. Joven y muy linda, habló sin interrupción, incansablemente, con fuerza. Transcribí el material grabado pensando en "trabajarlo", pero cambié de idea. La frescura de su recuerdo se perdía. A pesar de haber vivido "aquella época" en un momento tan delicado como la infancia, está hoy así, segura y feliz, posiblemente porque ha tenido la suerte, que no tuvieron muchos otros chicos entonces, de no haber perdido a su madre.

El recuerdo para mí es alegre, con muchas cosas muy variadas; no tengo recuerdos de sufrimiento, a pesar de que sé que las pasó duras.

Fue la época de los cinco a los doce años.

No me acuerdo de notar que vivía diferente al resto. Yo me sentía muy querida, muy entretenida. De esa vida me quedó la aventura. Necesito movimiento, variedad, y supongo que es por eso.

A diferencia de otros chicos, yo estaba con mucha gente. Tenía vidas distintas con mi papá o mi mamá. Con ella era despertarme temprano para ir al jardín o a la guardería. En la última etapa la vecina me iba a buscar, me daba la merienda en casa de ella, después mi mamá venía y nos íbamos a nuestro departamento. Yo amaba mi tortuguita, antes tenía un conejito de Indias y a la noche no me olvido nunca de que daban *La pantera rosa*, esa era la hora preferida del día, todos los días.

Tengo recuerdos de reuniones políticas, generalmente con la misma gente. Casi todos jugaban conmigo.

Cuando nos fuimos afuera, más todavía. Las cosas que fueron pasando determinaron algunos de mis gustos. Muchos caprichos que tenía me los fueron sacando. Cuando recién nos fuimos de acá yo odiaba la verdura, cuando volví me gustaba muchísimo. El entorno me cambió, había mucha gente, muchos chicos, yo era la más grande. Mi mamá estaba para mí, pero el hecho de que tuviera que ir a una reunión o de que todo fuera rotativo llevaba a que me tuviera que cuidar otra persona, porque todo era colectivo. Estuvimos en casas comunitarias y de ahí hay gente que yo recuerdo con muchísimo cariño a pesar de que hace muchos años que no los veo. Para mí todo eso fue positivo. Había mudanzas todo el tiempo y me costaba acostumbrarme. El problema era dejar mis juguetes, mis libros, mis cosas; siempre había que dejar algo. Siempre tenía que seleccionar lo más importante para mí y me resultaba muy difícil. Yo tenía un bolsito negro de medio metro que tenía la medida de mis juguetes: se terminó rompiendo por todas las cosas que le ponía adentro. Esa cuestión de seleccionar y poner sólo lo indispensable también quedó en mi carácter. Lo que nunca dejé ni tiré eran cartas, tarjetas postales de mi abuela que venían con besos y que todavía conservo. Un tío me había regalado un álbum de fotos y yo empecé a ponerle fotos de mis primitos, de un perro desconocido, de mucha gente. Aún lo tengo, allí está mi infancia… Lo armé y lo llevaba a todos lados.

El exilio empezó cuando mi mamá me fue a buscar a la casa de mi papá, salió conmigo y cuando llegamos a la vereda me dijo que nos teníamos que ir, que ya me iba a explicar bien lo que pasaba, que iba a volver a ver a mi papá, que íbamos a comprar una remera, una pollera y un par de zapatos y que no había tiempo de guardar ni de hacer nada. Después fuimos a comprar la ropa y luego al aeropuerto. No me acuerdo de nada más hasta que llegamos a destino. Lo más shockeante fue la salida de la casa de papá. Yo tenía cuatro o cinco años.

Llegamos a Roma. Ahí estuvimos un tiempo y justo cuando cambiamos de ciudad yo cumplí años. Nos esperaba mucha gente conocida, y me habían hecho una torta de cumpleaños con conejitos. A mi mamá le regalaron flores, hubo un brindis porque habíamos llegado, una fiesta porque era mi cumpleaños, todo muy alegre. Nos instalamos largo tiempo. Tuve que ir al colegio, hice la mitad de primer grado. No sé si me gustaba. Con el colegio comencé a adaptarme a otro idioma y a otros chicos. Cambié de colegio unas tres veces, íbamos todos los chicos juntos y no recuerdo que me hayan preguntado en el colegio de dónde era.

Al principio yo no dormía en la pieza con mamá, después me volvieron a poner con ella. Durante toda esa etapa yo me hacía pis en la cama y para los demás era problemático si ella no estaba.

Yo sabía que esa vida era transitoria, que iba a volver a la vida que había dejado acá. Entendía que nos habíamos tenido que ir porque vivir acá era peligroso y que cuando las cosas se calmaran íbamos a vivir como cuando nos habíamos ido. Extrañaba mucho a papá; no lo vi hasta que volví acá. Tampoco me comunicaba con él. Cuando me volví a ver con él yo tenía 13 o 14 años. Fueron ocho años sin verlo.

El reencuentro fue desastroso. Esa es la definición más exacta. Digamos que él se quedó "allá, en la historia" y porque no tiene muy claro quién es mi mamá y quién soy yo, entonces se la agarró conmigo y a mí eso me jodió bastante porque si hay algo que tengo claro es quién es mi mamá y no me la toques porque perdiste.

Por otro lado él no me conoce: sólo conoció una nena y ya tengo unos años como para que me quiera dirigir. Aparte, nuestra ideología es incompatible y no podemos mantener una conversación más allá de que él es de derecha y yo soy de izquierda. Vemos la vida de otra forma y creo que no nos soportamos mutuamente. El día que nos reencontramos, él, pensando que mi vieja me había llenado la cabeza, me dijo: "Lo que te dijeron es mentira". ¿Qué me tendrían que haber dicho? Fue así como empecé a averiguar quién era él. Lo tenía idealizado, para mí él era el afecto que me faltaba y cuando lo conocí, ese afecto me faltó para siempre. Es de derecha, reaccionario, fanfarrón, materialista al mango. Capaz de decirte, "te doy cien dólares" si le pedís que te escriba algo. Metételos en el culo a los cien dólares, yo no quiero plata de nadie, por eso trabajo desde los 17 años, apenas salí del colegio secundario, y así no dependo económicamente ni de mi papá ni de mi mamá ni de mi marido.

Volver al país fue lo más duro. Yo no quería volver y cuando volví dije que me iba. Había prometido hacerlo cuando tuviera 18 años.

Antes de volver a la Argentina habíamos ido de Italia a México. Esa etapa fue muy distinta. Cuando llegué tenía 8 o 9 años. Ahí se perdió la vida comunitaria: cada uno a su casa y a su vida. Fue una gran alegría, una experiencia distinta: era un departamento enorme para nosotras dos. Después nos mudamos a una casa con una pareja de mamá.

Me marcó más que Italia porque yo ya era más grande. Ahí me di cuenta de cuánta influencia tenía mi mamá sobre mí. Llevábamos una vida tranquila, normal, insertados. En Italia éramos más tipo clan aparte, en México éramos una familia más.

Sabía que íbamos a volver pero yo mucho no quería; ya tenía una vida armada. En ese momento familiares nuestros habían ido para allá a vernos y ellos le hicieron el bocho a mi mamá para que volviéramos. Medio año después estábamos acá, así que fue algo que se manejó de golpe. Yo no soy porteña, tampoco soy argentina pero especialmente no soy porteña. Yo venía con mucho acento mexicano, que en los chicos y en las mujeres es algo muy especial. En ese momento la única persona que tenía mi edad era mi primo, que me ayudó mucho; conocí a todos sus amigos.

Tenía la posibilidad de completar primer año así que a las dos semanas que llegué ya estaba en el colegio. Necesitaba cosas para hacer. Ahí empezó el drama: "que no me gusta, que me quiero volver". En el colegio yo era la mexicanita, era muy difícil, muy desagradable y duró bastante tiempo. En esa época me aferré mucho a una amiga, hasta tercer año. Después empecé terapia de grupo con seis chicas de mi edad que también habían vivido en México. Aparte de nuestro grupo había otro de chicos de 18 o 20 años que nunca se pudieron adaptar, que estaban desarraigados del todo. Algunos volvieron al lugar de donde venían, regresaron y se volvieron a ir. A lo mejor si yo hubiera tenido 18 años hubiera hecho lo mismo, pero como otros que éramos más chicos tuve que afrontar eso de ser gente que "volvíamos sin volver". La terapia me ayudó muchísimo. Me di cuenta de que no era la única que había vivido cosas así, que a otras personas les había pasado lo mismo. Creo que el objetivo de la terapia —que duró seis meses— era ése. Al año volví al psicólogo por el tema de mi viejo, que me tenía muy deprimida. También me quería despegar de mamá; y de mi viejo, yo no sabía si me quería despegar o pegar, no sabía adónde ir. Después me dieron el alta pero había cosas irresolubles. Aparte estaba el tema de la rebeldía: a mí me decían rebelde sin causa. Nada me venía bien, nada me gustaba, todo me parecía mal. Eramos todas rebeldes, íbamos a las marchas que hubiera. Me acuerdo que a la semana de haber entrado me querían echar del colegio porque discutí con una profesora que era racista, y que después la echaron. Nunca fui de callarme.

Lo que nunca traté de hacer es juzgar a la gente como mi mamá hizo en su momento.

Todos hablan del movimiento político que había en ese momento en todos los ámbitos, pero pienso que ahora está todo muy paralizado. Entonces yo no puedo ponerme en el año '77 y ver cómo eran las cosas; si pudiera, sólo entonces me plantearía si yo hubiera hecho lo mismo.

Creo que respeto a todos los que eligieron el camino de mi mamá, es decir el de la izquierda. Lo único que les criticaría es lo cerrados que eran con sus ideas, fuera de la realidad.

Si vos me preguntás de qué nacionalidad soy, creo que no la tengo; tengo la de acá porque me la da la ley. Yo no lo siento como la generación de mi vieja, que decía: "Buenos Aires es todo y todo está puesto acá". Supongo que ellos lo dicen por lo que vivieron, después de todo pasaron treinta años acá.

Durante un tiempo me relacioné con gente del grupo, pero después me abrí. Me di con gente que no perteneciera a mi historia de viajes y vueltas, gente que conociera estudiando, en clubes; quería ser uno más. Todo ese cambio no fue intencional, no fue que lo razoné. Recién ahora descubro que lo hice porque quería armarme de un grupo nuevo, distinto; con los otros tarde o temprano saltaba lo de México, la tristeza, todo muy depresivo. Yo trataba de sacarle provecho a lo nuevo, ya que no me quedaba otra opción que estar acá.

A mi novio lo conocí cuando estaba en cuarto año. Me había ido de vacaciones con mi mamá y había llevado una amiga del club. Lo conocí en la playa, nadie me lo presentó. Después seguimos la relación acá pero todo seguía siendo muy informal; antes tenía la idea de que si salía con un chico me iba a casar con él. En este caso abandoné la idea, me dije "vamos a ver cómo es sin ponerle tantos pajaritos". Fue algo más natural porque eran vidas muy distintas. El tiene un hermano y vivió toda la vida en el mismo barrio. Recibió mi historia con asombro —yo le conté en seguida— también se sorprendió mucho de mi mamá y de mi relación con ella. Antes yo estaba muy atada a mi mamá y de a poco fui armando mi propia vida. Ese alejamiento fue un poco fuerte y el reencuentro fue diferente, más como amigas. Armé relaciones independientemente de todos; si no lo hubiera hecho todavía estaría colgada de la pollera de mi mamá.

En la familia de mi marido saben bastante poco, muy superficialmente, nunca conté detalles, fui cautelosa con eso. Ellos me aceptaron muy bien y yo a ellos con todos los defectos y las diferencias.

Una de las cosas que aprendí fue elegir lo que quiero y lo que no quiero. Pienso que todos tenemos ese derecho. En estas actitudes se nota que uno no vivió igual que todos; en todos lados me llaman rebelde: en el trabajo, en la universidad. Ser rebelde es defender lo que es de uno y eso llama la atención. Esta rebeldía trae muchos problemas en la relación con un varón, porque a los hombres les gustan las mujeres sumisas. Creo que en nuestro caso lo que mantuvo la pareja fue el hecho de estar los dos abiertos, el uno hacia el otro. Así él descubrió muchas cosas en mi vida y yo descubrí una estructura que no tenía: el barrio, la familia, una casa. Algunas las tomé y otras las deseché. Ahora soy familiera, me gusta estar con las personas que amo, en mi casa, con la familia que yo armé, ni con la de él ni con la de mi lado.

Soy de izquierda, siempre en el socialismo, no sé si la lucharía como lucharon mi mamá y los de su generación, pero la acepto. Mi marido también es de izquierda pero no estamos afiliados a ningún partido aunque es un tema que interesa. Especialmente la memoria, porque la gente no tiene memoria, se olvida de un montón de cosas o las tapa. Hay mucho miedo a hablar, a decir lo que uno piensa, a defender sus derechos. Yo me peleo por diez pesos lo mismo que por un millón porque creo que no pasa por una cuestión de cantidad sino de dignidad. En eso soy muy tajante. Si una jornada dura hasta las 12:00 no entiendo por qué hay que quedarse hasta las 13:00. Acá la gente no está acostumbrada a reclamar.

Le tengo miedo a la oscuridad. En mis pesadillas siempre era de noche, debe ser por eso. Después se me fue yendo. Le tenía miedo a la soledad, por eso siempre salía y siempre estaba en actividad. La soledad del abandono es muy difícil, eso me quedó de mi papá. De chica nunca me tocó ver una situación del tipo "desapareció tal compañero", aunque sí lo oí y sé de chicos que les tocó. En mis pesadillas entraban por una ventana y nos llevaban a todos, te estoy hablando de sueños de los cuatro años.

De la historia argentina pienso que las marcas que quedaron son enormes y que muchas de las cosas que pasan hoy —si no todas— son producto de lo que pasó, que ha dejado muchas secuelas en la gente. En general, se sigue diciendo "si lo echaron por algo es", "si desapareció algo habrá hecho". A mí me parece pésimo no buscarle el porqué a las cosas, qué pasó, qué le hicieron, por qué lo echaron o se lo llevaron.

La gente cree en los pajaritos y se engancha mucho en el discurso de estos políticos de mierda que no dicen ni hacen nada concreto. Lo peor es que todos dicen exactamente lo mismo. Resulta que los justicialistas que eran antiliberales ahora están con ellos y los radicales ahora se separan de los liberales. Son todos corruptos, lo único que quieren es llevarse guita. Mi preocupación es Rico. Me molesta que haya ganado terreno, aunque sea poco. Es preocupante por lo reaccionario y autoritario que es. El dice que es un nacionalista pero para mí es un fascista. Creo que no hay opciones nuevas, estamos así y así nos quedamos. Yo busco una alternativa pero todavía no sé dónde ni cómo.

El papel de la mujer cambió bastante. Pienso que hay mujeres muy activas y ése es uno de los pasos del cambio. La mujer tiene que cambiar su papel en la política y en la vida social. No creo que eso se logre por medio de leyes, pasa por algo natural, es difícil pero tendría que ser algo que surja de las mujeres mismas.

Ahora me siento más integrada, más madura, con menos miedo y dispuesta a quedarme en la Argentina. Me gusta mucho la idea de tener hijos, pero antes tenemos planes. Y si tenemos hijos me gustaría transmitirles un montón de cosas que no quiero que les pasen, que defiendan lo que piensan, que hagan lo que elijan, eso es lo más importante.

Carlos Orzaocoa

Carlos Orzaocoa, "el Vasco" para sus amigos, recordó a su esposa María de las Mercedes Gómez de Orzaocoa, militante del PRT-ERP. Su relato se inicia con el recuerdo de la época del cristianismo posconciliar y los curas del Tercer Mundo. Luego de aclararme que fue amigo de muchos de ellos, define su posición en aquel momento como la de un cristiano que asumió ideas izquierdistas.

Nací en Santa Rosa, La Pampa, y tuve una formación cristiana. Para los que éramos cristianos, el momento era importantísimo. Yo había conocido en Tucumán a gente del FRIP (Frente Revolucionario Indoamericano Popular) y al Negrito Fernández, cuya mujer junto con la mía serían las dos primeras desaparecidas de Córdoba. Así fue como me incorporé a la izquierda sin dejar de ser cristiano. A partir del '68, '69, todo ese movimiento social que se fue gestando y que tuvo en el Cordobazo su manifestación culminante cristalizó en una opción bastante generalizada de los cristianos por el peronismo. Yo ya me había incorporado al PRT (Partido Revolucionario de los Trabajadores).

En 1969, conocí a un hombre que fue clave en el cambio que se venía produciendo en mi vida: Nelson Rugié, cura entrerriano de la Congregación Hermanitos de Jesús, cuyos sacerdotes se ganan la vida con trabajos manuales. "Gringo", así llamábamos los amigos a Nelson, tenía unos treinta y cinco años, recién llegaba de Francia, adonde había ido a estudiar, y se ganaba la vida como albañil.

El Gringo estaba buscando un lugar para instalarse entre gente pobre, y yo, que abandonaba mis estudios de Derecho en ese momento, decidí ir a vivir con él. Hablé con los vecinos de una villa, que, un poco sorprendidos por nuestro aspecto —los dos éramos muy "blanquitos"—, nos permitieron instalarnos sin problema. Mientras el Gringo construía la casita, apareció un seminarista: Oscar González, "el Gato", que luego de conseguir autorización de monseñor Primatesta vino a vivir con nosotros.

La casita era en realidad un ambiente único, dividido en una zona de cocina y otra de dormitorio. Al lado, una pequeña habitación se destinó a lugar de oración, y a unos diez metros hicimos el baño.

Mi trabajo de celador en un colegio no era compatible con la nueva vida de pobreza que yo estaba eligiendo. Tampoco tenía experiencia en un oficio, así que me dediqué a hacer changas como "ayudante" albañil del Gringo, y cuando las obras aflojaban trabajábamos con los camiones de recolección de basura. El trabajo era durísimo y en negro, pero los dueños de los camiones pagaban generalmente una vez por semana, y así íbamos tirando como cualquier otra persona de esa villa, mientras nos ocupábamos de las gestiones para llevar la luz, ya que por supuesto no había ningún servicio.

La gente reaccionó muy bien. Se formó una comisión vecinal, logramos llevar la luz, hicimos un dispensario, conseguíamos remedios, leche para los chicos, en fin, una tarea que resultó muy positiva.

ENCUENTROS CERCANOS

"En la villa vecina hay un médico; la mujer y una amiga, que están viviendo como nosotros, dan clases de catecismo y organizan a la gente." La noticia me la dio el Gringo una noche, mientras charlábamos las novedades del día. Decidimos ubicarlos para hablar de la experiencia, y en pocos días más, un sábado por la tarde, se produjo el encuentro.

Mercedes llegó con el médico y su mujer.

Era muy linda. Tenía el pelo renegrido y la tez muy blanca. Provenía de una familia humilde. Después de terminar el secundario había iniciado el noviciado pero lo había dejado. En el momento de conocerla, trabajaba como operaria en una fábrica de zapatos y como catequista en la villa donde vivía. Me gustó apenas la vi. En esa época estaba de novio con una chica que estudiaba Filosofía y militaba en la Universidad. Yo estaba metido a pleno con el PRT. Era la época naciente de las organizaciones y de los repartos en las villas. Los frentes diferentes en que trabajábamos nos venían distanciando sin remedio.

Mercedes, en cambio, había hecho la misma opción de vida que yo. Ese fue uno de los tantos puntos de coincidencia que fuimos descubriendo, y que finalmente nos llevó a iniciar una relación hermosa, muy consustanciada con los ideales que los dos compartíamos.

Creo que fue lo mejor que tuvieron las parejas de esa época. Del amor entre los dos y el amor por los otros surgía una relación de gran plenitud. Todo minuto disponible era minuto de entrega, de servicio a la gente. Me parece muy difícil que se vuelvan a repetir parejas como aquellas.

Nos casamos legalmente en el '72, una tarde que recuerdo como la más feliz de mi vida.

La ceremonia religiosa se hizo en nuestra casita. Sacamos las camas, los tabiques, e invitamos a los vecinos. Yo trabajé hasta el mediodía y a eso de las seis de la tarde comenzó a llegar la gente.

Ella estaba muy linda, con un vestido blanco que resaltaba su pelo negro. El casamiento fue hermoso. Teníamos una mesa chiquita y algunas banquetas que acomodamos para la ceremonia. Los vecinos y yo estábamos con ropa de trabajo. Doña Rosa, una señora que hacía pan, nos trajo uno de regalo y con ese pan el cura hizo la ceremonia. Todos comimos de ese pan, bebimos un vino común, y cada uno de los presentes dio su mensaje a la nueva pareja con palabras muy sencillas. Nos dijeron que tuviéramos muchos hijos, que fuéramos unidos... cosas muy lindas. Después hicimos un baile en el patio, muy alegre, inolvidable realmente.

Enamorados y llenos de ilusiones, nos fuimos a vivir al otro lado de la villa en una casa que estaba en la "frontera" de la villa y el barrio.

ADIOS AL BARRIO

No fue una elección nuestra. El lugar donde yo vivía se había transformado en una célula a partir de la incorporación del Gringo y el Gato a la militancia activa en el partido. Todo se produjo naturalmente, como una evolución del compromiso que ellos habían asumido con la gente, a partir de las dudas que presenta un compañero cura sobre su condición y la militancia.

Hicimos una reunión con Robi (Santucho) en la que él dijo que sí, que un cristiano podía participar del PRT, para escándalo de muchos rígidos marxistas.

Ya el Gato había descubierto que no quería ser cura y se había casado con una chica que era enfermera. Construyó su pieza al lado de la casita y entonces, sin haberlo planeado, nos encontramos militando en el mismo frente. Por esa época también el partido había hecho varios repartos en la villa que fueron muy comentados por la gente. En síntesis: vivíamos juntos, militábamos en el mismo frente y la gente nos tenía identificados, con mucha simpatía a pesar de ser peronistas, pero, identificados. El partido estimó que eso no era seguro para mí, que ya tenía mayores responsabilidades, y por esa razón tuve que mudarme con Mercedes.

Ella también había empezado a militar. Lo que era inevitable, por sus ideas primero, y por casarse conmigo. Fue a una escuela de cuadros y comenzó a ocuparse de las finanzas de la región de Córdoba. Que el partido la designara demuestra la gran confianza que le tenían, ya que la tarea de finanzas significaba conocer muchas cosas y manejar fondos.

Sabía armar y desarmar una pistola, hizo ejercicios de tiro pero nunca participó en una acción militar porque la tarea a la que estaba asignada era muy importante y de tiempo completo. Creo que hubiera sido muy violento para ella porque era esencialmente pacifista.

Tanto la necesidad de no estar identificados como el peso y la responsabilidad de las nuevas tareas nos alejaron inevitablemente del barrio.

Fue algo muy doloroso para los dos. En ese lugar dejábamos nuestros mejores amigos y, sobre todo, el contacto con gente que confiaba en nosotros y deseaba seguir contando con nuestro apoyo. El partido mientras tanto crecía especialmente en los dos grandes centros de concentración fabril: Santa Isabel y Ferreira. Las comisiones internas de las fábricas nos respondían, e incluso en el caso de Perkins llegó a darse una experiencia de cogestión obrera con la patronal. El 29 de mayo de 1973 vino Dorticós de Cuba. Se hizo un acto con Tosco y eran incontables las banderas del PRT-ERP entre la concurrencia.

Nosotros habíamos tenido una hija, y fuimos después a La Pampa para que mi familia la conociera. Era una época intensa y feliz.

Nos instalamos finalmente en una casa amplia en Alto Alberdi. Mercedes era la responsable de Finanzas; los compañeros nos llevaban constantemente dinero. Para esconderlo, lo envolvíamos en bolsas de plástico y lo poníamos en cajones de manzanas que enterrábamos en el fondo de la casa, en el patio, en el gallinero... Había una confianza absoluta en la contabilidad que ella llevaba.

Por otro lado, la moral que manejábamos era muy alta, y pasó más de una vez, por ejemplo, que saliera con un portafolios lleno de dinero para entregar a los compañeros y que me fuera en colectivo porque me parecía mal gastar en un taxi. Yo me imagino que con los tiempos que corren esto debe sonar ridículo, pero era así.

La tarea de Mercedes era muy riesgosa porque tenía que ocuparse de conseguir gente para comprar bienes que el partido necesitaba. Es decir que si el partido necesitaba una casa para depósito de armas, o para una escuela, o para vivienda, ella tenía que encontrar el lugar adecuado y después quien la comprara a su nombre. Eso la ponía en contacto con muchísima gente y pienso que tuvo mucho que ver con su caída. La época ya se estaba poniendo muy peligrosa en Buenos Aires, por las acciones de la Triple A, pero en Córdoba no había todavía ningún caso de personas desaparecidas. Hubo reuniones del partido en las que nos informaron del plan represivo, que implicaba torturas y desapariciones. Pero como en Córdoba nada de eso había pasado, yo tuve en un principio esperanzas de que Mercedes apareciera con vida.

El día que la secuestraron, ella, que estaba embarazada de siete meses, tenía una cita. Nos despedimos y cuando volví a casa más tarde, esperé tranquilo su regreso.

Cuando las horas pasaron y ella no vino, comencé a averiguar y pude saber que habían visto a dos móviles policiales que se llevaban a dos mujeres, una de las cuales estaba embarazada. Un compañero que estuvo detenido ese día contó también que estando en la Central de Policía había oído los gritos de unas mujeres, a las que al parecer les aplicaban la tortura del "teléfono" (golpes en los oídos).

Hablamos con abogados, presentamos *habeas corpus* por ella y la mujer del Negrito Fernández, Graciela del Valle Macrenzic, pero sin ningún resultado. Los días pasaron y no hubo ninguna caída. Mercedes sabía cosas importantes y si ella hubiera hablado, la caída habría sido grande. Yo primero. Por eso digo que sin juzgar a los que no resistieron y hablaron, porque no me siento juez de nadie, sí puedo decir que compañeros como Mercedes y tantos otros son admirables. Porque nos dieron a todos una lección de amor, compromiso y entrega absoluta a un ideal. Saber que no reveló nuestra dirección y que estoy vivo por eso, me recuerda todos los días su amor, y no creo que pueda haber prueba más grande.

Carlos se levantó y salió de la habitación donde estábamos.

Detuve la grabación. En el silencio de la casa se oía claramente su llanto en un cuarto vecino.

Por la ventana que daba a la calle, un radiante sol cordobés bañaba la mañana. Unos chicos jugaban en la vereda, felices, ignorantes del drama revivido detrás de estas paredes. La vida sigue. Es cierto. Pero, ¿a qué precio?

Más tarde, él discutió este final de mis reflexiones. Transcribo su comentario, reconociendo su derecho a réplica.

Lo que pasó no es precio de nada. El precio tiene que ver con el Mercado. Precio y Mercado son los dioses de la Muerte que quisimos destruir. No tienen que ver con la vida, excepto para destruirla. Lo de Mercedes fue vida que nos muestra la criatura hermosa y lograda que puede ser un ser humano.

Nuestros compañeros tienen mucho de Dios, de Jesús, de la vida plena, del Amor.

Luis Bruchstein

Luis Bruchstein, periodista, recordó a sus dos hermanas desaparecidas: Aída Leonora e Irene Mónica Bruchstein.

La nuestra era una familia normal de clase media. Mi padre era un profesional que fue candidato a concejal en el pueblo donde vivíamos. En la familia de mamá había antecedentes políticos que pesaban mucho. Mi abuelo fue un dirigente del socialismo democrático bastante conocido y tenía una personalidad muy fuerte. Él murió cuando yo tenía doce años y mis hermanas, que eran más chicas, no tuvieron mucho tiempo de relación con él. Sin embargo, su figura quedó para nosotros como un ejemplo de hombre austero, luchador, que había estado en la cárcel durante el gobierno de Perón a causa de sus ideas.

Mi madre había tenido algo de militancia política cuando era soltera pero después de casarse abandonó. A ella le gustaban mucho los deportes; salíamos de vacaciones en carpa, todos los hermanos estudiábamos un instrumento musical, cantábamos en las fiestas, teníamos una linda vida de familia.

La política formaba parte de charlas con mis padres en las que discutíamos sobre la justicia, la igualdad, y creo que fue eso, además de la circunstancia histórica que nos tocó vivir, lo que nos marcó. De todos los hermanos, yo era el más inclinado a la política. Fui presidente del centro de estudiantes durante el secundario. Mis hermanas, en cambio, no tuvieron esa experiencia.

La militancia para mí, llegó cuando entré a la universidad, y estuvo directamente relacionada con un proyecto de vida. Era la época del gobierno tripartito, la autonomía universitaria y lo que se llamaba entonces el cientificismo. Había un culto a la inteligencia. El nivel académico era muy alto, y cuando uno estudiaba ahí, comprendía que el trabajo del científico es ir contra lo establecido para encontrar puertas nuevas por donde pueda colarse el pensamiento y así encontrar nuevas ideas. A mí me deslumbró entrar a ese mundo de propuestas, discusión y cuestionamiento. El clima de

Exactas era muy libre, independiente del pensamiento heredado, y todo se relacionaba con una actividad política donde predominaban grupos de izquierda. Contrariamente a lo que decían los militares y la derecha, era una práctica política que no estaba planteada como un proyecto de transformación seria de la sociedad. Cuando la gente se recibía, seguía tal vez con esas ideas, pero dejaba de participar.

Mientras tanto, mis hermanas estaban en el secundario y no tenían idea de ninguna cuestión de esta naturaleza. Por ser el mayor, a mí me tocaba hacer punta en todo, y en esos días, feliz con mi proyecto de ser un investigador científico, disfrutaba de esa apasionante gimnasia intelectual que era la vida universitaria.

Cuando llegó el golpe del '66 y entró la guardia de infantería a la Facultad, sentí que mi proyecto se iba al diablo. La mayoría de los profesores se fueron del país. El nivel académico bajó muchísimo, y sobre todo cambió esa concepción de la formación del pensamiento científico. La Universidad pasó a ser un lugar donde a uno le daban información sobre temas determinados y nada más.

Comencé a militar en un grupo que se llamaba de la Izquierda Nacional, y a partir de ahí me fueron interesando más las ciencias sociales que las exactas. En la militancia que inicié primaba la idea del compromiso. "Ningún proyecto personal se puede armar descontextualizado de la sociedad a la que uno pertenece." Este planteo, que formó parte de mi experiencia, fue el sentimiento de gran parte de la juventud de ese momento. Creo también que esa concepción alimentó a los grupos guerrilleros, y en el caso de mis hermanas, fue un modelo incorporado a la Universidad y a la sociedad en la que empezaban a moverse.

El grupo donde yo estaba participó en la CGT de los Argentinos y se acercó al peronismo, reconociendo el poder masivo que tenía. Existía la idea de que el camino al poder tenía que pasar por una etapa de violencia popular, de masa, insurreccional. Por otro lado, no hacíamos más que seguir lo que se puede ver históricamente en otros movimientos que lograron cambios. La idea de una evolución pacífica, electoral, en una sociedad donde había golpes de Estado apenas asomaba una manifestación de voluntad popular, era como una utopía.

A pesar de esta visión que era común a todos, mi grupo criticaba mucho al foquismo de los diferentes núcleos que copiaban la experiencia cubana a su manera. Nosotros teníamos una práctica social de militancia en los barrios, a nivel sindical y estudiantil. Los guerrilleros, en cambio, trabajaban "hombre a hombre" sin experiencia política de masa. Hasta que llegó el Cordobazo.

Creo que ni siquiera en el mayor momento de "orgasmo teórico", los grupos de izquierda habían previsto ese fenómeno. Para muchos como yo, que militaban en la izquierda peronista, el Cordobazo significó que no había una vanguardia iluminada que estaba delante del pueblo, sino que el pueblo había demostrado que estaba un paso más allá de esos grupos de izquierda, peronista y no peronista. Además era evidente que el enfrentamiento social había llegado a un nivel mucho más alto de lo que se pensaba.

Los grupos guerrilleros capitalizaron esa experiencia que sólo tenía en común con su propuesta el enfrentamiento violento, pero pienso que las conducciones foquistas nunca entendieron lo que realmente había pasado.

Por supuesto, ante semejante manifestación, se dijo que era la hora de la lucha armada, que la gente estaba cansada de palabras, que quería acción, y a partir de ese momento, la lucha armada quedó legitimada. Eso no quiere decir que se "disfrutara" de la violencia. La lucha armada es una porquería que termina distorsionando los fenómenos hacia adentro de los grupos cuando no se tiene la suficiente madurez, y eso es en parte lo que pasó en la Argentina. La generación de mis hermanas, que no había participado en ese período previo de desarrollo y crecimiento de las acciones violentas, se encontró en el momento de iniciar su militancia con una situación de hecho, donde la guerrilla tenía un aureola victoriosa, heroica, justiciera, y además era reconocida hasta por los mismos políticos. Así fue como se metieron de lleno en algo que estaba incorporado a los valores del momento. Corría el año '72 y comenzaron a militar en un grupo de gente muy joven. Algunos todavía estaban en el secundario…

Comenzaron reuniéndose a debatir temas, y en esa época, cuando se juntaban cinco a discutir de política eso derivaba en algo de mayor compromiso.

Mis hermanas tenían personalidades muy diferentes. La que me seguía en edad era enérgica y segura. Tenía una inteligencia aguda, que unida a su carácter muy fuerte determinaban en ella definidos elementos de liderazgo. La más chica, en cambio, era más insegura, a veces distraída, muy dulce.

Yo siempre me había resistido a incorporar a mis hermanas a la militancia. Muchas veces otros compañeros me lo habían sugerido, porque en esa época se veía como "bueno" que uno integrara a los hermanos, a los padres y a todo el mundo, ya que se veía como algo fundamental, una manera distinta de situarse frente a la realidad. Pero yo me negaba sistemáticamente. Prefería que, si ellas decidían participar, lo hicieran por su propia voluntad y no influidas por el hermano mayor. Creo que también trataba de evitar esa responsabilidad. Al mismo tiempo, si ellas no lo hubieran hecho, seguramente me habría desilusionado un poco.

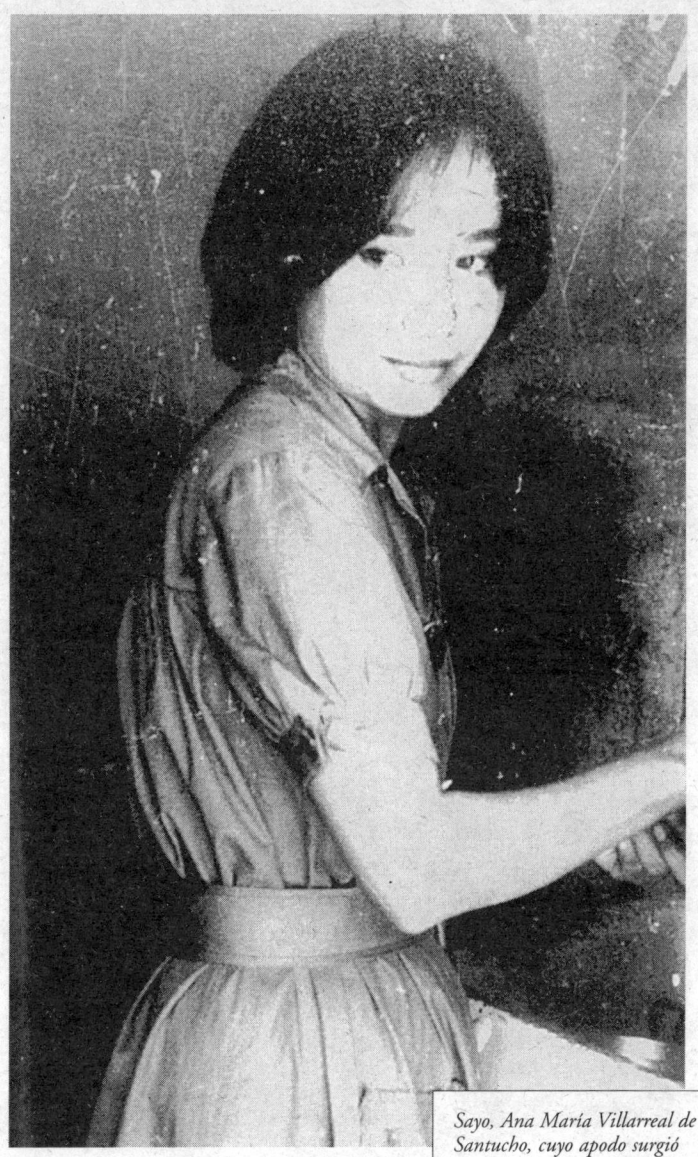

Sayo, Ana María Villarreal de Santucho, cuyo apodo surgió por la película Sayonara.

Sayo rodeada de primas y de su hermana. Abajo, en el taller donde estudiaba escultura.

Con Anita, una de los tres hijos de Robi Santucho, en brazos.

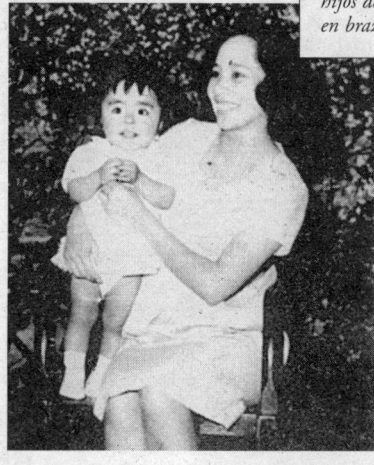

Manuela Santucho, "Nenita".

El juicio a Sayo. De izquierda a derecha: Amílcar Santucho (uno de sus abogados), Sayo, Manuela Santucho y Omar Gómez (abogados de Sayo también).

Cristina Navajas de Santucho en su adolescencia.

Mayo del 68. Cuando Francia volvió a convertirse en el epicentro de un estallido revolucionario que conmovió al mundo.

Los dos líderes que consiguieron, por diferentes caminos, llevar el socialismo al poder en América Latina.

La Primvera de Praga combinó libertad e ideario socialista.

Cristina Navajas con Camilo, uno de sus hijos.

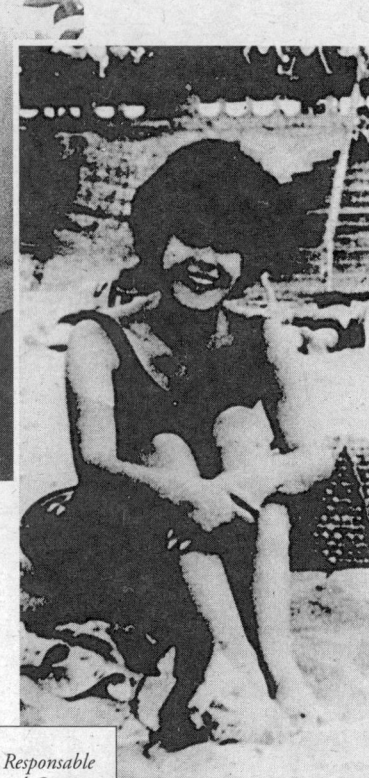

Susana Gaggero de Pujals, Responsable Nacional de Solidaridad en el Comité Central del PRT/ERP.

De izquierda a derecha: La madre de Coty Santucho, Helvecia Castelli (Becha); su cuñada, Blanca Rina Santucho (Pory); el hermano de ésta y padre de Coty, Carlos Iber Santucho; y Coty.

Liliana Delfino, segunda mujer de Mario Roberto Santucho y miembro del Comité Central del PRT/ERP.

Ernesto Che Guevara, la figura mítica por excelencia de los movimientos revolucionarios del '70.

Cuando tuve la certeza de su militancia me dio miedo y me sorprendió en el caso de la más chica, pero de todos modos no me pareció tan "raro" porque pasaba en todas las familias y pasaba con la mejor gente, es decir, con todos aquellos que tenían ideales y sentido de compromiso social.

Creo que por su falta de experiencia política, estos grupos nuevos tenían menos capacidad de discernimiento que nosotros para evaluar lo que ellos mismos protagonizaban. Tenían una idea casi mística del proceso que les tocaba vivir, y veían como héroes o revolucionarios perfectos a los líderes de sus conducciones. En mi generación, en cambio, sentíamos afecto, pero teníamos una visión crítica de ellos, aun cuando los aceptáramos así...

Dentro del ámbito familiar, mi situación de hermano mayor me llevaba a vivir todos mis procesos en soledad. Así como yo había sido el primero en asumir una militancia política, en el año '72 dejé de militar, mientras mis hermanas, que vivían todo con un espíritu de equipo, estaban en pleno "romance revolucionario".

Mi alejamiento se produjo por dudas y cuestionamientos que me enfrentaron a mis compañeros. Aunque ahora suene ridículo, esas eran relaciones vitales para cada uno. Había una absoluta confianza, se arriesgaba la vida por el otro, y de producirse un deterioro se lo vivía con mucho dolor, como algo decisivo. El grupo del que yo era responsable se deshizo y de acuerdo con las normas pasé a la periferia como castigo. Eso me causó una sensación horrible, de tocar fondo, pero también me obligó a reflexionar.

Lo primero que analicé es si la revolución podía ser hecha por veinte tipos que se reunían y que además eran estudiantes, sin trabajo fijo y por lo general sin responsabilidad de familia, o si la revolución la hace la gente a partir de sus vidas concretas y de los intereses que les generan esas vidas en sus relaciones humanas, económicas, sociales, etcétera. Mi conclusión originó un nuevo cambio en mi proyecto de vida. Resolví alejarme del "aparato" de los grupos cerrados e integrarme a la realidad de cualquier hombre del pueblo: casarme, tener hijos, trabajar, y desde esa realidad ver cómo llegaba a la revolución haciendo lo que hace todo el mundo.

Empecé a ir a las campañas políticas de la JP y ahí vi que se había extendido el tema de las organizaciones: Montoneros, FAR, FAP, habían crecido a nivel popular y congregaban a la gente en movilizaciones que no hubiéramos soñado antes.

En esa época el grupo de mis hermanas terminó escindiéndose. Una parte fue a Montoneros y otra al ERP. Ellas quedaron en el del ERP, aunque la conducción de ese grupo provenía del peronismo. De todos modos, eso respondía a la continua movilidad de los diferentes grupos, que se armaban y desarmaban constantemente, hasta que alrededor del '73 comenzaron a polarizarse hacia ERP o Montoneros.

Mi cambio personal, mientras tanto, se concretó. Me casé y tuve una hija. Cuando iba a casa me encontraba con mis hermanas (la mayor también se había casado) y teníamos reuniones muy lindas. Ellas me cargaban con mucho afecto. Decían que me había aburguesado porque me había casado legalmente y había hecho una fiesta... pequeña, por otro lado. Pero había mucha alegría y cariño en esos encuentros. Nuestros padres se habían separado y comíamos en casa de uno o de otro. Se armaba siempre un grupo grande, con los hermanos y amigos de las tres familias. En cada una de ellas hay ahora desaparecidos. Mis dos hermanas, la hermana de mi mujer, el compañero de mi hermana. Conversábamos horas y discutíamos apasionadamente de política. Yo sentía que ellos estaban pasando por una etapa que yo ya había vivido, y me dedicaba a mi nueva actividad sindical mientras trabajaba.

No obstante, mis sentimientos eran algo ambiguos y contradictorios. A veces experimentaba un vago sentimiento de culpa por no participar más intensamente en lo que estaba pasando, y ahora que examino a la distancia las líneas políticas de las conducciones guerrilleras compruebo que en algunas cosas me equivoqué y en otras estuve acertado.

En lo que mi ánimo se mantenía firme era en la preocupación que me producía la militancia de mis hermanas. Este sentimiento tenía razones afectivas más que prácticas, puesto que mi experiencia, aunque implicó riesgos, no significaba la muerte segura que vino después. Al mismo tiempo, no podía dejar de sorprenderme por la fuerza, la convicción y el valor que descubría en ellas y en otros compañeros. Ahora todo suena utópico, pero en ese momento si alguno preguntaba: "Y mañana qué va a pasar", la respuesta era: "Mañana es la revolución". El futuro se sentía próximo y victorioso. El proyecto de vida era concreto. Pienso que lo inmaduro de eso es que la idea de la revolución era única y lineal, atravesando todo como un surco recto. No había ningún planteo que considerara la relación intrínseca del proceso revolucionario con la vida de la gente y los fenómenos históricos, sociales y políticos y que a través de esos cambios van tomando forma. No fue posible evaluarlo así en ese momento por la inmadurez de todos nosotros y por la falta de continuidad en el movimiento. Si bien es cierto que había una continuidad histórica, eso no se daba en personas concretas de la conducción, como ha sucedido generalmente en los grandes movimientos revolucionarios. De una generación a otra, las experiencias se cortaron y esta generación, absolutamente virgen, asumió en forma teórica y voluntarista las experiencias anteriores.

El error del movimiento guerrillero de esa época fue político porque desde el punto de vista de la fuerza era obvio que no tenían ninguna posibilidad. Ellos pensaron que la gente apoyaba la lucha armada como un fin en sí mismo, cuando en realidad la gente apoyó sólo como alternativa para expresarse políticamente.

Se pensó: porque fuimos guerrilleros la gente nos apoyó, si lo seguimos siendo en algún momento nos van a seguir apoyando hasta llegar al triunfo total. Pero la lucha armada no puede ser impuesta en forma voluntarista o ideológica.

El error fue tanto hacia afuera como hacia adentro de las organizaciones. Las promociones internas no se producían por la capacidad política y representativa, sino por la cantidad de operaciones en las que se hubiera participado. Entonces había gente muy capaz que no tenía posibilidad de tomar decisiones y gente con capacidad militar que decidía la parte política. Un desastre. El problema se dio tanto en Montoneros como en el PRT-ERP. No tuvieron la visión de incorporar a gente como Tosco, Ongaro, Puiggrós, Silvio Frondizi, que de haber participado a nivel de conducción, hubieran dado un rumbo distinto.

Las mismas líneas de las cuales nos reíamos en la época del foquismo siguieron después del Cordobazo y continuaron eternizadas en los niveles de decisión, hasta los peores momentos de descomposición final de esas organizaciones. Era tan grande el grado de obstinación de esos dirigentes, que todo lo que se había logrado como trabajo político y sindical trabajando en las bases fue abandonado cuando entraron a la clandestinidad.

Tampoco se dio oportunidad a las mujeres para llegar a niveles altos, ya que no superaron el nivel de cuadros medios, y hubiera sido muy interesante poder comprobar qué hubieran hecho ellas con capacidad de mando.

La derrota empezó adentro de las organizaciones y cuando se desató la represión ya no había estructuras ni fuerza para desarmar. Por eso fue pura represión y no guerra como dicen los militares. La gente ya se había hecho a un lado, no tenían apoyo ni predicamento entre ellos, y eso es la derrota.

No había entonces necesidad de un golpe ni de la espantosa represión que vino después, planeada en realidad como castigo ejemplarizador para frenar cualquier intento de manifestación popular, o formas de organización del pensamiento cuestionador. Para implantar el modelo de país que ellos querían, que se expresaba en la política económica de Alfredo Martínez de Hoz, necesitaban destruir el movimiento obrero, campesino, estudiantil o villero. El discurso de la Seguridad Nacional y de la Tercera Guerra Mundial fue una excusa. Eran el medio y no el fin. Intentaron ganar una aureola de cruzados occidentales y cristianos, pero mataron para imponer un modelo de país sometido a los intereses de las grandes transnacionales.

Yo estaba fuera del país en ese momento. Mis hermanas, cada una a su manera, estaban decididas a quedarse con sus respectivas parejas. A la mayor la mataron poco después, durante la represión que siguió al ataque al

Batallón Domingo Viejo Bueno, en Monte Chingolo. A la menor, la secuestraron un año más tarde en su casa.

En ese momento ella no tenía una participación activa. Creo que fue decisivo el no querer separarse de su pareja, y en esos días, una demora, una duda, significaban perder la vida. Claro que todo parece más fácil a la distancia y en el tiempo.

Las dos tuvieron hijos y las dos amaban la vida. Por esa razón vivieron como lo hicieron. Ninguna de las dos tuvo la oportunidad de un juicio, y fueron asesinadas cuando estaban indefensas.

Creo, además, que la frivolidad, la superficialidad y también el miedo con que la sociedad argentina trató de saldar ese período conflictivo y violento las priva a ellas y a toda una generación de un juicio histórico justo. Yo, por mi parte, no dejaré nunca de admirar la grandeza y la intensidad de sus sentimientos, la voluntad de ser cada día mejores seres humanos. Me resulta difícil explicar con palabras el orgullo que siento por las hermanas que tuve.

Miguel, desde España

Nos conocimos en Madrid, la noche antes de regresar a Buenos Aires.
Ya no había tiempo, pero más tarde me escribió.
Vive en España por razones de trabajo. Hace unos años formó una nueva pareja y tiene ahora otros hijos, además de Horacio, hijo de Cecilia, su primera mujer, de la que no mencionó el apellido.

10/1/92

Todo lo que te cuento se basa en lo que recuerdo haber vivido con ella y lo que *sabía* de ella. Esto último, que es una zona gris en cualquier pareja, en nuestro caso se agravaba por el tabicamiento de la militancia y por estar en frentes diferentes.

Esta será una visión parcial entonces, filtrada por los diecisiete años que pasaron desde la última vez que la vi.

Te doy entera libertad para reproducir lo que te mando, porque está pendiente en la sociedad argentina conocer el aspecto humano de los que participaron en la guerrilla.

Cecilia nació el 16 de septiembre de 1955. No era la fecha prevista, pero el ruido de los bombardeos de la Libertadora (mi suegra vivía cerca del centro) parece que apuraron el parto.

Fue la segunda de cinco hermanos. Su madre es de origen judío-alemán y su padre, judío también, llegó a la Argentina desde Lituania a principios de siglo. Su tío abuelo materno y su abuela paterna fueron comunistas conocidos en sus países. En la Argentina, ambas familias gozaban de buena situación económica.

Cecilia hizo la primaria en el Colegio Francés. Al empezar la secundaria pasó a un colegio inglés, que abandonó cuando tenía dieciséis años. Más tarde fue a una escuela nocturna, pero nunca terminó el bachillerato, por su militancia.

Nunca fue buena alumna, sí le gustaban mucho los deportes. Hizo esquí, hockey sobre césped, equitación, etcétera. A los dieciséis años medía 1,76 m y era muy robusta. Poco agraciada digamos, pero tenía una sonrisa muy, muy dulce. Se destacaba por lo afectuosa que era con todo el mundo sin importarle su ideología. Sus odios estaban concentrados en todo lo que fuera militar, policía, alcahuetes y explotadores. Empezó a militar a los dieciséis años en el frente villero, conectada a través de un novio que tuvo.

Cuando empecé a salir con ella, despreciaba todo lo que fuera el arreglo femenino, maquillaje, peluquería, etcétera, después comenzó a arreglarse un poco, para parecer más "común", por indicación del partido.

Supe, cuando estaba preso, que incluso llegó a ir a la peluquería, pero no sé si lo hizo para "disimular" o por gusto.

20/1/92

Releo lo que he escrito y lo encuentro muy pobre como perfil de una persona. Eso pasa porque no sé escribir.

Cecilia tenía un conflicto muy grande con su padre y le tenía miedo. Recuerdo que cuando ya hacía un año que militaba (y era muy valiente), tuvo una discusión con él, que le dio una bofetada. Su reacción fue ponerse a llorar. Estaba desarmada frente a él.

Cuando nos fuimos a vivir juntos (ella era menor), vivía atemorizada por la amenaza que le había hecho de mandarla a buscar con la policía.

Cuando tuvo su novio anterior, hizo un aborto. Quedó muy dolida y lo tomaba como si fuera un castigo. Tenía trastornos menstruales y decía siempre que no podía quedar embarazada. Así que no tuvimos precauciones en nuestras relaciones.

A los cuatro meses de vivir juntos "decidimos" tener un hijo y a los dos meses quedó embarazada. Mucho después me preguntó si podía ser cierto que hubiera tenido un bloqueo psicológico durante nuestra primera época y que al llevarnos bien hubiera desaparecido.

Vinieron días muy complicados para nuestra pareja por la militancia y tuvimos que pasar un período separados.

Los primeros meses del embarazo los pasó muy mal, con muchas náuseas, pero no dejó de militar.

Cuando pudimos volver a estar juntos, fuimos a vivir a una casita muy humilde de Villa Tessei. No me voy a olvidar nunca del frío que pasamos aquel invierno. No teníamos agua corriente dentro de la casa, la única canilla estaba afuera, igual que el baño.

Nuestra pareja comenzó a andar mal, pero no me di cuenta bien por qué. Ella seguía muy mal con el embarazo y se enfermó de gripe, pero no quería dejar de militar. Con su panza a cuestas, iba a volantear como cualquiera; en eso era muy dura consigo misma, pero con el hijo estaba ilusionadísima porque "iba a ser un revolucionario que viviría en una sociedad libre, como un hombre nuevo", decía.

Cuando estaba de siete meses, nuestros padres presionaron para que nos casáramos. Como no nos importaba, los complacimos y lo hicimos vía Bolivia. Un día fue ella a firmar y al día siguiente, yo.

Quince días antes del parto, nos fuimos a vivir a lo de mi suegra. Aceptó largar la militancia por la inminencia del hijo que llegaba. Después se aflojó "ideológicamente", permitió que su madre nos regalara un viejo Mehari y se habló de comprarnos un terreno con una casa, en un lugar que nosotros eligiéramos.

Por supuesto, decidimos que fuera en un barrio obrero. Vimos un par de casas muy humildes, pero que eran perfectas para nuestro romanticismo y nos hicimos muchas ilusiones acerca de lo que sería la vida con nuestro hijo en ese medio.

El día que se internó, las contracciones le duraron diecinueve horas hasta que nuestro hijo nació. Le pusimos Horacio.

Por el tiempo de las contracciones te imaginarás que la pasó muy mal, yo no sé mucho más porque estaba de guardia en la colimba y sólo pude llegar al día siguiente.

Cuando la vi, estaba cansada pero muy feliz. Le trajeron el bebé para que lo pusiera en el pecho y aunque el médico le había explicado que todavía no tendría leche, se puso a llorar porque Horacio trataba de mamar inútilmente.

Nueve días después caí preso y ella pasó a la clandestinidad.

Yo no resistí la tortura y hablé. Quedamos separados, no solamente porque estaba en la cárcel sino porque ella no podía aceptar que hubiera hablado.

Lo que me enteré después sobre su final, lo sé por terceros ya que no volvimos a vernos.

Nuestra correspondencia era censurada, así que me mandaba poemas de Benedetti y otros, alguna que otra cosa de Horacio y nada sobre ella.

Durante los dos años siguientes se encontró varias veces con familiares míos o de ella. Dejaba a Horacio para que me lo llevaran a la visita y pasaba a buscarlo días después. Las citas que armaba para estos encuentros eran muy complicadas y cortas.

Me dijeron que bastaba una mirada de ella para que el chiquito le obedeciera, y era evidente que se adoraban. Cuando ella pasaba a buscarlo, quince o veinte días después, sus reencuentros eran muy emotivos.

La secuestraron el 2 de enero de 1977. Tenía veintiún años. Hasta ese día vivía en una casita muy humilde, en Isidro Casanova. La casa estaba habitada por ella, Horacio y un hombre, secuestrado junto con ella y del cual nadie supo nunca quién era. Llegaron de madrugada, los golpearon y se fueron dejando a Horacio solo llorando en la casa. Mi hijo tenía dos años y dos meses en ese momento.

Al lado había una casita. Un alambre tejido separaba los dos terrenos. Los vecinos oyeron todo, pero no se atrevieron a acercarse. Unas tres horas después, se decidieron a entrar para buscar a Horacio, cuyo llanto escuchaban.

A la tarde, los militares volvieron con ella, aparentemente para buscar algo de la casa. Al verla, Horacio corrió al alambrado y la llamó (esto me lo contó el chiquito quince días después) pero ella no lo miró en ningún momento.

Años más tarde, cuando salí de la cárcel, hablé con los vecinos. Dijeron que habló con los militares antes de irse y la dejaron acercarse al alambrado. Ella aprovechó, seguramente lo tenía preparado, para darles el teléfono de su madre, pero hizo como que no veía a Horacio. Por la forma en que me describieron la escena, creo que lo hizo para evitar que ellos se lo llevaran.

Sabiendo cuánto quería a Horacio, yo creo que no debe haber palabras para describir lo que habrá sentido en ese momento, cuando el chiquito le hablaba y ella no le contestó. Eso me demuestra que tenía muy claro su deber de protegerlo, aunque significara un dolor tan grande para ella. Su actitud "fría" salvó a Horacio de vaya a saber qué destino.

De toda esta historia a mí me han quedado cosas que no voy a resolver nunca. No pudimos llegar a conocernos bien. Nos faltó entendernos.

Todo fue corto, intenso, confuso y doloroso. Como fue la vida de muchas parejas en esa época. Eramos unos chicos casi, viviendo una militancia en la que veíamos caer compañeros, presos o muertos, constantemente, cuando todavía no habíamos alcanzado a madurar.

Manuel Gaggero

El abogado Manuel Gaggero recordó a su hermana, Susana Gaggero de Pujals, militante desaparecida el 27 de marzo de 1976.

Durante la escuela secundaria, ella no tuvo ningún tipo de militancia política. Yo, en cambio, militaba ya. Primero en la UES (Unión de Estudiantes Secundarios) en el año '54 y después en la Juventud Peronista, en la clandestinidad.

Ella manifestaba cierto rechazo por la cuestión política, y más por el peronismo, que era "de los negros…". Esta mirada sobre el peronismo era muy común en los sectores de clase media de la provincia, especialmente en Entre Ríos, que tenía una fuerte tradición radical.

Ella iba a la Escuela Normal. Sus amigas le hacían comentarios peyorativos sobre mi actividad, le decían: "Mirá a tu hermano, con los sindicatos, los matones…".

En casa se leía mucho, y cuando ingresó a la Universidad, en Rosario, eligió Psicología, que se cursaba en la Facultad de Filosofía y Letras. Estaba de novia con un muchacho que estudiaba Ingeniería Química en Santa Fe. Yo también estaba ahí, y la veía cuando iba a Rosario para alguna reunión.

Un día me empezó a acompañar a las reuniones, que eran de grupos peronistas medio progresistas. No recuerdo cómo fue que se le ocurrió ir. De todos modos, su actitud era la de una acompañante sin demasiado interés. Paralelamente había comenzado a leer autores existencialistas, Sartre, Simone de Beauvoir; Françoise Sagan, y a replantearse el papel de su condición de mujer. El hecho de haber salido de casa, vivir en pensión, la hacía enfrentarse a los problemas de su independencia. También le gustaba mucho la música. Me enseñó a escuchar a los Beatles, a bailar el rock y me acuerdo que fuimos juntos a ver *Al compás del reloj*. En materia de cine, "la nueva ola" francesa, el realismo italiano y personajes transgresores como James Dean la impactaban.

Por esa época comenzamos también a entender la revolución cubana, que hasta ese momento habíamos mirado con cierta antipatía, porque nuestra mirada peronista la encontraba parecida a la revolución Libertadora. La figura del Che y sus escritos cobraban también mucho auge, y los cambios que la revolución producía en Cuba comenzaban a ser mirados con admiración.

Yo me había vinculado en Rosario con un grupo de Palabra Obrera que era muy chico. Se llamaban Palabra Obrera-Peronismo Revolucionario-Sector John William Cooke. Cooke no estaba todavía en el país. Ellos expresaban lo más progresista del peronismo. En ese grupo estaban el Indio Bonnet, que cayó en Trelew, y Luis Pujals. Los dos eran de Pergamino, y muy amigos. Luis estudiaba Derecho. Trabajaban con grupos sindicales, especialmente con los metalúrgicos de Rosario.

Ella me habló de su deseo de participar y trabajar en algo, y así fue como empezó en lo que se llamaba "Avanzada", Agrupaciones Estudiantiles de Palabra Obrera en la Universidad. Se unió a un grupo muy pequeño de Filosofía y Letras.

Su dedicación al estudio, sin embargo, seguía siendo más importante que su militancia, que comenzó muy lentamente. En las asambleas a las que concurría se encontraba con el Indio y Luis.

No era una época de agitación estudiantil generalizada como sucedió en el '70, pero se había establecido una relación entre los grupos estudiantiles y los sindicales. Cuando comenzaron a producirse las grandes movilizaciones obreras que vinieron, huelgas, tomas de fábricas, ella fue participando gradualmente en ese tipo de movimientos. Más tarde se hizo el Congreso de la Federación Universitaria del Litoral, y fue como delegada de Filosofía y Letras.

El Centro de la Facultad había sido ganado por una alianza con el MLN (Movimiento de Liberación Nacional), y a partir de ahí ella fue asumiendo un papel importante en la Federación. Se había entregado a sus nuevas actividades con mucha vehemencia, y ese cambio político iba acompañado por actitudes diametralmente opuestas a las que antes había tenido.

Comenzó a visitar los barrios e hizo algunos trabajos fabriles. Inevitablemente, este cambio la llevó también al rompimiento de su noviazgo con un muchacho que era excelente, pero no tenía nada que ver con lo que había elegido hacer.

A pesar de su actitud decidida en política, en lo personal era tímida y esa fue la razón de una larga etapa previa en su relación con Luis, que también era tímido en ese aspecto. Los dos se atraían, y yo lo sabía porque cada uno me lo había confesado por su lado, pero cuando estaban juntos no lo demostraban. Me tocó hacer el puente entre ellos. Muchas veces los citaba en un bar, y después de empezar a hablar me iba con una excusa cualquiera y los dejaba solos... terminaba siempre igual: hablaban de política, y de ellos, nada.

Finalmente, y no sé cómo, se casaron en Paraná en septiembre de 1965, cuando mi hijo Manolo tenía unos meses.

A partir de su casamiento se agudizó el proceso de proletarización que habían comenzado ya. Ella estaba en los finales de la carrera, pero Luis había abandonado prácticamente Derecho. El tenía problemas de salud, era muy delgado, y por esa causa, aunque trabajaba como obrero de la construcción, no conseguía entrar a trabajar en una fábrica.

Se fueron a vivir con otra pareja de compañeros en una casa de un barrio donde habían pensado militar. Por el lado de Susana su actividad era cada vez más intensa, pero yo no la conozco en detalle.

En ese período se produce la alianza de Palabra Obrera con el FRIP (Frente Revolucionario Indoamericano Popular, de Mario Roberto Santucho). Durante un tiempo estuvieron juntos, Nahuel Moreno y Santucho, pero más tarde comienza el proceso de división del partido que culmina con el V Congreso, a partir del cual el grupo que se va con Santucho comienza a llamarse PRT (Partido Revolucionario de los Trabajadores) y se plantea la necesidad de la lucha armada.

Las primeras acciones se llevaron a cabo en Rosario. No como ERP (Ejército Revolucionario del Pueblo), que no existía todavía, sino como Comando "Che Guevara". Entre esas acciones tomaron un tren, asaltaron una comisaría y algunas otras...

Nos veíamos poco en ese período porque yo estaba en el Peronismo Revolucionario, me había recibido, trabajaba en Paraná, estaba casado y ya tenía hijos. A veces Susana venía a visitarnos. Había adquirido una formación teórica sólida y teníamos largas charlas discutiendo de política o simplemente de literatura en general.

Durante su embarazo y después del parto, a raíz de algunos problemas que tuvo, hizo una larga pausa en su actividad. Es decir que, en la casa que compartían con otra pareja, pasó a desempeñar el papel de ama de casa permanente. Eso originó problemas en la pareja. Ella le reprochó a Luis y a los demás que no le asignaban tareas y la dejaban de lado. La situación fue casi de quiebra matrimonial, pero no llegaron a separarse. En abril del '70 ella decidió tomar unos días sola para pensar qué hacía y llevó el chiquito a la casa de la suegra en Pergamino. Días después, cuando volvió a buscarlo, la detuvieron. Yo me enteré después, fui a la Delegación de la Policía Federal en Paraná para saber qué había pasado, y quedé detenido también.

La historia se invirtió. Ella salió a los pocos días y yo quedé adentro cinco meses. Primero en Coordinación Federal y luego en Caseros.

Me visitó varias veces en la cárcel. El partido los había hecho venir a Buenos Aires y mientras su relación con Luis mejoraba, ella comenzó con sus actividades nuevamente, a pesar de las limitaciones que le imponía la crianza de su hijo. Empezó a trabajar de psicóloga e incluso tuvo, aunque poco tiempo, una ayudantía en la Facultad. En el año '71 se fueron a vivir a La Plata, porque cuando se produjo el quiebre del PRT en el '70, la zona sur había quedado muy desguarnecida. De la escisión surgieron tres fracciones: la que militaban Luis y Susana; la Fracción Roja, que eran los más extremos, y el PRT "La Verdad", que derivó en lo que luego fue el MAS.

En La Plata ella trabajó en la facultad y atendió algunos pacientes, pero no demasiados, porque su interés estaba concentrado en el trabajo partidario orientado al sector obrero de las fábricas. Trató incluso de entrar a una, pero no le resultaba fácil porque tenía un hijo.

Mientras tanto me liberaron y volví a trabajar en Paraná. El Colegio de Abogados había asumido mi defensa y pudo demostrar que las imputaciones que me hicieron eran falsas. Así gané la querella criminal contra el coronel Jorge Dotti en la Justicia Federal.

La distancia espaciaba mucho nuestras visitas. Durante todo ese período de La Plata, nos vimos muy poco.

La actividad de su grupo crecía y tomaba cada vez más estado público. Ya había sucedido lo de Sallustro. También había caído mucha gente en Rosario, es decir que el PRT se conocía cada vez más. En septiembre del '71 detuvieron a Luis en una casa de Canning y Paraguay junto con otras seis personas. Pocos días después los seis reaparecieron, pero Luis no. Susana me llamó por teléfono y me vine desde Paraná para ayudarla. Presentamos un *habeas corpus,* hicimos una conferencia de prensa, una larga serie de acciones destinadas a lograr la aparición de Luis, pero fue inútil.

Más tarde, por relatos de gente conocida nuestra en Rosario, supimos que lo habían llevado para allá y que lo había matado el Jefe de Policía, cuyo nombre no recuerdo, sé que ya murió. El mismo lo había contado a nuestros conocidos.

Susana se convirtió en la vocera de la desaparición de Luis. Desplegó una actividad infatigable para denunciar eso. Reuniones con políticos, actos públicos; habló en una obra de teatro que estaba representando Norman Briski; Lito Nebbia le dedicó una canción y cuando la presentó la invitó a Susana; en fin, miles de cosas. El caso de Luis repercutió mucho. Bonasso le dedicó durante un mes y medio una página del diario.

La desaparición de su marido hizo reaparecer a Susana para la actividad pública y la sacó de la clandestinidad. Participó de cuanto acto público hubiera. Se la invitaba a todos, y en todos se hacía oír con la pasión y la vehemencia que la caracterizaban.

En esa época nos vimos bastante porque yo estaba en la Asociación Gremial de Abogados que defendían presos políticos y eso nos creaba un espacio común de actividad. Cuando tenía un momento libre se iba a Paraná a visitarnos.

Esa vida pública intensa la separó bastante de su hijo en ese momento. Por suerte tenía los suegros y mi madre para dejarlo. También tuvo que levantar la casa de La Plata y eso conspiró también para que estuvieran juntos.

La desaparición de Luis concentró su línea de trabajo en los Derechos Humanos. Cuando fue lo de Trelew trabajó mucho por eso, y al mismo tiempo el PRT le encomendó una tarea política en los comités de base que se estaban armando con motivo de la proximidad de las elecciones. Hasta que la secuestraron ella estuvo creo que a cargo de uno que estaba en Avellaneda.

Durante el período '74/'75 también realiza alguna actividad fabril, se incorpora a una fábrica en la zona Sur que yo no sé cuál era. En el año '75, el FAS y el PRT inician el proceso de formación de un frente antigolpista que tendía a prever el golpe militar que se veía venir. Pese a las diferencias que existían con respecto al gobierno de Isabel Martínez de Perón, el PRT entendía que era preferible defender el gobierno de Isabel antes que asumiera un gobierno militar, y por eso se plantea la construcción de un frente antigolpista. Entre las personas encargadas de esa tarea estaba Susana, como un nexo entre el partido y otras organizaciones políticas. Participa entonces de entrevistas con dirigentes de la oposición e incluso del peronismo, a los que se plantea la necesidad urgente de construir ese frente.

Al poco tiempo sucede lo de Monte Chingolo y luego se produce el golpe. Yo creo sin embargo que no es el accionar de las organizaciones lo que lo produce, como se adujo (hay que recordar que para esa época las organizaciones estaban muy golpeadas), sino que el proyecto militar había sido largamente planificado y que obedecía a un proyecto político y económico muy preciso.

Me gustaría recordar también que durante su actividad política, Susana hizo mucho hincapié en el papel de la mujer. Ella trabajó y discutió mucho sobre ese tema, porque en las organizaciones, aunque teóricamente se hablaba del papel de la mujer, su igualdad, etcétera, en la práctica no era tan así. Por eso, cuando el partido decide su incorporación al Comité Central en los primeros meses del año '76, fue todo un logro que la hizo muy feliz. Ella sentía que con esa designación, el partido había reconocido, por primera vez, los méritos de una mujer.

El 27 de marzo de 1976, en la reunión que el Comité Central celebraba en Moreno, irrumpieron fuerzas policiales y del ejército, se produce un tiroteo y ahí, de acuerdo con las versiones de distintos compañeros que estaban presentes y lograron huir, ella cae.

Presentamos un *habeas corpus* pero no nos dieron ninguna información. Luego, extraoficialmente, nos dijeron que ella estaba muerta y enterrada en el cementerio de Moreno, supuestamente en el osario común.

El 9 de marzo de ese año había cumplido 33 años.

Lo otro que me parece importante destacar de su personalidad es la importancia que ella le otorgaba a su profesión de psicóloga y al intento de compatibilizar la profesión, el papel de madre y la militancia política. Eso le costaba mucho esfuerzo. Permanentemente trataba de estar cerca del hijo y durante todos esos años trató de estar con él. Cuando asistió a las deliberaciones del Comité Central, dejó al niño con mi madre, ya que ella iba a faltar dos o tres días. El tenía unos ocho años y aunque era chico, comprendió perfectamente la ausencia de su mamá, sufrió mucho por eso y pasó momentos muy difíciles. Durante casi un mes yo oculté la verdad a mi madre, y le dije que estábamos buscándola, de modo que Enrique tardó más aún en enterarse de la verdad. Su crianza fue encarada por los dos abuelos. Pasaba el período de clases en Pergamino, con los padres de Luis, y las vacaciones con mi madre.

Ella y yo estábamos ligados por un cariño muy grande. Eramos muy amigos, muy compañeros, y yo sentía siempre una gran responsabilidad por lo que a ella pudiera pasarle. Ella, a su vez, vivía preocupándose por lo que pudiera pasarme a mí. Es una de esas contradicciones del destino. Yo hacía una actividad pública, fui uno de los primeros amenazados por las Tres A, pusieron una bomba en mi casa, y entonces, lo más lógico era que me pasara algo a mí, y sin embargo, a ella la mataron y yo sigo vivo.

Enrique ha preguntado bastante sobre su madre. Es muy inteligente, está preparando el doctorado en matemáticas, becado por la Universidad de Río de Janeiro. Cuando se recibió aquí, estuvo considerado como una de las más altas promociones de la Universidad de Buenos Aires. También es muy inquieto políticamente, y tuvo militancia en la escuela secundaria y en la universidad. Conoce toda la historia de sus padres y se ha mostrado muy interesado por saber cuáles fueron los objetivos que llevaron a esta generación nuestra, a la lucha...

Me encontré con Luis Mattini en el bar de Córdoba y Junín para pedirle alguna información sobre el Comité Central del que había formado parte Susana. Me explicó que el Comité Central era "un cuerpo deliberativo, que tomaba decisiones para el largo plazo y fijaba políticas, a diferencia del Comité Ejecutivo, que se ocupaba de la política en el corto plazo. Los dos organismos mencionados y el Buró Político, integrado por la dirección máxima, constituían la cúpula de poder en el PRT-ERP". Mattini recordó cálidamente a Susana Gaggero, responsable nacional de Solidaridad en aquel momento, que junto a

Liliana Delfino, responsable nacional de Propaganda, fueron las dos únicas mujeres que integraron el Comité Central.

En su libro Hombres y mujeres del PRT-ERP *están registrados los pormenores de aquella reunión, donde finalmente Susana murió.*

Al leer ese capítulo, noté que Manuel había mencionado el día 27 de marzo como el del operativo. Mattini sin embargo dijo que el copamiento de la casa había ocurrido "un día y medio después de comenzado el encuentro", convocado para el 28 de marzo. Teniendo en cuenta que Mattini estuvo presente, me inclino a considerar como más segura la fecha que él recuerda, lo que llevaría a fijar la muerte de Susana en la tarde del 29 de marzo de 1976.

LA REPRESION LLEGA HASTA EL COMITE CENTRAL EN MORENO

(*Hombres y mujeres del PRT-ERP*. Reeditado por Editorial De la Campana, 1995.)

"(…) La reunión del CC se llevó a cabo el 28 de marzo, es decir, casi con el golpe, en la localidad de Moreno. Para la misma fue alquilada una casa quinta más o menos grande con un gran jardín y dos entradas hacia calles opuestas. Asistieron todos los titulares elegidos en el CC anterior más un numeroso grupo de invitados, entre ellos Edgardo Enríquez (*del MIR chileno*) y representantes del MLN Tupamaros, más los servicios y guardias hasta un total aproximado de setenta personas.

"En la preparación de la reunión, (…) se cometieron grandes errores de seguridad. Incluso en el sistema de guardias. Pero todo eso carece de mayor importancia ante el hecho increíble de que el PRT-ERP expusiera en una reunión de ese tipo la concentración de toda su estructura dirigente.

"(…) J. C. Carrizo organizó la defensa y plan de retirada para el caso de ataque represivo. Desde 1968 las reuniones del PRT se preparaban con defensa armada, estableciéndose un dispositivo de guardia y la división de los presentes en grupos de orden de salida, mientras otros contendrían la agresión. Pero en realidad en contadísimas ocasiones las fuerzas de seguridad detectaron una reunión en pleno desarrollo. Por lo tanto es bastante natural que la rutina y el hecho de que *nunca pasa nada* tiendan a darle un carácter un tanto formal, más en el espíritu que en los dispositivos concretos. En esta ocasión, tratándose de una reunión de estas características, Carrizo dispuso una escuadra del ERP con la función exclusiva de la defensa y eventual contención. Además todos los presentes deberían estar armados, para proteger su propia retirada en grupos. Sin embargo, las armas disponibles alcanzaban apenas para la mitad de los asistentes. Por lo tanto los grupos de fuga estaban armados sólo parcialmente.

"(...) Al día siguiente continuó la sesión encarando el punto sobre la 'Situación nacional'. Una vez más lo inició Santucho con su tesis de que el golpe militar significaba *un salto cualitativo en el proceso revolucionario* (...)

"(...) Se pasó a cuarto intermedio para almorzar y tomar la obligada siesta de una hora que era un rito en el PRT (una excelente costumbre). En medio de la siesta la guardia dio la voz de alarma, la cual fue tomada por unos segundos por broma por algunos, pero de inmediato empezaron los disparos y el ruido de cristales rotos. El grueso del Comité Central incluido el Buró Político dormía en el piso superior del chalet. Unos doce hombres vestidos de civil que habían llegado en un par de camionetas se lanzaron directamente al asalto de la casa a través del amplio y descubierto jardín del frente, disparando sus armas e intimando la rendición.* Sin embargo la guardia, después que hubo efectuado algunos disparos de pistolas y escopetas organizó de inmediato fuego de fusiles FAL, arma que impone respeto, y "clavó" a los atacantes al suelo. Probablemente no esperaban una resistencia con tanto poder de fuego y eso fue lo que evitó la tragedia mayor. Los grupos de retirada, previamente numerados por orden de salida, bajaron rápidamente y se apostaron en la planta baja, en medio del tiroteo, esperando la orden del jefe de la defensa. En el primer grupo iban Santucho, el Buró Político y Edgardo Enríquez, precedidos por un sargento del ERP con un fusil FAL, dispuestos a romper el eventual cerco por la parte trasera de la casa. Pero los atacantes eran pocos y se habían desplegado en una especie de abanico que dejaba libre la salida posterior. Ya en la calle, el grupo se subdividió y Santucho con Carrizo lograron *"requisar"* un automóvil y alejarse, siempre con la cobertura del FAL. Los demás se fueron dispersando de a dos. Urteaga directamente tomó un colectivo a las pocas cuadras y se puso a comentar con las señoras que viajaban, su extrañeza por el tiroteo que se escuchaba. La defensa del ERP era suficiente para contener el grupo que (después se supo) era pequeño, pero en el fragor del combate no se podía saber cuánta tropa atacaba pues de haber constatado que eran sólo doce hombres, la superioridad numérica y de fuego del PRT le hubiera permitido contraatacar como la mejor defensa. Por lo tanto se siguieron las reglas clásicas de contención y retirada escalonada. Otra complicación consistió en que una parte de los grupos que se iban retirando sucesivamente

"* Insistentes versiones no confirmadas afirmaban que se trataría del grupo especial dirigido por el capitán Leonetti, quien había recibido la misión de rastrear y capturar a Santucho, cosa que lograría a los pocos meses a costa de su vida."

erró el camino y en lugar de encarar la tranquera trasera de la finca, fue hacia un rincón donde había una gran cerca espinosa. Asimismo, el grupo atacante debía poseer muy buen entrenamiento, pues logró hacer varias bajas en la defensa de los guerrilleros a los que se sumaron muertos o prisioneros (desaparecidos) capturados en la zona una vez que el Ejército logró tender un gran cerco. El PRT perdió allí una docena de combatientes y cuadros, entre ellos Susana Pujals, viuda de Luis Pujals, mujer de notable energía que dirigía todo el aparato de Solidaridad."

En el final del capítulo se encuentra el balance de las pérdidas sufridas que prefiguraba, según la visión de Mattini, el fin de la organización.

"El PRT-ERP perdió en Moreno cuatro miembros del Comité Central, el Jefe de Inteligencia del ERP (secuestrado y no muerto como en su momento se creyó), la responsable de la Solidaridad Nacional y seis militantes. El material capturado por las fuerzas represivas fue cuantioso, especialmente grave en pérdidas de documentación e información que obligaría a todo el Buró Político y gran parte de los aparatos a cambiar de domicilios y una costosa reorganización.

"A esta altura del relato, la caída definitiva de la dirección del PRT-ERP con la muerte de Santucho y la posterior lenta dispersión de los restos del intento revolucionario más serio de Argentina, sería la *Crónica de una muerte anunciada*."

La familia Santucho

CRONOLOGIA Y ARBOL FAMILIAR DE LOS SANTUCHO

FRANCISCO ROSARIO SANTUCHO, natural de Santiago del Estero, de profesión procurador, se casó con Elmina Juárez, maestra rural, el 19 de febrero de 1920.

De esa unión nacieron:
AMILCAR LATINO
RAUL ALBERTO
CARLOS IBER
FRANCISCO RENE
OMAR RUBEN
BLANCA RINA
OSCAR ASDRUBAL

En 1935 murió Elmina a causa de un paro cardíaco.

El mismo año, el 19 de septiembre, se formalizó el matrimonio de Francisco con Manuela del Carmen Juárez, hermana de Elmina y maestra rural como ella.

De este segundo matrimonio, concebido de común acuerdo por la familia como una solución para la crianza de los niños, nacieron:
MARIO ROBERTO
MANUELA ELMINA
JULIO CESAR DE JESUS

De los diez hijos sobrevivieron:

AMILCAR LATINO, abogado, dedicado a la actividad política en las filas del PRT/MODEPA (Movimiento Democrático Popular Antiimperialista), que moriría años después, el 17 de julio de 1995.

RAUL ALBERTO, abogado, camarista del Trabajo en los Tribunales de Santiago del Estero.

BLANCA RINA, asistente social y escribana pública nacional.

OMAR RUBEN, contador, dedicado al comercio.

JULIO CESAR DE JESUS, escritor y periodista, exiliado durante diecisiete años en Italia. Actualmente vive en la Argentina y se desempeña como asesor de Federico Storani en la Cámara de Diputados.

La cronología de las desapariciones y muertes de los restantes miembros de la familia, entre los que se cuentan no sólo los hijos de Francisco sino también cónyuges e hijos de los mismos, es la siguiente:

ANA MARIA VILLARREAL DE SANTUCHO

Licenciada en Bellas Artes. Esposa de Mario Roberto, con quien tuvo tres hijas: ANA, MARCELA Y GABRIELA.
Fusilada en Trelew el 22 de agosto de 1972.

FRANCISCO RENE SANTUCHO

Propietario de la librería y centro cultural Dimensión en Santiago del Estero. Era el más intelectual de la familia. Invitó a dictar conferencias en Santiago del Estero a brillantes personalidades de la época como Miguel Angel Asturias, Witold Gombrowikz, Raimundo Canal Feijóo y otros. Fue detenido en 1970 y luego de salir del país con la opción para residir en el extranjero, regresó clandestinamente y se instaló en Tucumán, donde fue secuestrado en el mes de abril de 1975. Nunca se lo vio en ningún centro clandestino y no se tuvieron noticias sobre el lugar de su desaparición.

OSCAR ASDRUBAL SANTUCHO

Militante del Ejercito Revolucionario del Pueblo. Muerto durante un combate en el monte tucumano el 8 de octubre de 1975.

MARIA DEL VALLE SANTUCHO

Hija de Carlos Iber. Militante del Ejército Revolucionario del Pueblo, fue detenida junto a otros compañeros el 19 de diciembre de 1975 en Buenos Aires. No se conocieron el lugar ni las circunstancias concretas de su desaparición.

CARLOS IBER SANTUCHO

Empleado contable, padre de María del Valle. Carlos, que no militó en el PRT-ERP, era peronista. Fue secuestrado el 13 de julio de 1976, a las 17:00 horas, en su lugar de trabajo y conducido al lugar conocido como "Automotores Orletti", donde fue torturado hasta morir para obtener información sobre otros miembros de la familia.

Los detalles de su muerte fueron relatados por Enrique Rodríguez Larreta, ciudadano uruguayo sobreviviente del mismo lugar.

MANUELA ELMINA SANTUCHO

Abogada, defensora de presos políticos, militante del PRT.

Fue secuestrada del domicilio situado en la calle Warnes 735 la noche del 13 de julio de 1976, como consecuencia de la detención de Carlos. Fue vista en Automotores Orletti, La Cacha y Pozo de Bánfield. Sobrevivientes de este último lugar declararon haberla visto a ella, a Cristina Navajas y a otras diecinueve personas, hasta el día 21 de abril de 1977, cuando fueron trasladadas. A partir de ese momento no fueron vistas en otro lugar.

CRISTINA NAVAJAS DE SANTUCHO

Esposa de Julio Santucho y madre de dos hijos varones, Camilo y Miguel. Fue secuestrada el 13 de julio de 1976 junto con su cuñada Manuela. Tampoco se conocen la fecha y el lugar de su muerte.

MARIO ROBERTO SANTUCHO

Contador. Máximo dirigente del PRT-ERP. El 19 de julio de 1976 fue sorprendido por una patrulla militar en un departamento de Villa Martelli. En el lugar también se encontraban la esposa de Domingo Menna, Ana María Lanzillotto, que estaba embarazada; Liliana Delfino y Benito Urteaga acompañado por su hijo de dos años. Urteaga, que murió también en el enfrentamiento, había concurrido al lugar para despedirse de Santucho, quien había aceptado finalmente salir del país. Su destino era Cuba, donde ya se encontraban:

Sus padres (Francisco y Manuela).

Su hermana Blanca Rina (Pory).

Ana, Marcela y Gabriela (hijas nacidas de su matrimonio con Ana Villarreal).

Mario Antonio (hijo nacido de su unión con Liliana Delfino).

Diego Ortolani (hijo del primer matrimonio de Liliana Delfino).

Su cuñada, Ofelia Ruiz (esposa de Oscar Asdrúbal), con sus hijas.

En el enfrentamiento en que murió Mario Roberto murió también el capitán Juan Carlos Leonetti, que dirigía la patrulla. La familia Santucho no ha recobrado su cuerpo ni sabe tampoco el lugar donde se encuentran sus restos.

LILIANA DELFINO

Compañera de Mario Roberto y madre de su único hijo varón, Mario Antonio, detenida durante el enfrentamiento en que murió Robi. Una sobreviviente norteamericana, Patricia Erb, declaró haberla visto embarazada en Campo de Mayo, pero no existe noticia oficial sobre la fecha y las circunstancias de su muerte.

MERCEDES ELMINA SANTUCHO

Hija de Amílcar. Militante del PRT. Fue detenida en Córdoba en 1977. Permaneció secuestrada en el campo de concentración conocido como La Perla hasta su muerte.

A esta lista hay que agregar:
Prisión de AMILCAR SANTUCHO, cumplida en la cárcel paraguaya de Emboscada, en el Chaco Paraguayo, desde el 15 de mayo de 1975 hasta septiembre de 1979.

Prisión de GRACIELA SANTUCHO, hija de Amílcar, desde mayo de 1975 hasta diciembre de 1982, época en la que salió bajo el régimen de libertad vigilada, en el que permaneció hasta octubre de 1983.

Prisión de ISOLINA DEL CARMEN SANTUCHO, hija de Rosendo Santucho (hermano de Francisco), profesora, detenida en Tucumán durante unos treinta días, durante los cuales fue torturada para que aportara datos sobre la familia. No era militante y desconocía el paradero de la familia. Solamente recordaba el lugar de trabajo de Carlos. Sufrió trastornos psicológicos por esa detención.

ANA MARIA VILLARREAL DE SANTUCHO, *"SAYO"*

Nació en Salta, el 9 de octubre de 1935 y en 1962 obtuvo su licenciatura en Arte en la Universidad de Tucumán.

Era hija de Edmundo Diego Villarreal, dedicado a restauraciones artísticas (tenía un negocio en la calle Florida al 700), y de Eloísa Guillermina Cassasola.

Tres hermanos completaban la familia de Ana. Un decorador, Sergio Edmundo; una profesora de Biología, Cristina Eloísa, y un comerciante, Carlos Edelmiro.

Ana hizo su carrera universitaria en Tucumán donde conoció a Mario Roberto Santucho en casa de una parienta de él. Al parecer, Robi quedó prendado de su enigmática belleza y a pesar de un pretendiente que ella tenía y que según su hermana "no le era indiferente", comenzó a asediarla. Se casaron en 1960 y a partir de ese momento estuvieron juntos en la lucha que Robi llevaba adelante. De su unión nacieron tres hijas, Ana, Gabriela y Marcela, de las cuales sólo Ana vive actualmente en la Argentina.

Para todos los miembros de la familia, Ana fue el gran amor de Robi, y quitan importancia a la breve relación que él mantuvo con Clarisa Lea Place, otra militante del PRT que, por una trágica coincidencia del destino, murió también en el fusilamiento de Trelew. Ese 22 de agosto de 1972 terminó la vida de Ana, cuando contaba treinta y siete años.

Ni la condena que sobre ella pesaba (tres años de prisión por tenencia de arma de guerra y documento público adulterado) ni el intento de fuga de la cárcel de Rawson hubieran hecho esperar el desenlace que conmovió a la opinión pública.

Ana, "Sayo" para todos, encontró en ese apodo una definición perfecta. Los bellos y enigmáticos rasgos orientales perpetuados por sus fotografías ayudan a comprender mejor la dificultad en la evocación de los que la recuerdan. Todos la amaron y la admiraron, nadie está seguro de haberla conocido.

CRISTINA VILLARREAL RECUERDA A SU HERMANA

Mi contacto con Cristina se estableció mediante conversaciones telefónicas. Más tarde me escribió y me envió unas fotos de Sayo. Siempre, al hablar con ella, me quedé pensando si su voz sería parecida a la de su hermana. Tardó bastante en escribir la carta, pero finalmente cumplió y así llegó a mis manos, un caluroso día de febrero, aquella carta que venía viajando desde San Miguel de Tucumán.

¿Cómo fue mi hermana? ¿Cómo la recuerdo? ¿Cómo se me representa? Estas fueron las preguntas que me estuve haciendo desde que me hablaste.

El recuerdo que tengo de su niñez es un tanto vago, quizá debo decirte que por su personalidad era la niñita que pasaba desapercibida, ya que era calladita, muy observadora y con mucha vida interior. Es como que ella tenía sus conceptos, sus opiniones bien seguras y muy formadas, pero las guardaba para ella... cuando hablaba lo hacía con pocas palabras, muy precisas y concretas. Tampoco le gustaba imponer sus ideas, quizás era un tanto sarcástica, un tanto burlona, pero con respeto. Lo que más llamaba la atención era su fragilidad y su mirada...

La carta, que devoré y releí unas cuantas veces, aportaba algunos datos sobre el aprendizaje en común de danzas folklóricas en casa de una señora, donde Sayo aprendió a bailar la cueca "...lo hacía muy bien, se descalzaba y parecía que sus pies no tocaban el suelo ...después de casada bailaba con Robi en las fiestas familiares...", la escolaridad compartida también en la escuela Domingo Faustino Sarmiento primero, en una escuela normal de maestras después (el colegio religioso Santa Rosa de Viterbo).

Mientras cursaba la escuela secundaria asistió en forma paralela a la escuela de Bellas Artes Tomás Cabrera para aprender pintura y escultura.

Define su calidad de alumna como "buena, ni excelente ni mala", y agrega: "le costó siempre matemáticas". La materia era dictada por unas señoritas Zago, desde primero a quinto año, y Cristina está segura que la alegría más grande para Sayo al terminar la escuela fue saber que no volvería a verlas.

En la escuela de Bellas Artes tuvo entre otros maestros a Ramiro Dávalos y Tomás García Bes, pero el que marcó su formación no sólo en el arte sino también en la vida fue Alfredo Bernier, prestigioso pintor, con quien tomó clases particulares.

Cristina recuerda al padre como alguien muy severo a quien "no era posible contradecir en sus decisiones", y a pesar de la independencia de criterio de Sayo, una anécdota familiar revela hasta qué punto lo respetaba.

Había quedado debiendo una materia y necesitaba aprobarla para obtener su título e inscribirse en la Universidad. Lamentablemente, la aplazaron. Ese día no quiso volver a casa. Sabía el disgusto que iba a tener, no sólo ella, todos. Esto hizo que decidiera ir a la casa de una tía, pero no le contó el motivo de su visita, que fue extremadamente larga. Cuando llegó la noche y ante la pregunta de mi tía, recién le contó el motivo. Mientras tanto en mi casa, la situación era grave. Mi padre vociferaba lo peor...

La historia terminó con Sayo regresando acompañada por la tía, que logró calmarlo.

Su pasatiempo favorito era encerrarse largas horas en su habitación para leer y escuchar música y seguramente por eso llegó a ser una joven "de avanzada", tenía su criterio político, se ubicaba perfectamente en conversaciones de cultura general, de historia, hablaba con propiedad de cualquier tema y no la dañaban los comentarios de gente mal intencionada.

Con respecto a su vida amorosa, mamá recuerda que "Sayito era una chica gustadora". Tenía muchos pretendientes, chicos con los que mantuvo una linda relación, pero ninguno le llegó a entusiasmar en forma impactante. Eran románticos, le regalaban flores, le escribían poesías. Uno tocaba maravillosamente el piano y llegó a formar una orquesta; pero realmente el que la conquistó, la deslumbró y además de amarlo lo admiraba, fue Robi. Fue dándose de a poco. Se conocieron en la casa de una pariente de Robi adonde ambos habían ido a comer.

El encuentro, que habría de ser decisivo en la vida de Sayo, fue gestado por una compañera de pensión. Robi quedó impactado y continuó buscándola. Sayo, más prudente, dejó pasar un tiempo antes de reconocer el sentimiento que había surgido.

En ese tiempo a ella la pretendía un compañero de la Facultad de Artes que no le era indiferente. Pero el amor por Robi fue creciendo y estoy segura de que continuó creciendo hasta su muerte. Nunca vi una pareja que se amara como ellos se amaron, lo demostraban en la mirada, en las sonrisas, en el trato, era algo especial... yo notaba como que siempre existía una atmósfera de amor alrededor de ellos. Sé que realmente se amaron mucho.

Yo siempre fui la contrapartida de Sayo, era una gorda simpática y extravertida... Creo que nunca terminé de conocer a mi hermana, no por ella sino por mí, yo estaba en otra cosa, tenía otros intereses. Cuando me di cuenta de quién era mi hermana, como ser humano, ya era tarde... Yo sé que ella hubiera querido vivir y ver crecer a sus hijas y cuidarlas y mimarlas y enseñarles, como toda madre, pero supo entregar lo que Dios pide, su vida, y fue por los demás.

Una vez mamá viajó a Tucumán a visitarla y le llevó una frazada nueva. Ese día golpeó la puerta una mujer pobre con una bebita en brazos. Era invierno y estaba muy frío, ni la madre ni la bebita tenían abrigos. Sayito sacó la frazada, envolvió a la niñita con ella y se la regaló a la mujer. Y no lo hizo porque le sobrara a ella...

Realmente quisiera decirte mucho más, porque quisiera haberla conocido mejor.

El padre ya ha muerto, la madre vive con Cristina, los demás hermanos continúan con su vida.

Si aquella beba que Sayo quiso ayudar pudo sobrevivir, hoy tendrá unos treinta y cuatro años, seguramente ignora el episodio de la frazada que la salvó del frío aquel día y tal vez sea ella ahora la que circula por las calles de Tucumán, pidiendo ayuda para alguno de sus hijos.

ANA CRISTINA SANTUCHO

Ana es la mayor de las hijas de Sayo. Muy reservada, cuesta entrar en tema con ella, y tal vez por eso, la primera conversación (que mantuvimos en Roma) fue desechada de común acuerdo cuando volvimos a vernos en la Argentina. Luego vino una etapa de indecisión de su parte, que llegué a interpretar erróneamente como un rechazo a continuar con el tema. Entendí finalmente (a partir de una larga charla en La Opera, un domingo por la tarde) que la afligía algo tan humano y eterno como la imposibilidad de transmitir exactamente, no los recuerdos concretos que tenía sobre Sayo, sino esa otra sensación, intransferible, del clima, del amor, de las emociones que forman parte del universo afectivo en la relación madre/hija.

Ana quería ser fiel a eso, tanto, que nada de lo que decía la conformaba, porque naturalmente no hay ni puede haber palabras que representen acabadamente sentimientos tan íntimos. Creo sin embargo, que en las pinceladas que Ana rescata de su recuerdo, uno puede "ver" a esa mujer que fue su madre.

La Opera, domingo 6 de febrero de 1994.

Para mí lo más importante a destacar es que mi madre fue una persona que dedicó su vida a tratar de hacer algo por cambiar la sociedad. Eso significó para nosotras no tener una vida normal como el resto de los niños. No nos educamos de la misma forma y tuvimos que vivir siempre en medio de sobresaltos. Cuando fuimos chicas vivimos los primeros años con ella, pero después, como el trabajo de militancia que tenían se fue intensificando, ella se vio obligada, a pesar de que nos quería muchísimo, a dejarnos cada vez más con mis abuelos.

Yo nací en octubre del '61. En ese momento ellos no trabajaban en un partido político definido, pero hacían trabajos en el frente estudiantil, trabajo de masas...

Ella estudió Bellas Artes, y entre los recuerdos que tengo de cuando nosotras éramos bastante chicas, es que dedicaba gran parte de su tiempo a la pintura. Tenía una habitación que era su taller de trabajo, donde estaban todos sus cuadros y los materiales. Me acuerdo de uno que era la cara del Che, y alrededor había brazos levantados con armas, más atrás se veía como un paisaje de montañas con el sol... y me parece que eso simbolizaba el futuro, porque daba toda una imagen de lucha al principio, en primer plano, y al fondo, lo que vendría después de eso.

En nuestra convivencia hubo distintas etapas. La primera en Tucumán, cuando vivíamos siempre con ella. Luego el período de Santiago, viviendo con los abuelos y ella visitándonos continuamente o llevándonos a veces con ellos. Ahora me doy cuenta de que cada vez que se despedía le resultaba muy penoso. A eso siguieron las vacaciones en Córdoba, casi tres meses juntos. Esa etapa terminó con la detención de mamá en el Buen Pastor y ya nunca volvimos a vivir con ella.

Los recuerdos de los primeros años son bastante escasos porque éramos chicas, pero recuerdo que se ocupaba mucho de que estuviéramos siempre bien limpias. La casa donde vivíamos en Tucumán estaba en las afueras. No recuerdo el nombre del barrio, y un día que estábamos solas con la chica que nos cuidaba (mamá trabajaba en la facultad dando clases en esa época, y también tenía un taller de escultura), vino la policía y allanó la casa. En medio del operativo llegó mamá en una moto con un compañero de la universidad. Me quedó grabada su serenidad para enfrentar una situación como esa, tan seria... no perdió la calma. Se sabía controlar muy bien. Cuando se fueron nos explicó que la policía estaba buscando libros que no les gustaban.

Ella siempre tuvo para la gente que la conocía un trato bastante cauteloso. Era una persona parca, reservada, que tenía mucho temple, y con sus seres más queridos, o cuando se proponía un objetivo en la vida, era muy fiel, muy tesonera, y defendía ardientemente lo que deseaba. Aquellos que no la conocían muy bien a veces se sentían sorprendidos frente a algunas de sus reacciones. Ella era una persona muy linda, muy femenina, muy delicada en todo, desde lo que era su físico, hasta sus movimientos. Tenía un estilo muy propio de ella. Prefería los colores claros, y lo que usaba acentuaba esa apariencia que tenía tan frágil... es decir que su ropa era simple pero tenía siempre elegancia y refinamiento. Recuerdo que algunos de sus vestidos eran de una tela muy suave, discretos, hasta la rodilla, pero bien ajustados a la cintura, y eso realzaba su figura, que era muy linda, armoniosa. Era de tez clara, el pelo y los ojos negros, y a nosotras nos gustaba mucho eso, ver que teníamos una mamá tan linda... Se pintaba poco, casi nada, usaba las uñas cortas, sin esmalte, pero tenía manos pequeñas, dedos finos...

También, aunque desde afuera nadie lo sospechara, era muy apasionada con los afectos, muy cariñosa con nosotras y con papá, a quien quería muchísimo. Estando nosotros solos, era muy demostrativa. Era celosa, pero no era una mujer de ponerse a gritar y decir cosas, sino que se enojaba y no quería verlo por unos días. Cuando fui más grande supe que habían tenido problemas por Clarisa *(Clarisa Lea Place),* y entonces comprendí un episodio que sucedió cuando éramos chicas. Ella nos había comprado unos casetes con canciones infantiles y mientras los escuchábamos yo la miré y vi que estaba llorando. Como papá no estaba esos días con nosotras imaginé que estaba triste por eso, y recién más tarde pude comprender bien la situación. Al mismo tiempo, no era una mujer de dar el brazo a torcer fácilmente... se daba su lugar; por eso, aunque sufrió mucho, se separó de él hasta que la otra relación terminara. Ese período lo pasó con nosotras en Santiago.

Sonrío involuntariamente al recordar comentarios sobre la movilización familiar alrededor de la separación. ¿Realmente influyeron para que la pareja volviera a unirse? Si uno tiene en cuenta el carácter indómito y apasionado de Robi, y la voluntad de acero de Sayo, creo que todos los buenos oficios y aun la presión que al parecer ejerció el partido no tuvieron que ver en la reconciliación final. Para las hijas, antes y después de aquel episodio, la militancia de ambos imponía un estilo trashumante a la vida que llevaban y les hacía conocer experiencias inéditas para niñas de su edad.

La primera vez que papá cayó preso yo tenía unos cinco años, siempre tuvimos que vivir ese tipo de cosas. Fuimos con mamá a visitarlo, así que a pesar de nuestra edad ya vimos una cárcel... Bueno, dentro de todo, en esa época las cárceles no eran lo que fueron después. Me acuerdo que vimos a papá en un lugar al aire libre, y los presos hacían artesanías, trabajos manuales, incluso juguetes, es decir que yo no tuve una impresión negativa, desagradable, más bien fue todo un descubrimiento. Recuerdo que al saber que lo visitaríamos nos pusimos muy contentas pero al mismo tiempo sabíamos que no era para nada normal, y no era lindo tener al papá preso.

Cuando fuimos a vivir con los abuelos a Santiago, mamá nos visitaba mucho y para nosotras cada vez que venía era una fiesta. Tal vez por el poco tiempo que podíamos compartir en esa época, cuando nos veía tenía una actitud de mucha sobreprotección, pero más tarde, cuando fuimos con ellos a Córdoba para pasar las vacaciones, comenzó a enseñarnos a ser más independientes.

Yo era bastante introvertida, pienso que en gran medida es porque había una semejanza de la personalidad de ella con la mía. Eso se acentuó a partir de los diez años. Era una niña tranquila, callada, pero pensaba, y tal vez por eso tuve a veces sentimientos ambivalentes y cuando venían a buscarnos yo no tenía ganas de irme. Creo que era porque mi abuela además de transmitirnos una serie de valores tradicionales, nos daba mucho los gustos, a mí sobre todo que era su preferida, me mimaba muchísimo y claro, cuando tenía que salir de ahí, se producía una resistencia. A veces mis hermanas me cuestionaban eso y mucho más tarde, cuando ya grande reflexioné sobre el tema, tuve un sentimiento de culpa porque sentí que tal vez no había aprovechado todos los momentos que pude tener con ellos. Sin embargo, también comprendí que a pesar de esos sentimientos, que no excluían el gran apego que sentía por los dos, veo que mi abuela fue sin duda mi eje afectivo, pero la visión del mundo, esa referencia que tiene uno para guiarse en la vida, eso lo recibí de mis padres. Un caso muy claro es mi relación con la religión. Manuela era muy religiosa y practicaba, pero yo nunca creí en Dios. Yo recuerdo que papá nos decía que no podíamos esperar la solución de los problemas de una fuerza sobrenatural, y que eran los hombres los encargados de luchar por eso. Comparto esa idea como otras y es por eso que lamento tanto que no pudimos estar más cerca de ellos.

La última época feliz y de convivencia que tuvimos fue durante unas vacaciones en que nos llevaron a Córdoba con ellos. Mamá estaba muy ocupada, pero el tiempo en que estaba con nosotras lo aprovechábamos muy bien. Por otro lado y desde que fuimos muy chicas nos enseñó a ser bastante independientes: cómo desenvolvernos en la cocina, cómo atendernos nosotras mismas. Hay una anécdota graciosa con respecto a esto. Un día que la más chica estaba lavando unos platos, mi hermana Marcela, observando que gastaba mucho detergente, le dijo: "Una gota, nena, una gota…". Eso demuestra cuánto tomábamos en cuenta sus enseñanzas. Cuando nos levantábamos, generalmente ellos ya se habían ido, pero mamá nos dejaba carteles pegados con lo que debíamos hacer y nosotras los respetábamos al pie de la letra.

Al mismo tiempo ella tenía muy en cuenta todo lo que nos podía gustar como niñas. Jamás se olvidaba de nuestros cumpleaños, de la fiesta de Reyes y de todo eso que a un niño le causa placer en la vida cotidiana. Jugaba con nosotras a las damas, al ajedrez, armábamos cosas con los Rasti o se prestaba para el juego de la peluquería que a todas las chicas les encanta y, aunque llegara tarde por las noches, le gustaba acostarse con nosotras para leernos un cuento.

Se ocupaba también de mostrarnos las diferencias que había entre los niños, que no todos vivían de la misma manera; con palabras simples, adecuadas para nuestra edad, ella nos formaba y nos hacía compartir su visión de la realidad y de la justicia. También es cierto que a pesar de sus enseñanzas y del empeño que poníamos, éramos de todos modos chicas y a veces le causábamos algún disgusto. La vez que la vi más enojada fue un día que ya era de noche, y como estábamos aburridas resolvimos ir a la casa de una vecina para pedir prestadas unas revistas, aunque la instrucción muy precisa que teníamos era que no podíamos salir de la casa. Cuando volvíamos, nos encontramos en la calle con mamá que regresaba en ese momento. Se enojó muchísimo y nos puso en penitencia a todas. Luego nos explicó la importancia de seguir sus indicaciones, porque era la única forma en que ella podía irse con la tranquilidad de saber que, obedeciendo, no correríamos riesgos.

Con los otros chicos no era fácil. Ya no me acuerdo qué decíamos, pero teníamos una historia aprendida sobre lo que debíamos responder sobre el trabajo de mamá y de papá. De todos modos no estábamos todo el día solas, porque había muchos compañeros que venían a casa, que los conocíamos desde chicas, y para nosotras eran como tíos. Había sí momentos en que teníamos que quedarnos solas y era para esos momentos que mamá nos tenía muy enseñadas sobre cómo portarnos.

Conocíamos a mucha gente, compañeros de nuestros padres, y sabíamos que era buena gente. Los queríamos como si fueran de la familia, y con nuestra mentalidad de niñas, era como un trabajo lo que ellos estaban haciendo, un trabajo en conjunto, con gente muy valiosa. A veces organizaban juegos para distraernos y mamá participaba en esos juegos. Entre todos nos enseñaban a relacionarnos con las cosas... era una manera diferente que yo no la veía cuando vivíamos con la abuela. Mi abuela venía de una familia tradicional, con costumbres muy diferentes de las de mis padres. Entonces, en la casa de mi abuela no se les explicaban las cosas a los chicos.

Esas vacaciones en Córdoba no pudimos terminarlas con ellos porque fue entonces que mamá cayó detenida durante un reparto de víveres en una villa. La hirieron en una rodilla y la llevaron al Buen Pastor. Nosotras estábamos solas en la casa esperando que mamá volviera, pero fue papá el que vino, nos avisó lo que pasaba y enseguida nos fuimos a la casa de otros compañeros. Teníamos un perro que queríamos mucho, se llamaba Bogu, y nosotras queríamos llevarlo. Papá nos tuvo que explicar que era imposible y que además teníamos que volver a Santiago del Estero con los abuelos. Sufrimos muchísimo por tener que separarnos de Bogu pero sobre todo nos golpeó muy fuerte la detención de mamá, porque era la primera vez que nos pasaba y porque ella era la que se ocupaba más de nosotras.

Viajamos en auto con él. Habitualmente los viajes los hacíamos en auto, y era como una aventura porque íbamos todos juntos, pero en autos separados. Cada una de nosotras viajaba en un auto con un compañero, generalmente el que fuera el "tío" preferido de cada una. Era por seguridad, naturalmente.

Mientras mamá estuvo en el Buen Pastor la visitábamos. Viajábamos con mi abuela. Nosotras hacíamos comparaciones con las cárceles que íbamos conociendo y esa nos pareció bien porque era como un colegio. Después que mamá huyó del Buen Pastor, nos fuimos a vivir a Buenos Aires con mis abuelos. Empezamos la escuela aquí, íbamos a la Nicolás Avellaneda que está al lado del Teatro Colón, no recuerdo bien la fecha... *(La escuela que Anita menciona es la Número 8 y en realidad se encuentra en la vereda opuesta al Teatro Colón. Posiblemente Anita veía el teatro al salir de la escuela y por eso su recuerdo infantil lo cambió de lugar.)*

Mis padres también se vinieron, y nos visitaban continuamente, pero vivían clandestinamente. Mamá se tiñó el pelo, de un color pelirrojo, pero suave, atenuado. Usaba anteojos oscuros.

En Buenos Aires vivimos primero en Cabildo al quinientos, después cerca de la estación Medrano del Subte B, y por último en San Antonio de Padua. Nosotras veníamos solas al colegio, y mi tía Manuela, que trabajaba en Tribunales, nos pasaba a buscar a la salida. En las vacaciones nos fuimos a Salta a ver a nuestros abuelos, mientras mamá y papá estaban en Tucumán. Mamá había prometido llevarnos con ella para vivir cerca de un ingenio azucarero en el campo. Este plan obedecía a que en esa época ya se había dado en el PRT la tendencia a la proletarización. Yo estaba muy entusiasmada con la idea de ir a vivir como la gente humilde, así que esperábamos con mucha ansiedad la llegada de mamá, y fue entonces que la detuvieron por última vez. Recuerdo que vino mi abuelo y nos dijo: "Chiquitas, tengo que decirles algo muy malo que le pasó a la mamá. Venía hacia aquí y la policía la detuvo en el camino". Nos pusimos a llorar y una vez más se frustró un proyecto que nos tenía muy ilusionadas. Eso pasó más de una vez por el tipo de vida que llevaban. Se frustraron las vacaciones en Córdoba porque cayó detenida, se frustró ir a Tucumán porque la detuvieron nuevamente...

Para la policía tucumana la detención de Sayo era un procedimiento más, que arrojaba en este caso el saldo triunfante de haber capturado a la esposa de Mario Roberto Santucho. Para sus hijas, en cambio, esta detención marcaría el principio de la última etapa de una vida que intentaba mantener una estruc-

tura familiar coherente. Aunque en ese momento nadie podía imaginarlo, faltaban solamente seis meses para que Sayo muriera, pero tal vez de una manera premonitoria, Ana quedó muy afectada por el episodio que evocó al cruzar la frontera durante el regreso a Buenos Aires.

Yo era muy chica y trataba de entender, pero me hacía mal y me daba bronca. Cuando volvimos de Salta y pidieron documentos en la frontera, me quedó siempre una mala impresión de eso. En el '87, al viajar a Santiago y ver al policía que subió pidiendo documentos, volví a sentir esa sensación tan desagradable.

A partir de ese momento la vimos siempre en la cárcel. La visitamos en el buque *Granaderos,* pero tengo recuerdos muy difusos, el buque y las celdas, que eran chiquitas... Tengo recuerdos más claros de cuando estuvo en Devoto, mientras papá ya estaba en Rawson. Ibamos a verla todos los fines de semana. Antes que empezara la hora de visita, a todos los niños que visitaban a la madre los dejaban entrar al pabellón y podíamos pasar el día con ellas; los adultos en cambio podían permanecer solamente el tiempo de la visita. El pabellón estaba cerrado con una reja, y las madres estaban del otro lado. Por esas cuestiones de los reglamentos, los niños teníamos que entrar todos juntos, y entonces durante ese tiempo de espera, pasábamos las manos entre las rejas y tocábamos a mamá, la besábamos, y ella nos besaba a nosotras. Para nosotras esos días de visita eran muy lindos, como una fiesta de todo el día con los otros chicos y sus madres.

En Rawson era diferente, ahí los veíamos a los dos. No podíamos entrar al pabellón de hombres, así que a papá lo veíamos en un patio; con mamá sí podíamos entrar al pabellón. Estaba debajo del pabellón de hombres y supe más tarde que entre ellos tenían un sistema de comunicación a través de un hueco que había entre los dos pisos. Me dijeron también que por ser matrimonio podían verse, y supongo que de ahí surgió la versión de que ella estaba embarazada cuando el fusilamiento... no puedo afirmar categóricamente que no hubo un embarazo, pero al menos hasta cuando la vi no estaba, y tampoco nos dijo nada. Además, a nosotras tres nos tuvo por cesárea y según me dijo mi abuela, cuando tuvo a Gabriela le ligaron las trompas. Como éramos chicas a veces había informaciones que no recibíamos, pero después supe que mi abuelo paterno pidió entrar a la autopsia y no hubo ningún comentario en mi familia acerca de que estuviera embarazada.

Creo que fuimos dos veces a Rawson, la última vez que viajamos fue en las vacaciones, y eso era en julio, la fuga fue en agosto.

Vivíamos en San Antonio de Padua con mis abuelos y nos enteramos de esta noticia por televisión. No estoy segura si lo vio la abuela y nos avisó o si otros la vieron y vinieron a avisar. Lo que recuerdo claramente es que estaba un primo mío, lo abracé y nos pusimos a llorar los dos juntos. Creo que fue una de las pocas veces en mi vida que lloré mucho, que me solté completamente.

Cuando me llevaron al velatorio me hice toda una fantasía, pensé que era mentira que estuviera muerta y que no estaba dentro del cajón, que estaba cerrado. Durante el velatorio, la policía entró con una tanqueta y rompieron la puerta y tiraron gases lacrimógenos. Fue horrible, no sé quién me puso un pañuelo mojado en la boca, para no ahogarme... fue una impresión muy fuerte. Teniendo en cuenta el momento y la edad que teníamos, todo resultaba confuso y caótico. Recuerdo que durante mucho tiempo me hice muchas preguntas sobre el porqué de estos acontecimientos. La llevaron a un panteón en el cementerio de Boulogne, que era de la madre de Cristina, y abrieron el féretro, la parte de la cara, para que la viéramos. Tenía un aspecto sereno, y no sé por qué me parece que tenía gotitas de sangre en el cuello... Más tarde el abuelo llevó el cuerpo a Salta.

Yo ahora me doy cuenta de que mamá, sobre todo a partir del '70, se preocupó por formarnos de manera tal, que pasara lo que pasase, nosotras pudiéramos estar bien con nosotras mismas, y tuviéramos fortaleza espiritual para sobrellevar momentos duros, como los que efectivamente nos tocarían vivir. Debido a que sólo tenía diez años cuando murió, he tratado de saber cosas sobre ella a través de la gente que la había conocido, pero son pocos los que han podido decirme algo, por esa manera tan reservada que tenía de ser. Así fue como conversé con una compañera que estuvo en el *Granaderos*. Me dijo que era muy buena con todas, y al parecer algunas compañeras habrían sentido celos, pensando que por ser la mujer de Santucho podía haber preferencias en el trato con ella; pero no fue así, por supuesto. Me pregunté si habría llegado a saberlo o se lo dijeron; si fue así, estoy segura de que debe haber sufrido por eso porque ella era muy sencilla y para nada orgullosa.

Después de la muerte de mamá, mi padre, que había pasado de Chile a Cuba, regresó a la Argentina y estuvo varios días con nosotras. Nos explicó que por un tiempo era necesario que nos fuéramos, dada la incertidumbre en que se vivía. Fuimos acompañadas por Mercedes (Mercedes Santucho, hija de Amílcar) y estuvimos seis meses, pero lo extrañábamos mucho y le pedimos regresar. A partir de ese momento estuvimos con él casi tres años, viviendo en la clandestinidad. Yo tenía unos trece años, había terminado la escuela primaria pero no podía inscribirme en el secundario porque se necesitaban documentos, así que estudié en casa, con maestros particulares. Las conversaciones relativas a ese nuevo período —mi paso de la niñez a la pubertad— las tuve con Liliana (Liliana Delfino, segunda compañera de Robi), porque la abuela no tocaba esos temas. Al principio nos costó mucho aceptar la presencia de Liliana, pero gradualmente ella supo acercarse a nosotras y finalmente nos llevamos muy bien. Mientras estuvimos con papá, vivimos también con Marito, pero cuando nos asilamos en la embajada de Cuba, unos compañeros, los Totos, se hicieron cargo de él y después salió a Cuba con ellos. Estuvimos casi un año sin verlo. Ese episodio del asilamiento fue también muy novelesco y nunca terminé de entender las razones del secuestro previo que vivimos. Al parecer, hubo intenciones de mantenernos como rehenes... Sí recuerdo que al llegar a la embajada, estábamos desesperados por entrar, y que después, estando ahí adentro, era muy duro no saber casi nada de lo que estaba pasando con papá, hasta el día en que los diarios publicaron su muerte. Fue espantoso, pero uno se acostumbra a enfrentar la vida de acuerdo con la forma en que a uno lo educan, y dadas las circunstancias, creo que lo soporté con entereza, como me habían enseñado a tomar las cosas. Con mis hermanas pasó lo mismo, aunque pienso que Marcela fue la que sintió más el golpe.

En Cuba hice la escuela secundaria y dos años de Psicología en la universidad. Mi adolescencia fue bastante inestable. Los Totos fueron muy buenos con nosotros y trataron de ayudarnos, pero nunca llegaron a ser un apoyo total. No teníamos a nuestros padres y yo sentía siempre que me faltaba algo. Desde ese punto de vista tuvimos que criarnos solas. Supongo que eso me hizo muy independiente. Pensé muchas veces cómo hubiera sido llevar una vida normal, con nuestros padres, y he sentido nostalgia por eso. Creo que hubieran sido buenos padres si no hubiesen estado tan dedicados a la lucha. Pudimos sentir su amor, pero no los tuvimos paso a paso, siguiendo nuestra vida de cerca.

Durante mi estadía en Cuba mi postura política fue, en principio, muy radicalizada. Leí muchísimo sobre marxismo y seguí muy puntualmente esa línea de pensamiento. Pienso que era una manera de mantenerme cerca de mis padres, algo así como decir: si ellos pensaban así, yo también. Luego, a medida que pasaron los años, he analizado con profundidad muchas cosas. Sigo creyendo que la participación femenina en política es muy importante, e incluso, que cuando una mujer se vuelca a una causa lo hace con más convicción que un hombre y es muy difícil que se vuelva atrás. El caso de mi madre es muy representativo de esto. Mucha gente de nuestra familia pensó siempre que mi madre asumió la lucha porque se enamoró de mi padre, y tal vez al principio haya sido así. Pero luego mamá tomó un perfil propio, actuó absolutamente convencida y de acuerdo con sus propias decisiones. Ella tenía un aspecto frágil, que hacía parecer inconcebible que fuera capaz de participar en una lucha que exigía tantos sacrificios. Pero yo, que la conocí el tiempo suficiente, sé que tenía una gran fuerza interior y por eso pudo resistir todo lo que le tocó pasar.

Yo estoy orgullosa de lo que hicieron mis padres, y también de la actitud comprometida de tantas personas de la familia que cayeron. Creo que si todas esas mujeres no hubieran muerto, habrían podido aportar mucho para mejorar la sociedad argentina.

MARCELA SANTUCHO

Caminé lentamente por Arenales tratando de recordar su cara. De nuestro encuentro en Roma tenía grabados unos grandes ojos grises que me llamaron la atención dentro de la generalizada tonalidad morena del resto de la familia. Tenía la impresión —y no me equivoqué— de que Marcela era distinta, la ¿rebelde? de esta segunda generación de los Santucho, generación que sin exagerar puede llamarse de sobrevivientes al exterminio que sufrió la familia.

Para cualquier persona que tenga hijos —y no haya olvidado su propia infancia—, el dilema, el sufrimiento y la responsabilidad se concentran en el tema de la libertad de esa pequeña persona, que por un lado es enteramente suya, y al mismo tiempo, es y debe ser enteramente libre. La ecuación autoridad/libertad se resuelve generalmente con pérdidas para el niño. Porque es más chico, porque todavía no es independiente, porque cualquier adulto puede ejercer autoridad sobre él. Partiendo de esta situación básica y eterna me he preguntado siempre sobre la infancia de los hijos de los militantes, que al elegir un camino tan duro no tuvieron más remedio que imponérselo a los hijos. Hay otra situación que se agrega: el peso de cargar con tal o cual apellido que implica la mirada de prevención, la situación especial (escolaridad en otros países, etcétera) que de una u otra forma afloran en cualquier momento, y en algunos casos, la expectativa (generalmente de ex militantes compañeros de sus padres o simplemente de admiradores de su figura) que puede expresar el deseo de ver en el/la joven en cuestión un continuador de aquella lucha.

Es duro ser padre y es duro ser hijo. La vida, que a veces es justa, se encarga casi siempre de hacernos experimentar los dos roles. Entonces aprendemos algunas cosas, pero claro, ya es tarde.

Era muy sencilla, muy simple, pero tenía su carácter afirmado y a nosotros no nos daba todos los gustos ni nada por el estilo, trataba de educarnos para que no fuéramos caprichosas. Papá por ejemplo nunca nos pegó, él estaba poco con nosotras, pero en cambio ella sí, o nos ponía en penitencia. Vivíamos muy austeramente a su lado, le gustaba que nos formáramos de una manera sencilla y humilde: poca televisión; no comprar revistas; vivíamos en un barrio pobre, de calles de tierra, en una casa idéntica a la que tendría cualquier obrero. Es decir, trataba de criarnos con cierto rigor, en un nivel social inferior al que hubiéramos tenido normalmente, como para que aprendiéramos a manejarnos en forma independiente, a no tener las cosas fáciles.

De las tres hermanas, yo estaba siempre más cerca de Gaby (Gabriela, la menor), porque Ana, al ser un poco mayor, se distanciaba un poco y tuvo siempre un papel más adulto frente a nosotras, como si ella fuera responsable de nosotras. Yo tenía carácter fuerte, siempre fui bastante rebelde. Un día que salimos con mamá a hacer un mandado yo empecé a pelear con Gabriela, y mamá, para castigarme, me mandó de vuelta a casa, sola. Estábamos a una cuadra más o menos y recuerdo que pensé, para castigarla yo a ella, en darle un susto; así que en lugar de entrar a casa, me fui a la casa de una vecina. Cuando mamá regresó comenzó a buscarme y llamarme junto con mis hermanas; yo, nada, me hice buscar un buen rato hasta que aparecí, pero esa vez supongo que mamá se asustó realmente y no me dijo nada. Imagino que comprendió cuál había sido mi intención...

Esa vida que tuvimos, compartida entre mis padres y mi abuela, hizo que, como todos los chicos, a veces sacáramos o intentáramos sacar partido de eso. Recuerdo que una vez nos portamos mal con la abuela y ella intentó pegarnos, entonces nos escapamos corriendo hasta la oficina donde estaba mamá trabajando. Llegamos con la abuela pisándonos los talones, e intentamos refugiarnos tras mamá, que con toda tranquilidad dijo a la abuela: "Si se han portado mal, pégueles nomás Doña Manuelita". Derrotadas, terminamos riéndonos todas juntas. Por lo que recuerdo, era una de las que más motivo daba para los retos. Tengo otra imagen muy vívida: yo corriendo alrededor de una fuente que había en un patio y mamá por atrás, tratando de agarrarme.

En Rawson, durante una visita, me puse celosa porque Ana le consultó algo y mamá dijo: "Voy a caminar un poco con Ana". Las dos se alejaron; mamá había pasado su brazo sobre el hombro de mi hermana y recuerdo que, al verlas, sin poder saber de qué estaban hablando, me pregunté por qué yo no podía participar de eso.

No llegué a tener una relación de mujer con ella porque murió antes de que yo llegara a esa etapa. A pesar de mi edad, sin embargo, mi abuela recordaba que yo solía hacerles preguntas que no se consideraban adecuadas para mi edad, así que no me contestaban la verdad.

Papá insistía mucho en el valor de la escuela y en que nosotras tomáramos eso como un valor de referencia importante en nuestra relación con ellos. Supongo que por eso, en las cartas que les escribíamos a veces esa era una información que siempre tenía un lugar privilegiado, que nunca nos olvidábamos de contarles.

La vimos en todas las cárceles donde estuvo; la última vez fue en Rawson. Recuerdo que hubo un problema y que al principio nos dijeron que no podríamos verla. Nos pusimos a llorar, y finalmente pudimos visitarla; no estoy segura de si estábamos con mi abuela o con mi tía Nena (Manuela Santucho). El lugar que preferimos fue el Buen Pastor, porque no parecía una cárcel. De la visita al buque recuerdo que nos parecía una aventura eso de estar arriba de un barco; tomamos una sopa y una de las compañeras que estaba con mamá nos habló en jeringoza. En esas visitas siempre nos veíamos en grupo (con las otras mujeres militantes que estaban presas), así que las visitas nunca tuvieron un carácter íntimo.

Al estar separada tan pronto de mamá, no tuve para mi formación de mujer una figura femenina muy importante. En Ginebra fue sin duda mi abuela, pero en Cuba prácticamente nadie. Por ejemplo, tuve mi primera menstruación cuando estábamos asiladas en la embajada de Cuba. La única mujer mayor que estaba con nosotras era mi tía Ofelia. De todos los momentos difíciles que pasamos, el peor, al menos para mí, fue cuando nos secuestraron en grupo a todos los chicos de la familia. Festejábamos un cumpleaños (no sé si era de una de las hijas de Ofelia) mis dos hermanas; Marito, que era un bebé; las hijas de Ofelia, Gaby, María Elmina (que es la hija menor de Ofelia) y yo. Estábamos jugando en un patio que había delante de la casa, cuando llegaron hombres de civil, armados con ametralladoras. Yo tenía unos trece años, pero siempre parecía mucho más chica. Supongo que al vernos jugando adelante de la casa pensaron que éramos vecinas, porque nos dijeron que nos fuéramos. Agarramos a Marito en brazos y corrimos a la casa de la vecina, pero la mujer, que estaba muy asustada con el operativo, dijo que no podía tenernos en su casa y nos mandó de vuelta. Regresamos. En la puerta había uno custodiando, así que le explicamos que éramos de la familia y nos dejó pasar.

Nos llevaron a todos los chicos a Campo de Mayo, pero en autos separados. A todas las chicas más grandes en uno con mi tía, y a nosotras con Marito en otro. Cuando llegamos, bajaron a Susana, Silvia, Ofelia y Ana. A nosotras nos dejaron encerradas en el auto con Marito y ahí estuvimos toda la noche. Fue horrible. Estábamos aterradas, Marito lloraba y no sabíamos cómo calmarlo. Escuchábamos gritos, veíamos perros al lado del auto... De vez en cuando venían, nos miraban y volvían a irse. Una de las veces se llevaron a Marito, creo que con Ana, y volvieron a traerlo. Al día siguiente nos llevaron a una comisaría y volvimos a reunirnos con las mayores. Nos encerraron en un piso a nosotras solas. Veíamos en el piso inferior otras celdas con gente, pero en ese piso estábamos solamente nosotras. Ahí estuvimos unos cuantos días, hasta que vinieron a decirnos que estábamos en libertad y que podíamos irnos, que nos fuéramos a un hotel. La explicación que nos dieron es que habían hecho un trato con el partido y que habían decidido soltarnos. Sin embargo nos siguieron, así que cada vez que salíamos un momento del hotel advertíamos la gente que nos observaba.

Del hotel salimos directamente para la embajada de Cuba, porque un compañero que estaba un día sentado en la recepción, como un cliente cualquiera leyendo un diario, le dijo muy discretamente a Ofelia que teníamos que asilarnos, que tomáramos un taxi y fuéramos a la embajada, que ahí nos esperaban. Sin embargo, cuando llegamos, muertas de miedo, nos hicieron pasar, pero aparentemente no sabían nada y nos dijeron que tenían que consultar con Cuba para saber si podíamos quedarnos ahí. Era diciembre del '75; papá murió el 19 de julio de 1976. Nos acordaron el asilo y estuvimos un año ahí adentro, hasta que pudimos salir del país y llegamos a Cuba. Marito no estuvo en la embajada con nosotras, no sé en qué momento se lo entregaron a los Totos (matrimonio de militantes que fueron designados tutores de Mario). Cuando llegamos a Cuba, ya había comenzado el año escolar, así que estuvimos un tiempo sin ir a la escuela, hasta que empezó el segundo semestre. Vivimos con los Totos, que ya estaban ahí con Diego (hijo de Liliana Delfino y Luis Ortolani) y Marito.

Conocíamos a los Totos porque antes habíamos vivido un tiempo con ellos en la misma casa, papá, Liliana, embarazada de Marito, Diego, los Totos y nosotras tres. Más tarde nació Marito. Liliana lo tuvo en una clínica, pero lo anotaron como Mario Antonio Garzón, por eso más tarde esa partida de nacimiento no servía, porque no revelaba su verdadera identidad. Ya en esa época papá había planeado sacarnos del país y enviarnos a Cuba con los Totos; lo que no imaginamos, por supuesto, es la forma en que finalmente eso se concretó...

Con Liliana la relación fue buena al final, llegamos a quererla, pero al principio fue difícil. Nos costaba aceptarla, teníamos celos. Nos dolió mucho por el cariño que teníamos a mamá, cuando papá nos dijo que se casaría con ella. Recuerdo que las tres nos pusimos a llorar y que papá también lloró... Por supuesto, también entre nosotras y Diego al principio había cierta rivalidad. Una vez, como siempre Gaby y yo, las de peor conducta, le dimos un susto bárbaro a Liliana. Nos gustaba subirnos a los techos, y en el lugar donde estábamos había un galpón grande, con un techo viejo de chapas que era inseguro. Nos subimos y Diego, un poco más chico, nos siguió. Nosotras caminamos por el costado, donde era más firme, pero Diego se fue por el medio. La chapa cedió y se cayó, no al suelo afortunadamente, sino a una terraza. Liliana, que escuchó el ruido y los gritos de Diego, salió de la casa y se encontró con ese cuadro. Nos retaron muchísimo, y nosotras nos defendimos diciendo que no teníamos la culpa de que Diego nos siguiera. En el último período, antes de la embajada, estuvimos poco con papá. Él no podía tenernos y generalmente vivíamos en casa de compañeros, donde nos visitaba de vez en cuando. Creo que la última vez que lo vimos fue un día que vino apurado porque tenía una cita. Cuando dijo que tenía que irse, le pedimos que nos llevara con él prometiéndole que nos quedaríamos en el auto —ya sabíamos que por razones de seguridad no podíamos ver a la persona que tenía que entrevistarse con él— y finalmente cedió.

Después de su muerte sé que traté de recordar cuándo lo había visto por última vez, y estoy segura de que fue ese día de la cita. También me quedó muy grabado cuando nos llamó desde Chile después de la muerte de mamá. Estábamos en una casa con mi tía Neni (Manuela) y mi abuela, en Buenos Aires, yo atendí el teléfono y oí que una voz decía: "Es papá". No sabía si creer que era él, porque sabía que estaba afuera del país. Habló con todas y se lo oía muy triste.

Mientras estuvimos en la embajada ya no pudimos verlo, aunque recibimos un par de cartas de él. Fue espantoso cuando supimos que había muerto. Realmente, hasta que fuimos más grandes, Anita tuvo una carga bastante grande porque al ser la mayor le tocó asumir un papel de madurez frente a nosotras que éramos más chicas, y era a ella que acudíamos cuando no sabíamos qué hacer. En Cuba estuvimos en la misma escuela y en el mismo grado porque yo mentí y dije que había terminado el sexto grado, así que estuvimos juntas: Anita, Silvia, Susana y yo en séptimo de la escuela cubana. Yo no me separaba de Ana, nos sentábamos juntas, formábamos una detrás de la otra, íbamos al campo juntas. Así pasamos séptimo, octavo y noveno. Después yo quise cambiarme. No me gustaba esa escuela rural que nos habían impuesto "para forjar nuestro carácter…".

Estar tan unidas hizo que no tuviéramos casi amistades. La gente sabía quiénes éramos, nos preguntaban sobre nuestra historia; nosotras contábamos la verdad, y entonces éramos, no solamente extranjeras, sino que teníamos vivencias muy distintas. Sentí que vivía demasiado metida en el pasado y quise cortar con eso. Le pedí a nuestro responsable cubano que me cambiara de escuela y así conocí a mi primer marido. Me hubiera gustado ir a una escuela en la ciudad, pero ni siquiera me atreví a pedirlo porque estaba segura de que iba a ser mal visto y que los Totos no iban a permitirlo —yo no me llevaba bien con ellos, porque era muy rebelde y no me gustaba que nos impusieran cosas—. Cuando conocí a ese chico, me puse de novia y para empezar de una vez por todas a vivir en forma independiente resolví casarme…

Mi abuela, que ya estaba en Ginebra con mi abuelo, había dejado una casa que estaba más cerca del centro que la otra donde vivíamos con los Totos (en Alamar). Mi tía Pory (Blanca Rina) se había ido también a Ginebra y la casa estaba libre, así que me instalé ahí con mi marido, me inscribí en la escuela normal y terminé el bachillerato. Más tarde me inscribí en la carrera de Periodismo y tenía ganas de seguir, pero un día fui a la embajada argentina y me dijeron que en el país no se reconocería el título, así que me desilusioné y resolví irme a vivir con mi abuela en Suiza.

Todo fue mejor para mí en Ginebra. Creo que recién ahí empecé a encontrarme a mí misma. Además de querer mucho a mis abuelos, me gustaba la vida que hacía con ellos. Aquel primer matrimonio había quedado atrás y todo era nuevo, un mundo para descubrir... El departamento era pequeño, una habitación y un salón. Yo dormía en el salón. Iba a la escuela hasta el mediodía y cuando volvía la comida ya estaba lista. Comíamos los tres juntos, ellos dormían la siesta, yo hacía los deberes, era por fin una tranquila vida de familia, totalmente distinta a la que había tenido en los últimos años. Cuando terminé la escuela tuve algunos trabajos temporarios, conocí a Jean-Marie *(segundo marido),* Ana se vino a Ginebra y poco a poco yo empecé a vivir con la familia de Jean-Marie. Un año después murió mi abuela, en septiembre de 1991.

Es pesado llevar un apellido como el mío en lugares donde la gente sabe quiénes somos. Están los que me miran mal porque soy la hija de Robi y están los que admiran su figura y esperan ver en mí una imagen de él que no tengo. Las dos cosas me hacen mal. La primera es injusta y no estoy en condiciones de responder a lo otro. Muchas veces he sentido que es una responsabilidad muy grande que papá me dejó. Yo admiro también la obra de mis padres, y aunque tal vez no comparta algunas cosas, estoy convencida de la justicia de su planteo, de los ideales que tanto él como mamá defendieron, pero yo siempre he querido tener una vida estable, tranquila, y he sufrido mucho por los cambios de lugar, estar separada de ellos, tener conciencia del peligro... Recuerdo que una vez, cuando era chica todavía, le pedí a papá que me permitiera vivir con Raúl, un hermano de papá que no estuvo involucrado. Yo era amiga de María Elmina, una de sus hijas. Papá se negó rotundamente y me di cuenta de que le dolía mucho mi proposición. Yo pensaba a veces que siendo papá contador público y mamá profesora de arte, podíamos haber tenido una vida muy distinta, de hogar, de familia normal, y extrañé mucho no tenerlo.

Durante mi adolescencia, cuando vivíamos en Cuba, todo el mundo, en la escuela, mi responsable, todos machacaban mucho con la importancia de ser un ejemplo, de seguir con la lucha, y yo trataba de responder a eso. Creo que fue como adoptar otra personalidad y recién me liberé de eso cuando salí de Cuba. Después pude reconocerme mejor y ser más yo misma. Ahora sé cómo soy, lo que quiero; y está muy claro, tanto para mí como para mi familia, que no soy una revolucionaria, que es otra la vida que quiero para mí. Creo que lo que realmente quiero para mi vida es encontrar un lugar donde pueda establecerme tranquila y tener hijos, una vida de hogar.

AMILCAR SANTUCHO RECUERDA A SAYO

Ana era salteña pero fue a estudiar Bellas Artes a Tucumán, donde conoció a Robi, que estaba estudiando Ciencias Económicas. La noticia de su inesperado casamiento produjo una gran conmoción en la familia porque no se concebía que un hijo pudiera tomar una determinación tan importante sin haber consultado primero a los padres. El resultado fue un tremendo enojo de mi padre, que no le permitió a mi madre asistir al casamiento. El único Santucho que estuvo presente fui yo. Tampoco fueron, y creo que por el mismo motivo, los parientes de Ana.

El casamiento se limitó a la ceremonia del Registro Civil. Con el estilo sencillo que habían adoptado, ni siquiera habían previsto ir a tomar una copa. Me pareció absurdo y propuse que por lo menos tomáramos una cerveza, y eso hicimos con el grupo de chicas y muchachos jóvenes que los acompañaban. Robi me presentó a Sayo el día antes, apenas llegué a Tucumán. Yo estaba afiliado al Partido Comunista y Robi seguía en ese momento una línea muy nacionalista, así que siempre teníamos unas polémicas terribles, pero nos queríamos mucho, nos encantaba conversar y apenas nos encontramos nos pusimos a hablar animadamente. Sayo, que permanecía silenciosa, intervino de pronto en la conversación: "¿Le gustan las películas rusas?", me preguntó. Yo me sorprendí, porque estaba hablando de otra cosa, pero al mismo tiempo su pregunta, que fue hecha muy espontáneamente, me resultó muy simpática. Le contesté que sí y ella, con una sonrisa, replicó: "A mí también, me encantan". No sé por qué, pero con eso me compró. No fui el único en quedar subyugado con ella. Era muy especial.

Le decían Sayo por la película *Sayonara* que se vio en aquella época. Tenía los ojos rasgados, muy a lo coya, seguramente por ancestros de su familia, y todo su aspecto era frágil, delicado. Silenciosa en general, suave para hablar, era sin embargo fuerte y tenaz, características que se evidenciaron más tarde en la lucha junto a Robi. Tal vez por eso desató una pasión tan fuerte en mi hermano, por esa mezcla de dulzura y firmeza. Recuerdo que cuando más tarde la conocieron en la familia, todos quedaron prendados de ella. Le gustaba bailar danzas folklóricas y lo hacía muy bien. Se descalzaba y parecía que se deslizaba; había una levedad en sus movimientos, como si no tocara el suelo... Al mismo tiempo, a pesar de esa fragilidad tenía agallas y fuertes convicciones propias, no se le podían imponer cosas. Creo incluso que muchas de las decisiones que Robi tomó estuvieron influidas por ella, que fue revelando una gran capacidad política. Si uno tuviera que marcar un momento crucial en el camino que más tarde tomarían, yo señalaría el viaje que hicieron, después de casarse, a los Estados Unidos. Cuando Robi era estudiante conoció a un profesor norteamericano, Roland Ely, que se interesó mucho en él y lo invitó a viajar a los Estados Unidos. Con la plata que le dieron para el viaje compró un auto y se fueron por tierra. Fue un viaje muy largo, con muchas etapas. En los Estados Unidos recorrieron varias universidades, conocieron gente, debatieron, fue una experiencia muy rica. De regreso, y estando en México, decidieron viajar a Cuba y se quedaron un par de meses. Eso fue decisivo. Robi se ligó mucho al Che y, viendo de cerca la revolución triunfante, volvió con una visión totalmente distinta a la que antes tenía de la izquierda y del marxismo. Cuando volvimos a vernos me dijo: "He cambiado totalmente porque he visto una realidad. Creo que para América el camino es el marxismo. No sé cómo lo haremos, ni con qué estructura porque yo no quiero ligarme al Partido Comunista, tengo que ver cómo hacer un partido revolucionario". Ana estaba tan entusiasmada y convencida como Robi y lo acompañó en todos los pasos que se dieron para organizar desde el FRIP (Frente Revolucionario Indoamericano Popular), un movimiento indigenista del que formaba parte mi hermano Francisco, ese partido revolucionario que soñaba. Las chiquitas fueron naciendo en esa época y Ana alcanzó a dictar clases en una academia provincial de Bellas Artes, en Santiago, pero su actividad política, que era muy intensa y a la par de Robi, la fue alejando paulatinamente de su profesión. Por esa razón también tuvo que dejar frecuentemente a las nenas con mi madre.

En el '65 se organizó finalmente el PRT a partir de una alianza con Palabra Obrera. La línea fijada era de mucha agitación y tareas de apoyo a esa política. Así nacieron las requisas de camiones, que eran llevados a barrios pobres donde se repartía la carga. En 1971, un día que Ana estaba haciendo eso llegó la policía y mientras huía fue herida. Así cayó detenida por vez primera y trasladada al Buen Pastor en Córdoba, de donde se fugó más tarde.

La segunda detención fue en febrero del '72 a bordo de un ómnibus. En esa época ya se movía armada y con documentos falsos. Subió en Tucumán con destino a Santiago del Estero, donde estaban las nenas con mis padres esperando verla. Más tarde me contó que tras ella subieron dos hombres y que se puso alerta, pero que los dos hombres pasaron tranquilamente a su lado hacia el fondo del ómnibus. Luego regresaron y desde atrás la encañonaron con una pistola y la desarmaron.

Esta versión difiere de la brindada por la policía, que dijo que había seguido al ómnibus una hora después de su partida de la ciudad de San Miguel de Tucumán y que finalmente había logrado interceptarlo en el límite con Salta.

Tal vez la verdad se integre con las dos versiones, vale decir, que fue seguida, dos policías subieron con ella y los restantes siguieron al ómnibus para apoyar la detención.

El juicio tuvo mucha repercusión porque ella era la mujer de Robi. Un viejo socialista y distinguido jurista, Carlos Sánchez Viamonte, intervino como abogado defensor. A todo el mundo le llamaba la atención que un hombre pacifista como él defendiera a una guerrillera. Un día toqué el tema y me contestó que lo hacía porque no era peronista, porque no se podía saber quién tiene la verdad, y que tal vez la revolución que ellos buscaban era legítima. Desgraciadamente murió a la semana de comenzar el juicio público. Yo y mi hermana Manuela trabajamos en la defensa junto con Ulises Omar Gómez, un abogado amigo. En esa época, Robi estaba detenido en Rawson. Ana, que estaba en el buque *Granaderos,* me urgía constantemente que apurara la resolución del caso, cualquiera fuese el resultado, porque quería estar en Rawson para el momento de la fuga que sabía que planeaba Robi. El traslado se concretó, pero desgraciadamente, ese fue su final.

Cuando se produjo la fuga, el fracaso se debió a la falta de vehículos que debían estar afuera esperándolos. Nunca se supo muy bien qué pasó, lo que dio pie a muchas versiones. Al parecer, mientras los prisioneros comenzaban la huida un guardia intentó detenerlos y fue muerto. Al oír los disparos, los que estaban afuera pensaron en un fracaso y se fueron. Robi, que salió con el primer grupo, consiguió llegar al Aeropuerto y tomar el avión que había sido copado por otros guerrilleros y que los esperaba en la pista. Pero Ana, que estaba en el segundo grupo, llegó muy tarde por esa falta de vehículos y el avión ya se había ido. El temple de Sayo para las acciones armadas originó una especie de leyenda a su alrededor e incluso se dijo que ella había matado al guardia, cosa imposible porque estaba en el segundo grupo y la muerte se produjo cuando salió el primer grupo. Yo conversé algunas veces con ella sobre el tema de las acciones armadas y disentíamos en algunas cosas. Yo creo que las acciones armadas pueden darse en el momento culminante de un proceso revolucionario, cuando todo el pueblo está apoyando el movimiento, pero en el momento que ellos las iniciaron me parecía que era un túnel sin salida; ya que al subir el nivel de la lucha se producía una reacción similar del otro lado y se desembocaba en una escalada sin fin. Ella, en cambio, que había visto la experiencia cubana y había quedado muy marcada por eso, pensaba que un grupo de combatientes capaces podía cambiar la historia. Creo que era una visión un tanto idealista, porque los modelos no se trasplantan y no hay dos revoluciones que hayan sido iguales...

De todos modos, Ana permanece en mi recuerdo y creo que en el de todos aquellos que la conocieron como un ser humano excepcional.

MANUELA SANTUCHO

Fue, durante mucho tiempo, sólo un nombre. Más tarde, Amílcar me entregó unas fotos del juicio a Sayo. En ellas vi por primera vez a Manuela, flanqueando a su cuñada. Sería Pory finalmente quien me hablaría de ella. Como otras, pudo haberse salvado si se hubiera ido del país con su familia, pero quiso quedarse. ¿Por qué no esperó a salvo, junto con su hijo? Visto a la distancia parece el colmo de lo irrazonable. Desgraciadamente, no pude hablar con el marido, que está vivo y en Buenos Aires. Luego de algunos contactos telefónicos me prometió un encuentro que finalmente nunca se concretó. No insistí. Estos recuerdos han sido todos voluntarios y si alguien no ha querido o no ha podido hablar, he preferido no "perseguir" a nadie. Pero me dio pena, por una cuestión femenina. Ella lo amó y tuvieron un hijo; hablar con él me parecía elemental... aunque, por supuesto, ninguna cuestión humana sea elemental.

BLANCA RINA SANTUCHO (PORY), RECUERDA A MANUELA (NENITA)

En donde andaba una andaba la otra... A pesar de ser hijas de distintas madres, más que hermanas fuimos amigas y compañeras. Manuela nació el 23 de septiembre de 1940. Es la única que nació en Buenos Aires, los demás nacimos todos en Santiago y por eso siempre le hacíamos burla y le decíamos "la porteñita". Vivíamos en una casa hermosa, en Austria 2188. Tenía una terraza muy linda y ahí Francisco René había armado un escenario con tablones. Representábamos obras de teatro y él cobraba entrada a los mayores (mis padres y los parientes que siempre estaban de visita). En esa casa nació Nenita. Yo estuve muy feliz con el nacimiento de mi hermana; viviendo con tantos varones deseaba mucho que naciera una niña.

Mi padre, que trabajaba como procurador, extrañaba mucho su terruño y finalmente volvimos a Santiago. Durante un mes vivimos en un hotel y por último conseguimos una casa. Fue la casa donde más vivimos, casi veinte años, y era una casa incomodísima, en la calle Mitre 59. Ahí nació Julio, en el '45. Crecimos sin ninguna diferencia entre los hermanos a pesar de ser hijos de distintas madres, y desde que Nenita empezó a tener uso de razón nos entendimos muy bien.

Yo estudié primero Asistencia Social en Buenos Aires, después volví a Santiago y empecé a trabajar. Ella, mientras tanto, estudiaba en Tucumán y se recibió de maestra en el colegio de Belén. Cuando tenía diecisiete años le dieron una suplencia en Gramilla, por enfermedad de la titular. Gramilla es un pueblo de Santiago del Estero donde nacieron mis abuelos maternos. Era un lugar muy pobre y ella se enamoró de los chicos, tanto, que al terminar la suplencia lloraba desconsolada por separarse de ellos. Más tarde consiguió trabajo en los Tribunales de Tucumán y empezó su carrera de abogacía. Mi padre me convenció de estudiar Escribanía y le propuse a Nenita ir juntas a Buenos Aires. Ella consiguió que le dieran como válidas las materias que había hecho en Tucumán y nos fuimos. Aquí en Buenos Aires se puso de novia con un muchacho llamado Omar Gómez, que más tarde fue abogado de Sayito.

Las dos éramos coquetas y nos gustaba estar bien vestidas. Yo tenía el complejo de mi estatura, ella en cambio era más alta, pero nos parecíamos bastante. Nos recibimos en el '65 y volvimos llenas de ilusiones a Santiago del Estero. Las dos acompañábamos a papá a Tribunales para diligenciar los escritos. A veces, cuando necesitaba alguna cosa, nos gritaba desde el piso donde estuviera. Nos hacía correr todo el día y los empleados nos pusieron "las ardillitas"… El noviazgo con Omar seguía. El la visitó algunas veces en Santiago, pero no se decidía a casarse. Recuerdo que papá, en lugar de preguntarle a él, la apuraba y le decía: "¿Para cuándo Nena, para cuándo?". Ella sufrió bastante con eso y a veces lloraba; yo, que era su confidente, sufría a la par de ella.

Era una vida tranquila, con muchas ilusiones sobre el futuro. Todo se reducía a vivir en familia, salir con amigos, buscar trabajo, ir a la iglesia (mamá era muy religiosa y nosotras, en ese momento, también). Encontré un trabajo como escribana referencista, y luego las dos fuimos secretarias de la Universidad Católica, las primeras. Ella en Derecho y yo en Ciencias Económicas. Nos pagaban poco, pero estábamos contentas porque nos gustaba el trabajo y estábamos en contacto con la juventud universitaria.

Llegó un momento en que vimos que no teníamos posibilidades de progresar en Santiago y decidimos volver a Buenos Aires.

Alquilamos un departamentito en la avenida Cabildo. Al mismo tiempo tratábamos de convencer a papá para que se viniera él también a Buenos Aires. A mi hermano Raúl lo nombraron juez civil en los Tribunales de Santiago y Amílcar se vino también a Buenos Aires con la familia. Fue muy duro conseguir mi propio registro pero finalmente lo obtuve. Era una buena época para todos. El noviazgo de Nenita con Omar continuaba, aunque él se mantenía en su posición de soltero reacio al matrimonio. Un día que ella fue al estudio de Amílcar conoció a Alberto Genoud, que era contador y trabajaba en el diario *El Mundo*. Quedó muy impresionada con él, que era muy buen mozo, rubio, de ojos azules, y pronto se pusieron de novios.

En esa época ya vivíamos con nuestros padres, que se habían venido a Buenos Aires y alquilábamos una casa muy linda en San Antonio de Padua. Tenía jardín, una chimenea; las hijas de Robi y Sayo (que estaban detenidos) vivían con nosotros. Después supe que Robi había planeado una fuga que tenía que hacerse un martes o un jueves porque era el día que pasaba el avión de Austral. Manuela, que era la abogada de Sayo, estaba al tanto de la fecha, que fue postergada varias veces, y finalmente quedó establecida para el 15 de agosto.

Manuela hizo entonces algo que demuestra cuánto se preocupaba por mis padres y por mí, que ajenos a la militancia, vivíamos sin embargo sus consecuencias, y entonces nos sacó de la casa para que no nos molestaran al conocerse la noticia. Como no podía decirnos el verdadero motivo, propuso que nos fuéramos unos días a Las Termas aprovechando los feriados (el 15, Asunción de la Virgen y el 17, día de San Martín). Fuimos mi padre, mi madre, las nenas, Manuela y yo. En Las Termas, Manuela, que estaría ansiosa por saber algo, puso la radio e inmediatamente comenzaron las noticias sobre la fuga. Recuerdo que amanecimos escuchando lo que decían y nos desesperamos al saber que habían quedado dieciséis sin poder escapar y que entre ellos estaba Sayo. Mi madre, que tenía premoniciones que generalmente se cumplían, empezó a explicarles a las nenas que había que rezar mucho por Sayo pues se podía esperar cualquier desgracia, y con esa preocupación regresamos a Buenos Aires. El día de la matanza de Trelew me fui por la mañana a La Plata, porque estaba haciendo las gestiones en el Colegio de Escribanos para obtener mi registro en San Antonio de Padua. Volvía en el tren con una amiga y ella escuchó la noticia de la muerte de Sayo porque alguien venía escuchando la radio. Yo, que estaba distraída, no escuché nada. Cuando me lo dijo no pude contenerme, así que me puse a llorar a los gritos ahí mismo. Era muy duro porque era la primera muerte que se había producido en la familia.

En mi casa el cuadro era desesperante. Mis padres estaban desconsolados. Vino mucha gente a acompañarnos, entre ellos Coty (María del Valle, la hija de Carlos) con su nuevo compañero, Oscar Mathews.

Finalmente Nenita le anunció a mamá que se casaba. Mamá no estaba de acuerdo porque le parecía que hacía poco tiempo que se conocían y Nenita era un poco mayor que él. Pero Nenita insistió. Dijo que estaba muy segura, que lo quería mucho y se casaron. Se fueron a vivir a una casa y como los dos ya estaban militando, me llevó a visitarla tabicada. Recuerdo que me hizo cumplir todos los requisitos. Que mirara al suelo solamente, que no levantara la cabeza ni mirara para los costados, etcétera. Después de tanto misterio, ya dentro de la casa fui a la cocina y sobre la mesada estaba la factura del gas con la dirección...

Alcanzaron a vivir poco tiempo en ese lugar porque, después que cerraron el diario en el '74, Robi los mandó a Tucumán, donde él cayó más tarde detenido. Ella quedó embarazada allá y fue durante una visita que nos hizo que no pudo regresar porque él había caído. La madre de Alberto la quería mucho y estaba contenta con la noticia del embarazo. Nenita siguió con su militancia política. Ella no estuvo en la lucha armada y como era abogada se dedicaba a defender presos políticos. Un día que yo estaba en mi departamento de la calle Montevideo, ella llegó muy afligida. Era por la mañana. Yo había escuchado por la radio la muerte del capitán Viola y su hijita en Tucumán (1-12-74). Ella estaba desesperada, me dijo que no se explicaba cómo había pasado y me comentó que Robi también estaba muy mal. Yo, que estaba espantada con la noticia, le hice ver la repercusión negativa que eso iba a tener en la opinión pública. A mí me quedó grabado ese gesto de ella, porque al venir a refugiarse en mi casa para hablar conmigo sobre la pena que tenía, demuestra lo amigas que éramos, lo unidas que siempre estuvimos...

El 8 de marzo de 1975 nació su hijo, Diego. Nenita vivía repartida. A veces dormía en casa, a veces no. Cuando tenía que irse dejaba al chiquito con nosotros, pero trataba de no separarse, lo adoraba y estaba muy apegada a él. Alberto conoció a su hijo en la cárcel. Era un chico hermoso, muy vivaz. Cuando lo vio, dijo admirado: "Es más de lo que esperaba...".

Yo, que estaba todos los días con él, era como una segunda madre, y tanto es así que cuando empezó a dar los primeros pasos a veces vacilaba, nos miraba a una primero y a la otra después, como si no supiera muy bien a cuál de las dos acercarse. Recuerdo también que cuando llegó a la etapa de estar en corralito, yo le compré uno y a veces cuando venía Liliana con Marito los poníamos a los dos juntos. Era notable la diferencia. Marito era tranquilo y casi no se movía, en cambio Diego se movía todo el tiempo. A medida que el chiquito se hacía más grande demostraba cada vez mayor inteligencia. Recuerdo que cuando papá salía a hacer las compras se ponía una gorra, y él apenas lo veía que se aprestaba para salir, corría y traía la gorra. Nosotros lo adorábamos...

Una noche que había planeado ir al cine con mamá fuimos a mi departamento y al salir del ascensor vi a cuatro hombres que me pidieron documentos. Al ver mi cédula, uno de ellos gritó: "Aquí es". Nos hicieron entrar, nos pusieron de cara a la pared y revolvieron todo. Yo no militaba así que encontraron las cosas normales: mi título de propiedad, recibos de pago, etcétera, pero también mi teléfono estaba controlado, así que ya ni siquiera tenía intimidad para hablar. Esa noche nos fuimos a dormir a otra casa con mamá y todavía viví ahí un tiempo más, pero con mucho miedo. Después del golpe del 24 de marzo la situación se puso insostenible. Yo vivía aterrorizada y aunque no era militante sabía muy bien que apuntaban a toda la familia. Nenita me aconsejaba que dejara la escribanía, y a mí me costaba dejar por el sacrificio que había hecho para conseguirla. A medida que los acontecimientos empeoraban y aumentaban las persecuciones yo me desesperaba. Un día que estaba muy angustiada le dije a Nenita que la intención era matarnos a todos y que ellos estaban haciendo ese sacrificio para un pueblo que no los tomaba en cuenta. Ella me miró con mucha tristeza y yo agregué que todos los días, cuando viajaba en tren, veía lo que mis compañeros de viaje (toda gente de trabajo) leían: *Crónica*, *Flash* o revistas de chismes de la farándula. "Ellos lo único que quieren es que llegue el domingo para poder descansar un poco, ver los amigos, comer un asadito, no tienen intereses políticos..." Nenita me contestó: "Yo creo que es una lucha justa", y las dos nos abrazamos llorando.

Robi decidió que nos fuéramos. La fecha de partida se fijó para el 4 de mayo de 1976.

A Nenita le rogamos hasta el cansancio que se fuera con nosotros, pero ella no quiso irse porque Alberto estaba preso y tenía la ilusión de que él conseguiría la opción para salir del país. Yo le decía que si no quería pensar en ella que lo hiciera por el hijo, porque si hubiera salido, además de salvarse, el chiquito hubiera estado con ella, pero fue inútil. Quería esperar a su marido y además decía que no se podían ir todos. El domingo anterior estuvimos almorzando con Carlos y le comentamos lo que había pasado con Isolina, una prima nuestra que fue detenida y torturada para que confesara datos sobre la familia. Ella no sabía nada, porque no era militante y además, aunque había venido alguna vez a Buenos Aires y la habían llevado de visita, no conocía las direcciones, pero ella había estado en el trabajo de Carlos y seguramente recordó el nombre. Eso fue el comienzo de una cadena de desgracias. En ese lugar, Carlos, para ayudarnos con el problema de los allanamientos, había guardado los diplomas de Nenita, Robi, el mío y el de Amílcar y se perdieron todos, aunque años después supimos que el de Robi se exponía en el Museo de la Subversión que habían armado los militares. Aconsejamos a Carlos que dejara el trabajo, pero él, que ya había perdido a Coty, no tenía interés en su vida, y además estaba convencido de que por ser peronista a él no tenían por qué acusarlo de nada.

El día que viajábamos Nenita nos hizo levantar muy temprano, a eso de las cinco de la mañana. Salimos en autos que fuimos cambiando, y nos llevaron a un lugar para encontrarnos con Robi y despedirnos. En esa última vez que se vieron, Robi estaba muy bien vestido, con una corbata que a papá le gustó mucho y, cuando se lo dijo, se la sacó y se la regaló. Años después, cuando hacíamos campaña por los presos políticos, papá solía llevar esa corbata y la mostraba recordando ese momento en que se vieron por última vez. En la despedida estaba Robi con Liliana, Nenita con Diego, papá, mamá, yo y Roberto Guevara, el hermano del Che, a quien Robi (que cuidaba mucho la seguridad de mis padres) le había encomendado la tarea de cuidarlos hasta que saliéramos del país. La despedida fue muy triste. Todos llorábamos y Robi, seguramente para aliviar la pena de mis padres, dijo que pronto estaríamos todos juntos. En mi interior pensé que no sería así. En Once, a las cuatro de la tarde tomamos un ómnibus que nos llevó hasta Iguazú. Desde ahí cruzamos la frontera y tomamos el avión en Brasil.

En Cuba, adonde fuimos, recibimos sólo una carta de Nenita por medio de la embajada. Decía: "Yo sabía que iba a extrañar a los viejitos, pero no sabía que la iba a extrañar tanto a Pory, será porque tenemos un hijo en común". Raúl también recibió una carta de ella.

Del secuestro de ella y Cristina nos enteramos por medio de los Totos e inmediatamente hablamos con Julio, que estaba en Roma. El nos dijo que se estaba ocupando de enviar telegramas y buscar apoyo para reclamar por la suerte de las chicas, pero por supuesto, a partir de eso, no solamente quedamos con el corazón destrozado sino que yo empecé a ir todas las noches a Prensa Latina para enterarme de cualquier noticia que pudiera dar un indicio. La noche del 19 de julio del '76, habíamos terminado tarde de cenar y me fui apurada a la agencia con miedo de no encontrar a nadie. Recuerdo que tenía unos zapatos de taco muy alto, con plataforma de corcho. Me dieron unos cables que no eran interesantes, y de pronto apareció una chica y me dijo: "Esto llegó recién". El cable anunciaba la muerte de Robi.

Tantas veces habían anunciado la muerte de Robi que en un primer momento pensé que era otra falsa noticia. Pero esta vez mencionaban a los otros que cayeron con él, Domingo Menna, Benito Urteaga, Liliana… ahí me empecé a aterrorizar. Salí caminando descompuesta, no podía moverme con esos zapatos y en el hotel me fui a hablar con el responsable que teníamos. Se llamaba Martín (no recuerdo el apellido). Después de oírme me contestó que todas las agencias estaban transmitiendo la noticia pero que había que esperar hasta el día siguiente porque el ejército iba a emitir un comunicado. Consideró también que era más prudente no decirles nada a mis padres. Cuando volví, mamá —ignorando todo lo que pasaba— dijo: "Esta noche creo que voy a dormir bien". Yo me pasé la noche arrodillada, rezando y tratando de aferrarme a la esperanza de que no fuera cierto. Al día siguiente vinieron los Totos y nos llevaron a su casa. Más tarde vinieron a vernos Roberto Guevara y gente del Departamento América. Roberto Guevara comenzó hablando de un enfrentamiento y no concretaba la información, porque evidentemente se le hacía muy duro el asunto. Al principio ni mamá ni papá comprendieron. Cuando finalmente se dieron cuenta los dos cayeron en una postración total y hubo que llamar a unos médicos para que los atendieran. Recuerdo que mamá decía: "Cómo se van a poner a la altura de esa gente que está armada hasta los dientes, es una lucha muy desigual…".

A medida que fue pasando el tiempo mi mamá empezó a recapacitar y analizando la situación comprendió que aunque estábamos muy bien tratados en Cuba, dentro del país no podíamos hacer ninguna campaña de opinión ya que no estaban permitidas y así fue como decidimos irnos a Europa.

En 1983 volví al país y hablé con distintas personas para tratar de tener información sobre la desaparición de Nenita. Todo comenzó con el secuestro de Carlos en el negocio donde trabajaba. Cayeron de civil con unas camperas negras y una foto de él. Preguntaron si ahí trabajaba Santucho. Cuando se identificó le dijeron que si él no tenía nada que reprocharse no le iba a pasar nada. Por el testimonio de Rodríguez Larreta, que leímos en los diarios, sabemos que lo torturaron hasta la noche y finalmente dio el domicilio de Warnes 735 de donde se llevaron a Cristina, Nenita y la chica que estaba con ellas.

La desgracia de las chicas tal vez se pudo haber evitado porque Becha (mujer de Carlos) llamaba todos los días al negocio, pero ese día no llamó, así que no pudo avisarles. Ellas estuvieron en Orletti, después en La Cacha y por último en el Pozo de Banfield. Antes de irnos del país, yo siempre pasaba por Automotores Orletti. Es pasando Villa Luro. Había un cartel enorme y lo veía todos los días cuando iba a mi oficina. ¡Cómo iba a imaginarme que un día iban a estar ahí Nenita y Cristina! Lo peor fue que al retomar mi oficina, tuve que volver a pasar por ahí. No podía verlo sin estremecerme...

Finalmente me fui a Santiago del Estero. Un día me enteré de que estaba Rodríguez Larreta en Buenos Aires y me vine a verlo. Me dijo que podía estar orgullosa de mi hermana, que la había conocido cuando estuvo en Orletti y que le había llamado la atención el temple, la dignidad y el coraje con que había afrontado las torturas. Decía que en ningún momento había flaqueado y que miraba con desprecio a los torturadores. A ella la obligaron a leer la noticia de la muerte de Robi en el diario y al terminar la lectura ella hizo una semblanza de Robi, con mucha serenidad.

Mucho después hemos tenido indicios sobre su muerte por testimonios de sobrevivientes, pero nunca nada concreto... y es muy doloroso vivir así, recordando a tantos de mi familia que ya no están. Perder a Nenita me dejó sin consuelo porque además de hermana, fue la única verdadera amiga que he tenido...

CRISTINA SILVIA NAVAJAS DE SANTUCHO

Revolví en el estante de estudios políticos y sociales durante un buen rato, hasta que encontré un libro no muy grande, escrito por Julio Santucho y editado por Puntosur: Los últimos guevaristas - Surgimiento y eclipse del Ejercito Revolucionario del Pueblo.

Leí la contratapa esperando una pista que me permitiera encontrarlo. La penúltima frase resultó clara y definitiva: "En 1975 se radicó en Roma (Italia), donde actualmente vive".
Unos meses después de comenzar la investigación, llegaba a la estación de trenes de Roma.

Era una chica buena, comprensiva, pero al mismo tiempo tenía carácter y una personalidad bien definida. Eso se advertía en sus actitudes frente al mundo, en la forma de enfrentar los problemas; tenía agallas...
La militancia de ella empieza por una cuestión de conciencia, paralela a su relación conmigo. Vale decir, yo no la arrastré a la guerrilla, sino que realmente y en todo caso, nos arrastramos juntos. Ella era tan inquieta como yo y posiblemente hubiera llegado a lo mismo aunque no me hubiera conocido. Quería ser útil, participar en el proceso que se estaba viviendo. Nos casamos en el '71. Cuando llevábamos dos años de casados nació Camilo y dos años después, Miguel.
Cristina Silvia Navajas tenía veintidós años y Julio César de Jesús Santucho Juárez, veintiséis. Así lo registra la libreta de matrimonio que recibieron en el Registro Civil de la calle Paraguay 1049, el día 30 de diciembre de 1971. Camilo Mariano nació el 3 de septiembre de 1973 y Miguel Hernán, el 29 de octubre de 1975.
En el PRT existía la mentalidad de tener hijos porque la idea era que el militante no debía castrarse, privarse de las cosas positivas de la vida y eso incluía los hijos. Su trayectoria fue muy parecida a la mía: trabajo en el barrio, trabajo político. Vendíamos revistas, íbamos a repartir volantes; en esa época eso era un trabajo riesgoso, pero uno se iba acostumbrando. Con respecto a la lucha armada, Cristina estaba de acuerdo, pero también fue desarrollando discrepancias con la forma en que eso se fue implementando en el partido.
El PRT surgió ligado a la gente y por eso al principio tuvieron mucha importancia las acciones de repartos. Después esas acciones fueron decayendo y se dio preferencia a conseguir armas y realizar secuestros para obtener dinero. Ella no estaba de acuerdo con eso porque decía que al dar prioridad a ese tipo de acciones se perdía espacio y la comunicación que se había logrado entre la gente. Como todos, recibió por supuesto esa instrucción básica que implicaba saber armar, desarmar, tirar y ofrecer menos blanco. La práctica habitual era con pistolas Brown y fusiles FAL. Generalmente íbamos a un descampado y ahí se practicaba. Cristina, de todos modos, no trabajó en el área militar, que entre nosotros fue un área que tomó importancia fundamentalmente después del '73. Al principio, tanto su trabajo como el mío se desarrollaron en forma paralela a un trabajo "normal". Vi-

víamos en Avellaneda, yo trabajaba en una compañía de seguros y ella era maestra. Más tarde pasamos a dedicarnos íntegramente al trabajo partidario, recibiendo un sueldo. Los dos nos desempeñamos en el ámbito de las escuelas, que era una tarea muy absorbente. Cristina dictaba Historia Argentina e Historia de las Revoluciones. Se preocupó mucho por documentarse, especialmente con respecto a la revolución cubana, que la apasionaba. A pesar del tiempo que le llevaba su trabajo en la escuela del partido, nunca dejó la crianza de los chicos a un lado. Quiero decir que nunca delegó en su madre, en mí o en otros compañeros, ese trabajo. El cuidado de los niños se repartió siempre entre los dos. A pesar del sacrificio, creía, igual que yo, igual que todos, que aunque lo mejor de nuestra vida pasara dedicado íntegramente a la militancia, el triunfo llegaría después de un camino que sería muy duro pero que valía la pena. Al mismo tiempo, era muy realista, tenía los pies sobre la tierra, y a su lado yo me sentía seguro también.

Salvo una vez, nunca hablamos de la posibilidad de que uno de los dos muriera. En esa oportunidad, ella tocó el tema y me dijo: "Si algo me pasa quiero que los chicos se queden con vos…". De todos modos nunca imaginé que algo malo pudiera suceder, y creo que eso era común en los militantes, porque si empezabas a pensar en lo que podía pasar, te paralizabas…

Cuando ella desapareció yo no estaba en el país, porque el partido me había enviado a Roma, y allí recibí la noticia. La secuestraron el 13 de julio de 1976 junto con mi hermana Manuela y otra compañera, Alicia Dambra. Lo de Alicia fue pura mala suerte, porque era a ellas a quienes buscaban. Alicia, que se había escapado del Buen Pastor, en Córdoba, junto con Sayo, se había quedado sin casa y fue a pedirles alojamiento. Como la encontraron ahí, también se la llevaron.

Rodríguez Larreta, un uruguayo que estuvo detenido en Orletti (Automotores Orletti o "El Jardín") a fines de julio y consiguió más tarde salir del país, me contó que las había visto a las dos en ese lugar. Le llamó la atención la tranquilidad que mantenían a pesar del trato que recibían.

El siguiente dato es que estaban en el Pozo de Bánfield (Brigada de Investigaciones de Lomas de Zamora). Pablo Díaz, sobreviviente de la Noche de los Lápices, dice que la vio en un estado avanzado de embarazo, pero otra mujer, también sobreviviente, Adriana Calvo de Laborde, dice que las vio a las dos alrededor de abril o mayo, que estuvo en la misma celda, pero que Cristina ni estaba embarazada ni dijo nada acerca de que hubiera tenido un hijo o que lo hubiera perdido. Aquí se abre un enorme campo de suposiciones, y desgraciadamente no contamos con elementos para dar como segura una hipótesis.

En una carta que encontramos en su cartera, ella decía "me está demorando la menstruación, espero que no sea nada". Eso fue en julio. Pablo

Díaz dice que la vio a fin de año; si hubiera estado embarazada, él podría, sí, haberla visto con un estado "de embarazo avanzado" en ese momento. Lo que resulta raro es que después no haya dicho nada de eso cuando habla con la otra sobreviviente... De todos modos, la suposición ha hecho que Nélida Navajas, su madre, se pusiera a trabajar en Abuelas para tratar de averiguar si hubo un nacimiento o no. La última versión es que las habían llevado a un cuartel, podría ser Campo de Mayo, y que ahí las mostraban como trofeo. Incluso, al parecer, a Cristina la presentaban como "la mujer de Santucho", como si fuera la mujer de mi hermano. Suponemos que habrán sufrido el mismo destino de tantos otros militantes, y que en algún momento fueron fusiladas...

Cuando Julio regresó a la Argentina, volvimos a vernos para revisar sus notas. Entonces me entregó la última carta que Cristina le escribiera y que llegó a sus manos, mucho más tarde, cuando ya estaba desaparecida.

La carta fue encontrada por su madre, Nélida Navajas, cuando fue a buscar los niños al departamento donde secuestraron a Cristina junto con su cuñada Manuela, y estaba en su cartera, que quedó allí. Tal vez porque no tuvo tiempo de levantarla, o tal vez porque, voluntariamente, quiso dejarla con ese último mensaje, escrito como un diario de esos días que serían los últimos junto a sus hijos.

Sábado 3 de julio (1976)
Querido:
Parece mentira que ya pasó una semana desde la última vez que te escribí. No creas que no pienso mucho en ti, sólo que no tengo mucho que decir, sigo en el mismo lugar. Alberto no ha regresado, quizá lo haga hoy y mañana espero venga...
A medida que pasan los días esto se hace más pesado. Como verás por mis anteriores ya la semana anterior tenía ganas de volver.
Alicia se encargó de tirar abajo mis ilusiones y eso me tuvo un poco mal uno o dos días. Me la pasaba suspirando, porque la angustia me quitaba el aire. El miércoles salí y después de charlar con Marta me fui a la casa, charlé con la vecina, etc. La casa estaba bien, aunque me cortaron la luz por falta de pago. No mía, sino que debe ser de esos meses entre el anterior y nosotros. Le dejé la boleta al dueño y si la semana próxima salgo veré qué han hecho. En lo de Pancho encontré tu cartita desde Roma, me puso feliz, y con esas dos cosas se me fue la angustia y la preocupación. También hablé con mi mamá, la pobrecita sufre mucho y quiere que me vaya con vos. Lo del viaje de ella fue un arranque pasajero y no piensa hacerlo. Me da pena verla sufrir, pero no veo cómo remediarlo.
De salud andamos todos medio escrachados. Cami está mejor y ya no

se queja de dolor en las piernas, yo creo que hubo mucha somatización, pero está caprichoso, llorón y malcriado que da asco, lo que pasa es que acá la disciplina es muy distinta a la que nosotros le damos y no logra encajar. Miguel está menos hincha pero la bronquitis no se le va y tuve que empezar con los antibióticos otra vez, aunque no lo pudo ver el médico, parece que anda mejor. Yo creo que debe influir el hecho de que está cortando los dientes, ayer le toqué el primero que ya salió abajo. Yo ando con anginas, tomando Wilpan.

Si supieras cómo me alientan tus cartas, cuánto las necesito y cuánto pienso en vos, seguro que escribirías todos los días. Esta semana que fue especialmente aburrida muchas veces pensaba cómo iba a ser cuando vuelvas, cómo íbamos a vivir, etc. Será porque a la distancia sólo se ve lo bueno, pero creo que la última época fue buena, muy positiva y que te superaste mucho en tu relación con los chicos, antes no compartías con ellos, no te ponías en su lugar, veías todo como grande, pero al final eso cambió y nos ayudó a todos a integrarnos y vivir armónicamente. Aquí en la casa de Marcelo la relación con los chicos no me gusta, cómo la encaran, les pegan, patean, etc. y la mitad de las veces la culpa es de los mayores. Bueno, se me acaba el papel, seguiré después. Te quiero.

Miércoles (7 de julio)
Querido:
…aunque te parezca mentira yo sigo en el mismo lugar, Alberto no aparece y estoy aquí varada perdiendo el tiempo de manera lamentable ya que no hay prácticamente nada que leer, ni plata para comprar, lo único que hago es lavar pañales y cuidar chicos y uno puede llegar a sentirse bastante inútil viendo todo lo que hay para hacer.

Ayer martes llevé a Miguel al Hospital de Niños, estaba muy molesto, no podía mover el vientre, sigue con catarro, estaba empachado, pero el médico lo encontró bien y atribuyó todo al resfrío aunque le quitó el antibiótico y le mandó hacer nebulizaciones, lo que es por el momento imposible.

Aproveché también para pagar el alquiler, con lo que me quedé en 0$, pues tuve más gastos de los previstos entre remedios y transporte y si no hubiese sido por esos pesitos q' me mandaste ni el alquiler hubiese podido pagar. La casa está aparentemente …(texto borrado)… a mí no me alcanzó para pagarle al dueño (la luz).

En el hospital me encontré con mi mamá que estaba mal porque ya hacía una semana que no le hablaba, le había pedido a Neni que lo hiciera por mí pero dice que no pudo, conclusión un drama para mamá, pero esta vez creo que justificado, pobre vieja.

Hasta ayer no había ninguna carta tuya, así que sigo sin dirección para escribirte. Te mandé una cartita con un amigo que viajaba y espero que te llegue antes que ésta.

Ah! mamá me dijo q' llegaron Marta y Oscar y llamaron inmediatamente para saber de nosotros, así que tengo muchas ganas de verlos.

De lo que pasa en Argentina vos debes saber más que yo, así que no vale la pena comentarlo.

Miguel está hecho un bandido, ya cortó dos dientes y sostiene la mamadera con sus manitas, se para en la cuna y discursea a los gritos, cuando pasa alguien lo hace más fuerte para que lo alcen, parece que dijera hola; el Cami tiene sus días pero está mejor en general.

De más está decirte que te extraño y te quiero y espero llegue pronto el día que nos volvamos a ver y estar juntos los 4.

Te besa

Sábado 10

Mi amor:

Seguimos sin tener noticias tuyas, y ya comienzo a impacientarme, yo sé que tendrás muchas ocupaciones, pero dos líneas todos los días no cuesta tanto.

Sigo hoy domingo 11 porque ayer tuve q' cortar. Como te decía comienza a preocuparme no recibir carta tuya, Alberto dice que te olvidaste de nosotros, espero que no sea cierto y que estés bien.

Alberto recién apareció el jueves 8 a la noche, y después de charlar un rato decidimos que viniera a casa de Marta, donde puedo atender mejor a los chicos, llevarlos al médico, etc. aunque por suerte Miguel está mucho mejor, ya casi no tose, lo que sí cada día está mas bandido y salvaje. El Cami aquí está más tranquilo y no me da trabajo, lo único es que cada vez está más pegado a mí, y volvió a preguntar a qué casa vamos, qué casa es ésta, etc. Ahora la que no está bien soy yo, no sé si estoy embarazada (hace + de un mes y medio que no me indispongo) o tengo un feroz ataque de hígado, porque tengo náuseas, mareos, etc, los comentarios huelgan, y prefiero ni pensar en el asunto hasta estar segura de qué se trata.

Ayer fuimos al cine mi mamá, yo y los chicos a ver la Pantera Rosa, el Cami disfrutó en grande, Miguel durmió.

Hoy estuvimos solitos casi toda la tarde, M. se fue ayer a Temperley y no vino a dormir y Elena salió un rato. Por desgracia no hay TV porque la prestó, y es bastante aburrido.

Mañana voy a ver a Marta y Oscar y buscar carta tuya que *necesito* tanto recibir.

De los enfermos te diré que el gordo se quebró 4 costillas y 1 pierna y Cuca el hombro, así que la cosa va para largo, aunque sin duda están fuera de peligro.
Bueno mi amor, basta por hoy, creo que no me queda nada en el tintero — el 14 cumple años Jorge ojalá te acordaras de saludarlo, pero lo dudo, le voy a comprar un paraguas por el que le perdimos. Besos.
Espero tener carta tuya mañana.

El 13 de julio a la noche las secuestraron y Julio sí se acordó (al día siguiente) de llamar a su cuñado. Así fue como se enteró del secuestro de su mujer y de su hermana.

El "Cami", Camilo, continúa viviendo en Roma, donde sigue sus estudios universitarios.

Miguel regresó a la Argentina con su padre y estudia también.

Ahora tienen una hermana, Florencia, hija del segundo matrimonio de Julio.

NELIDA NAVAJAS RECUERDA A SU HIJA

Nélida es una mujer muy fuerte y como otras madres de desaparecidos se dedicó a trabajar en un organismo de Derechos Humanos para tratar de saber algo sobre la suerte corrida por su hija. Según sus palabras: "En todos estos años me he dedicado a juntar todo detalle, por más pequeño que fuera". En su caso se integró a Abuelas por el posible nacimiento de un nieto/a en cautiverio, duelo extra y doblemente angustioso por la incertidumbre que lo rodea.

Cristina fue siempre una chica muy aplicada, nació el 27 de septiembre de 1949. Era muy tranquila, muy estudiosa, tenía mucha facilidad para estudiar. Cuando terminó la Escuela Normal hizo un intercambio juvenil de tres meses en los Estados Unidos, y cuando volvió estaba muy impactada por la problemática de la juventud norteamericana, que estaba siendo convocada para Vietnam, y el tema de la segregación con los negros.

No era de enamorarse fácilmente, todos los muchachos le parecían bastante tontos, así que seleccionaba mucho de quién se hacía amiga. Ya antes del viaje había dicho que quería seguir Sociología y mi marido, que se sorprendió, me preguntó: "¿Qué se le ha dado por la Sociología?". Resolvimos que hiciera un test vocacional y el resultado indicó claramente que sus preferencias estaban dirigidas a todo lo que estuviera relacionado con temas sociales. Finalmente se inscribió en la Universidad Católica.

La carrera la hizo muy bien, aunque a medida que avanzaba en los estudios encontraba temas que no se veían y se quejaba por eso. Ella tenía una compañera que estaba de novia con un muchacho santiagueño y un día, cuando entraban a la facultad, se encuentran con el novio de la amiga acompañado por Julio Santucho, que en esa época estaba en el seminario (vivía en el edificio de los Mercedarios, en la calle Reconquista, arriba de la facultad). Julio, que ya se perfilaba como un sacerdote tercermundista, se interesó mucho cuando las chicas comentaron que estudiaban Sociología y las invitó a que fueran a conversar con él. Así comenzó la relación de Cristina con Julio.

En el año '70 falleció mi marido. La amistad de Julio y Cristina seguía adelante; era evidente que congeniaban perfectamente y que tenían las mismas ideas. Un día le dije a Cristina: "Me parece que a éste le voy a regalar una percha". "¿Para qué?", preguntó ella. "Para que cuelgue la sotana", contesté, porque se veía que la cosa pasaba de amistad. De todos modos él seguía con sus estudios, pero cuando llegó el momento de tomar los votos, pidió autorización para hacer un retiro espiritual. Optó por no seguir y cuando terminó de cursar Teología, se casaron. Cristina me dijo que planeaban casarse por la Iglesia solamente. Yo no entendía nada y se lo comenté a Manuela, la madre de Julio. Ella y su marido hablaron con Julio y finalmente se casaron el 30 de diciembre por el Civil y el 6 de enero por la Iglesia. La ceremonia fue muy linda, concelebrada por todos los curas amigos de Julio en la iglesia Santa Elena. Yo, que no estaba muy al tanto de las cuestiones políticas del momento, tenía una vaga idea acerca de la actividad política de Robi. La verdad es que no me daba cuenta de lo que estaba pasando, ni sospechaba nada raro. Incluso antes de la boda, vino a Buenos Aires un amigo de mi marido que vivía en Santiago del Estero. Yo le comenté sobre el noviazgo de Cristina y le pregunté por la familia Santucho. Me contestó que los conocía de toda la vida, que eran una familia excelente y agregó: "Son muchos hermanos, y claro, algunos de ellos son de ideas un poco avanzadas, pero es muy buena gente". Me tranquilicé.

Se fueron a vivir a un departamentito que teníamos alquilado en la calle Callao, y que justo se desalojaba. Lógicamente, me gustaba visitarlos, pero un día Cristina me dijo: "Mamá, no vengas por casa". "¿Por qué?", pregunté. "...Y no, porque tenemos un amigo (que vivía en una villa miseria) y como lo han operado, no puede volver a su casa, que es un lugar muy precario y no es adecuado para restablecerse, así que lo vamos a tener aquí..." El departamento era muy chico y como yo no entendía dónde lo iban a ubicar, ella muy tranquila me contestó: "No es problema, le damos el dormitorio y nosotros vamos a dormir en el living...".

Nunca supe si eso fue cierto y he pensado que tal vez lo que realmente pasaba es que habría reuniones en la casa y entonces no era conveniente que yo apareciera. En aquel momento, yo aceptaba las explicaciones que ella me daba, pero como buena madre, "no me cerraban" del todo.

Después dejaron el departamento, posiblemente porque ya era "muy cantado". Cuando me dijo que se iban a una casita por Avellaneda, yo le ofrecí comprarla, pero ella no quiso. Otra cosa que no podía entender: cualquier matrimonio hubiera estado feliz con esa oferta. Camilo nació el 3 de septiembre de 1973 mientras ellos vivían en ese lugar, adonde nunca fui. El parto fue en la Clínica Marini y después estuvo unos días en casa hasta que se recuperó.

El tema de la incertidumbre alrededor de lo que hacía continuó. Cristina me comentaba la mitad de las cosas, así que muy gradualmente llegué a tener una idea sobre sus tareas en las "Escuelas" del partido, pero todo lo tenía que deducir sola. Otra actitud que por un lado me tranquilizaba y al mismo tiempo me preocupaba es que Cristina, que quería mucho a su hermano y se ocupaba mucho de él, nunca lo dejó que participara en nada de lo que ella hacía.

Era tan poco lo que sabía, que cuando pasó lo de Monte Chingolo, yo me preocupé porque el hijo de una señora amiga estaba haciendo la conscripción ahí, y entonces fijáte, yo estaba preocupada por ese chico, que estaba adentro, y no soñaba que mi hija pudiera tener que ver con los que habían tratado de entrar...

Después, cuando pasaron otras cosas como lo de Azul yo me horrorizaba, porque la parte de sus ideales yo la entendía y a medida que más cosas van pasando en el mundo veo que sus aspiraciones eran perfectas, pero no podía y no puedo estar de acuerdo con la forma que asumió esa lucha. Pude hablar muy poco de eso con ella porque siempre fue una chica con criterio muy independiente, y a partir de su entrada en el partido mucho más. Porque claro, era un cambio total de vida, incluso, siendo tan buena alumna y con sólo dos finales para terminar, no se presentó por miedo a que la ubicaran. En ese momento no me lo dijo y dio otras excusas: que estaba cansada (porque estaba embarazada de Camilo), que no tenía tiempo... pero más tarde admitió la verdadera razón sugiriendo que ella ya estaba señalada y entonces no era prudente. Los detalles raros se acumulaban. En una oportunidad, un cuñado que tenía quinta en Del Viso me habló muy ofendido: "Decíle a mi sobrina que cuando se encuentre conmigo me salude y no haga como que no me ve". Yo me sorprendí y él aseguró que se habían cruzado y que ella no lo había saludado. La próxima vez que me vino a ver le pregunté qué estaba haciendo en ese lugar. Se fastidió y finalmente explicó que cerca funcionaba una de las escuelas, aunque me tranquilizó diciéndome que su trabajo era sólo dar clases. Incluso una vez lo llevó a Jorge a pasar el día, pero lo llevaron "tabicado" así que después él no me podía decir en qué lugar había estado. Jorge se rió mucho de las precauciones porque siempre fue muy despistado para ubicarse con los lugares.

Había momentos en que me espantaba pensando en lo que podría pasarle y más me aterraba ver que ella lo tomaba con tanta calma. Un día me comentó que Camilito, que vivía con ella en la escuela, había agarrado un revólver y se había puesto a jugar. Me corrió frío por todo el cuerpo, y ni siquiera en ese momento pensé en la posibilidad que ella pudiera haber recibido algún tipo de instrucción militar. Hay que entender que a todos los padres nos pasaba lo mismo, uno se enteraba de a poco, y a medida que te enterabas casi diría que menos uno quería entender; supongo que era como una defensa mental. Al mismo tiempo era terrorífico ver que los iban encerrando. Una vez que estaba muy triste, le pregunté qué pasaba y me dijo que se habían llevado a un matrimonio amigo y a medida que me enteraba de esas caídas era como vivir de lejos algo que era muy terrible y que involucraba a mi hija.

Empezó a dejar de venir a casa (aunque yo le pedía que se quedara conmigo y se viniera con los chicos) y la última vez que nos vimos me llamó por teléfono para que lleváramos los chicos al cine Real, que en esa época era un cine donde pasaban dibujos animados. Le pregunté si pasaba a buscarme y me contestó que no, que nos encontráramos en Santa Fe y Salguero. Julio ya estaba en Roma. La esperé y ella pasó con un taxi. Miguel era muy chiquito así que se durmió. Cuando salimos del cine le dije que fuéramos a casa a tomar el té, pero no quiso y a mí me parecía insensato que estuviéramos tomando el té en una confitería con dos chicos, uno de los cuales estaba dormido y como insistí me contestó que tenía miedo de ir a casa. Supongo que como ya la buscaban mi casa habrá estado vigilada, y ahora comprendo que para ella venir era muy riesgoso. Finalmente aceptó ir a la casa de mi madre.

Camilo se puso a mirar televisión y no quería irse. Mi madre le dijo: "Pero querido, vos también tenés televisor" (porque ella les había regalado uno), y Camilito contestó: "No, abuelita, los hombres malos se lo llevaron…". Entonces me enteré de que una casa de José León Suárez, adonde estaban por mudarse y ya habían llevado cosas, había sido allanada y les habían robado el televisor. Me quedé muy mal ese día cuando nos despedimos, por lo que me había enterado, y porque vi que estaba con miedo.

El martes 13 de julio a las 11 de la noche llamó una mujer que yo no sabía quién era diciéndome: "Venga a buscar los chicos que están llorando mucho", y cortó.

Grité a Jorge que se vistiera y me quedé sin saber qué hacer. La mujer volvió a llamar e insistió que fuera. Le pedí que me explicara qué pasaba y me dijera dónde estaba. "Calle Warnes 735, segundo piso", contestó. No conocía el lugar pero me subí al auto y nos fuimos. Cuando llegamos a la esquina Jorge me dijo: "Mamá, estacioná aquí el auto y yo voy". "No, vamos los dos y que sea lo que Dios quiera", contesté. Apenas entramos al edificio reconocí el llanto de Camilo y de Diego, el hijo de Nenita (Manuela). Era un llanto tan desesperado que por mucho tiempo no lo pude olvidar. El departamento estaba revuelto, los chicos lloraban y había un matrimonio, que vivía al lado. Contaron que ellos se acostaban temprano porque se levantaban a las cinco, pero que habían tocado el timbre con tanta insistencia que abrieron. Se encontraron con las chicas acompañadas por unos hombres armados, y la señora más jovencita (Cristina) les había pedido que alguien se quedara con los chicos en el departamento y que llamaran a este teléfono para que vinieran a buscarlos.

En ese momento yo no sabía, y desgraciadamente tampoco lo supieron ellas, que ese día había habido un operativo y se habían llevado a Carlos, el padre de Coty, del lugar donde trabajaba ("Aceros Atlas", en Junín y Uriburu). Carlos, que murió por las torturas, al parecer conocía ese domicilio y lo dijo.

El matrimonio nos comentó también que se las habían llevado a las tres (Cristina, Manuela y Alicia Dambra) diciendo que era para hacerles unas preguntas y que después volvían. Yo no tenía ninguna experiencia y no sabía cómo tenía que proceder, así que me llevé los chicos, que estaban con tos. A pesar del estado nervioso que tenía traté de juntar lo que pudiera hacer falta. Encontré una pila de pañales limpios y los guardé. Fui a la cocina para buscar la mamadera y me di cuenta de que cuando llegaron deben haber estado por comer porque en la cocina había arroz hervido, chauchas, huevos duros... Encontré su cartera, y después de muchos días la revisé. Así encontramos las cartas que escribió para Julio, donde mencionaba su sospecha de estar embarazada...

Al regresar con los chicos a casa, armé las camas, y yo no me acosté. Ni siquiera me desvestí. Llamé a un abogado que conocía y me dijo: "Trate de serenarse, a esta hora no puede hacer absolutamente nada y menos con las cosas que están pasando, mañana tal vez pueda averiguar algo". Al día siguiente llamé a otro abogado amigo. Vino a las siete de la mañana y después se fue con Jorge a la comisaría que correspondía, donde le dijeron que las chicas ahí no habían estado, pero que sí había habido un procedimiento esa noche.

Recurrí al padrino de Jorge —me dijo que lo tomara con mucha calma— y al marido de la madrina de Cristina, que era comodoro. Este hombre, en ese momento, se puso a decir que "eso pasaba por las cosas en que se metían", etcétera. El abogado se portó muy bien porque me hizo el primer recurso de *habeas corpus* que presenté, y eso era exponerse mucho.

El calvario recién comenzaba. Cuarenta y ocho horas después, a las cuatro de la mañana recibí un llamado de Cristina. Mucha gente me ha dicho que me habrá parecido y no es así. Estoy absolutamente segura de que era mi hija. Cuando atendí oí su voz. Ella dijo: "¿Mamá?". "Sí, querida, ¿dónde estás?", pregunté. No me respondió y agregó: "Mamá, ¿los chicos están con vos?". "Sí, querida los tres están conmigo." "¿Cómo, Becha no se lo llevó a Diego todavía?" "No, querida, los tres están conmigo", insistí. "Ya vas a tener noticias mías", agregó y se cortó la comunicación. Supe que la primera noche la pasaron en Coordinación y pienso que tal vez, viéndola tan desesperada por saber si los chicos estaban conmigo, alguien se apiadó y le permitió hacer el llamado.

Al día siguiente del secuestro de las chicas, el 14 de julio, Julio llamó desde Roma para felicitar a Jorge por su cumpleaños. Eran las seis de la mañana cuando le di la noticia y a partir de ese momento estuvo llamando a cada rato para darme indicaciones. Era una situación terrible...

También vino Becha a verme. Estaba preocupada porque no sabía nada de Carlos. Le conté lo que había pasado y le pregunté si ella se llevaría a Diego, pero me dijo que era imposible porque no podía volver a la casa y no sabía qué iba a hacer. Tuve que rastrear por todos lados para encontrar a alguien de la familia paterna. Cuando finalmente se lo llevaron fue un drama. Me tiraba los bracitos y lloraba como loco. En la semana que habíamos estado juntos, me decía mamá... Ahora lo cuento, pero vivirlo fue espantoso.

Camilo, que estaba muy acostumbrado a verme, se alegró mucho de estar conmigo y Miguel, que tenía nueve meses y recién empezaba a gatear, también me conocía pero por supuesto no se daba cuenta de nada. Mis amigas y mi familia me apoyaron mucho. Venían a acompañarme, me trajeron ropa para los chicos, todos trataban de darme una mano pero yo sentía que, de golpe, vivía en otro mundo.

Estuve casi un año criando los chicos. El 9 de marzo del '77 vino a Buenos Aires una chica italiana, enviada por Julio a buscar los chicos. Para mí el asunto fue muy difícil de aceptar al principio. Un amigo muy querido de Julio vino a verme y me habló muchísimo pero yo no quería saber nada. Por último me convenció para que conociera a la chica, que venía con una carta de Julio. En ella me decía que no me aferrara a las cosas materiales y que también me fuera junto con Jorge. Pero yo pensaba que no podía irme porque cuando Cristina saliera, ¿a quién iba a buscar? Mi casa por otro lado era una especie de puerto adonde todos caían. Cuando Sayo se escapó del Buen Pastor, me tocó el portero como a las 11 de la noche, me dijo que los había buscado en la calle Cangallo y que no había encontrado a nadie. Le di la nueva dirección, en San Antonio de Padua. Otra vez aparecieron, también tarde a la noche, la mujer de Amílcar y su hijo más chico. No tenían dónde dormir y me pidieron que los recibiera con la promesa de irse a las siete de la mañana. Era terrorífico. Uno se debatía entre la solidaridad y la conciencia del peligro.

A los chicos se los llevaron a fines de marzo... Yo había vivido los preparativos como en un sueño, y ese día cuando los despedí en la puerta no supe cómo hice para tragarme las lágrimas. Ellos estaban muy contentos porque iban a ver al papá, pero cuando el auto se fue me quedé mirando la calle pensando si volvería a verlos. Fue espantoso.

En el '77 cuando liberaron a Adriana Calvo de Laborde hablé con ella y me contó que había estado con Cristina, Manuela y Alicia en la misma celda. Lo primero que le pregunté fue si Cristina le había dicho algo sobre su criatura, si la había tenido, pero no le había dicho nada. Adriana me recordó que en el '77 ella hizo un llamado muy corto, porque ellas le habían dado el número. Dijo: "Las chicas están bien" y cortó. Ella dice que el 25 de abril de 1977 dieron la orden de desalojar porque traían nuevos prisioneros. Hablé también con Pablo Díaz, que dijo que Cristina estaba en un avanzado estado de gravidez. Pablo tampoco podía reconocer ninguna foto porque estaba tabicado, e incluso al principio estaba muy mal y no podía recordar nada. A él lo liberaron el 28 de diciembre y Cristina debía tener a mediados o fines de enero.

Cuando la CONADEP empezó a trabajar, cada vez que se enteraron de algo relacionado con los Santucho me llamaron. Así tuve oportunidad de hablar con una sobreviviente que en su testimonio hablaba de la doctora Santucho y de Alicia Dambra. Le pregunté por Cristina. Me contestó que no la ubicaba. Le mostré unas fotos pero me dijo que estaban vendadas y no se veían. Le pregunté si recordaba embarazadas y me contestó que había dos. Una que tenía un embarazo de muy poco tiempo y otra que estaba muy avanzada. Durante la conversación llegamos a la conclusión de que la de poco tiempo sería Cristina, porque una guardiana bastante buena les traía caramelos, alfajores, y la embarazada de poco tiempo pedía cigarrillos negros. Cristina fumaba 43/70...

Otro día que estaba trabajando en Abuelas tuve en mis manos un testimonio de una chica que estuvo en Orletti y ella dice que en el lugar no había niños y que solamente "Cristina Navajas, embarazada, pese a la feroz tortura no perdió el embarazo...".

A partir de eso se pierden todos los rastros. Del grupo de Manuela no quedó nadie y no hay forma de saber más adelante. Lo más lógico es que ese traslado haya sido para matarlas. Así que no he podido saber si la criatura nació, si murió o si se la quitaron para dársela a alguien. Sólo Dios sabe...

Cuando se hizo la visita judicial al Pozo de Banfield, le pedí al juez que me dejara ir. Adriana, que estaba, me indicó la celda donde estuvo Cristina. Era de unos dos metros y medio de largo por uno y algo de ancho y era para tres personas. Salían una o dos veces por día al baño y tenían una lamparita eléctrica. Estaba herméticamente cerrada, porque Adriana me explicó que una abertura para pasar comida que ahora se veía, antes no estaba. No tenían colchones, estaban directamente sobre el cemento. Ver eso fue espantoso porque te imaginás lo que habrán pasado cuando estuvieron ahí...

A veces, cuando la extraño mucho, pienso: ¡Ay!, por qué no habrá sido como esas chicas tilingas que no piensan más que en el modelito... (ella era capaz de sacarme la ropa para dársela a alguien que le hiciera falta), pero cuando un problema cualquiera salta, y uno ve tantas injusticias, pienso que tenía razón...

MARIA DEL VALLE SANTUCHO (COTY)

Fue muy difícil saber algo sobre ella. Muerto el padre, imposible de ubicar la madre y aunque me habían prometido, imposible también encontrar a Oscar Mathews, nadie podía hablar de ella. Todos saben que militó en el ERP pero nadie sabe en qué acciones estuvo comprometida. El espíritu de familia podría ser una razón para este silencio, pero aunque no lo descarto, creo sinceramente que no pueden saber demasiado ya que la estructura de tabicamiento regía para todos, familiares o no. Robi, si viviera, es el único que podría hablar con certeza de su actividad.

Encontrar tan poco de una persona produce una sensación de vacío, que aumenta aquella otra condición, vacía también, del desaparecido. Nadie puede hablar casi de ella y no se sabe tampoco cómo o dónde terminó su vida. Es como si el nombre y la fotografía que me brindó su tía, Pory, hubieran sido rescatados de ese desastre generalizado que abatió a la familia, y a pesar de su evidencia sirven solamente para reforzar las incógnitas sobre su vida y su destino final.

BLANCA RINA SANTUCHO (PORY) RECUERDA A COTY

Ella era la única hija de mi hermano Carlos Iber y de Helvecia Castelli, a quien decíamos Becha. Nació el 6 de septiembre de 1948. Vivíamos todos juntos en una casa muy linda que alquilábamos en Avenida del Libertador. Coty fue naturalmente la mimada de todos los tíos. Era una criatura amorosa y a pesar de ser hija única y que se le daban todos los gustos, era una niña muy buena. Más tarde, Carlos y Becha se mudaron solos a una casita en la calle Juana Azurduy, no recuerdo el número, y ahí creció Coty.

Ella tendría unos 20 años cuando empezó a estudiar abogacía y comenzó a trabajar con mi hermana como su secretaria. No terminó su carrera, pero en lo personal se manifestaba como una muchacha muy alegre, era muy "carnal", como decimos en Santiago, con la familia. Por la madre supimos que su matrimonio —se había casado con un muchacho de buena familia— no andaba bien y finalmente se separaron. Para la madre de Coty fue un golpe muy duro. Al parecer, la ruptura estuvo relacionada con las inclinaciones políticas que Coty había empezado a manifestar y con las que, evidentemente, el marido no estaba de acuerdo.

No sé quién o qué la hizo volcarse a la militancia. Era, como todas las chicas jóvenes, muy coqueta, preocupada por su aspecto, por la ropa, por las salidas con jóvenes de su edad, y nada hacía pensar que pudiera tener inclinaciones de tipo político. Después ella cambió totalmente. Frecuentaba a mis hermanos que estaban en la militancia y ya no se ocupaba de su aspecto con la coquetería de antes. Ahora se vestía muy sencillamente con jeans y sin maquillaje. Aquí en Buenos Aires estaba Amílcar, que se había venido con toda la familia. Dos de sus hijos entraron a trabajar en el mismo negocio donde trabajaba Carlos, el padre de Coty, que era peronista y nunca militó con el resto de los hermanos. El era un hombre muy tranquilo, muy dedicado a su familia. Hacía tareas contables en un negocio de repuestos de automotores en la calle Vicente López al 1000 (Aceros Atlas).

Cuando supimos la noticia de Trelew, Coty fue a vernos con su nuevo compañero, Oscar Mathews. Vino Becha también, y Carlos. Coty me consolaba, me hablaba, me pasaba la mano por la cabeza. Era muy dulce.

Un año después, Oscar cayó detenido en el copamiento de Sanidad y tuvo una condena larga. De la relación con Oscar, Coty no dijo nada, aunque siempre venía a visitarnos con él. Su madre estaba muy dolorida por la separación y por la unión no legalizada de Coty con Oscar, que en esa época no era algo tan común como ahora. De todos modos, la madre de Coty y la madre de Oscar se hicieron amigas e incluso Becha, que adoraba a su hija lo mismo que Carlos, le hacía banderas del ERP que Coty le pedía. Luego, cuando Oscar estaba preso acompañaba a su madre a visitarlo.

De su militancia Coty no hablaba por las reservas del tema. Nosotras sabíamos que estaba en el frente militar, pero al menos Manuela y yo nunca supimos en qué lugar concreto se desempeñó. Durante el tiempo que vivimos en un departamento de Villa Devoto que nos habían prestado (uno de los tantos domicilios que tuvimos), Coty, que ya no vivía con los padres para no comprometerlos, se quedaba a veces a dormir con nosotros. Venía tarde a la noche y se iba temprano por la mañana. Pero nunca supimos adónde iba o dónde pasaba el día. Para nosotros de todos modos era una alegría muy grande verla. Julio y Cristina, que ya eran padres de Camilo, también venían a veces a dormir. Eramos un montón de noche.

El año 1975 fue un año de total desgracia para mi familia.

Francisco René fue secuestrado en abril del '75 y nunca más supimos nada de él. Amílcar fue detenido en la frontera con Paraguay, el 15 de mayo. En el mismo mes fue detenida su hija Graciela, en Buenos Aires. El marido de Manuela, Alberto Genoud, fue detenido en Tucumán, y Manuela, que estaba embarazada de su hijo Diego, fue a vivir con mis padres en una casa en la calle Juan Jacobo. El año terminó con otra tragedia: el 19 de diciembre detuvieron a Coty, en vísperas del copamiento de Monte Chingolo. Supongo que ella estaba preparada para participar en la operación. Estaba con otros compañeros en un departamento, y posiblemente a los vecinos les llamó la atención ver este grupo de jóvenes o tal vez ellos hicieron algún movimiento que resultó sospechoso... Llamaron a un patrullero y se los llevaron a todos.

Después de Monte Chingolo pasamos una Navidad y un fin de año muy tristes por todo lo que había pasado durante el año y el desastre final del copamiento. Mi padre se afligía por mí, porque yo, que estaba trabajando en mi escribanía, a veces llegaba tarde y él tenía miedo de que me pasara algo. Me costaba dejar ese departamento que había comprado con tanto sacrificio, pero después de sufrir un allanamiento me mudé con mis padres y puse en venta el departamento. Entre Navidad y fin de año, llamé a la martillera para preguntarle cómo iba la venta y entonces me dijo que la policía se había presentado en el edificio, con una chica muy parecida a mí, y que habían destrozado el departamento. Le conté a mi madre lo que había pasado, y ella estuvo segura de que era Coty la que habían llevado.

Fuimos con Becha a ver a la portera y nos contó que a eso de las 13 horas habían llegado con gran despliegue de autos y que a la chica que traían se la veía medio muerta y estaba envuelta en una frazada. Nos imaginamos que en la tortura le exigieron un domicilio y ella, sabiendo que yo ya no vivía allí, optó por darles esa dirección. Nunca más supimos nada de ella, aunque más tarde hubo una versión que hablaba de un cadáver que había aparecido tirado y que tal vez se trataría de su cuerpo. Pero no hubo confirmación. Los padres se movilizaron, presentaron *habeas corpus,* hicieron averiguaciones, pero todo sin resultado.

Vimos a Robi el 31 de diciembre. Nos hicieron ir con muchas precauciones a una finca que habían alquilado. Becha mostró a todos una carta que Robi le había escrito donde le decía que podía estar orgullosa de su hija, que era una gran militante, y que en el peor momento por el que puede pasar nadie, no había delatado a ningún compañero.

El año '76 siguió con las desgracias y las desapariciones.

En mayo papá, mamá y yo nos fuimos a Cuba y allá fue que supimos lo de Carlos, Manuela, Cristina y finalmente Robi. Y así se fue desarmando y desapareciendo toda la familia. Coty tenía 26 años cuando la mataron…

MERCEDES SANTUCHO

Amílcar Santucho tuvo cinco hijos. Mercedes Elmina era la tercera. El nombre Elmina, una constante familiar, era el homenaje a la primera esposa de Francisco y madre de Amílcar. El nombre Mercedes era por la madre de su esposa.

Amílcar, como todos los Santucho, era un hombre parco, reservado. Hablando de su hija no modificó esa actitud, en lo que a las palabras se refiere, pero estando frente a él pude advertir su "desangre" por el tema, en los silencios, en la mirada ausente, hundida en recuerdos que su pudor no quiso manifestar.

Era la tercera de mis hijos. Le decíamos Merceditas. Fue para mí la hija más querida. Tal vez por el drama, pero de todos modos era, sin duda, la más afín a mí, incluso más que los varones.

Ella estudiaba Historia, pero se interesó muy pronto por el partido y cuando comenzó a militar dejó de estudiar.

Alrededor del '71/'72 estuvo un tiempo en Cuba, acompañando a las hijas de Robi, cuando él decidió sacarlas del país. Fue un tema que se discutió mucho en el partido. La represión se endurecía y a todos nos preocupaba la seguridad de los menores. Pero era una disyuntiva de hierro. Si se los dejaba corrían muchos riesgos. Si se los sacaba los separaban de los padres… Robi envió a las hijas y me pidió que Merceditas, de unos dieciocho años en ese momento, las acompañara. Estuvieron poco tiempo porque las chicas extrañaron mucho y no se adaptaron a esa vida de hotel que llevaban.

Cuando regresó al país retomó su militancia. Trabajaba en el área de Inteligencia y estaba bien preparada para usar armas y organizar operativos. El trabajo en Inteligencia era delicado porque se poseía mucha información y supongo que por eso la secuestraron.

Cuando cayó se encontraba en Córdoba y yo estaba preso en el Paraguay. Sé que la llevaron a La Perla porque gente que sobrevivió la vio ahí. Fue en el '75. Ella era muy franca y siempre decía lo que pensaba. A veces discutía con su madre por esa razón. Un episodio que me contaron los sobrevivientes de La Perla demuestra que la prisión no la había cambiado. Dicen que en una fiesta patria los hicieron formar y tocaron el Himno. Ningún preso cantaba. Un militar la enfrentó y le preguntó la razón de su silencio. Ella respondió que no cantaba porque no estaba en territorio patrio sino en un campo de concentración. Eso define bien su valor y su franqueza. Era puro idealismo pensar que una actitud así podía servir de algo en la situación que ellos se encontraban, y al mismo tiempo, era muy arriesgado contestar eso. Pero lo hizo.

Unos días después vinieron a buscarla y dijeron: "Santucho, traslado". En el campo todos sabían que significaba la ejecución. Y así fue. Para nosotros fue un golpe muy grande...

GRACIELA SANTUCHO

Fue una de las últimas mujeres de la familia Santucho que conocí.

La primera vez que Amílcar la mencionó supe que vivía en Cuba y planeaba volver a la Argentina. Cuando finalmente nos vimos, me encontré frente a una mujer joven, lúcida, de muy buen humor y algo tímida. Los fragmentos de su recuerdo pasaron por Coty, Mercedes (su hermana desparecida a quien quería muchísimo) y ella misma, prisionera del régimen militar desde mayo del '75 (cuando tenía 18 años) hasta octubre del '83, aunque su condena fue de dos años y medio.

En mi casa, desde que recuerdo, siempre hubo actividad política. Papá era del Partido Comunista y en casa se hacía la campaña financiera. Hacíamos empanadas para vender y hasta los volantes para repartir. Mis hermanos, tal vez por tenerlo tan cerca, o porque lo vivieron de otra manera, nunca se interesaron por la política.

Nuestra familia siempre vivió tipo clan. Los hemanos de papá y él siempre fueron muy unidos. Cuando Robi y Sayo se separaron yo tenía 5 o 6 años pero no me lo puedo olvidar. Se produjo una movilización familiar alrededor de que Robi no se podía separar de la Sayo. Ese era el tema central. Mi papá era el hermano mayor así que junto a mi abuelo tenían un poco la voz cantante de lo que pensaba la familia. El trataba de conciliar las diferencias entre hermanos. Mamá la apoyaba a Sayo, que estaba en Santiago. Julio viajó para hacerlo recapacitar a Robi. Lo importante era mantener la familia unida, alrededor de mi abuelo, que era el centro, y de Manuela, que se movía detrás de bastidores.

Ella digitaba todo ganándose la enemistad de algunas personas, entre ellas de mi madre. Por imposición de Manuela y de mi abuelo, papá, que era un hombre de 40 años, tenía que rendir cuentas del dinero que sacaba y dejaba en el estudio jurídico. Entonces mi mamá se envenenaba. Mi papá, que en ese entonces tenía cierto buen pasar, nos hacía venir a pasar el verano en Buenos Aires. Veníamos papá, mamá, los cinco hermanos y hasta la muchacha. Parecíamos una turba de gitanos...

A Coty en esa época no le gustábamos para nada. Ella era una chica muy linda, siempre estaba bien vestida y no tenía los rasgos de la familia. Supongo que nuestra ropa, forma de hablar y costumbres campechanas, le chocaban. Nos decía "los negros" y no se quería juntar con nosotros. Realmente la apenábamos. Tenía la misma edad que mi hermano mayor y no quería ir a bailar ni salir con ellos.

En el año '70, motivados por la actividad de mi padre, que era defensor de presos, nos mudamos a Buenos Aires. Sayo y Robi estaban detenidos. Cuando vimos nuevamente a Coty era una persona totalmente distinta. Ahora le gustaba lo que antes rechazaba y nos presentaba a todo el mundo marcando con orgullo que éramos "indios". *(Graciela se rió mucho al recordar esa anécdota que marcaba el nuevo camino de Coty.)*

Coty empezó a militar como todas nosotras. Ella cayó en el '75, después de mi detención. Igual que su padre, fue horriblemente torturada hasta que la matan. Pero no sé prácticamente nada de su actividad.

Mercedes era tres años más grande que yo y desapareció en el '77. Nos incorporamos a la actividad juntas. Cuando era chiquita, a Mercedes le decíamos "la chinchuda" porque tenía un carácter muy hosco, muy de que si se le metía algo en la cabeza no paraba hasta conseguirlo. Con el tiempo eso cambió a una personalidad muy fuerte, con mucha determinación pero tal vez algo rígida en sus planteos. Era muy disciplinada, lo que se ahondó en la militancia.

En el año '73 viajó a Cuba acompañando las hijas de Robi. Vivió lo de Chile —el viaje era Buenos Aires-Chile-Cuba—, la euforia por Allende y la Unidad Popular y luego la realidad cubana, que aunque estaban en un hotel, pudieron palpar de cerca. Eso la impresionó mucho.

Cuando regresó pasó a vivir en una casa operativa del partido con otros compañeros y de esa forma se independizó del núcleo familiar, donde ya no estaban mis hermanos, que se habían casado y se mantenían, desde el principio, alejados de toda actividad política.

Quedábamos papá, mamá, el más chico de los hermanos y yo. En el '73/'74 tuvimos que pasar también a la clandestinidad.

Mercedes trabajaba en Inteligencia y ahí se vivía con una férrea disciplina militar. A veces perdía la poca dulzura que tenía por esa necesidad de ser estricta; hasta pecaba de esquemática, aunque ella se esforzaba mucho por no ser así.

Yo siempre fui el polo opuesto; pegota de mi familia, cariñosa, la más demostrativa. A ella había que caerle encima para abrazarla, para que demostrara el afecto que te tenía.

Yo también trabajé un tiempo en Inteligencia pero después pasé a Propaganda, en la parte de distribución de los periódicos. En Inteligencia hice actividades aledañas, chequeo, contrachequeo, pero estuve poco tiempo, más que nada porque yo era muy jovencita. Cuando me detuvieron yo tenía 18 años. Habré empezado a los 16...

Mi hermana y yo nos veíamos una vez por semana, era como un acuerdo tácito. Nos juntábamos a charlar, a estar juntas. Nos tirábamos por ahí, en Palermo, y nos contábamos todo, incluso lo que no podíamos. Cada una tenía una actividad clandestina que no podía "destabicársela" a la otra, pero nosotras, como buenas hermanas, nos contábamos todo...

En una ocasión me contó de un muchacho que vivía en la misma casa operativa que ella. Estaban en la etapa del festejo, digamos. Pero ella no estaba muy convencida porque estoy segura de que, teniendo en cuenta lo exigente que era, tendría su ideal, un hombre que tuviera el mismo compromiso, la misma rectitud moral que ella. Yo le decía que tenía que pensar porque iba a ser su primera relación y al mismo tiempo estaba intrigadísima. Tenía 18 años y tampoco había tenido relaciones, así que quería saber cómo era a través de mi hermana.

A los dieciocho años (mayo del '75) me detuvieron en Lourdes, Santos Lugares. Estaba en un comercio donde trabajaba. La noche anterior a mi detención había habido una caída muy grande de gente relacionada a la distribución de la propaganda. El lugar donde yo estaba era algo que se llamaba "buzón", o sea un lugar donde se dejaban los periódicos y de ahí se distribuían a las demás jefaturas. Ese día fui, abrí el negocio y a eso de las 8 o 9 de la mañana me detuvieron y me llevaron a la Brigada de Banfield. Recién en agosto pasé a la cárcel de Olmos. Eramos treinta y dos en esa repartición.

Me tenían tipo rehén, porque esperaban que sirviera como medida preventiva de un eventual ataque contra la brigada. Estuve ilegal quince días. Después me legalizaron. Me torturaron como a todo el mundo, a diestra y siniestra. Conmigo, como con cualquier otro Santucho que hubiera caído, tuvieron especial cuidado en no producir diferencias con el resto de los detenidos. Pero yo no cedía a las provocaciones, ni los miraba ni los escuchaba. A otras chicas sí, las hacían saltar con alguna cosa, la violencia o el miedo.

Me condenaron a dos años y medio de cárcel cuando ya hacía cuatro años que estaba detenida. Quedé a disposición del PEN y salí en libertad vigilada recién en diciembre del '82. En ese régimen estuve hasta octubre del '83. Vale decir, ocho años detenida.

La primaria la hice en Santiago, primer año también. Luego cursé una parte de la secundaria en Palomar y otra parte en el horario nocturno del Alfonsina Storni, en Constitución. Tuve que dejar en cuarto año porque una noche, a la salida del colegio, me siguieron unos tipos. Seguramente querían detectar a papá, que estaba clandestino. Finalmente terminé el secundario en La Habana, cuando me fui en el '84.

Entré a la cárcel siendo una nena y mi vida femenina no empezó hasta los 25 años de edad, cuando salí. Antes de caer detenida yo era muy reprimida en el trato con los varones. Tenía terror de perder mi virginidad por toda la educación provinciana rígida que había recibido, a pesar de lo avanzada que era mi familia. Por otro lado yo era muy chica y todos los compañeros eran o muy grandes o estaban casados, así que no podía darse ningún contacto. El clima que se vivía en el partido, que era muy estricto en la cuestión moral, tampoco era un aliciente.

Recuerdo un caso que se dio con un militante de Santiago, que vivía allá con su mujer e hijos. Un día, por necesidades del partido lo trasladaron a Rosario. Allí conoció a una chica y se enamoró, pero no se separó de su mujer, quedó bígamo. Fue descubierto un día por un dirigente de la conducción nacional que lo denunció. El partido lo puso preso por esa causa, para castigarlo por quebrar la moral que debía tener un militante.

El caso de Robi con Clarisa también es un buen ejemplo. Eso pasó antes de que el partido se estructurara de esa manera y la relación fue muy corta, pero de todos modos, él lo vivió con mucha culpa. Qué curioso, qué trágico, Sayo y Clarisa murieron juntas. Dicen que ni se miraban entre ellas cuando estuvieron juntas en la cárcel. Parece incluso que había compañeras que estaban del lado de Clarisa, porque era muy carismática.

Cuando salí de la cárcel me fui directamente a Santiago. Para la libertad vigilada tenía que dar una dirección y di la de una tía que vivía allá, la mujer de René, un hermano de papá. El, mientras tanto, acababa de salir de la cárcel en el Paraguay.

En Santiago hice una primera pareja, que fue producida por la inexperiencia y la necesidad afectiva que yo tenía. Mis hermanos estaban en Buenos Aires y mis tíos, a pesar de que me querían mucho, no eran mi núcleo. Mamá estaba en Cuba. El chico había estado preso como yo. Fue una relación tipo novios, no vivíamos juntos.

En marzo del '84 viajé a La Habana con el justificativo de mi salud, que no estaba bien luego de la cárcel. Viajé para hacer un tratamiento, pero en realidad lo que yo necesitaba era salir de ese medio y tratar de ordenar la cabeza.

Pienso que salí del encierro mucho mejor que otros. En general, las mujeres salimos mejor que los hombres. Era una experiencia linda ver cómo nos apoyábamos unas a otras para sobrevivir en ese infierno de la cárcel; en cambio entre los hombres eso no se logró. Hubo muchos suicidios, actitudes muy malas. No pudieron resolver lo complejo de la situación.

La mayoría de las chicas salimos con ganas de trabajar, con ganas de hacer cosas. Las mujeres, mal que mal, se instalaron. En cambio sé de algunos hombres que todavía están golpeándose la cabeza contra la pared, con traumas sin superar, y hace diez años de eso.

Mis problemas de salud eran secreción mamaria y nódulos. En Cuba me trataron y dijeron que el origen era tal vez psicosomático. No son normales los nódulos en una chica de 25 años.

Me curaron la secreción, pero los nódulos siguen, nada grave de todos modos. El problema es que no puedo quedar embarazada. Al principio pensaron que no tenía ovulación, pero después detectaron que sí. Así que debe haber alguna traba psicológica, y es probable, porque las mujeres detenidas sufrimos todo tipo de vejámenes y son cosas que aunque a nivel consciente uno crea que tiene más o menos asimilado, hacen lo suyo por dentro...

El médico de Cuba opinó que no hay otra explicación y que me tengo que poner bajo otro tipo de tratamiento. Pero no he hecho terapia todavía. Allá no me gustaba, no se usa el psicoanálisis en Cuba. En Devoto teníamos un porcentaje sacado de las mujeres que tenían problemas en las mamas y era muy alto. También había casos de falta de período, irregularidades, descompensaciones hormonales e infecciones vaginales, por la falta de higiene del lugar. Había una chica que hasta barba tenía y le faltaba la menstruación. Una chica muy dulce, siempre en las nubes, pobre, y le salían pelos.

En Cuba formé pareja. Hace cinco años que estamos juntos y todavía no he quedado embarazada. En la anterior pareja no me cuidaba y el resultado fue el mismo. Mi marido está bien, le hicieron todos los análisis. Así que hemos pensado hacer un tratamiento cuando nos instalemos y yo encuentre trabajo.

La familia ha quedado destruida y no es fácil de asumir la muerte de tantos de nosotros. Mi madre quedó muy mal con todo lo que vivimos. Me parece que en el momento en que todo estaba pasando, ella no era muy consciente y lo seguía a mi padre sin cuestionar demasiado. Aceptaba. Pero ahora le apena esa etapa. No lo puede asumir como un costo de lo que nosotros hacíamos, sabiendo al mismo tiempo lo que nos podía pasar. Creo que un poco le echa la culpa a mi padre, o a la política, de las cosas que le tocó vivir. El exilio tampoco la ayudó porque estuvo en Cuba, donde el gobierno no permitía campañas por desaparecidos o detenidos. Para hacer ese tipo de actividades había que irse a otro país, y entonces no pudo descargar las cosas que tenía contenidas. Sin embargo, en la época de la militancia era sumamente activa. Se movía haciendo todo lo que ella podía en el campo de los colaboradores, que eran muchos y que no pertenecían al partido. Era un contexto pensado para que se incorporaran mujeres de la edad de mi mamá. Ella trabajaba en un grupo de mujeres incluso más grandes que ella que se ocupaban de ayudar sobre todo en lo relacionado con las familias.

La revolución, entre nosotros tuvo un carácter familiar. Como lo veo ahora, veinte años después, pienso que hasta era una obligación. En ese momento se vivía tan inminente la posibilidad de un triunfo, de que las cosas mejoraran, que no asumir esa responsabilidad me parecía un acto de cobardía. Además yo adoraba a Robi, que era un líder nato. Tenía una sonrisa muy pícara y era mi padrino, lo que aumentaba mi especial debilidad por él. Para mí era el paladín de todo a lo que aspirábamos. Pienso que su ascendiente era tan fuerte que originó un culto de su personalidad en el partido y creo que mi padre hasta hoy todavía lo siente y lo extraña. No sé qué haría ahora, tendrían que darse muchas circunstancias. Pero si volviera a tener esa edad y en ese contexto, yo haría lo mismo.

LILIANA DELFINO

Su nombre surgió durante una de las conversaciones que mantuve con Amílcar. Por ese destino que generalmente cabe a todas las "segundas" mujeres, se estableció enseguida la comparación con Ana. No, no era parecida a ella, "todo lo contrario de Ana", definió categóricamente Amílcar para aclarar: "Era una gringa, ojos claritos, pelo rubio. Realmente, una antítesis para tener en cuenta. Era expansiva, extravertida... Pero tenían en común una gran firmeza, mucha personalidad. Tratándose de Robi, yo creo que él quería una mujer de esas características. La lucha en la que estaba no le hubiera permitido tener una mujer que fuera un peso; necesitaba alguien que lo acompañara".

Inmediatamente surgió otro nombre: Luis Ortolani, su primer compañero, con quien se casó y tuvo un hijo, Diego, que es biólogo y actualmente vive en Chile. "La persona más indicada para hablar de ella es, sin duda, Luis" dijo Amílcar.

Llamé varias veces y siempre terminaba oyendo el mensaje de un contestador, pero la respuesta no llegaba. Mientras tanto, aparecieron en Buenos Aires Diego y Mario Antonio —el hijo de Robi y Liliana— recién llegados de Cuba. En nuestro encuentro, Diego, largo pelo rubio y con una mirada muy noble, muy serena, habló primero y habló más. Mario Antonio, pelo largo también, y en ese momento todavía muy adolescente, sonrió soñadoramente un par de veces y tuve la sensación de que no estaba muy "conectado" con el tema de la entrevista. Supe también que Diego se encontraría con su padre. Ya tenía quién le llevara una carta.

Casi un año después, una noche el teléfono me puso en contacto con una muy buena voz masculina, radial diría y resultó que sí, tiene un programa de radio. Tapado de trabajo, había puesto mi carta por ahí, y ahora, ordenando papeles, la había redescubierto. Un tiempo después llegó un casete.

LUIS ORTOLANI RECUERDA A LILIANA DELFINO

Corría el año 1917 y había guerra en Europa. En la familia Delfino —pequeña burguesía campesina de la aldea de Cúneo, en el Piamonte— es llamado a filas uno de sus hijos: Angel, nacido en 1899. "La clase del '99 todavía se mea en la cama", le decían en chanza los camaradas de armas con quienes le tocaría vivir las alternativas de esa guerra. Convencido de ser recibido como un héroe, regresa a la patria y se encuentra con que los obreros de Turín lo escupen en la estación. Corre el año 1920. En Turín, la ciudad obrera por excelencia, hay insurrecciones rojas porque los obreros están cansados de pagar impuestos para que los desocupados y veteranos de guerra sobrevivan. Este es el clima que de alguna manera nutre al fascismo y Angel Delfino, decepcionado, es en cierta medida ganado por estas nuevas ideas de una manera romántica, porque son las ideas vigentes en su Italia natal. El amor por su tierra era tal, que cuando tenía más de setenta años, y casi cincuenta de residencia en la Argentina, al referirse a Cúneo decía "allá donde yo vivo". Hombre sencillo, de una afectividad muy profunda aunque parco en palabras y en gestos, Delfino deambularía por diversos trabajos en Rosario y Cañada de Gómez y llegaría a ser periodista (en esta última ciudad) del diario local.

Hacia los años '40 y cuando ya se había hecho a la idea de permanecer soltero, un comisario amigo establece el contacto con la maestra del pueblo, Carlina Adelina Jedliczka. Se casan en 1940/41, unen sus modestos ingresos de empleado de comercio y de maestra y esperan la llegada del primer hijo, Mario, que se produce (de una manera premonitoria) el 17 de octubre de 1942. Carlina, Piri para sus amigos, descendía de una mezcla de checoslovacos y alemanes por su rama paterna y de italianos por la materna. Huérfana de muy pequeña, fue criada por una hermana mayor muy severa, y con esas ideas de principios de siglo orientó su vida.

Es decir, Mario y Liliana Delfino (nacida el 16 de junio de 1944) se habían criado en la década del '40 pero con ideas de otra década. Quizás esto alentó en ellos de una manera inconsciente y prematura futuras rebeldías.

Liliana tuvo una infancia normal, sana. Cursó el primario y el secundario en la misma escuela que su madre (el Colegio Normal Nº 2). En la época que ella estudió, el magisterio no era aún una carrera terciaria. El título de maestra se obtenía al terminar de cursar los cinco años del secundario, y así Liliana integró el grupo de maestras egresadas en 1961 teniendo apenas 17 años. Por lo tanto, en 1958, cuando se producen los famosos enfrentamientos en torno a la ley Domingorena (enseñanza laica versus enseñanza libre), Liliana cursaba el segundo año y tenía sólo 14 años, no obstante lo cual fue una de las activistas en este conflicto. Desde entonces se dedica al activismo estudiantil y en algún momento se incorpora a la Federación Juvenil Comunista, que por aquellos años aparecía como la organización más activa dentro del movimiento estudiantil.

En 1962 ingresa a la entonces Facultad de Filosofía y Letras para cursar la carrera de Psicología, y allí nos conocemos a mediados de año en una reunión de la Juventud Comunista. Ella acababa de cumplir 18 años. Por una ironía del destino era el 22 de agosto de 1962, exactamente diez años antes de que su hermano Mario entrara a la historia como uno de los fusilados de Trelew. Jugando con esa fecha nosotros también nos casamos un año después, el 22 de agosto de 1963. Unos amigos nuestros, casados por casualidad en la misma fecha de algunos años antes, nos recomendaron Tilcara, donde habían pasado su luna de miel y allí fuimos nosotros.

Me acuerdo que Liliana tenía, al igual que yo y que todos los jóvenes de esa época, o por lo menos cierta franja de jóvenes, gran adultez en las ideas y en la política, pero emotivamente no podía dejar de ser una adolescente. Una noche, se sentó semidormida en la cama y dijo: "Yo quiero volver con mi papá y con mi mamá...". Pero pasamos realmente muy bien ese viaje de bodas en Tilcara después de un larguísimo viaje en el tren Cinta de Plata del Belgrano, con el que atravesamos polvorientos territorios donde nos impresionó mucho la miseria de los coyas. Fuimos hasta Humahuaca, pasamos algunas horas en Villazón, en Bolivia, y en el viaje de regreso tomamos el tren internacional que viene desde La Paz. No soportamos el olor de los coyas que viajaban con nosotros y coimeamos a un camarero para que nos llevara las valijas en su camarote mientras nos quedábamos en el coche comedor, tomando algo de vez en cuando para justificar nuestra presencia.

No sé mucho sobre la vida de Liliana antes de nuestro matrimonio. Le gustaba jugar al fútbol con los varones, era hincha fanática de Newell's y tenía una relación buena con los padres, salvo algunos choques que surgían por su rebeldía y las costumbres de ellos, tan chapados a la antigua. Hasta que nos casamos, tenía que estar en la casa a las 10 de la noche y como una gran concesión, los sábados podía volver a las 12, o poco después, que era la hora en que terminaban los cines. Tenía una gran aversión por el pescado, lo cual fue un problema porque a mí me encanta. Era muy linda y mientras duró, nos llevamos muy bien, esto es lo que puedo decir. Nuestra pareja fue bastante integrada en todos los planos, pero indudablemente el eje de nuestra relación fue la política.

A comienzos de 1963 abandonamos juntos el Partido Comunista. Los que hicimos esa ruptura en Rosario formamos un grupo que se autodenominó Vanguardia Revolucionaria. Andando un poco el tiempo descubrimos que lo único que teníamos en común entre nosotros era una crítica muy dura contra la burocracia del Partido Comunista, a nivel nacional e internacional, contra los métodos antidemocráticos y una profunda necesidad de discutir. Pero en la práctica no nos unía un pensamiento político homogéneo. En general, todos teníamos simpatía por la Revolución cubana, Fidel Castro, el Che Guevara, y éramos foquistas. Estuvimos ligados —como una especie de grupo de apoyo político en las ciudades— a lo que fue la guerrilla del Ejército Guerrillero del Pueblo, de Masetti —que fue descubierta y destruida en los primeros meses de 1964—. Esta derrota fue el empujón que nosotros necesitábamos para abandonar el grupo de Vanguardia Revolucionaria y junto con los Fanjul —un matrimonio amigo— nos incorporamos a Palabra Obrera, una de las vertientes generadoras del PRT, que en ese entonces había comenzado a activarse en Rosario a través de Luis Pujals, el Gordo Prada, etcétera.

El primer año de casados vivimos en una pensión (calle Maipú 915). Yo trabajaba en una compañía de seguros y Liliana estudiaba. Andábamos con poca plata y comíamos todas las noches en casa de mis suegros. El nos regaló todos los muebles, así que usamos los que podíamos tener con nosotros y el resto estuvo guardado en alguna parte hasta comienzos del '65, en que mejoró nuestra situación económica y alquilamos una casa muy linda en la calle Alem al 3100.

Liliana tuvo, como era lógico y esperable, su momento de crisis. Alrededor del '65/'66 dejó de estudiar, perdió un año de facultad y dejó de militar, aunque siguió compartiendo las ideas del PRT (ambos estuvimos presentes en su Congreso de fundación el 25 de mayo de 1965).

Yo seguí militando y me dediqué a leer *El Capital* siguiendo la idea de que aquellos eran años de preparacion para grandes empresas futuras. Era una época relativamente tranquila, los hoy añorados años de don Arturo Illia. Paralelamente y de acuerdo con los ridículos conceptos trotskistas, decidimos no tener hijos, porque se suponía que los hijos limitaban la militancia.

Cuando Liliana se reintegra a la militancia, pasa a ser una dirigente estudiantil bastante activa y eso le cuesta la expulsión de la Universidad cuando sube Onganía, después de la famosa "noche de los bastones largos". La expulsaron por 99 años: ese tipo de penas absurdas que se daban en aquella época. Mientras tanto, yo pasé a trabajar en Swift y nos fuimos a vivir en una casa que era mía pero hasta ese momento había estado alquilada. Seguimos sin tener hijos. Más allá de que nos apoyábamos y acatábamos la idea partidaria en esta materia, creo que en el fondo los dos teníamos ganas, y al mismo tiempo miedo. Creo también que en esa época nos falseábamos a nosotros mismos, nos autoimponíamos y nos lo imponían nuestros compañeros, un modelo de hombre de acero inspirado en Trotsky, Lenin, el Che Guevara: el militante implacable. Pero teníamos tantas ganas de ser jóvenes como cualquiera, de bailar, de ir al río, divertirnos, y no lo hacíamos. Perdimos bastante de los mejores años de nuestra juventud en esos ridículos conceptos. Cuántas mañanas de domingo nos habremos levantado a las seis o a las siete, para organizar reuniones con obreros, que muy sensatamente no venían y se quedaban en su casa el único día que tenían para dormir.

En el '67 fue ella la que estuvo proletarizada en el Swift como más tarde iba a estar su hermano. En aquella época, todos los militantes de izquierda que nos queríamos proletarizar íbamos al Swift porque como las condiciones de trabajo eran tan brutales, la empresa no se tomaba demasiado trabajo en averiguar los antecedentes de los aspirantes. Sabía que la gente entraba y salía. Método común en los frigoríficos, que creo sigue vigente hasta hoy.

No recuerdo nada destacable de esos años de militancia, que aunque eran muy sacrificados eran pacíficos (a pesar del golpe de Onganía), y sobre todo teniendo en cuenta lo que vino después. Nuestra semiclandestinidad era una rutina que habíamos aprendido a manejar. Dentro de ese espíritu de supremo sacrificio, nos reservábamos algunas debilidades "pequeñoburguesas", que eran bastante criticadas. Para nosotros era sagrado ir al cine el sábado a la noche, nos gustaba ir a comer afuera, jugar al póker con algunos matrimonios amigos (por monedas, naturalmente), salir a pasear los domingos a la tarde. Los sábados almorzábamos con mis padres y los domingos en casa de los padres de Liliana.

En el '68, cuando se produce el IV Congreso del PRT y la primera fractura con Moreno, somos enviados en abril al Chaco. Ella fue primero porque se inscribió en la Facultad de Humanidades para seguir alguna carrera y militar en el movimiento estudiantil. Yo fui después de ordenar asuntos, como alquilar mi casa para poder a mi vez alquilar en Resistencia. Ese año y pico que pasamos allí fue lo mejor de nuestra vida en común y de nuestra vida política. Estar a cargo de abrir una nueva zona de trabajo significó una experiencia muy interesante. Visto con los ojos de hoy y con los problemas de seguridad que hubo, es evidente que nuestra clandestinidad de aquellos años era ingenua realmente.

En el ámbito personal, y teniendo en cuenta mis planes de próximo ingreso a la guerrilla en el monte, cambiamos sobre la marcha nuestros conceptos y decidimos tener un hijo. Queríamos que quedara algo de lo que en ese momento considerábamos un gran amor, y realmente lo fue.

Es una paradoja... Nosotros quisimos tener un hijo partiendo de la idea de que yo podía morir en la guerrilla rural y que ella sobreviviría en alguna parte. Incluso tiré algunas líneas para que ella pudiera salir al extranjero cuando las cosas se pusieran difíciles, y después todo salió al revés. Hoy yo estoy vivo, relatando esta historia, y ella hace ya tantos años que está muerta. Desaparecida, que es peor.

Volviendo a aquella época del Chaco, cuando yo cumplí 30 años y ella 25, edades muy clave en la vida, tuvimos la hermosa experiencia del hijo. Lo concebimos, lo esperamos y lo criamos con amor. Creo que eso se nota en la buena madera que él tiene. Después sucedieron todos los conflictos internos en el partido, lo que me obligó a viajar de un lugar a otro durante los últimos meses del año '69, todo el '70 (y así perdí gran parte de los comienzos de la vida de mi hijo). Liliana se vio obligada a ir a vivir con sus padres, lo que fue bastante conflictivo para ella. En abril del '70 su hermano cayó preso, y me imagino cuánto debe haber agravado eso el clima de la casa. Estoy seguro de que debe haber sufrido mucho en esa época. Para quebrar su inactividad forzosa se dedicó, además de la crianza de Diego, a terminar su carrera y lo hizo de una manera brillante. Le faltaban muchas materias y en un año y medio las aprobó a todas, pero aunque se recibió de psicóloga, nunca ejerció.

En el '71 nos reencontramos y vivimos juntos en Córdoba. Fue otro año muy bueno para nosotros, de mucha actividad, militancia, esperanzas, excelente relación con las masas (¡al fin, después de tantos años de troskos aislados!). Había un gran cariño entre nosotros y disfrutábamos mucho la crianza de nuestro hijo, a quien, sabiendo que le esperaba una vida dura, le inculcamos desde muy chico un gran sentido de independencia que ahora noto en él.

En el '72 (como parte de nuestras actividades estábamos a cargo del periódico de la Escuela de Cuadros), yendo a desalojar una casa en las sierras, en un lugar que jocosamente se llamaba Salsipuedes —no pudimos— nos esperaba la policía. Tal vez fue una delación o un descuido en el manejo de la casa. La policía de Córdoba nos trató bastante correctamente, siguiendo instrucciones del jefe de policía de entonces, Latella Frías, que había dado orden de no torturar a los presos políticos, temeroso tal vez de correr la misma suerte que su antecesor, muerto por un comando de las FAR. Pero, aprovechando que teníamos una causa en Rosario, nos vino a buscar personalmente en una avioneta el jefe de policía de Rosario, comandante mayor de Gendarmería Agustín Feced, célebre asesino, muerto de cáncer cuando estaba siendo juzgado bajo el gobierno de Alfonsín. Nos torturaron unas veinticuatro horas porque ya le corrían los tiempos de presentación al juez, en contra.

El período de la cárcel fue un largo itinerario ambulante en el que nos escribíamos siempre que podíamos. Ella estuvo algún tiempo aquí (Rosario) en una cárcel de mujeres. De ahí pasó a Devoto, de Devoto al buque *Granaderos*. Yo roté tambien de una cárcel a la otra: Devoto, Rawson, el Chaco, nuevamente Rawson, Devoto, vuelta a Rawson y Devoto final.

En el ínterin fue el famoso 15 de agosto, fuga de Rawson; 22 de agosto, fusilamiento de Trelew.

La muerte de su hermano en Trelew cambió totalmente a Liliana, que hasta ese momento era una buena militante pero reservando siempre, igual que yo, algún espacio para su vida privada, que creo que es lo mejor que hicimos en aquellos años: rescatar aunque fuera fragmentos de nuestra vida de esa locura militante. A mí en cambio, la cárcel me sirvió para reflexionar sobre esa experiencia y al mismo tiempo comencé a plantear algunos cuestionamientos políticos. Esto me trajo algo malo y algo bueno. Lo malo fue ser sucesivamente degradado en el partido, desconfiado... y lo bueno es que yo estoy vivo. Lo peor, sin duda, fue perderla a ella, que realizó el camino inverso. Galvanizada por la muerte de su hermano, comenzó a pensar que si bien era justo que aspiráramos a vivir una vida integral con arte y diversiones, además de nuestra actividad política, no era el momento histórico para hacerlo y había que dedicarse íntegramente a la militancia hasta "Vencer o Morir". Nuestras actitudes distintas nos fueron alejando.

El proceso de lenta destrucción de lo que había sido un gran amor fue muy doloroso, desde ese 25 de mayo del '73 en que salimos tan gloriosamente de la cárcel de Devoto, con nuestro hijo en brazos, tal como habíamos caído, hasta las fiestas de fin de año en las que Liliana me planteó la separación.

Aproximadamente un mes después de separarnos ella formó una nueva pareja con Santucho. Lo que sucedió a partir de entonces con ella lo conozco más por los relatos escritos que están a tu alcance que por conocimiento personal, así que aquí termina este relato y realmente me da un poco de vergüenza que, habiendo resultado tan corto, lo haya dilatado tanto. Creo que más que falta de tiempo, que uno siempre se lo puede hacer, debía haber en mí una resistencia inconsciente a remover cosas viejas que nunca quedaron saldadas del todo.

No creo que se me haya escapado nada de lo esencial en cuanto a lo anecdótico, tal vez te interese saber cómo era ella... Como dije era rubia, tenía ojos azules, muy bellos, realmente "color del tiempo". Eran de un celeste muy lindo en los días soleados, casi violetas en la luz artificial, grises cuando estaba nublado. Le afeaba la cara, y al mismo tiempo le daba un toque personal, una nariz prominente, en forma de poroto, que había heredado de su padre. Boca bonita, más bien chica, de labios no tan finos, dientes muy regulares. Era de estatura mediana, tirando a baja, más bien delgada pero llenita. Engordó hacia sus últimos años, después que nos separamos y tuvo su segundo hijo. Tenía muy lindas piernas, muy lindos pies, muy lindas manos. Era un poco estrecha de hombros, ancha de caderas y, para mi gusto, con pechos demasiado chicos. Su carácter era más bien fuerte, agresiva por momentos, y tenía, como todas las mujeres (perdón porque la receptora de esto es una mujer, pero creo que es así, un condicionamiento cultural, tal vez), esa aspiración de que su pareja sea algo más que ellas. Alguien a quien de alguna manera pueden admirar y respetar.

Liliana no tardó en advertir que era más fuerte de carácter que yo, y por lo tanto nuestra pareja se mantuvo mientras ella pudo respetarme en el plano intelectual y político. Cuando se dio mi cambio de actitud, ella lo vio como un aflojamiento de la militancia, como una debilidad política y me fue perdiendo el respeto y el cariño. Creo que, desgraciadamente, la historia me dio la razón a mí y no a ella ni a Santucho. Pero esas fueron las condiciones concretas en que entonces vivimos las cosas. Ella de algún modo impulsó a su hermano a la militancia y eso tambien debe haber tenido mucho que ver en su propio cambio de actitud después de Trelew. Pienso que Liliana lo alentó porque necesitaba esa imagen de militante en su hermano, aunque tampoco estoy muy seguro de esto, tal vez sean ideas elaboradas *a posteriori,* un tanto psicologistas quizá. Paradójicamente, a pesar de haberse recibido de psicóloga, Liliana tendía a despreciar el factor subjetivo, irracional, en la conducta de los hombres, pecado de racionalismo que hemos cometido siempre los marxistas y que nos ha llevado a lo que pasó aquí en el '76, y más tarde en la Unión Soviética. Estas reflexiones tal vez te sean útiles para entender cómo pensábamos y sentíamos entonces, qué guiaba nuestras conductas, porque los que ahora son jóvenes tienen motivaciones, sentimientos y conductas muy diferentes de las que entonces teníamos. En ese sentido, y a pesar de nuestros errores, reivindico profundamente a nuestra generación: soñadora, luchadora, solidaria, generosa, y me alegro de que mi hijo no ostente los rasgos que sobresalen en esta generación: individualismo, frialdad, descreimiento, utilitarismo, corrupción...

Escuché por segunda vez este casete casi un año después de haberlo recibido. La voz de Luis Ortolani volvió a conmoverme por su expresividad, que, hacia el final, con el doloroso desenlace de la historia, se agudizaba.

El define sus divergencias políticas como el caldo de cultivo donde se nutrió la separación. Recuerda que Liliana fue "galvanizada" por la muerte de su hermano, y en Moral y proletarización, *importante documento de referencia en el partido, puede leerse:*

"La pareja sólo puede, pues, basarse en una relación integral entre sus miembros, que tiene como base material la actividad social de los mismos, el rol concreto que juegan en la sociedad: el de militantes revolucionarios... La relación será armónica y positiva en la medida que contribuye al avance como revolucionarios de los compañeros de la pareja y al enriquecimiento de sus relaciones con la organización revolucionaria, con la clase obrera, con el pueblo, con el conjunto del proceso revolucionario... La pareja es una actividad política también".

¿Fueron estos conceptos decisivos para una mujer que quería continuar la lucha "hasta vencer o morir"? Su decisión parece indicarlo. ¿Esa fue la única razón, o hubo otras más/menos importantes, del rubro "cosas viejas que nunca quedaron saldadas del todo"?

El final concreto es que se separaron, y que esa separación significó para Luis perder el contacto con su hijo, que más tarde saldría del país con los "Totos" rumbo a Cuba. No volvió a verlo hasta muchos años después, cuando pudo viajar y reeconcontrarse con él.

Los padres de Liliana sobrevivieron unos cuantos años a sus hijos, fenómeno típico de esa época. Angel Delfino fue sorprendido por un paro cardíaco mientras dormía, en agosto del '85. Luis dice que Angel cambió sus ideas y tuvo una visión más amplia sobre la realidad política y la militancia. El día del entierro de Mario, que congregó a mucha gente, escondió una bandera del ERP en su saco y luego la entregó a los compañeros para que la colocaran sobre la tumba. Carlina, en cambio, se refugió en la fe católica para sobrellevar el duelo. Ella murió tres años después que Angel, en abril del '88.

AMILCAR SANTUCHO RECUERDA A LILIANA

Fue una gran compañera para Robi; la presentación "oficial" fue en un restaurante.

Aunque alguna cosa había oído ya, Robi me la presentó en un restaurante del Gran Buenos Aires adonde fui con mi familia para verlo con motivo de su cumpleaños. Cuando llegamos estaban los dos. Yo ya la conocía a Liliana como militante pero no había tenido mucho trato con ella. Robi la tomó del brazo y dijo simplemente: "mi compañera".

Entró a militar en la primera etapa del partido y luego se incorporó al ejército, pero cuando quedó embarazada pasó a Propaganda. Supongo que su separación estuvo relacionada con diferencias políticas. Después de estar en la cárcel, él, que era un teórico y tenía gran formación, planteó críticas a la línea que estaba siguiendo el partido en ese momento. La historia ha demostrado que algunas de las cosas que él y otros plantearon eran correctas. Vale decir, que al producirse un cambio político en el país con la aparición de un gobierno democrático elegido por el pueblo, la lucha armada ya no tenía justificación, porque el pueblo, que ahora tenía la posibilidad de expresarse, dejaría de considerarla legítima. Pero Liliana creía que no se podía suspender la lucha armada y eso, naturalmente, produjo muchos enfrentamientos entre ellos; se fueron alejando y finalmente se separaron. Con Robi fueron casi tres años de vida en común. Tuvieron un hijo, Marito. Creo que ahí se cumplió la aspiración de Robi de tener un hijo varón. Ella, que era muy apasionada, tal vez menos cerebral que Sayo, fue muy activa en su militancia. Recuerdo que una vez la encontré en la calle, cargando un bolso con material impreso y su embarazo ya muy avanzado, sin embargo seguía trabajando... Era muy fuerte, y el hecho de estar con Robi el día que lo mataron demuestra que era la persona que más cerca estaba de él en todo.

DIEGO ORTOLANI Y MARIO ANTONIO SANTUCHO

Llegaron con bastante puntualidad y muy buena voluntad. La conversación, sin embargo, estaba condenada de antemano en lo que se refiere a lo que idealmente sería el estricto objetivo del encuentro: recordar a Liliana. Razón obvia: Diego vivió hasta los seis años con ella pero parte de eso fue en clandestinidad, vale decir, a veces cuidado por otros compañeros, justamente en la última época, cuando era un poquito más grande y podría tener algunos recuerdos más claros. Mario casi no alcanzó a conocerla, puesto que era prácticamente un bebé cuando salió del país.

De común acuerdo entonces, ellos prefirieron opinar sobre las mujeres guerrilleras en general.

Diego Ortolani

Yo no me considero machista. Me enseñaron a no serlo, trato de no serlo y creo que no lo soy. Yo valoro mucho a la mujer. Creo que tiene una psicología muy compleja, muy rica, con más matices que el hombre, y más atractiva también.

A mí me gusta mucho que la mujer tenga su papel, que pueda liberarse, que cada vez vaya accediendo a mayores cuotas de participación en la sociedad. Soy un convencido de que eso debe ser así. Por lo mismo, el tema de la mujer guerrillera lo valoro y lo admiro, pero más allá de la cuestión política, por una cuestión que es también humana. En el sentido de que es una forma de romper con los esquemas habituales. Me refiero a la idea "la mujer es madre y ama de casa". Creo que es una ruptura tan importante como la que puede hacer una mujer que por convicción se dedique a una carrera profesional.

Por supuesto, no son iguales los hombres y las mujeres. Eso es una mentira. Lo que debemos lograr es que haya igualdad de oportunidades. Pero iguales no van a ser nunca, porque son sexos diferentes y aunque comparten muchas cosas tienen otras que los diferencian, más allá de la biología.

Creo entonces que las mujeres que han tenido alguna participación política, incluso las que llegaron a ser guerrilleras, actuaron de forma admirable para sacudirse esas cadenas, o, para decirlo menos grandilocuentemente: una forma de hacerse valer, participar y poner en práctica algo en lo que realmente creían.

Las mujeres guerrilleras tenían ideales, los abrazaron y pelearon por eso.

Mi mamá tenía una personalidad muy fuerte, desde chica fue una mina rebelde. Siempre rompió esquemas. Y creo que por eso abrazó una idea diferente, progresista. Por eso, más allá de que una persona pueda estar de acuerdo o no, creo que es muy loable porque sintió una idea muy fuerte, como la puede sentir un hombre, la abrazó, puso eso en práctica y fue consecuente con lo que ella pensaba. Muy distinto sería que me preguntaras si está bien que hayan hecho guerrilla o no. Eso es otra cosa.

Insisto, como ser humano y como mujer, el hecho de comprometerse con una idea política, y comprometerse con un ideal de vida, me parece muy loable.

Mario Antonio Santucho

Los "Totos" eran Ricardo Silva y Josefa Demarchi. Eran de Rosario. Clase media baja. El trabajaba en una fábrica de pastas. Su militancia no fue política sino de ayuda y colaboración a partir de la pérdida de dos hijos que eran militantes del ERP: Ricardo y Edgardo. Tanto Robi como Liliana los apreciaban mucho y les tenían gran confianza y la prueba es que nos entregaran a ellos para salir del país y viajar a Cuba donde vivimos primero en un hotel y luego en una casa muy grande en Miramar. Allí se instalaron también los restantes miembros de la familia que llegaron a Cuba. Más tarde nos mudamos al barrio de Alamar. Josefa y sus hijas en un departamento, los Totos con todos los chicos en otro. Los abuelos y Pory quedaron viviendo en Miramar hasta que se fueron a Ginebra.

Como otros hijos de desaparecidos, tuve asimilado desde chico que mis padres estaban muertos y lo consideré algo natural. Tuve excelente relación con los Totos y los sentí como mis padres, aunque por supuesto, ellos siempre me explicaron que no lo eran.

Ricardo murió a los 63 años, del corazón, estando en Buenos Aires adonde había viajado para preparar el regreso. Josefa murió a los 65, víctima de un cáncer.

Yo admiro a las mujeres de los '70 y las considero un valioso ejemplo para las nuevas generaciones de mujeres.

Mi línea de pensamiento es de izquierda y estoy interesado en la actividad política. He leído bastantes libros de la época del '70 y los escritos de mi padre.

Recién llegado al país, me acerqué al PRT/MODEPA, pero no me asimilé al partido por no compartir la línea que sigue. No los veo como la herramienta política para las condiciones existentes en la actualidad, aunque comparto los principios ideológicos fundamentales.

Mi apellido despierta a veces el interés de gente que conoció la época del 70. Generalmente me preguntan si yo también me dedicaré a la política.

He tenido a veces discusiones con ex militantes que no toleran críticas a lo que fue la gestión de las organizaciones.

Pienso que el movimiento guerrillero fue auténtico, valioso, y que las acciones armadas fueron legítimas dentro de un contexto social que había cercenado la participación popular, y por otro lado, había suficientes ejemplos válidos en otras partes del mundo con respecto a la victoria del socialismo.

También coincido con los que piensan que fue un error continuar con las acciones armadas a partir del gobierno democrático, puesto que había surgido de una votación popular. En la actualidad, y de acuerdo con lo que veo, considero que la izquierda argentina es débil, está demasiado fragmentada y carece de la autocrítica necesaria para estudiar a fondo la situación del 70, rescatar lo valioso y no cometer los mismos errores.

Con respecto a los jóvenes, en el poco tiempo que llevo de vida universitaria me parece que la juventud tiene un nivel bajo de interés y participación política.

Luis Mattini recuerda a las mujeres del PRT-ERP

La mayor parte de las compañeras provenían de la baja clase media, de origen estudiantil y fueron reclutadas en la Universidad. Las de origen obrero, que eran minoría, se unían porque se reclutaba a sus maridos, aunque también se unieron algunas obreras solas. En general eran de la línea ideológica de los 60, de la izquierda, desde el trotskismo hasta el PC, lo que definió su predisposición al PRT (que tomaba el paradigma de la guerra civil española, de la revolución cubana y la vietnamita y quería reproducir eso en la Argentina), además de razones de tipo ético. Una buena parte se alistó para seguir a su compañero. Era bastante más raro encontrar a un compañero que se alistara por su compañera, pero hubo algunos casos.

El otro rasgo de las compañeras era una marcada tendencia hacia el "integrismo" de izquierda. Su convicción del esquema ideológico se veía en el empeño que ponían para "limpiarse de sus pecados de clase media", adoptando una vida completamente austera.

Otro rasgo muy marcado fue el puritanismo. Creo que el puritanismo del PRT en las relaciones hombre-mujer era más rígido que en el conjunto de la sociedad. No había problemas sin embargo en separarse y volverse a casar. En eso nos diferenciábamos del PC, que era más rígido y no admitía el divorcio. La intención del PRT era mantener relaciones claras. Si dejaban de ser pareja, podían casarse con otro. La infidelidad era condenada, lo que no quiere decir que no existiera. Era condenada moralmente y sancionada específicamente. Sobre todo la infidelidad del compañero. No había reglamentos al respecto, eran los organismos los que tomaban medidas, de acuerdo con un sistema de sanciones.

Entre el '68 y el '70 el PRT sufrió un proceso de "revolución ideológica" que consistió en rechazar todo lo que había sido la izquierda de los 60. El nuevo reglamento rechazó el "liberalismo" en las costumbres. Modas, gustos, hablar demasiado, pelo largo, amor libre, todo fue documentado en un boletín interno formando jurisprudencia.

Las compañeras se distinguieron por su grado de compromiso combatiente, es decir, la fuerza con que intervenían en los conflictos militares. Esto causó admiración en el resto de los movimientos de América latina, especialmente de parte de los cubanos. Más tarde en Nicaragua y El Salvador se observaron nuevamente casos notables.

En el PRT había una teoría de la igualdad entre el hombre y la mujer, tanto para derechos como oportunidades. En esto se educó particularmente a los hombres. Había una campaña interna para que los compañeros hicieran las tareas domésticas y ayudaran: tenían que lavar los platos, ayudar a poner los pañales, etcétera, y en general se hacía. El tema era muy señalado en las reuniones, pero de hecho la igualdad no llegó a las cifras: el Comité Central contaba con sesenta hombres y sólo dos mujeres.

En el grueso de la gente que integraba el PRT sí había un porcentaje alto de mujeres. Alrededor de un cuarenta por ciento. Eso cambió más tarde para la izquierda en general, donde noté sorprendido cuando volví del exilio una marcada reducción en la militancia femenina.

La gran cantidad de mujeres militantes estaba relacionada con la adhesión en parejas. El grupo celular común tenía de tres a cinco personas. Generalmente, una pareja y un tercer miembro, o dos parejas y un quinto militante.

Las unidades militantes del PRT se dividían en escuadras, pelotones, compañías y batallones. La escuadra estaba formada por diez hombres. El pelotón reunía dos escuadras, las compañías contaban de treinta a cincuenta integrantes y los batallones eran al menos tres compañías.

Todos los miembros formaban células; la otra estructura era sólo para operativos.

Había una organización de partido y otra organización de ERP. En el comando militar había muchas mujeres. Las jerarquías eran sargento, teniente y capitán. Muchas mujeres fueron sargento, un treinta y cinco por ciento aproximadamente, y estaban habituadas a dirigir operativos. A nivel de teniente también había muchas mujeres. Pero en este caso había diferentes especialidades: teniente de operaciones, teniente de sanidad, de logística... No había tantas en teniente de operaciones. Jefes de batallón no hubo ninguna. En otras palabras, a medida que subía la responsabilidad de mando, disminuía la pesencia femenina. Lo mismo pasaba a nivel partido. Responsables de células existían en número equitativo de ambos sexos. Ese puesto se elegía democráticamente por los que formaban parte de la célula. Varias células formaban una zona, por ejemplo, Capital era una zona. Después venía una regional, formada por varias zonas, como Gran Buenos Aires. Ahí el porcentaje de mujeres descendía en el cargo de secretario de regional, que era un nivel muy alto. Hubo pocas mujeres que lo alcanzaran. En el área de Propaganda hubo algunas. Aunque el funcionamiento partidario era democrático, se dificultaba por la clandestinidad. El puesto no se otorgaba desde la central.

Esta evidencia de la disminución de la participación femenina en los puestos de mayor jerarquía y responsabilidad lleva a la conclusión, que debo admitir con toda franqueza, de que el machismo se acentuaba más a nivel directivo.

En el PRT había un franco deseo de superar el machismo y la desigualdad, pero había un problema muy serio que era el de la pareja y que no pudimos solucionar. Si un compañero se destacaba, ella tenía que ir donde iba su compañero. Entonces no se sabía si ella podía destacarse o no porque había que sacarla de su función por el cambio de lugar de su compañero. Esta misma situación hacía que a veces fuera más lógico, por razones de seguridad, que fuera la compañera del varón que se destacaba la que tuviera funciones importantes que tal vez otra compañera habría ganado por mérito propio. Y a su vez, aunque la compañera tuviera todos los méritos para cumplir determinada función, por el hecho de ser compañera de alguien importante, quedaba "en el aire" la sensación de que tenía la función por su compañero. Liliana, la segunda mujer de Robi, era responsable nacional de Propaganda. Ella era muy inteligente pero inevitablemente, por ser la compañera del jefe máximo, tenía sobre su cargo "esa sombra".

Yo estoy convencido de que las mujeres no pudieron destacarse en la medida que realmente lo merecieron, porque para llegar a ser dirigente había reglas de la sociedad masculina; entonces una mujer para destacarse tenía que ser viril. El concepto esencial es que la igualdad no estaba dada para todos en las mismas condiciones: para ser iguales la mujer tenía que ser igual al hombre. Hay que recordar que el arte militar es, ancestralmente, un arte de varones, estructurado con criterio masculino. Pienso que si las mujeres hubieran logrado imponer su criterio todo hubiera sido más creativo porque habrían aportado cosas realmente nuevas. La mujer tenía que ser fría, enérgica, de decisiones rápidas, y esto abortaba su creatividad. El problema no se daba sólo en lo militar, también ocurría en la relación con la gente. Para ser mejor militante la mujer tenía que conocer más el discurso político-ideológico y eso le disminuía otras posibilidades de contacto humano que podían ser tan eficaces como las políticas.

En ese marco, fueron mejores en combate compañeras capaces de adoptar actitudes valerosas, muy lúcidas y frías, lo que les daba un ascendiente machista sobre los demás. Ahí se planteaba un mecanismo femenino: cuando asumían la posición de "varón" eliminaban algunas vacilaciones típicas de los hombres que toman demasiadas consideraciones. Iban con mucha pasión hacia adelante, y así se destacaban. Hubo combatientes notables como la Negra, cuyo nombre no recuerdo. Fue la jefa militar de Rosario y después de Villa Constitución. La mataron. Ella era famosa por lo aguerrida, y un grupo de varones bajo las órdenes de una mujer así exacerba su coraje por el sentido machista de no ser menos que una mujer.

Fueron muy interesantes los casos de mujeres que tuvieron realmente situaciones de valentía sin que su apariencia pudiera hacer pensar en ese coraje. Es decir "la estudiante de filosofía, flojita, menudita". Muchas de ellas tuvieron una actitud notable en acciones y sobre todo frente a la represión, una sangre fría y capacidad para responder al interrogatorio muy destacable. Nos dejaron con la boca abierta sobre todo por los prejuicios que uno tiene.

El monte fue otro caso. Hubo compañeras que estuvieron en el monte, pocas, y algunas no soportaron. Pero también hubo compañeros que no aguantaron. Cuando había alguna que podía resistir y hasta daba ejemplo, los compañeros decían "son tan buenas que parecen machos".

La caída de mujeres fue proporcional a la de hombres. Tanto presas, como muertas o desaparecidas. En ese sentido la democracia era total, ellas participaron igual que ellos y corrieron el riesgo en la misma proporción.

Hubo historias "cruzadas" con militares y policías, aunque fueron muy pocas. Tampoco recuerdo casos duraderos. Se trataba de "quebradas" de los campos de concentración que tuvieron relaciones con ejecutores de la represión. Estoy hablando de relaciones voluntarias, que no es lo mismo que violaciones. Relaciones voluntarias con un tinte amoroso. Quebradas moralmente por la soledad y la tortura, fueron seducidas por hombres que tenían poder de vida y muerte sobre ellas. También hubo compañeros que se quebraron, así que no es algo que se les pueda reprochar especialmente a las mujeres.

La organización era machista y racionalista despreciando otras formas de aproximación a la realidad como la intuición, donde la opinión de las mujeres era muy importante porque están más desarrolladas en ese aspecto. Si lo que opinaban no entraba dentro de la racionalidad masculina, eran "cosas de mujeres". Se les pedía demostrar lo que estaban diciendo por la lógica dialéctica. Creo que eso fue un error y perdimos mucho al no escucharlas.

Hubo algunos casos de compañeras que abandonaron. Las causas más comunes fueron la muerte de su compañero y el deseo de una vida diferente que les permitiera tener tiempo para sus hijos. Por lo general eran mujeres de vida hogareña tradicional y reaccionaron así.

En algunos casos arrastraron al compañero y en otros hubo parejas que se rompieron cuando uno de ellos elegía seguir y el otro no. Esta situación fue más frecuente entre los militantes de extracción obrera y en los primeros años.

Un problema "femenino" que tuvimos por las compañeras fue que en el trabajo de frentes obreros se dieron casos en los que, sin quererlo, por sus características de mujeres "especiales", ejercían una seducción muy fuerte sobre los compañeros. Eso se notó cuando el PRT estaba logrando una fuerte incidencia en ciertos sectores obreros industriales. Se plantearon problemas en "dos frentes": los compañeros que se enamoraban y las esposas que se ponían celosas y rechazaban la presencia de las militantes. Más allá de toda cuestión moral eso planteó situaciones muy difíciles, que vistas en el tiempo resultan más lógicas y comprensibles que en aquellos momentos, intensos y turbulentos, donde tantos hombres y mujeres perdieron su vida luchando por un ideal.

Roberto Perdía recuerda a las mujeres montoneras

Nuestra casa era también nuestra base. Eso imponía inevitablemente, un estado de movilización permanente para todos los que vivían con nosotros. Cada casa era un miniejército, con normas de seguridad e instrucciones precisas a cumplir cotidianamente, y más aún cuando se sospechaba que la casa había sido identificada, o podía sufrir un allanamiento.

Muchas veces, después de un operativo, las noticias comentaron casos de niños que se encontraron debajo de un colchón, por ejemplo. Esto no era una casualidad. A los chicos que vivían en una casa les enseñaban qué hacer en caso de allanamiento. Cada uno tenía su lugar prefijado para protegerse de los disparos. Bajo la cama, dentro de un ropero, en un baño posterior, etcétera. Los chicos más grandes tenían como tarea proteger a los más chicos y cuidar que ocuparan los lugares asignados. Esto puede parecer extraño para una familia común, pero es bueno recordar el carácter excepcional y transitorio de una lucha integral (como la denominaba el propio general Perón), en la que nos comprometíamos con todo y con todos. Las mujeres militantes eligieron formar parte de un movimiento que planteaba la revolución, y al hacerlo, eligieron también una forma de vida que implicaba condiciones fuera de lo común. Un caso que fue muy comentado en la organización es el siguiente:

Un matrimonio vivía con su pequeño hijo de unos cuatro años. Una noche la casa fue rodeada y empezó un tiroteo. El marido intentó salir por el fondo y lo mataron en el acto. Su mujer abrió entonces la puerta y salió llevando al niño delante de ella gritando que se rendía. El oficial al mando le ordenó levantar los brazos. Ella continuó diciendo que se rendía pero sin obedecerle. Una de sus manos estaba sobre el hombro del niño, la otra no se veía. El oficial insistió. Ella continuó caminando. Los militares estaban paralizados y no sabían qué hacer. La mujer llegó a unos tres metros del grupo, empujó al niño al suelo y disparó contra el oficial. Cayeron los dos casi al mismo tiempo. Esto se discutió mucho. ¿Estuvo bien o mal? Mirado con un criterio "militar", estuvo bien, peleó hasta último momento y se cobró la vida del compañero. Como madre puso al niño en peligro... Se vivía así. Algunos no resistieron y se fueron. Algunos aguantaron y cayeron. Otros sobrevivieron.

CIFRA DE MILITANTES

La cantidad de militantes es un tema sobre el que nadie quiso definirse porque lo consideraron en general muy difícil de establecer, pero algunos hablaron de unos cinco mil.. Perdía, que en principio había fijado la cifra en unos diez mil, aclara su concepto.

La fuerza política de Montoneros, es decir, lo que se movilizaba alrededor de la parte organizada, puede medirse con la participación en actos públicos. En esa época se hicieron actos en todo el país, y la participación total puede estimarse en unas ciento veinte mil personas. En toda esa masa hay que distinguir simpatizantes, adherentes, organizados y no organizados. Ese sería un primer nivel.

Otros "cortes" pueden establecerse con respecto a las agrupaciones políticas que tenían una referencia pública y organizada con Montoneros: Juventud Peronista, Agrupación Evita (donde estaba Adriana Lesgart), JTP (Juventud Trabajadora Peronista), UES (Unión Estudiantes Secundarios), JUP (Juventud Universitaria Peronista), estructuras específicamente electorales como el PJ o el PPA (Partido Peronista Auténtico) en Misiones.

Otro, entre los que eran aspirantes a la estructura orgánica político-militar. Según dónde uno establezca el corte podemos hablar de cifras diferentes. Estimo en diez mil personas la cantidad de militantes que incluía a los militantes orgánicos de las agrupaciones. Pero, si realizamos el corte en los cuadros orgánicos agrupados celularmente, sí, eran cinco mil. Con respecto a las compañeras, estimo que fueron unas tres mil, porcentaje aproximado al treinta por ciento, representado por mujeres dentro de Montoneros y Agrupaciones.

FORMACION MILITAR

"Los subversivos reciben formación militar en Cuba." Ese fue uno de los temas "leit motiv" que figuraban incorporados a las noticias que los diarios publicaban. Gente del PRT-ERP dice que eso fue solamente para algunos que integraron los cuadros de la organización. ¿Y en el caso de Montoneros?

Hubo compañeros que estando el Che en Bolivia habían estado en La Habana y habían recibido instrucción militar. Lo que nunca hubo fue una política de capacitación orgánica de cuadros en La Habana. La formación militar se llevó a cabo en cientos de lugares. Se aprovechaba cualquier sitio que fuera apto. Monte, barranca, zona descampada, hasta un departamento. Había cursos más formales, de mayor nivel, y otros más simples. Con respecto a las mujeres no había ninguna diferencia en la formación. Al contrario, de parte de ellas había una voluntad muy firme de evitar un "alivio" en esas prácticas. Lo normal era que hicieran un sobreesfuerzo para lograr su capacitación.

CORDOBA

En Córdoba estuvo uno de los primeros y principales grupos de la organización. Montoneros nace con un núcleo en Buenos Aires, un núcleo en Córdoba y otro en Santa Fe.

El núcleo de Buenos Aires se origina alrededor de Fernando Abal Medina, Mario Firmenich, Norma Arrostito, Sabino Navarro, Carlos Alberto Hover; el de Córdoba, con Capuano Martínez, Ignacio Vélez, el Gordo Maza —que cae en la toma de La Calera—, Susana Lesgart y Cristina Liprandi. En el grupo de Santa Fe, donde estaba yo, había entre las primeras mujeres una compañera de la Universidad Católica, que le decíamos la Petisa, y fue muerta más tarde en Córdoba. Ella tuvo mucho peso en ese momento. Con mucho nivel de mando hubo una compañera uruguaya que estaba en la conducción del primer grupo de las FAP (Fuerzas Armadas Peronistas). No recuerdo el nombre...

GUERRILLERAS, ¿SI O NO?

Todas las compañeras eran militantes políticas, nadie puede equivocarse en eso. Pero hay que reconocer el impacto social y el impacto histórico. ¿Cómo van a ser recordadas la época y las compañeras? La época de la guerrilla. Eso no lo cambia nadie. ¿Cómo lo siento yo? Creo que es importante analizar la época de la guerrilla explicando al mismo tiempo que los militantes guerrilleros no fueron locos sueltos sino que actuaron siguiendo una razón, una causa. Con respecto al futuro y a la historia hay que ubicar a la guerrilla, los guerrilleros, las guerrilleras, en el justo contexto histórico, y eso es mucho más importante que ponerse a discutir ahora si fueron guerrilleros/as o militantes, como si una cosa se opusiera a la otra. El tema que tiene importancia para las generaciones que nos siguen es saber qué pasó, y por qué un sector importante de esa generación se enroló en la acción política bajo estas formas. Ese es el problema. Yo espero que esta lucha de la década del '70 no tenga que esperar setenta años como las montoneras federales del siglo pasado para que se la ubique en su justo contexto.

La adecuada inserción histórica del tema tendrá sus claroscuros, que deben servir para discernir a los que vienen después. Cuando se pueda mirar con esa óptica creo que lo hecho no será el cielo que se toca con las manos ni tampoco el infierno...

RELACIONES CRUZADAS

Primero es un hecho humano comprensible. Al mismo tiempo es importante recordar que hubo miles de reacciones heroicas, que frente a esa presión eligieron otro camino que en la mayoría de los casos significó la muerte. Más allá de la truculencia de algún caso, veo en ese tipo de relaciones que se dieron, reproducido a escala amplificada, la situación de dominación y el acoso sexual que sigue padeciendo la mujer de hoy. Quien podía ejercer en aquella época poder de vida o muerte sobre ellas, presionaba a partir de esa posición, así como ahora otros hombres lo hacen desde la ventaja de su poder en cualquier ámbito. En aquella época no descarto que la visión del asunto dentro de las organizaciones fuera absolutamente crítica. Hoy creo que, volviendo al plano humano del tema, no sería tan raro de entender que esas relaciones que se originaban viciadas por ese poder que tenía uno solo de los integrantes, terminaran originando un afecto real, pero de todos modos, creo que si miramos el conjunto hay que reconocer que esos casos fueron pocos y en cambio habría que rescatar, del comportamiento heroico de tantas compañeras anónimas, el aporte que dejaron para el logro de una cultura más digna y respetuosa de la condición femenina.

PLAN DE INFILTRACION

Sí, estuvo en la mente de mucha gente, básicamente la gente de la ESMA. Fue un plan político que ellos intentaron. No lo pudieron hacer porque nunca tuvieron la suficiente confianza en que habían logrado ese objetivo en la conciencia de los militantes, y en segundo lugar, los tiempos políticos los fueron devorando. Más de una vez creo que estuvieron al borde de convocar a la famosa conferencia de prensa de la "pacificación". (Un grupo de montoneros de nivel alto deberían plantear su rendición.) Nunca se animaron porque temieron los efectos que eso pudiera traer...

"CANTADAS" Y TRAICIONES

Si el que hablaba era un familiar, no era una traición. Si era un militante, sí, se lo consideraba un "buchón"... Pero sobre este tema, en este tipo de lucha, había que mantener un difícil equilibrio entre la integridad del compañero que caía preso y la seguridad de los que dependían de la información que él poseía. Tratando de salvaguardar uno y otro criterio, se produjeron constantes ajustes. A fines del '77 se flexibilizó el criterio de no dar ninguna información por el de resistir un número determinado de horas, a partir del cual se entregaban determinadas informaciones, para que se pudieran poner a salvo los compañeros involucrados.

LA PASTILLA DE CIANURO

Durante algún tiempo, para determinados casos y bajo ciertas condiciones, se planteó su utilización. Nació como una necesidad, ante la presión de la situación. La detención sin tiempo ni forma, que era la característica de las desapariciones que se producían cotidianamente, dejaba a los compañeros inermes, impotentes, frente a una tortura que destrozaba el cuerpo y vulneraba toda dignidad. Cuando García Márquez recibió el premio Nobel de Literatura, reseñando las difíciles relaciones entre los jóvenes de los países latinoamericanos con la vieja Europa y reivindicando nuestro derecho a tener perfil y cultura propios, decía (reflejando el dolor de nuestra historia): "Por lo menos déjennos elegir la forma de morir". Bajo las aterradoras perspectivas de una detención que implicaba sufrimiento y avasallamiento sin límites, ese método era la manifestación de la última cuota de libertad de que se podía disponer, elegir la forma de morir. Todo esto es muy difícil de comprender hoy, pero dadas las condiciones de la lucha, la reacción de cada uno determinaba las posibilidades de vida de los demás. Esto no era un invento. Eran las reglas de juego, que por otro lado respondían a la "espiral de la violencia". Uno sabe lo que inicia y no sabe dónde termina. No se puede prever eso. Está en la conciencia, la perspectiva histórica, la capacidad de análisis, prever hasta dónde va, pero la ley de la espiral existe. Yo te respondo, vos me contestás más fuerte y así seguimos... más y más fuerte. Pero también hay reglas morales, y en definitiva a los militares se les cuestiona la falta de ese límite moral. Lo que hay que encontrar ahora es la forma social de resolverlo, ver las causas y encontrar los mecanismos que nos aproximen a la verdad para que podamos poner fin a estos enfrentamientos que son recurrentes a lo largo de nuestra historia, y que nos debilitan como Nación y como sociedad. Dentro de eso, un principio elemental es no olvidar. Todo aquello que se tapa, que se olvida, que se impide conocer, tarde o temprano vuelve a aparecer. Aunque pasen muchos años, los chicos desaparecidos, que con tanto ahínco buscan las Abuelas, van a aparecer rastreando su identidad. Mientras tanto seguirán siendo un pesado secreto en cada una de las familias que los mantienen ilegalmente. La respuesta social y política es poner todo sobre la mesa. Decir quién fue y qué es lo que hizo cada uno. Ese es el sinceramiento que todavía está incompleto. Allí cada uno deberá colocar su cuota de responsabilidad por el pasado de luchas y desencuentros, aportando bases para el proyecto común a construir.

Bases para el proyecto común a construir... La mayoría de las mujeres entrevistadas se sienten casi sin opción en lo que se refiere a partido político para seguir participando. ¿En qué estás ahora?, pregunté. "Estoy en el peronismo", contestó con esa rapidez tan suya. Lo interrogué con la mirada porque el peronismo ya no se ve como "uno solo". El entendió la duda en el acto.

Sí, apoyo al gobierno actual.

Diálogo con Luis Moreno Ocampo

—Nunca lo pensé como un fenómeno en relación con las mujeres, sino como un fenómeno global, en términos de edad, de gente joven, con ideales, con ganas de cambiar las cosas, que producen un desastre; qué contradicción... por eso ahora, cuando me dicen que la gente joven es escéptica, a mí me tranquiliza...

—*Usted dice que considera este fenómeno en función de los jóvenes, pero siempre ha habido un porcentaje de varones que militan en política; no era "novedosa" entonces la presencia de muchos hombres aunque respondieran a la característica de ser muy jóvenes, lo que sí era novedoso era la gran cantidad de mujeres.*

—Sí, pero ahora vemos muchas mujeres en política.

—*Ahora, pero estamos hablando de hace veinte años...*

—Si hablamos en términos de sexo, quizá las mujeres fueron más fanáticas. La hija de Walsh, por ejemplo, muriendo, suicidándose prácticamente cuando estaba rodeada la casa, con una convicción total... Lo que caracterizaba aquella época era la entrega absoluta. Ahora, uno ve gente que quiere el poder para sí misma, la sociedad percibe que sus dirigentes responden, más que a los intereses sociales, a los intereses de ellos mismos.

—*Yo pienso que era un estado de máximo idealismo, de fe, porque me parece que si la situación general y la historia de este país hubieran sido consideradas con la cabeza "fría", al menos habrían tenido en cuenta que los cambios no eran posibles a la velocidad que ellos querían.*

—Era un poco ingenuo pensar que las cosas estaban mal porque la gente que estaba en el poder era mala, pero si ellos estaban en el poder, eso sería bueno.

La gente que está en el poder responde a un cierto tipo de intereses, y en realidad el problema sería cómo acortar la distancia entre la gente que está en el poder y la gente normal.

Pero en aquella época pensaban así, y mucha gente dio la vida por eso... y mató gente por eso... desgraciadamente.

—¿*En las acciones delictuosas con finalidad política, se considera o no el móvil político?*

—Sigue siendo un delito, salvo que ganen... Jurídicamente son homicidios, robos, secuestros...

Los militares decían lo mismo. Ellos no decían ejecutar a una persona, sino "ejecutar un blanco". Torturar una persona era "interrogatorio de inteligencia". Es el efecto encubridor de las palabras, ponerles a las cosas un lenguaje "técnico" que permite encuadrarlas de otra manera.

El preso político es otra cosa. Es alguien que está preso, no por lo que haya hecho, sino por sus ideas políticas. Lo que pasa es que esto se alega en muchos casos. Decir por ejemplo: yo no estoy preso porque haya matado a alguien, sino porque soy del ERP, es lo mismo que decían los militares cuando decían que nosotros éramos la venganza de la guerrilla sobre ellos. Planteaban que no estaban presos por lo que habían hecho sino por sus ideas...

—¿*El estado social producido por las acciones guerrilleras se considera insurgencia, rebelión...?*

—Esto puede llamarse de distintos modos, puede llamarse delincuencia organizada. El problema es que, a su vez, había otra delincuencia organizada desde el poder, que era ejercido por militares que no habían sido elegidos por nadie...

En ese sentido estaban deslegitimados los dos grupos, y este fue el grave error de los militares. Una cosa es que ellos combatieran desde la constitucionalidad y otra cosa es que ellos asumieran el poder; en términos jurídicos es crimen organizado.

Podemos verlo también desde otra perspectiva.

El conflicto que vivimos los argentinos fue, en parte, consecuencia de la "guerra fría". Es la forma en que se libró el conflicto entre el Este y el Oeste en la época en que Rusia y Cuba estaban fuertes. Es obvio que lo que pasó en la Argentina tuvo que ver con una política de promoción del modelo cubano de revolución.

—¿*Piensa entonces que la represión tuvo como finalidad evitar la repetición de ese modelo en América latina?*

—En la Argentina hubo un conflicto político complicado, sin legitimidad. Perón estaba proscripto. A esa matriz se sumó un conflicto internacional como era el conflicto Este-Oeste, en el cual las dos partes fueron avaladas por grupos internacionales. La guerrilla fue formada en Cuba e impulsada a través de Cuba por Rusia. La represión fue organizada por dos grupos, sectores norteamericanos de la CIA y los coroneles franceses que vinieron a trabajar a la Argentina. El plan militar que enseñaron los franceses de dividir al territorio en cuadrículas y con cadenas de mando fue exactamente el plan que se ejecutó quince años después.

Se empezaron entonces a armar dos grupos que creían que ésta era la tercera guerra mundial, y en ese sentido los dos grupos tenían elementos parecidos: compartían la visión del problema, lo sentían como un conflicto entre el Este y el Oeste, el estilo occidental o el comunismo, el imperialismo o el socialismo, era muy fuerte para los dos, por eso se plantearon muchos conflictos. El gobierno militar, luchando contra el comunismo, por una paradoja de la política internacional empezó a recibir ataques del presidente Carter de los Estados Unidos, que fue el principal cuestionador del sistema argentino.

Cuando Carter ordena el embargo cerealero a Rusia, el gobierno argentino toma su revancha, no suscribe, y vende cereales a Rusia. Por eso, el gobierno tenía muy buenas relaciones con Rusia, y además el Partido Comunista, que era un satélite ruso, veía la política de Carter como una maniobra hipócrita contra ellos, y entonces salieron a defender el gobierno militar argentino. Ellos diferenciaban a Pinochet de Videla y a Menéndez de Videla. Decían que Menéndez era el Pinochet argentino, y que al representar Videla la línea blanda, había que apoyarlo.

Tanto fue así, que en el año '83, en plena campaña electoral, mientras Alfonsín hablaba del juicio a los militares, Echegaray impulsaba la "convergencia" cívico-militar… Era evidente que lo hacía recibiendo instrucciones de Moscú. Así le fue…

Desde este punto de vista, entonces, si uno le preguntaba a un militar, o a un guerrillero, sobre el enfrentamiento, ellos hubieran respondido que estaban viviendo un conflicto internacional, eran parte de él.

—*¿Si hubieran querido controlar la situación con medios legales, los tenían o no?*

—Ellos tuvieron una reunión en la cual se discutió la estrategia, y la votación arrojó dos en contra y los demás todos a favor.

En líneas generales la estrategia elegida fue:

Tenemos que torturarlos, porque los guerrilleros tienen códigos de silencio. Para ser eficaces, tenemos que quebrar esos códigos rápidamente, no podemos esperar diez días. El actuar rápidamente será clave para destruir una organización que se basa en el silencio y en la información compartimentada (por eso era importante también detener e interrogar a cada uno de los que tuviera un segmento de la información, por pequeño que fuera).

A su vez, el nivel de tortura tiene que ser muy alto, por lo que no podemos detenerlo legalmente. A un tipo que está destruido, después no se lo podemos llevar a un juez (hubo casos, sin embargo, de presos legalizados después de la tortura, que la denunciaban al juez y los jueces como si oyeran llover).

El mecanismo será: secuestrarlos y torturarlos. Tenemos que matarlos, porque en la época de Lanusse, cuando los metimos presos, después vino un gobierno que los dejó en libertad. Pero además, no podemos matarlos públicamente, porque Pinochet, por ejemplo, que quiso hacerlo así, tiene una campaña internacional en contra. Hay que matar por lo menos diez mil personas. "El Papa no nos permitiría matarlos", dijeron algunos y entonces decidieron hacerlos "desaparecer". Este sería el resumen de los argumentos por los cuales ellos deciden la metodología de la represión basada en el secreto, la tortura y las ejecuciones clandestinas.

—*Su interpretación del aniquilamiento y la teoría del tumor enfermo...*
—El aniquilamiento implicaba matar, no solamente a los guerrilleros sino a toda persona que pudiera ser un soporte ideológico de ellos; cortar precautoriamente todo lo que pudiera ser un apoyo, psicólogas, monjas, curas..., todo lo que tuviera algo que ver, de lejos o de cerca, con el tema. Esta era su racionalidad, digamos...

Por eso no es un fenómeno producido por unos locos; al revés, tenía su racionalidad, y por eso también decidieron tomar el poder, única manera de tener vía libre para ejecutar un plan de esas características.

Sin embargo, y a pesar de la cantidad de muertos, ellos lo ven como un fracaso. La paradoja es que en la Argentina, las distintas partes ven el resultado del conflicto como un fracaso, por distintas razones.

Para las víctimas, es muy poco lo que se hizo en materia de juicios e investigaciones. Para los militares es un horror, una afrenta haber sido sometidos a juicio.

De todos modos, y aunque salieron de la cárcel, están presos de la sociedad. Están deslegitimados, ellos que aspiraban a ser dueños del poder por veinte años, no pueden salir a la calle porque la gente los insulta. Este es el triunfo.

La gente no está conforme y quiere más, pero hay que tener en cuenta que cuando hay un hecho aislado de homicidio, la justicia puede resolverlo. Pero cuando el homicidio no es un hecho aislado, sino un sistema, lo único que puede hacer la justicia es desarticular el sistema. Si se es coherente en esa línea, y se sigue en el futuro, no vuelve. Para eso será importante que la gente esté educada de otra manera, participe más en el sistema, y se impida que vuelvan a articularse sistemas perversos.

Osvaldo Bayer habla sobre la participación femenina en la guerrilla argentina

Recuerdo bien cuando salió mi libro *Severino Di Giovanni, el idealista de la violencia* en 1970, que provocó muchas polémicas, falsas interpretaciones, devociones y rechazos. Es que era el tema de la violencia tratado en forma descarnada. Y ese 1970 nos mostraba una Argentina por demás violenta, con quince años de dictaduras y dictablandas y con la negativa de permitir al pueblo que reeligiera a su peronismo.

En el grupo Di Giovanni —esa especie de rudimento de guerrilla urbana de la década del veinte— no había mujeres que realizaran asaltos o atentados a la par de los hombres. Le pregunté a una de ellas, anarquista muy activa de la época. Me respondió: "Los anarquistas no permitían que la mujer se expusiera en el uso de las armas, ellos decían que la mujer traía la vida al mundo y que por eso no debía matar. Nosotras teníamos otra misión, éramos las protectoras de los activistas: alquilábamos las casas y los escondíamos cuando estaban perseguidos. En una palabra, compartíamos con ellos la vida y el amor. Eramos fundamentalmente para ellos el oasis donde calmar la sed y restañar las heridas. Sin el cariño, sin la protección y las horas dulces que pasaban con nosotras, no habrían tenido luego el necesario temple para emprender las hazañas que realizaban enfrentando la hostilidad del mundo que los rodeaba. Eramos sus protectoras, madres y amantes".

Me impresionó la frescura y la seguridad con que esa mujer, ya anciana, me explicaba el papel de las mujeres del anarquismo combatiente en la década del veinte.

Cuando le pregunté en ese año 70 qué sentía cuando se enteraba de que la mujer ahora, en la guerrilla, tomaba las armas al lado del hombre, me miró con cierta tristeza: "Ya en la guerra civil española la mujer se convirtió en miliciana, pero no sé, yo creo que esa misión nuestra de 'retaguardia' por así decirlo, era mucho más importante y a tono con la condición femenina que la de estar en el manejo de las armas en la lucha de matar o morir".

Recuerdo que este pensamiento de la vieja anarquista me preocupó mucho. Y una vez que me encontré con Rodolfo Walsh en Avenida de Mayo y fuimos a comer a uno de esos boliches al paso con mostrador y mesitas, le pregunté su opinión sobre este tema, adelantándole que yo compartía el pensamiento de la antigua luchadora.

Es la primera vez que relato este episodio, tal vez porque es muy posible que mi forma de preguntar y de encarar el tema haya sido poco elaborada de mi parte y siempre, cuando se me viene la imagen de esa conversación, siento que me invade una especie de sonrojo.

Comencé diciéndole: "¿No crees que hay una especie de utilización oportunista de la mujer en la guerrilla? ¿No se la manda a situaciones difíciles porque es menos sospechable que un hombre, y por la cierta impunidad que le ofrece su condición de mujer?".

A Rodolfo Walsh no le gustó nada esa opinión y se apasionó en la respuesta: "Nuestras compañeras no se merecen eso, ellas creen en la revolución igual que nosotros, exigen un plano de igualdad, discuten las ideas, traen nuevas ideas, son firmes, valientes, trabajadoras. ¿Por qué negarles un papel protagónico? A pesar de la maternidad, de la carga del hijo, a pesar de que saben que en muy pocos casos llegarán a ocupar un cargo importante en horas del triunfo, porque son conscientes que el hombre las va a usar permanentemente, ellas siguen firmes. No, no es eso, la mujer todos los días está haciendo la revolución dentro de la revolución, exigiendo —sin empujar— un papel protagónico en la primera línea. Participa del peligro, por puro idealismo, sin cálculo".

Claro, hay que ponerse en época para comprender estas palabras. A un posmoderno de hoy le deben sonar como idioma sánscrito. Pero así era la fe, así era el clima que había nacido en Sierra Maestra. Cuando uno compara este idioma de Walsh con el cinismo estereotipado de un Vargas Llosa, se da cuenta de cuánta agua ha pasado por el río, cuántas oportunidades han sido desaprovechadas por la humanidad, cuántas fuerzas fueron aniquiladas que tal vez habrían ayudado en la búsqueda de nuevos experimentos.

Pero, volviendo a la mujer en la lucha armada, siempre me quedó una duda entre la concepción romántica de los anarquistas del veinte y la pragmática de las guerrillas del sesenta y del setenta. Ahí están los dos conceptos de la mujer en la lucha. Creo que esta discusión deberían resolverla las mujeres mismas. Los hombres no pueden hacerlo porque en sus cabezas rondan siempre muchos tabúes. Pienso que la concepción de Walsh era muy noble, como lo era él mismo, pero tal vez la realidad mostró después una cosa distinta.

VIOLENCIA Y CAMBIO SOCIAL

Es el tema eterno. Si tomo en cuenta, por ejemplo, las revoluciones campesinas de Thomas Müntzer en la Alemania del siglo XVI debo decir que sí, que la violencia revolucionaria ayuda a esclarecer y a avanzar en los derechos primordiales. O la Revolución francesa. O la Revolución rusa de 1917 en sus primeros pasos y la destrucción del zarismo, aquel régimen de total injusticia y sometimiento del pueblo. Pero, revolución sin democratización nos lleva al Muro y a la formación de nuevos señores feudales. Creo que la historia ha sido clara. Volviendo a la década del sesenta y del setenta en la Argentina, hay que ubicarse en el momento histórico, en los dieciocho años argentinos sin democracia y en la influencia de la Revolución cubana. Tengo muchos escritos de esos años advirtiendo a la juventud que por el camino de la guerrilla iba a llegar a su propia destrucción. La revista norteamericana *Latin America Research Review* (volumen XIII, Nº 2, 1978) reprodujo una opinión mía de 1976 que habla de mi impotencia ante la realidad argentina. Digo allí, textual: "Ante la tragedia argentina actual no se puede guardar silencio. No se puede ser indiferente ante la fuerza bruta y el asesinato de la libertad y la juventud. Comparto plenamente el concepto de Ernesto Sabato, que llamó 'opción falaz' el tener que definirse por alguno de los dos terrorismos y que 'no es cierto que haya solamente dos alternativas'. Pero no comparto su actitud cuando reparte las culpas entre la violencia de izquierda y de derecha.

"Creo que eso es muy cómodo. Una manera de lavarse las manos. Yo, en cambio, digo claramente que no comparto ninguna violencia —principalmente aquella que hace que parte del pueblo argentino viva en villas miseria— pero debo decir como intelectual que la violencia del ejército, la marina y la policía argentinas es mil veces más cobarde, brutal e hipócrita que la violencia irracional y desesperada de Montoneros y ERP. Y al decir esto último no quiero erigirme en juez de toda una juventud ante la cual yo me siento impotente por no poder indicarles una solución mejor a la que ellos proponen".

¿LA PARTICIPACION FEMENINA EN LA GUERRILLA GRAVITA SOBRE EL NUEVO ROL DE LA MUJER ARGENTINA?

Creo que sí. Antes, de alguna manera a la mujer se le daba un trato diferente. Había otras reglas de juego. Por ejemplo, cuando la detienen a Josefina Scarfó, la compañera de Di Giovanni, la llevan al Departamento de Policía, le hacen sufrir los vejámenes habituales que todo preso tiene que soportar en nuestro país pero no la violan ni la llevan a la cámara de torturas. Muy distinto es como se comportan los oficiales militares, marinos y aeronáuticos a partir del 24 de marzo de 1976. La mujer sospechada de alguna actividad guerrillera o pariente de combatientes fue vejada hasta el hartazgo. En la historia de la humanidad —y lo digo con causa porque he estudiado la historia mundial de la tortura y de la vejación del enemigo— vuelvo a repetir, en la *historia de la humanidad* (ni siquiera en el nazismo), la mujer fue jamás tan vejada y degradada como lo hicieron los militares argentinos. No sólo el aislamiento, la tortura, la falta de alimentación, la violación reiterada, la humillación constante a su condición de mujer, sino el total sometimiento psíquico y físico. El aprovecharse del poder sobre el indefenso. Un cargo probado absolutamente en el juicio a los comandantes, que se hizo con todas las garantías para los acusados. Es un cargo que pesará para siempre sobre las Fuerzas Armadas. El símbolo es el cadáver de Elisabeth Kasemann, arrojado en la puerta del cementerio de Monte Grande: con todos los signos del debilitamiento por hambre, de las torturas sufridas en El Vesubio y los balazos de su fusilamiento. Casi todos esos balazos estaban en la zona glútea. ¡Cuántas aberraciones y deseos reprimidos en esos uniformados del general Suárez Mason, cuánta bajeza, cuánta cobardía! Todo un símbolo de lo que fueron esos años y cómo la mujer con ideales de cambio social fue pieza libre de caza para el régimen de los generales.

Ese trato igualitario que se propinó al hombre y a la mujer (aunque en el fondo infinitamente más vejatorio para ellas) ha dejado en la mujer la noción de que ya se ha acabado esa especie de respeto que aun el represor más brutal tenía para con ella. Recuerdo manifestaciones de la década del 30 y del 40, donde se reprimía a los hombres y a las mujeres se las invitaba con gestos a retirarse. Hoy no, los policías represores no hacen diferenciación en los garrotazos ni en los métodos coercitivos. La televisión europea ha registrado fielmente las brutales represiones que se efectuaron contra las Madres en el '80 y el '81 y ahí se puede notar la total falta de respeto hacia el cuerpo más expuesto de la mujer. Creo que la mujer actual es consciente de que se acabaron las antiguas prerrogativas, más con las experiencias que realiza en la actualidad ante la violencia cotidiana. Se la ve hoy más desconfiada, atisbando peligros. Ha perdido una especie de seguridad, de soberanía de "madona" que le daba antes su condición. No sé si podría calificarse de pérdida o de actualización, pero pérdida es de todos modos.

Como homenaje a la lucha constante de la mujer que nunca abandonó al hombre en lograr más dignidad, me gustaría que se incluyera este recuerdo de los principios de la lucha obrera patagónica, que incluí en el primer tomo de *La Patagonia Rebelde*:

Fue en 1919. El 14 de enero, los obreros santacruceños hicieron un acto en repudio a la represión llevada a cabo por el gobierno de Yrigoyen contra los trabajadores de Buenos Aires durante la denominada Semana Trágica. Pero el gobierno de Santa Cruz procedió de inmediato a poner presos a casi todos los dirigentes gremiales en Río Gallegos. Y ahora viene el episodio:

El l7 de enero, lo inesperado, lo que jamás habían visto las calles de Río Gallegos: una manifestación de mujeres proletarias. Reclaman la libertad de los hombres que están en la cárcel. Leemos primero la versión policial y luego la obrera. Según la versión policial, una manifestación femenina que venía por las calles Zapiola e Independencia se desacató de la autoridad en momentos en que la policía invitó a las mujeres a disolverse.

Señala que las mujeres profirieron contra los representantes del orden toda clase de insultos y apedrearon al comisario Alfredo Maffei y golpearon en la espalda al gendarme Ramón Reyes.

Pero luego sucede lo más grave. El sargento Jesús Sánchez —por orden superior— procedió a la detención de la mujer organizadora de la marcha, la española Pilar Martínez (cocinera, viuda, de 31 años de edad con nueve de residencia en la Argentina). La mujer, según el parte policial, "le asestó un fuerte puntapié en los testículos produciéndole una contusión dolorosa que lo dejó inutilizado para el servicio durante dos días". Continúa el parte policial —firmado por el capitán Ritchie— de esta acción tan innoble llevada a cabo por una representante del sexo débil, diciendo que la agresión fue presenciada por el subcomisario Luis Lugones y los vecinos Antonio Adrover, Pedro Rubione y Augusto Guilard, quienes se prestan de inmediato como testigos contra la mujer.

El parte del médico policial, doctor Ladvocat, no tiene desperdicio: "El sargento Jesús Sánchez acusa un fuerte dolor en el testículo izquierdo que es exacerbado por la más ligera presión. Pero sanará sin dejar consecuencia alguna para el ofendido".

¡Menos mal! No fuera que el uniformado perdiera su virilidad, bien demostrada pegándole a las mujeres. Porque parece que el episodio no fue así, ya que Amador Vítor González en su folleto "El espíritu Obrero en la Patagonia" lo relata de esta manera:

> Una tarde del mes de enero del año 1919 y en circunstancias que un grupo compuesto de ocho a diez mujeres cuyos vestuarios denunciaban su condición de clase —obreras— desembocaba en el cruce de las calles Zapiola y Sarmiento, fueron bruscamente obligadas a detener su marcha por un pelotón de agentes que a las órdenes de un particular y tres oficiales intimidaban a las mismas apuntándoles con las carabinas mientras el jefe del pelotón las interrogaba:

—¿A dónde van ustedes?
—A la casa del juez letrado a solicitar la libertad de nuestros esposos —respondieron las interrogadas.
—Ajá... muy bien... pues ya pueden disolverse y marchar a sus casas pues de lo contrario...
—¿De lo contrario qué? —preguntó una de ellas.
—De lo contrario las disolveremos a planazos— agregó el particular, interviniendo en el diálogo.
Y como las mujeres tomando a broma la respuesta trataron de proseguir su marcha, el particular hizo una seña significativa al jefe del pelotón que impartió una orden a sus subordinados.
Los jinetes hicieron caracolear sus corceles sobre el grupo de las indefensas mujeres a las que a empellones de los brutos lograron poner en fuga. Y como si esta embestida no fuera suficiente, a dos o tres mujeres que los increpaban indignadas, les cruzaron el rostro a latigazos mientras un sargento de enormes mostachos después de derribar sobre el pavimento a una de ellas que presentaba síntomas visibles de embarazo, se apeaba prestamente y tomando a la caída de los cabellos la pateaba golpeándola a la vez sin clemencia. El resultado de esta edificante jornada fue que dos de las apaleadas pasaron a la cárcel por agresión a la autoridad, escándalo en la vía pública o cualquier otra calificación de delito.

No sabemos cuál de las dos versiones es la más cierta. Lo único que es innegable es el puntapié en los testículos del sargento Sánchez —que pasa precisamente a la historia por eso— y que fue, evidentemente, una alevosa patada de puntín. Queda por investigar cómo la diestra gallega se dio maña para levantar tanto la pierna siendo que las mujeres en esos años usaban enaguas y vestidos hasta el tobillo.

Rubén Dri

A los once años entré al seminario. Es un horror, un horror con suerte como todo en la vida; es todo muy dialéctico.

Es dialéctico porque fue la única manera de que yo pudiese estudiar. La historia es así. Familia pobre del campo en Federación, Entre Ríos. En el pueblo había hasta sexto grado, en el campo donde yo estaba había hasta tercer grado y ninguna otra posibilidad. Yo tenía muchas ganas de estudiar, no sé por qué, y también tenía ganas de ser cura, pero eso es por ambiente, por la madre... el ir al seminario a esa edad es un desgarro impresionante. Lo recuerdo perfectamente.

La parte buena para mí fue poder salir de ese ambiente y acceder a lo que yo creo que es muy profundo en mí, el trabajar en el ámbito de la cultura y con la juventud. Creo que en mí hay algo de sacerdocio, naturalmente no puedo saber si es cultural o qué, pero a mí el trato con la juventud, tanto en los barrios como en la universidad, me gusta mucho.

Mi crisis comenzó cuando fui a hacer la Teología a Italia. Fui a Turín, porque en ese momento era salesiano, tenía unos 23 años, y me vine sin ordenarme porque la crisis se acentuaba. Era algo muy profundo con respecto al sacerdocio, cómo estaba encarado, cómo lo veía yo.

Cuando volví permanecí dos años sin ordenarme con los salesianos y por último salí de la orden, me fui al Chaco y entonces me ordené en el clero.

Era la época del Concilio, la apertura de Juan XXIII... Fueron años muy intensos, posiblemente los más lindos, durante los cuales llevé a cabo mi actividad política. Esa época duró hasta el 74. En el 74 cae casi toda mi gente del Peronismo de Base, soy buscado, puedo escapar, me vengo a Buenos Aires, estoy dos años clandestino y a fines de agosto del '76 me voy a México.

Una vez que desaparecí del Chaco di por terminada mi etapa de sacerdote. Era un proceso interno que ya había madurado. No tenía más sentido seguir siendo sacerdote. Ya no quería saber más nada con la estructura de la Iglesia, donde por otro lado tenía enemigos peligrosos, así que ya no retomé nunca más funciones sacerdotales, pero seguía sintiéndome cristiano y con ganas de seguir trabajando.

Los dos años que estuve clandestino viví situaciones límite pero lo tomaba con naturalidad porque era lo que yo había elegido; la historia me había puesto en esa situación y me parecía que era mi puesto de lucha. En México hice otra vida. Me aceptaron sin ningún problema, pude trabajar en Teología, con comunidades, también en los Estados Unidos, en California, y pude hacer trabajos interesantes.

En México me junté con una compañera y, salvando las distintas peripecias (porque nunca la relación fue muy buena), estuvimos juntos once años y me separé en el '90.

Las historias personales, culturales, marcan mucho. Normalmente se dice: "Lo volvería a hacer". Es un cuento. No sé si lo volvería a hacer, pero lo hice... con entusiasmo, puse lo mejor de mí, los recuerdo como años muy vitales, de mucha actividad, de mucha pasión, con cosas muy lindas y muy dolorosas también.

Uno de los dolores más grandes de mi vida fue la muerte del párroco de la catedral de Resistencia, que era mi amigo.

Había sido un sacerdote de gran observancia, de derecha, un cura que respiraba honestidad por todos los poros, y yo, que ya había roto las estructuras, tuve grandes peleas con él y en la última me fui de la catedral. Comencé a trabajar en una capilla en un barrio, pero de todos modos tenía que encontrarme con él y con otros sacerdotes en las reuniones mensuales del clero con el obispo. Eran encuentros vacíos. Rezábamos algunas "Horas" del Breviario, escuchábamos los comentarios generalmente intrascendentes del obispo, y sobre todo, comíamos bien y cada cual a su casa.

Un día propuse que había que actualizarse, era la época del Concilio, tratar temas teológicos, porque estaban pasando cosas importantes. Me dijeron que me hiciera cargo y en las rondas de reflexiones que encaramos, algunos comenzaron a engancharse, entre ellos este cura párroco con el que estábamos peleados. Después de un retiro al que no asistí, predicado por Arturo Paoli, el párroco culminó el proceso de cambio que se venía operando en él y me avisó que quería verme.

El encuentro fue muy emotivo. Me pidió perdón, reconoció que yo tenía razón y me propuso que trabajáramos juntos, tomando a la catedral como nuestro centro de actividad. A partir de ese momento, la catedral fue un núcleo donde se realizaban actividades muy importantes de los barrios, comisiones vecinales, jóvenes, etcétera.

El era un hombre muy sensible y su cambio lo enfrentó a la estructura de la Iglesia tradicional, encabezada por el obispo. Después de un encuentro con él, volvió muy afectado por unos chismes de feligresas, a las que él quería mucho, tuvo tres embolias y murió.

Su muerte nos dejó a merced del obispo, que aprovechó para echarnos a todos.

Muchos me echaron la culpa de su muerte, y la culpa, en una formación como la mía, tiene un peso muy importante. Mi regreso de México creo que tiene, al menos en parte, raíces culposas. Está mezclado con otras cosas como la identidad, y yo estoy muy contento de haber vuelto, pero me parece que uno se siente responsable por lo que ha pasado, por los compañeros muertos, algunos que fueron alumnos míos, en fin, es todo un conjunto de sentimientos que se mezclan...

CAMBIOS

Muchos sacerdotes se metieron en el proceso de cambio, porque a partir del Concilio Vaticano II, la Iglesia permitió una apertura. Pero más tarde, la Iglesia intentó cerrar esas puertas que ella misma había abierto. Lo que pasó entonces es que muchos curas vimos, a partir de la apertura, nuevas realidades y tomamos un compromiso mucho más profundo en el que no fuimos apoyados por la estructura. Y eso obedece a que la estructura eclesiástica se encuentra inserta en un proyecto de dominación, razón por la que obviamente no podía acompañar nuestro compromiso con la gente.

Era como volver a las fuentes, al sentido comunitario del cristianismo primitivo y a medida que redescubríamos esas fuentes, nuestro compromiso no sólo se hacía mayor, también se hacía irreversible. Muchos optaron como yo, por eso es que hubo en ese momento una gran deserción de curas y monjas de la estructura de la Iglesia.

Ahora, con todo este proceso de derechización en el que están cerrados todos los caminos de una verdadera transformación real, lo religioso ha recuperado su lugar de salida, aunque sea evasiva, y en los seminarios vuelven a imperar las concepciones reaccionarias...

Hay que tener en cuenta que la juventud es la etapa en que el ser humano es más generoso y tiene más inquietudes de trascendencia y eso se lo puede ofrecer esta mística de derecha no comprometida.

MUJERES DE PARROQUIA Y MUJERES MILITANTES

Mi conocimiento de esos dos tipos de mujeres (las del mundo de la parroquia y las militantes) se va dando casi contemporáneamente porque mi contacto con la juventud universitaria y la gente de militancia lo tengo desde el principio, si bien al principio es una militancia dentro de lo que se denomina en general el social-cristianismo, y el contacto con el otro tipo de mujer se da más en la parroquia.

La mujer de parroquia es la propiamente católica, en el sentido estrecho de la palabra. Su relación con el cura es de respeto/reverencia, pero también vigilancia y chisme. El cura debe ser un ejemplo de honestidad (sobre todo sexual), que no debe tener relaciones con mujeres y entonces cualquier tipo de conducta que ellas vean que se sale de esos carriles se transforma en un escándalo que circula en ese ambiente cerrado, y va al obispo... Ese es un tipo de mujer con una mentalidad que está mucho más a la derecha que a la izquierda.

En ese sentido, la mujer de ese ambiente es más tradicionalista que el hombre. Es un ambiente muy difícil. Muchas de esas mujeres eran las madres de los jóvenes que me trataban y pensaban distinto a ellas y por eso en algunos casos se daba una problemática de ruptura. Incluso llegó un momento en que no me podía presentar en algunas familias porque era considerado como el mentor de esos cambios de conducta.

Con la gente de la militancia era diferente. Ellas vivieron la experiencia de un nuevo tipo de relación hombre-mujer, una nueva conducta, sobre la cual no había conceptos muy claros porque era una nueva dimensión que se comenzaba a vivir, pero sin duda el cambio era muy importante, radical...

Si se hiciera una estadística, se vería que la mayoría de la militancia estaba formada por cristianos salidos o de las parroquias o de grupos cristianos, como la Acción Católica, etcétera, y en el Chaco, por ejemplo, la mayoría de la juventud católica tuvo relación conmigo.

Mayoritariamente los movimientos revolucionarios de la década del '70 fueron de origen cristiano, y mantenían ese espíritu, lo que influyó en ese ánimo a veces exaltado, con falta en algunos casos de análisis de la realidad.

Las jóvenes de origen cristiano que militaban eran protagonistas de una ruptura muy fuerte, y se notaba mucho.

Creo que de todos modos, la ruptura con el modelo femenino tradicional fue muy importante y que las mujeres tomaron nueva conciencia de su papel, de su postergación, y mirando para adelante creo que es un punto de arranque importante.

PARTICIPACION FEMENINA EN LA GUERRILLA ARGENTINA

No creo que ningún militante, femenino o masculino, de las décadas 60/70 acepte que participó en alguna "guerrilla". Sí aceptarán su participación en la "lucha armada". La diferencia no es meramente semántica, sino política. Al menos en teoría, las organizaciones armadas se concebían a sí mismas como una de las múltiples formas que asumía la lucha popular. Digo que esto es cierto al menos en teoría, porque a veces, y al final en forma predominante, se transformó en una lucha aislada.

Cuando se habla de "guerrilla", se entiende una lucha en la que lo importante, sino lo único, es el foco guerrillero. Son los guerrilleros heroicos quienes van a hacer la revolución. En cambio, cuando se habla de "lucha armada" se entiende una de las formas de la lucha popular. Además, quienes asumían la lucha armada, antes que guerrilleros o soldados, eran políticos, y las organizaciones no eran ejércitos sino "organizaciones político-militares".

Está claro que en la práctica esto no se mantuvo. Especialmente las organizaciones mayores, el ERP y Montoneros, y especialísimamente la segunda, en la última etapa se habían transformado en ejércitos, subordinando todo lo que había de político a lo militar. Las acciones militares dejan de responder a objetivos políticos que, al menos en teoría, surgían de las necesidades populares, y sólo responden a las necesidades del aparato militar que se ha creado.

Las mujeres, o sea, las compañeras, formaban parte de la organización político-militar en un pie de igualdad con los compañeros. Esto era sostenido firmemente, en teoría, por todas las organizaciones armadas y había intención de cumplirlo. Pero en la práctica se puede decir que eso no se cumplía y no podía cumplirse. Ninguna organización revolucionaria en el mundo entero ha podido realizar ese ideal.

No podía ser de otro modo, en la medida en que por más revolucionaria que sea una organización, está enmarcada en una sociedad cuyas reglas de comportamiento han sido hondamente introyectadas por los militantes. Sólo en un largo proceso pueden quebrantarse esas reglas y pueden suplantarse por otras. Puede hacerse exteriormente, pero el verdadero comportamiento humano, social, político interiorizado requiere un largo tiempo para su transformación.

En cuanto al valor demostrado por las compañeras en las acciones armadas, fue similar al de los compañeros. No conozco que en alguna de las organizaciones alguna vez se haya comentado sobre la falta de valor o combatividad de la mujer. Tanto compañeras como compañeros murieron en acciones heroicas como terminaron colaborando con sus captores y torturadores.

La participación de la mujer, por una parte, al permitir el cultivo de las relaciones amorosas, con todo lo que tienen de apasionantes, de generadoras de entusiasmos y utopías, en el seno de las organizaciones, comunicaba fuerza y vitalidad. La fuerza del amor es imparable y, en este sentido, gran parte del empuje de toda una generación que se lanzó a la lucha político-militar se debió a la participación de la mujer.

Pero, al mismo tiempo, esa participación fue generadora de conflictos desgastantes. La militancia político-militar es dura. El militante debe estar continuamente alerta. Su vida se tensiona muchas veces hasta límites extremos. La búsqueda de desahogo es lo más natural y, como sabemos, uno de los principales canales para ello, tanto para hombres como para mujeres, lo constituye el otro sexo.

Por otra parte, las organizaciones político-militares se proclamaban revolucionarias. Ello significaba que estaban en contra de los valores burgueses. Esto constituía una fuente de confusiones. El matrimonio, tal como está, es una institución burguesa. ¿Qué normas debían regir las relaciones sexuales?

VIOLENCIA Y CAMBIO SOCIAL

Una pregunta que naturalmente se hace quien hoy considera el actuar de las organizaciones armadas y, en particular, la participación de la mujer en las mismas, es la de la violencia. ¿Cómo es posible que se haya creído en la violencia y se la haya utilizado de esa manera? Y sobre todo, ¿cómo es posible que la mujer, la portadora de la vida, haya entrado en ese mundo de violencia y participado en él?

Para iniciar una respuesta que nos ponga en camino para comprender ese fenómeno, es necesario tener en cuenta que la violencia armada formaba parte del espíritu de la década 60/70. Era vista como la única posibilidad de pasar de una realidad opresora, dominada siempre por dictaduras militares, a una sociedad liberada que, naturalmente, debía ser socialista.

Ello es perfectamente explicable. La generación que formó el núcleo central de las organizaciones político-militares pertenecía a la década del 50. En el 55 un golpe militar desalojó a Perón del gobierno, y de ahí en más ningún gobierno civil pudo terminar su mandato. No se veía otra salida que no fuera a través de la fuerza.

Además, se creó una verdadera mística de la violencia. Mucho tiene que ver en esto, tanto el mito del sacrificio, vehiculizado por el cristianismo de la inmensa mayoría de los componentes de las organizaciones político-militares, como el Che Guevara, la revolución cubana, la revolución argelina y Vietnam.

¿LA MILITANCIA FEMENINA GRAVITO O NO SOBRE EL NUEVO ROL DE LA MUJER?

Es evidente que sí. La mujer sale del hogar, del lugar que socialmente tiene asignado y asume un rol que no solamente es público, sino excepcional. Pasa a participar en acciones políticas que se apoyan en las armas. No podrá salir de allí igual que antes. Ya nada será como antes.

Ello no significa que con eso se le reconozca a la mujer un papel igual al hombre. No se cambian de repente comportamientos sociales milenarios, aun cuando se hayan producido nuevas experiencias de inusitada profundidad. La revolución argelina no pudo cambiar ciertos comportamientos de la mujer, a pesar de la heroica participación femenina en su realización.

Pero se sembraron nuevos gérmenes que necesariamente intranquilizan a la sociedad. Esta se ve obligada a abandonar ciertas rutinas, los hombres sienten que pierden ciertos privilegios y las mujeres no terminan de encontrar su nueva ubicación. Todo ello es intranquilizador, pero muy positivo, pues una sociedad con hombres y mujeres liberados, en mutuo diálogo en condiciones de igualdad, crea condiciones óptimas para realizaciones humanas más ricas.

El pasado y la memoria

"Todo fluye", dijo Heráclito, que vivió según dicen en Efeso.

"Voy y vuelvo. Lugar de partida y de llegada se me confunden", me dijo Viky cuando hizo su balance y agregó: "Pero sigo fiel a lo que canta Sabina. No tengo otro amor que el del Río de la Plata".

Heráclito vivió alrededor de los años 540-480 antes de Cristo y, por supuesto, no conoció este río que nos comunica con el mar, que es decir con el mundo, y que ha visto tantas cosas: desde la llegada de los primeros conquistadores hasta los "vuelos de la muerte".

Cronistas e historiadores se han ocupado durante siglos de contarle a la gente de todas las épocas cosas que pasaron, y así se ha ido armando esa imagen esquiva y borrosa del pasado, que se muere todos los días cuando se muere una persona, pero renace y perdura con las palabras escritas. ¿Se recupera todo? ¿Reflejan los hechos narrados por las crónicas esa otra historia de los sentimientos que animaron a los protagonistas? Me arriesgo, casi, por el no. Entre la corriente del tiempo que se lleva todo y la memoria individual, se libra una lucha desigual donde la última debe aceptar siempre la regla inexorable: todo fluye, todo cambia.

El recuerdo de Adriana, inmovilizado en mi pasado a través de algunas imágenes, "cambió". Ahora otras imágenes —y otras obsesiones— se suman a las primeras, después de conocer las otras memorias —y los otros sentimientos— que su vida originó en las personas que fui consultando. Llegado el momento del balance, y evaluando el resultado de mi búsqueda, hubo tres evocaciones que me resultaron especialmente paradigmáticas. Escuetas, opuestas, confirman, en todo caso, aquella ley del devenir y el cambio y la otra, también eterna, del misterio de la naturaleza humana.

CARLOS "CACHO" GIL RECUERDA A LAS HERMANAS LESGART

Fue, por un corto tiempo, nuestro profesor de Literatura hasta que pasó a ocuparse de la vicedirección del Alejandro Carbó. Era un hombre joven y muy buen mozo transitando por ese "pueblo" mayoritariamente femenino. Conclusión inevitable: todas estábamos enamoradas de él, incluida Adriana, una más entonces, en la multitudinaria masa de alumnas que la escuela albergó.

Yo fui prácticamente "modelado" en el Carbó. Cuando terminé mis estudios secundarios en Río Cuarto, ingresé al colegio para hacer el profesorado de Letras. Después pasé a ser profesor del colegio. En 1965 fui nombrado vicedirector y por último, en 1973, director. Salvo un período breve, estuve ahí desde 1948 hasta 1977.

Asumí la Dirección como resultado de un concurso de oposición que gané, es decir que me hice cargo con todos los honores, porque era la valoración de mi currículum lo que me ponía al frente del establecimiento. Al asumir el cargo me pregunté qué es lo que habría pasado durante mi ausencia (había estado en Buenos Aires trabajando como inspector de educación), ya que por los cambios políticos y sociales que se habían producido en la Argentina imaginaba que no sería el mismo lugar que yo había conocido. Noté enseguida que el movimiento de alumnos había cambiado un poco. También el régimen disciplinario se había "soltado" pero seguían muy firmes las categorías de alumnos, profesores, directivos, en un clima de cordialidad que fomenté decididamente. El colegio seguía siendo muy respetado en la comunidad cordobesa y en esos momentos se produjo un hecho llamativo.

De algunos colegios religiosos habían surgido alumnos que se habían sumado al accionar de los grupos guerrilleros y que, al parecer, habían recibido una formación que resultó estimuladora de aquella actitud. Se produjo entonces un aluvión de alumnos nuevos, cuyos padres veían en la escuela Carbó un establecimiento que les daba garantías para que no se politizaran los hijos. De todos modos el Carbó era una escuela multitudinaria, con más gente que algunos pueblos. Tenía casi cuatro mil alumnos y más de quinientos profesores. Sin embargo, no se notaron, si los hubo, alumnos que tendiesen a realizar una actividad política dentro de la escuela. Lo único que recuerdo como relacionado a la vida del colegio en esa línea fueron algunas panfleteadas, en la puerta del establecimiento, que eran del MAS. En otra oportunidad se presentaron unos policías con la orden de detención para dos alumnos. Les contesté que yo estaba en mi dominio, que era responsable por los alumnos y que de ningún modo iba a permitir que se los llevaran. Más tarde me avisaron que a la salida los habían detenido en la esquina del colegio, así que fui a la policía para saber qué había pasado. Me contestaron que yo no tenía nada que hacer y avisé a las familias para que supieran dónde estaban sus hijos. Después me llegaron versiones acerca de que los alumnos habrían salido del país y, tratando más tarde de reingresar, habrían sido muertos en la frontera, pero fueron sólo versiones y fue el único episodio de ese tipo que tuvimos.

Con respecto a las chicas Lesgart, las recuerdo perfectamente. Tengo el mejor recuerdo de ellas, igual que todos los profesores que las conocieron. Eran excelentes, de gran nivel intelectual, muy aplicadas, muy ordenadas, muy respetuosas, de ellas quedó en el colegio un recuerdo inmejorable. No las conocí después y supongo que al salir del colegio se enfrentaron como otros a ese momento de cambio que se vivía en la sociedad argentina. Los chicos salían del secundario y se encontraban en la Universidad con gente que había tomado nuevas líneas políticas. La juventud siempre busca cambios y puedo imaginar que sus ideales encontraron alguna respuesta en esos movimientos que se estaban gestando, pero de ningún modo pienso que lo hicieron por delincuencia o ese tipo de cosas. Creo que la formación que recibieron en la familia y en la escuela estaba orientada a las cosas positivas de la vida.

CLARA NUÑEZ RECUERDA A ADRIANA

Nuestro reencuentro, en 1975, fue obra del azar. Hubo exclamaciones, abrazos y puesta al día con las novedades. También se había casado, en ese momento tenía cuatro hijos —ahora son cinco— y era la señora de Mihanovich. Intercambiamos números telefónicos y al comenzar el libro hablé con ella para saber qué recuerdo tenía de Adriana. Clara se alegró por mi consulta y comprendió la naturaleza del asunto: decir lo que ella pensaba sobre esa época y nuestra compañera del secundario. Incluso usó el plural en el encabezado de su carta, lo que me pareció muy adecuado, ya que una de mis intrigas no resuelta a pesar de las búsquedas en el Nunca más *es saber si alguna otra de nuestras compañeras se volcó a la militancia de los '70.*

Clara es una mujer profundamente religiosa y una ciudadana (tal vez por ser hija de un juez) muy combativa por sus derechos. En nuestra charla previa recordó a Adriana como una de las chicas con las cuales simpatizaba y conversaba frecuentemente. No fueron amigas, en el sentido de contactos fuera de la escuela, pero sí amigas en el ámbito escolar. Como todos, opina que era muy inteligente y tranquila, detalle que contribuyó a sorprenderla cuando supo más tarde por noticias periodísticas lo que había pasado con Susana y pensó, igual que yo, si Adriana también estaría en la guerrilla. Clara, que evolucionó de niña terrible del grupo a fervorosa madre, ama de casa y activa secretaria, cerró aquella charla opinando que "si no hubiera sido por mis convicciones religiosas, yo seguramente me hubiera 'enganchado' o hubiera encauzado mis ideales en esa línea". Más tarde me entregó por escrito su opinión sobre el tema.

Nuestras compañeras que actuaron en la guerrilla:

Como cristiana siempre pensé que su ideal era justo, pero lamenté profundamente que siguieran un camino tan equivocado para alcanzarlo. Creo que su error revela, al menos como una de las causas posibles, alguna falla importante en la formación recibida, que las llevó a seguir, tal vez sin la suficiente madurez y reflexión, una lucha violenta para alcanzar sus propósitos.

También pensé, y lo sigo pensando, que al abrazar aquel ideal demostraron una calidad personal que merece mi respeto.

Por último, no puedo dejar de comentar otro factor que siempre me asombró: cómo es posible que una persona inteligente, buena, idealista, pueda llegar a actuar despiadadamente y a perder el respeto por valores que siempre consideramos básicos. Este fenómeno que afectó a tanta gente de mi generación constituye un interrogante doloroso que creo debería ser analizado con profundidad. En mi caso particular y como camino de formar ciudadanos que integren y corrijan las injusticias de esta sociedad creo que la educación debería estar orientada a imprimir valores muy concretos en lo religioso, moral y social.

El día que Clara me entregó su carta salimos juntas de la oficina donde trabaja. La tarde se había puesto lluviosa y compartimos un café. Todo parecía feliz y normal: dos ex condiscípulas conversaban y se reían de una época ya pasada, algo de las dos, y de las otras treinta y cinco de aquel curso. Pero ahora, en este presente al que llegamos por caminos y etapas diversas, fue muy doloroso sentir el peso trágico del motivo que nos había reunido.

UN FAX A MEXICO

"...Adriana Lesgart entró con la 'metra' en la mano en la casa de Juan Gelman, pero él afortunadamente, no estaba..."

No recuerdo si lo leí en alguno de los tantos libros que se han publicado sobre la guerrilla o alguien me lo comentó. Me dije que tal vez la información no fuera cierta, o que estuviera exagerada. Era sólo una frase, incluida dentro del comentario de las represalias dispuestas en Montoneros a los que se "abrieron", vale decir, se apartaron de la conducción en el exterior por razones políticas, Juan Gelman entre ellos.

El único que podía aclararme si era o no cierto, era Gelman y comencé a buscarlo, hasta que descubrí que no estaba en Buenos Aires, y una noche me encontré enviando un fax a México.

La carta era larga y en ella le explicaba prolijamente la historia de mi amistad de adolescencia con Adriana y el trabajo posterior del libro al que me hallaba abocada. Mencionaba aquella información que me había resultado chocante, pero, le aseguraba, estaba dispuesta a recibir otras, si era necesario para terminar de "armar" este difícil rompecabezas de su recuerdo.

Agregué que me gustaría también conocer su opinión sobre la participación femenina en aquellos movimientos y, nota final mediante, le rogué enviara al número telefónico mencionado y no al que figuraría como lugar de envío, su respuesta. (Mi fax, en ese momento, recibía pero no "enviaba".)

Llamé primero y atendió. Sí, el número era correcto. La comunicación era malísima así que lo oí muy de lejos, pero aceptó que le enviara mi carta.

Pasaron varios días y la respuesta no llegaba, lo que me sorprendió, así que... nueva llamada y nuevamente Gelman atendiendo. El también se sorprendió porque había enviado su respuesta el mismo día. ¿Al número que yo había indicado? "Bueno, al número desde donde se envió..." Imaginé la cara del empleado de la oficina recibiendo ese fax. Aclaré el problema. "Déme señal y se lo envío ahora mismo."

Miré la hoja que se deslizaba y, cuando la transmisión terminó, la corté con cuidado... y la dejé sobre la mesa. Me había puesto tan nerviosa que no me atrevía a leerla. La extensión (menos de una hoja) me advertía sin embargo que, información, traía poca.

Una hora después, habiéndome reprochado previamente mi falta de coraje, junté ánimo y leí de un tirón, varias veces.

Sra. Marta Diana
Buenos Aires
Señora:
Me apresuro a contestarle y le ruego me disculpe no haber entendido su apellido en la firma. *(Le pasó lo mismo que a todos, nadie piensa que Diana es apellido.)* Creo entender el propósito de su trabajo, que me parece valioso. En efecto, conocí a Adriana/Patricia Lesgart en París, como una de las responsables de Montoneros, pero nunca tuve intimidad con ella. Hay personas que se despersonalizan con la militancia, especialmente con la militar-mesiánica, y Adriana, a mi juicio, se convirtió en una de ellas. Podría contarle no pocas cosas chocantes de ese momento de su vida —como el episodio que usted menciona ocurrido en mi casa en Madrid—, pero serían siempre las exteriores y no las que a usted legítimamente le interesan. Por lo demás, esas cosas —y aun otras— habría que examinarlas en un contexto más amplio: el de una conducción política perdida en la ceguera de su soberbia.

Me dice usted que vio a Bonasso y que poco recordó de Adriana. El la

había conocido en mis mismas circunstancias. Permítame decirle que quizá Bonasso fue discreto. Permítame además seguir su ejemplo.
La saludo cordialmente.

Juan Gelman

¿Qué ciudadano común no lamenta alguna vez no ser "una persona de recursos"? A mí me ha pasado miles de veces y esa noche agregué un rubro: pasajes de avión y estadía. De haber contado con el dinero, creo que al día siguiente me hubiera ido a verlo, porque saber por la mitad duele tanto como no saber y deja libre la imaginación, que se desboca. Sentí, y quiero dejarlo muy claro, que la respuesta era impecable, tanto en el sentido de su pudorosa discreción, como en el ejercicio de una ecuanimidad que, tal vez, otro en su caso no hubiera tenido. Pero claro, a mí me dejaba con un hueco.

No era carecer de detalles, tal vez truculentos, lo que me hacía mal, sino la imposibilidad de hablar más ampliamente con un interlocutor que considero privilegiado para analizar, no sólo la cuestión política de entonces, que no era mi tema, salvo por encuadre social, sino también las cuestiones humanas implicadas. El aclaraba que no la había conocido íntimamente y agradecí su sentido de la justicia para no transmitir sólo la parte "externa", actitud que, bueno es recordar, ha impregnado, impregna generalmente, las opiniones históricas de éste y otros temas. Al mismo tiempo, si este hombre podía ser tan "discreto" con algo que pudo haberlo afectado gravemente, era sin duda la persona más indicada para rescatar recuerdos que, aun siendo "externos", ayudarían a "ver" o deducir las vivencias que pudieron haberlos acompañado.

Así que era cierto... me dije una y otra vez, con la perplejidad y el dolor que lo acompañaba. ¿Qué me habría dicho sobre eso Adriana si hubiéramos podido encontrarnos?

Recordé entonces un episodio ocurrido durante una clase de Educación Física.

Adriana, pálida por un fuerte dolor de estómago, se retiró a un costado y explicó a la profesora que no podía seguir con los ejercicios. La profesora, que en principio negó el permiso, la trató muy mal, desconfiando seguramente de la veracidad de su excusa. Esa misma tarde la internaron y tuvieron que operarla de urgencia: era peritonitis.

Cualquier otra chica, yo incluida, habría armado un escándalo. Ella no lo hizo. Tampoco he podido rescatar ningún otro recuerdo en el que ella aparezca como violenta o rebelde.

Es por eso que me resultó tan difícil de aceptar aquella confirmación. Cambiamos, es cierto.

¿Tanto? ¿La convicción por una idea pudo transformarla? ¿Cuánto entonces de aquella joven dulce, reservada, solidaria, sensible, había perdurado y cuánto había cambiado? Estaba también el recuerdo de S., las cartas a la mujer de Perdía y aquella búsqueda suya de zapatos para los chicos...

No sé cuántas veces miré ese fax, pero fueron muchas y de cada una me quedó, reiterada, la impotencia de no poder hablar con Adriana sobre aquel momento de su vida.

Más tarde, leyendo la *Tesis de Filosofía de la Historia - VI* de Walter Benjamin, me sentí muy emocionada por un párrafo: "Articular históricamente el pasado no significa conocerlo 'como verdaderamente ha sido'. Significa adueñarse de un recuerdo tal como éste relampaguea en un instante de peligro".

El tema para Benjamin era el materialismo histórico. En mi caso, anónimo y pequeño, perdido en la masa de millones de otros recuerdos devorados por la historia, los distintos recuerdos que levanté durante la investigación sobre Adriana cambiaron el mío por el peso innegable de su realidad, pero al mismo tiempo no han conseguido borrar la primera imagen que tuve de ella: su mano tendida para ayudarme en aquel momento de zozobra que era para mí la reiniciación de clases en el Carbó, reveladora de su esencia solidaria. Y esa es la imagen de la que se ha adueñado mi corazón.

Balance

> ¡Con qué inútil ternura
> llovizna sobre el mar!
> Si nada endulzará tanta amargura.

Los versos pertenecen a Eduardo González Lanuza y un día me los mostró Máximo, mi hijo menor, maravillado por la perfección de la síntesis.

Yo también me emocioné, sobre todo por la casualidad del hallazgo en pleno vacío post-investigación.

Supongo que la definición/confesión podría resultar, resultará seguramente para algunos, la negación de lo "profesional-objetivo".

Pero era así y no podía salir, aun cuando me lo proponía, de una ominosa sensación de desesperanza e inutilidad.

Por eso me sentí tan identificada con esos versos, ya que ni la empecinada esperanza de las mujeres entrevistadas por un futuro diferente, ni su confianza intacta en ideales que para una gran parte de la humanidad ellas creen (y lo comparto) serán siempre válidos, pudieron borrar el hecho concreto y tremendo de ese pasado donde traté de buscar algunas huellas, algunas explicaciones, con el intento (¿vano?) de poder llegar a algunas conclusiones.

La razón o la clave de esos sentimientos creo que nacen del mismo punto de partida en el trabajo.

Me acerqué al tema porque fui amiga de Adriana en la adolescencia. Su destino, el de muchas otras y otros, me dejó, y no creo ser la única ciudadana que haya experimentado ese sentimiento, con un insoportable interrogante que tiene su correlato hacia atrás, en el presente, ¿y en el futuro? de lo que ha pasado, pasa, ¿seguirá pasando? en la historia de las luchas sociales.

Osvaldo Bayer menciona en su libro *Rebeldía y esperanza* (Grupo Editorial Zeta, 1993), al pensador alemán Günther Anders, quien ha escrito un trabajo titulado: *Violencia, ¿sí o no? (Una discusión necesaria)*.

Bayer comenta que este filósofo, ultrapacifista, al final de su vida ha dicho: "La única salida es la violencia".

La frase, que resulta lapidaria para los que son pacifistas, está perfectamente aclarada y fundamentada en el ensayo que culmina con el comentario de un trabajo del profesor Klaus Meyer-Abich: *La verdad en el error de Günther Anders*, quien considera que ese llamado (de Anders) a la violencia "no es ninguna salida para la humanidad", pero "sí agudiza nuestra conciencia" y "contiene la verdad como la piedra la escultura que el escultor va a hacer de ella".

La elección de vida de Adriana fue lo que conmovió y "agudizó mi conciencia" con respecto al tema en general y actuó como eje movilizador de la investigación que emprendí como ciudadana anónima, ejerciendo su derecho a buscar respuestas. Algo similar ocurrió con los parientes de militantes caídos. El comentario final de Nélida Navajas hablando de su hija Cristina es muy ilustrativo al respecto.

Desde ese punto de partida, consideré como primer paso lógico analizar la definición que acompaña el rechazo y la descalificación de las mujeres guerrilleras (que así es como son llamadas por todos los que condenan su figura y por muchos otros que las evocan según el concepto popular de entonces).

Por lo general, al menos es lo que surgió de las conversaciones y de la literatura periodística de la época, se considera básicamente anormal o patológica la presencia de mujeres en acciones armadas, y por extensión, su adhesión a cualquier ideología que predique y/o utilice la violencia como estrategia para llegar al poder.

Para comenzar más cerca, digamos por casa, es elemental preguntar si nuestra historia ha sido o no violenta. La respuesta, que cada uno puede encontrar profusamente registrada en diarios y libros de historia argentina, es absolutamente desalentadora, al menos para los que son pacifistas.

Es necesario aclarar que con *pacifismo* me refiero a un sentimiento íntimo, visceral y por lo tanto indeclinable, de horror y rechazo por las acciones violentas, así como la aspiración, aunque sea utópica, de lograr una historia diferente por medios no violentos, vale decir, realmente democráticos. Lo que no significa en modo alguno la negación/comprensión de la presencia constante de la violencia en todos los procesos de profundo cambio social y aun del conjunto de leyes y estructuras que gravitan sobre la vida de cada uno. En otras palabras, *entiendo* cuál es el lugar de la violencia, explicado ya por muchos pensadores que a veces han sido, como en el caso de Michel Foucault, muy duros para definirla. "...La regla es el placer calculado del encarnizamiento, es la sangre prometida... La humanidad no progresa lentamente, de combate en combate, hasta una reciprocidad universal en la que las reglas sustituirán para siempre a la guerra: instala cada una de estas violencias en un sistema de reglas y va así de dominación en dominación." Brillante y aterrador. Pero insisto, entender algo no significa poder aceptarlo con el corazón y con el estómago.

Volviendo a nosotros, entonces, desde que fuimos descubiertos (y dominados) por las corrientes colonizadoras hasta la fecha más actual de cualquiera de las víctimas que se han producido en manifestaciones populares, en hechos policiales irregulares, o simplemente por "ser" de alguna franja social (¿o no es una víctima un chico desnutrido?), nuestras crónicas muestran a la violencia como un instrumento cíclicamente utilizado para llegar al poder y mantenerlo, por lo que me parece al menos poco lógico "demonizar" a las militantes del 70.

El tema, por supuesto, no se termina con las consideraciones anteriores pero me parece una base mínima para insertarlo en el ámbito que le es propio, nuestra historia, que a su vez forma parte y se interrelaciona con la historia mundial.

El aspecto de la mujer luchando en la calle y/o militando políticamente me llevó a consultar el *Diccionario Biográfico de Mujeres Argentinas* de Lily Sosa de Newton (Plus Ultra, 1986). Entre todas las mujeres mencionadas por su labor en ámbitos artísticos, sociales y políticos, sobresale naturalmente el nombre de Juana Azurduy de Padilla (1780-1862), que durante la guerra de la independencia en el Alto Perú, "acompañada por una tropa de amazonas, dirigía cargas de caballería y luchaba a la par de los más valientes".

Josefa, La Federala. "Alférez graduada de caballería de los ejércitos rosistas... en 1840 actuó en Entre Ríos a las órdenes de Pascual Echagüe, llevando veintiséis voluntarios bajo su mando..."

Pascuala Meneses, que intentó participar de la campaña de los Andes vistiendo ropas masculinas (se anotó como voluntario bajo el nombre de Pascual Meneses), hasta que la descubrieron.

Juana Moro de López, también patriota de la guerra de la independencia, que se salvó de morir emparedada por la acción caritativa de otra mujer...

Etcétera, etcétera. Hay *muchísimas* mujeres argentinas que lucharon por sus convicciones desde el principio de nuestra historia, acompañando a sus maridos o por propia iniciativa y protagonismo.

De esa lucha ha quedado a veces registro, o sus nombres se han perdido en el olvido, como el caso de *Las cuarteleras,* evocadas por Vera Pichel (Editorial Planeta, 1994).

En 1896 las mujeres anarquistas editaban un periódico *La voz de la mujer* (mencionado por Dora Barrancos en su libro *Anarquismo, educación y costumbres en la Argentina de principios de siglo* (Editorial Contrapunto, 1990), pero ya en 1888 hubo "una huelga de domésticas por la imposición de la libreta de conchabo. Le seguirán luego las costureras de Tucumán, las fosforeras, las lavanderas… Las trabajadoras telefónicas, las empleadas de comercio, se irán organizando en sindicatos", comenta Leonor Calvera en *Mujeres y feminismo en la Argentina* (Grupo Editor Latinoamericano, 1990), que también menciona a todas las "sufragistas" que tanto bregaron para conseguir el voto femenino, y que más tarde, a pesar de las eternas divisiones políticas, se obtendría en 1947, con el empujón final de otra mujer, Eva Duarte de Perón. Es de Eva también la frase: "Al fin de cuentas, la vida alcanza su verdadero valor, no cuando se la vive de una manera egoísta, nada más que por uno mismo, sino cuando se entrega la vida, toda íntegra, fanáticamente, en aras de un ideal que vale más que la vida misma". Muy fieles a la consigna, las mujeres de la Resistencia Peronista, evocadas por Estela Dos Santos en *Las mujeres peronistas* (Centro Editor de América Latina, 1983), participaron en "…todas las formas de resistencia: pasiva y activa; pacífica y cruenta…". Dos Santos comenta el caso de… ¡dos retos a duelo! uno protagonizado por la diputada Teresa Mesquida, que en 1959, en Jujuy, "…quitándose su guante de cabretilla negra, golpeó al ofensor (un diputado de la UCRI), en ambas mejillas. Luego le envió a sus padrinos dándole la ventaja de elegir las armas…". El otro, en Buenos Aires, quince años después. La "duelista" (Elena Fernícola) mandó dos madrinas a un diputado por UDELPA, "retándolo a duelo de revólver". La autora informa que en ninguno de los dos casos el duelo se concretó —porque los hombres no quisieron—, lo que por supuesto no invalida el propósito manifestado por las mujeres.

La muy apretada síntesis que menciono tiene como única finalidad recordar a los "desmemoriados" que, mucho antes del 70, las mujeres argentinas manifestaron un fuerte espíritu combativo, que si bien no tuvo siempre a mano el recurso de las armas, no por eso fue fácil, intrascendente o sin pagar precios en su vida personal.

Lo único desgraciadamente "novedoso", para las militantes del 70, fue la magnitud de la respuesta represiva que recibieron.

La lista de sus nombres se encuentra en el *Nunca más* producido por la CONADEP (Comisión Nacional sobre la Desaparición de Personas) (EUDEBA, noviembre de 1984 y ediciones subsiguientes).

Con respecto a esta lista sería importante aclarar que, teniendo en cuenta la modalidad operativa de la represión llevada a cabo, no todos los desaparecidos/as fueron efectivamente militantes de grupos armados. También desaparecieron ocasionales colaboradores que brindaron su casa para refugio de una noche, por ejemplo, y cayeron en la redada; profesionales, sobre todo abogados; catequistas de villas miseria; sindicalistas; etcétera.

PROPOSITOS Y VICISITUDES

La necesaria dosis de ilusión con que comencé este trabajo me permitió plantearlo en un ángulo preciso —la condición femenina— para evocar a partir de ahí el período de vida militante de las mujeres entrevistadas. Yo quería atenerme a ese espacio-corte temático, porque existiendo ya bastantes libros que han analizado desde la óptica político-social-histórica el fenómeno de la guerrilla, me sentía inclinada en cambio a "descubrir" la historia personal de las militantes. Establecer quiénes eran me parecía importante para rescatar, no sólo ese costado humano e íntimo que se perdía en los conceptos más generales y abstractos de los ensayos que hablaban de generación, jóvenes, estudiantes, proletarios, etcétera, sino también la realidad concreta de mujeres que en número tan alto, y desde distintos ámbitos, habían confluido en los grupos guerrilleros y en otros movimientos, como los sindicales y cristianos, que a la hora de la represión fueron englobados en el aniquilamiento.

A partir de ese planteo, "condición femenina-militancia", estuve segura de poder abarcar, al menos en los casos de las mujeres entrevistadas, ese universo femenino sacudido por un período de vida intenso, turbulento y lleno de ilusiones, primero. Peligroso y lleno de dolores después.

Supongo que tuve ese propósito porque a todos, o a muchos, nos gustaría que el mundo pudiera ser resumido en unas cuantas ecuaciones simples. Catalogar, clasificar, ordenar. El sueño cartesiano brinda, sobre todo, una beatífica sensación de seguridad.

Pero no es así. El mundo es complejo, diverso, intrincado, y las personas no pueden ser reducidas a una fórmula.

Yo quería "deslindar", vida privada de vida pública. El mundo íntimo de los sueños de los grandes movimientos colectivos. Como ejercicio teórico es posible pero incompleto, y entonces, apenas empecé, unos dos meses después de las primeras entrevistas, me encontré en medio de una doble espiral que, a medida que el tiempo transcurría, lejos de suavizar su dinamismo circular, se complicaba hasta el infinito, con otras espirales que se agregaban al cuerpo de la primera y generaban una serie de fuerzas, centrífugas y centrípetas, superpuestas y poderosas, que tironeaban de este corazón o eje propuesto por mí como línea de abordaje al tema.

Creí —y ahora comprendo que fue ingenuo de mi parte— que una sociedad como la nuestra (virgen después de todo de las experiencias más destructivas en cantidad de muertos y pérdidas económicas, de las guerras mundiales) ofrecería respuestas espontáneas y normales para un tema que, en lo concreto e inmediato, constituye un "hueco" histórico que nos fragmenta, desafía a la razón y produce, más allá de cualquier consideración político-partidaria, una llaga en la moral y el corazón.

Pero fue casi imposible.

El *casi* es lo que he logrado, lo que pese a todo conseguí rescatar: un puñado de mujeres y hombres, enloquecidos como todos hoy en día, con varios trabajos para subsistir, y por la ubicación generacional, todas/os con padres y/o madres viejos que están enfermos, son jubilados... y entonces la espiral se va hacia una línea que no tiene ¿nada que ver? Interrogante a compartir: que en este país haya una masa de jubilados que se mueren de hambre si no reciben ayuda de sus hijos, ¿tiene o no tiene nada que ver? Así que esta gente agobiada (y no soy una excepción) se encontró un día con una mujer que, por aquello de la memoria histórica, apareció a pedirles tiempo para conversar de "esa época", cuando eran jóvenes y tenían ilusiones de lograr un cambio social tan, tan grande, que todo iba a estar bien, con viejitos paseando felices, disfrutando de sus merecidas y harto suficientes jubilaciones, e hijos con un solo trabajo y tiempo libre para el ocio creativo, los contactos familiares... el dorado, y al parecer hasta ahora inalcanzable, mundo de la utopía.

LA BUSQUEDA

La investigación comenzó en marzo de 1991.

Previamente, había oído las objeciones de todos los que habían conocido la idea, y que podrían resumirse en dos puntos básicos:

1) Me iba a costar mucho trabajo conseguir que la gente quisiera hablar conmigo, teniendo en cuenta que por no haber "pertenecido", suscitaría seguramente desconfianza.

2) Era muy difícil ubicar a las mujeres que habían tenido alguna relación directa, porque la mayoría habían muerto, o estaban desaparecidas, o no habían vuelto del exilio, o habían vuelto pero vivían cada una por su lado, sin relación con sus antiguos compañeros, etcétera.

Como buena mujer, no quise amilanarme ante la sensatez de esas objeciones, y con la base de una estrategia "hormiga" resolví que si podía hablar con una, a partir de ahí, aunque fuera muy lento, gradualmente conseguiría hablar con otras.

Y así fue. Pero...

Durante los primeros meses quedé detenida en tres casos.

Mi universo de búsqueda era muy amplio, y yo golpeaba en todas las puertas posibles. Sin embargo, las puertas, en el mejor de los casos, sólo se entreabrían, para volver a cerrarse, a veces estrepitosamente.

Con el correr de los meses, aprendí muchas cosas. Todas nacían de un tronco común, insidioso y negativo.

A la llave de esa puerta, yo no la podía conseguir, porque cerraba la entrada a un mundo subterráneo, paralelo al mundo real e instalado en el corazón de cada una de las personas con quienes intentaba hablar del tema.

Miedo. Miedo de todos los colores. Revestido de las más diversas justificaciones. Miedo abierto. Miedo oculto. Miedo-indiferencia-rabia-impotencia-rencor-desesperanza, pero siempre miedo. En realidad, teniendo en cuenta el indulto que había cerrado el año, y la ola de reacciones que se pueden seguir en los diarios, yo no había elegido un momento precisamente tranquilo para comenzar el trabajo. El estado de angustia colectiva había sido bien definido por Jacobo Timerman en una nota del 6 de enero de 1991 que se llamaba "Días de tristeza, días de miedo", en la que se preguntaba cómo haría para circular por la calle y encontrarse en cualquier momento con sus verdugos.

La inseguridad, otra arista del miedo, y la sensación de impunidad que la medida produjo, me parece que influían también negativamente, ya que muchas/os habrán pensado que tal vez no valía la pena hablar teniendo en cuenta la medida producida. Como no soy una amante de los números, no he llevado registro de la cantidad de entrevistas frustradas, de los llamados telefónicos que nunca recibí de parte de todos los que me dijeron: "te llamo", esa frase tan argentina que anticipa la despedida, casi siempre definitiva, o de los bares donde esperé, inútilmente, a hombres y mujeres que me habían citado para conversar "tranquilos".

Algunos descorrieron, tímidamente, algunos velos. "Lo primero que pensé es que eras cana", me dijo una de las mujeres que conversó después conmigo.

Mi sangre cordobesa tomó con bastante sentido del humor la acusación, que sin embargo me remitía nuevamente al punto, porque ya se sabe, desde chiquitos, uno le tiene miedo a la policía.

Sostuve conversaciones delirantes a través de las cuales intenté desmontar el mecanismo que originaba la desconfianza. Inútil. Aunque mis interlocutores/as estuvieran de acuerdo con mis argumentos, quedaba siempre flotando eso de "con las cosas que aquí han pasado, viste…".

Otro "descubrimiento" fueron algunas respuestas que recibí de gente común, pacífica, honradas señoras y señores que creen en la democracia y la justicia. O tal vez debiera decir, en la idea que ellos tienen —¿les han enseñado?— sobre la democracia y la justicia.

"Fue una época de mierda, al final nos volvieron locos a todos… Lo único que me importa es mi familia… y bueno, yo sé que pasaron barbaridades, ¿pero para qué se metieron…?"

"Los militares hicieron mal las cosas, habría que haberlos fusilado a todos, ahí, en la Plaza de Mayo…"

"Los jóvenes fueron arrastrados por los que les vendieron una idea, pobrecitos... Las cosas siempre han sido así y hay que resignarse, qué le vas a hacer."

Y la más común... "De estas cosas mejor no hablar". El miedo, nuevamente.

Entre los que perdieron familiares o amigos encontré generalmente sentimientos que van de la desesperación absoluta a la reivindicación, la simpatía o la piedad.

Sin duda, la peor de esas entrevistas fue la que tuve con un señor italiano, de unos setenta años, que me mostró la foto de su hija, una joven de cabellos largos y aspecto dulce. Llorando como un niño en el bar donde nos habíamos reunido, y bajo la mirada de curiosidad del mozo y los otros parroquianos, me relató entre sollozos los detalles de la noche en que un grupo de desconocidos se llevó de la casa a la hija y al yerno, previo saqueo de la vivienda mientras él y su mujer eran mantenidos boca abajo en la cama.

Nunca más pudo saber nada de ellos, y a pesar del tiempo transcurrido, sigue buscándolos y haciendo gestiones aquí y en el exterior.

La esposa, enferma y deprimida desde entonces, pasa sus días silenciosa y encerrada.

Los hermanos nunca más volvieron a mencionar el nombre de la hermana.

Me dio la foto y me pidió que "se la mostrara a la gente con la que estaba hablando, a ver si alguien la había visto alguna vez...".

Nos despedimos en la esquina del Hospital Alemán y se fue limpiándose los ojos con su pañuelo.

Mostré la foto. Nadie la reconoció.

Al año, mi tenacidad por encontrar mujeres que quisieran hablar de su experiencia en la guerrilla, desde la óptica de lo femenino, tuvo que rendirse a una evidencia insoslayable: yo estaba buscando personas, pero muchas veces me encontraba con fantasmas porque la mayoría de ellas (tal como me habían dicho), *ya no están*.

Esta dolorosa categoría tuvo su consoladora excepción en cada una de las mujeres entrevistadas, quienes a su vez me informaron de otras/os que también están vivos y enteros, en lo que a convicciones, ideales y propósito de seguir luchando dentro de un esquema democrático se refiere.

Ellas mostraron interés y cooperación en los reportajes, fijando el objetivo en recuperar a través de sus historias individuales un aspecto de esa otra gran historia, que nos involucra a todos como país.

Entre los que se negaron o vacilaron en aceptar hubo dos variantes:

- Deseo de dejarlo para "más adelante" porque la experiencia de la militancia se encuentra en una zona "gris", sin resolver y evocadora de sentimientos encontrados que, por ahora, mejor "no tocar".

- Dudas y/o "presión", resumidos en una frase, cuya discusión implicó perder una buena parte de potenciales interlocutores: "Me parece bien que escribas sobre esto para reivindicar".

Reivindicar: (del latín *res, rei,* cosa, interés, hacienda y *vindicare,* reclamar) recuperar uno lo que por derecho le pertenece, dice el diccionario. ¿Qué reivindicaba la guerrilla? El derecho a la rebelión y a cambiar una sociedad injusta, serían las pautas básicas que cada uno de los y las entrevistadas sostuvo en sus definiciones. Estoy de acuerdo con ese planteo. Mi desacuerdo es con los medios a los que se echó mano para lograrlo, siendo, como ya dije, pacifista. Por la misma razón me quedan cortas las palabras para condenar los métodos de la represión, no sólo por la crueldad e ilegalidad demostradas sino por lo innecesario de las mismas, ya que disponían de todos los recursos para actuar de otra manera.

El tema no se agota en este enunciado elemental, por cierto. Antes bien, abre un enorme abanico de subtemas que se relacionan con lo ya mencionado sobre el papel de la violencia en los cambios sociales y los medios disponibles o no para expresar la rebelión, el disenso, y sobre todo, poder concretarlos pacíficamente. Porque es cierto que "los ciudadanos tienen derecho a manifestarse"; el punto está en que esas manifestaciones no consiguen por sí mismas, generalmente, nada. El caso de los jubilados es uno de los mejores ejemplos.

Tampoco el mecanismo de elecciones y representantes elegidos para el debate y la promulgación de leyes resulta muy eficaz, puesto que demasiadas veces esos representantes terminan votando en sentido absolutamente contrario al mandato de sus electores.

Por otro lado, aun cuando "idealmente" esa situación de negociaciones políticas nunca se diera, subsiste el problema de los mecanismos que implican generalmente para los "ganadores" mayorías parlamentarias que pueden por sí solas aprobar las leyes. ¿Entonces dónde queda la "representatividad" de los que no "ganaron"?

Frente a este y otros problemas muy difíciles que plantea el ejercicio y/o el perfeccionamiento de la democracia, no se consigue habitualmente más que una maraña de intrincadas y floridas respuestas que la artillería política exhibe generalmente para salir airosa de situaciones incómodas. Pero lo que cuenta, subyace y se acumula, es la frustración de los que no se sienten representados. Las salidas violentas, las explosiones de cualquier tipo (y digo de cualquier tipo porque esa frustración de sentirse uno o muchos "fuera del poder de marcar rumbos" vale para cualquier grupo social), se nutren al menos en sus motivaciones básicas de esa frustración.

Todas las mujeres entrevistadas hablaron del cansancio infinito de esperar, por la vía democrática, cambios prometidos que nunca se concretaron.

Por otro lado creo, si se mira el conjunto de la historia, nuestra y de otros países, que los hechos históricos se ubican con el tiempo, solos, o si prefieren, se reivindican o no por sí mismos. En su génesis, desarrollo y resultados aparecen más claros, desnudos y, ¡tantas veces!, más terribles. ¿Deberíamos sentarnos a esperar su resultado entonces? Por supuesto que no. Sólo trato de señalar la inutilidad de la mentira histórica, social o política, ya que más tarde o más temprano la verdad aparece, tanto más clara cuando se puede apreciar en un contexto perfectamente definido por el tiempo. Es lo que ha pasado con el tema de los "desaparecidos".

Parece ingenioso y perfecto "desaparecer" a alguien. ¿Pero cómo evitar el hecho innegable y concreto de su existencia anterior a la desaparición? Entonces, "gracias" a ese método aberrante, no tenemos ahora una sociedad "libre", como hubieran querido los instrumentadores del "método", de personas que consideraron "indeseables". Ahora tenemos una sociedad con fantasmas que no dejan de aparecer y vagar reclamando su lugar, mientras el capitán Scilingo y otros se enloquecen con sus pesadillas. Excepto por el daño irreparable, "no sirvió" a los fines propuestos. Nunca ha servido.

Sobre la base de estas inquietudes que sola no he podido resolver, pero que en el diálogo con las militantes veo que tampoco ellas pueden saldar, porque el problema es enorme y complejo, más la conmoción personal por el caso de Adriana, es que me sentí interesada en la figura o modelo social de estas mujeres-militantes-guerrilleras-revolucionarias o como quieran llamarlas o llamarse. En mi contacto con esas mujeres desconocidas, que se desarrolló a través de larguísimas charlas y discusiones, sentí crecer una admiración y solidaridad de género, ante la ancestral fuerza femenina para reponerse de los golpes y derrotas de su historia, para seguir adelante, pese a todo, manteniendo ideales y seguir buscando la respuesta a los interrogantes que esa parte de su vida les ha dejado.

También quedó el saldo amargo que mencioné al principio, centrado en la impotencia por tantas preguntas sin respuesta, tanto destino incierto, tanto dolor en madres, padres, maridos, hijos, hermanos, amigos, que me ha dejado con la enorme, inmensa *tentación de olvidar* para poder despegarme esta tristeza que el tema me ha producido.

¿POR QUE SE ELIGE A VECES EL OLVIDO?

Esta era una pregunta básica que me perseguía continuamente, al notar sobre todo que mi "cuestionario" era recibido muchas veces con rechazo, otras con asombro, planteados en la consideración del tema como algo "prohibido", "no importante" o "falto de vigencia".

En algunos de esos casos, era fácil detectar miedo a hablar de algo reprimido tan ferozmente. En otras palabras, la "eficacia" del castigo ejemplarizador. De ese tronco común nacía también la desconfianza perfectamente centrada en alguien como yo que "no ha sido", y por lo tanto, muchas/os se preguntaban "por qué me metía yo en esas cosas".

"Las mellis", seudónimo que apliqué a dos muchachas ex militantes montoneras, porque parecían actuar en interconsulta permanente con respecto al tema (incluso pusieron como condición ser entrevistadas juntas), insistieron tantas veces en conocer "mis razones" para realizar el trabajo que resolví abandonar su caso, ya que me resultaba el anticlima notar esa desconfianza.

Acaso podría haberme "defendido" mejor si antes del trabajo hubiera conocido un material que cayó en mis manos, muy providencialmente, cuando fui a consultar la opinión del psicoanalista Juan Carlos Kusnetzoff sobre las relaciones amorosas que se dieron entre mujeres militantes y sus captores, en los campos de concentración. Los casos mencionados o conocidos, que son pocos, evocan casi irremediablemente la película *Portero de noche* de Liliana Cavani, aunque la historia no sea igual. En aquella entrevista, y ante mi desconsuelo por esa actitud evasiva-miedosa-desconfiada que tantas veces había encontrado, Kusnetzoff me brindó con gran generosidad su trabajo, donde encontré muy buenas respuestas.

El artículo, cuyas partes fundamentales transcribo, es brillante, agudo y muy honrado, ya que a mí, al menos, me resultó impactante que sea una historia clínica narrada por un psicoanalista, profesión que, estarán de acuerdo, brinda herramientas suficientes como para no "dejar pasar" ciertas reacciones humanas, *et pourtant*...

¿QUE TIENE EL HOLOCAUSTO QUE VER CONMIGO?
UNA CONTRIBUCIÓN AL ESTUDIO DEL PERCEPTICIDIO
Doctor Juan Carlos Kusnetzoff. *Revista de Psicoanálisis,* tomo XLII, N° 2, marzo-abril de 1985.

J. tenía 48 años cuando vino a mi consulta, a solicitud de su mujer... Los motivos de su consulta... se podrían resumir en su falta de iniciativa, poca o casi ninguna voluntad de progresar en el trabajo... y cada vez que se

le presentaba la oportunidad... o no lo hacía, o lo efectuaba de una manera tan tímida e inhibida que el resultado puede fácilmente imaginarse.
...Era ingeniero, recibido en la Argentina, a la que había llegado siendo adolescente... su infancia fue dolorosa, confusa... Internaciones en un campo (¿Muerte de un familiar? —pensé), vivienda errática en Europa... Una historia judía de tantas...
La terapia se centró casi con exclusividad en el momento actual.
El foco de mi atención eran sus jefes... Estos lo tenían relegado a funciones de segunda línea, y de un modo general, a mí me daba la impresión de que se trataba de un tonto... Yo, al igual que sus jefes o compañeros, quizá, no creía en él. No era la primera vez que... me enfrentaba a una víctima del Holocausto, pero sí la primera vez que se presentaba ante mí un sobreviviente... con tal grado de fuerte inhibición y descenso de la autoestima.
Pensándolo detenidamente, en los casos anteriores a éste, mi acercamiento al tema candente de la historia personal... fue efectuado como lógica derivación de mi encuadre teórico: el pasado determina el presente... Quiero subrayar, J. era uno más, como cualquier paciente, y su pasado, uno más, como cualquier —otro— pasado... A medida que avanzaba la terapia, el diagnóstico provisional efectuado en los primeros contactos se confirmaba: era un tonto, un hombre de muy difícil contacto personal, un alguien condenado por alguien y —obviamente— por mí también. Me explico, yo, terapeuta, estaba identificado con un aspecto del paciente, aquel que lo fustigaba o lo zahería, agrediéndolo o rechazándolo. Curioso; me daba cuenta de ello, pero no me detuve a reflexionar sobre su significado. *Es importante decir que la identificación nos identifica, nos torna alguien o algo; dice, expresa algo de la persona. De mí y del otro. [Las bastardillas son mías. M. D.]*
...¿En qué consistía la terapia que le fue administrada por mí? En esclarecimientos, en interpretaciones a sus resistencias a creer, a adaptarse al mundo, a mostrarle su miedo a la autoridad... Puedo justificar mi accionar terapéutico diciendo que, en las psicoterapias, en particular las de curso relativamente breve... se trata de enfocar la mayoría de las intervenciones sobre la actualidad, desalentando la visión retrospectiva, promotora de regresiones difíciles de manejar luego, por lo imprevisible de su derivación y consecuencias.
Cualquier autoridad del ámbito psicoanalítico... concordaría plenamente con mi accionar. Pero la ciencia se construye con la verdad y la verdad se dice —y propagandea— de múltiples maneras. Faltan datos aquí. ¿Por qué yo decidí hacer psicoterapia breve con este hombre? ¿En qué recaudos o indicadores estuvo basada mi decisión?

...La idea portadora (de Freud) fue colocar en el centro de la cuestión, en el ojo de la tormenta, al hombre, al científico que observa otros hombres, no con la óptica de una máquina, sino con el lente de su propia historia, con su propio dolor, con su propia alegría, con su propia destrucción.

Freud puso al hombre enfrente de otro hombre y al observarlo, se observaba a él, y al observarse él, observaba al otro. Sólo puedo mirar y juzgar e interpretar lo que me permite mi mirada, mi juzgamiento, mi interpretación... Duro es confesarlo, pero decidí hacer psicoterapia relativamente breve a J. porque no me interesaba su pasado. Quería eludirlo. Ya me había sucedido en otras oportunidades, con pacientes similares que habían pasado el Holocausto o cuyos familiares directos habían sido víctimas de él.

¿Qué tiene el Holocausto que ver conmigo? Si es algo que ya pasó. Es una letanía de algunos viejos. No digo que no haya ocurrido, no. Pero no se puede vivir aferrado permanentemente a una historia tan cruel o a la exhibición de un número en el antebrazo. Hay que superar la historia.

...¿Qué tiene el Holocausto que ver conmigo? Si yo no viví eso.

...No vi el pasado de mi paciente. Puede aparecer como disculpa, pero para verlo, primero y ante todo me lo tenían que haber mostrado... Simplemente, en mi agujero perceptivo, puede olfatearse todo un pasado, no sólo —y quisiera subrayar no sólo— personal, íntimo, donde pueden leerse las historias de mis progenitores, sino también el pasado de mi formación psicoanalítica.

...Sabemos —¡y vaya si lo sabemos!— que no tomar partido, ser neutral, es tomar un partido. Yo había tomado partido por el no-ver. Este hombre ante mí, no tenía pasado... Por aquello de la identificación y al no verlo y opinar que era un tonto y agredirlo, sin saberlo, yo era Goebbels.

...En el ambiente de los convulsivos años 70, teníamos trabajando a varios cientos de profesionales... Todos ellos de una u otra manera, con estilos diferentes, y escuelas psicoanalíticas diferentes, pero descendientes de Freud, pariendo conciencias. Los nudos de la historia se ajustan y una guerra no convencional se declara. Todo el mundo es sospechoso, pero los "Psi" un poco más. Freud tiene discípulos, pero Goebbels también. Y los "Psi" trabajan con la angustia, lo que no quiere decir que sean inmunes a ella. Goebbels sabe que una política de terror, usando la mentira, la no información, paraliza la acción, adormece las conciencias y quiebra los frágiles lazos de solidaridad que la clase media posee. Cuando se invade un consultorio, cuando se llevan secuestrados con destino incierto a profesionales con pacientes y todo, la comunidad

"Psi" se paraliza por el pánico. No otra cosa le ocurre al resto de la población... el "¡Y... algo habrá hecho!" o "¡Y... estarán en algo raro!". Ellos también, los que opinaban así, sin saberlo, eran Goebbels. Los nudos de la Historia se siguen apretando y ya me cercan. Me avisan que soy judío. "¿Que soy qué?": "Judío". Como si hubiese escuchado la palabra por primera vez.

...Lo que se niega como propio, retorna como ajeno, pero cambiado de signo... Por negar el Holocausto, estamos condenados a revivirlo, reproducirlo, y sufrirlo nuevamente. Y no sólo los judíos... Lo que se ve o no se ve Hoy es la sutil reproducción de lo que se vio o no se vio en el Ayer.

...La no-mirada sólo puede producir no-miradas, cegueras en cuyos huecos la Historia se hace Holocausto... Una muerte perceptual, un percepticidio, lleva como destino la complicidad en el asesinato del objeto que no se ve y —simultáneamente— el suicidio del ojo ciego.

...el ¡No matarás! del Decálogo, también se refiere a eso. ¡No matarás con tu ceguera! ¡Parirás tu conciencia con el dolor de tu Historia!

Como ya dije, si hubiera leído al principio de la investigación este artículo, me habría evitado muchas horas de reflexión, en las que sola, mantuve un estado de "alerta" sobre mis propias reacciones, las de las entrevistadas, las de otra gente consultada. Mi preocupación era no dejarme llevar por las múltiples opiniones de los demás por un lado, y al mismo tiempo, desconfiar de las mías. Yo prefería buscar un terreno de encuentro-diálogo provechoso que aportase algo más humano y concreto a este tema tan doloroso.

Este propósito tropezó muchas veces con fracasos rotundos y seguramente el mayor fue el que me sucedió con un alto dignatario de la Iglesia católica que a mi requisitoria, por nota y demás, me hizo transmitir con la muy amable secretaria, su respuesta: "¿Qué tengo yo que ver con eso?".

Después de haber leído el artículo que transcribí, estoy segura de que lo tomarán como una *boutade* mía, un retruécano periodístico que invento para que "pegue justo". Pero no, desgraciadamente es verdad. Me pasé varios días masticando la impotencia, y entonces, créase o no, cayó en mis manos el artículo, y cuando vi el título, pensé que era una broma del destino.

A mí al menos este trabajo me sirvió para comprender por qué, ante las inevitables dificultades que el tema me producía, más de una vez tuve una sensación de fastidio, que me dejaba culposa y que prefería explicar "corto", basándome en los problemas de la tarea, en lugar de reconocer el "largo" brazo del miedo operando también en mi conciencia.

Yo espero que el artículo ayude a otros en reflexiones que creo ineludibles, salvo que uno elija vivir en la regresión de "niños eternos", y aquella muy acertada definición de María Elena Walsh cuando habló de un país "jardín de infantes".

EL ESPEJO DE LOS OTROS

No somos los únicos que hemos pasado por "huecos históricos". Lo terrible y lamentable es que por primera vez lo experimentamos en carne propia, de allí, supongo, se deriva el "Nunca más" elegido como título para el Informe de la Comisión Nacional sobre la Desaparición de Personas.

Conocer esos otros huecos puede ser muy interesante para encontrar analogías que ayuden a elaborar respuestas.

Bruno Bettelheim, en *El corazón bien informado. La autonomía en la sociedad de masas* (Fondo de Cultura Económica, 1973) estudió la reacción de la población alemana frente al accionar de la Gestapo y la existencia de los campos de concentración, desde su experiencia directa, ya que por su condición de judío fue también prisionero.

Del capítulo "Los hombres no son hormigas" extracto algunas de sus opiniones.

Al principio de la tiranía alemana, cuanto más tardaba en actuar el individuo, más se debilitaba su capacidad de resistir... pero después que se inicia este proceso, adquiere impulso propio. Durante mucho tiempo, numerosos individuos aún permanecían convencidos de que a la próxima intromisión del Estado en su autonomía, al próximo ataque a su libertad, a la siguiente humillación actuarían decididamente. Pero entonces ya no podían actuar y debían comprender demasiado tarde, que el camino de su desintegración como personas, o aun peor, el campo de exterminio, se hallaba pavimentado de buenas intenciones.

Lo interesante y sobrecogedor en el análisis de Bettelheim es una conclusión fundamental que él establece en el estudio de este fenómeno.

...No me interesa la importancia de este proceso en un sistema que ahora no existe, sino las tendencias similares que se encuentran en toda sociedad de masas, y que pueden localizarse hasta cierto punto en nuestra época.

Bettelheim comenta el ejemplo de altos funcionarios nazis, incluso oficiales del SS que fueron enviados, en los últimos años de la guerra, a campos de concentración. Establece asimismo un paralelo con los campos de concentración rusos, de los que habló Alexandr Soljenitsin en su libro *Archipiélago GULAG* (Plaza & Janés, 1974), y con respecto a ellos dice:

> En los llamados Juicios de Moscú se aniquiló a personas que aunque se encontraban de acuerdo con la filosofía básica del sistema, conservaban una libertad individual de crítica y acción... Los campos de trabajos forzados rusos fueron menos radicales que los campos alemanes... inicialmente el terror no fue importante para el sistema soviético, sino un efecto posterior del sistema de trabajos forzados.

A su vez, leyendo lo que Soljenitsin, autor de *GULAG* y protagonista de la experiencia, comenta acerca de las detenciones, se advierte un paralelo notable con cualquiera de las declaraciones de víctimas registradas en el *Nunca más*.

I - EL ARRESTO
¿Cómo se llega a este misterioso Archipiélago? Continuamente vuelan hacia él aviones, navegan barcos, se arrastran ruidosamente los trenes, pero no llevan ningún cartel que indique el lugar de destino...
Y para los que van allí a morir, como usted y yo, querido lector, hay una sola y obligatoria forma de llegar: a través del arresto...
Cada uno de nosotros es el centro de un mundo, y el Universo se resquebraja cuando le mascullan a uno: "Queda usted detenido"... en ese momento, tanto los más agudos como los más lerdos sólo son capaces de extraer, de toda su experiencia, un: ¿¿Yo?? ¡¡Por qué!?, pregunta que antes de nosotros se ha repetido millones y millones de veces y que jamás obtuvo respuesta...
Y en su desesperación, incluso verá resplandecer una luna parecida a un juguete de niño, a un decorado de circo: "¡Es un error! ¡Se aclarará!".

Del terror resultante, Bettelheim establece (en su análisis de la sociedad alemana) certeramente la clave y el efecto:

> (las "acciones") No estaban destinadas a castigar a los trasgresores, sino a obligar a los ciudadanos a hacer lo que el Estado deseaba, *y a realizarlo por voluntad propia. [Las bastardillas son mías. M. D.]* La causa de la sumisión era la angustia, que obligaba a las personas a someterse, y no el texto de la ley. Esta diferencia puede parecer sutil, pero fue psicológicamente importante.

Estas largas pero indispensables transcripciones, que explican sobradamente la importancia de la memoria, aclaran las reticencias que encontré a lo largo del trabajo, y que partían generalmente de la convicción, más o menos declarada, de "olvidar el pasado y vivir hacia adelante". Pero si algun "aprendizaje" me ha dejado el tema, es que no solamente es inútil, porque la memoria existe y vive en la historia de cada uno, sino que además será seguramente muy peligroso para nuestro futuro insistir en los olvidos.

MAMA FUE LA QUE VOTO POR PRIMERA VEZ

Por ubicación generacional, las militantes son hijas de las mujeres que por primera vez pudieron votar, al menos masivamente, en la Argentina.

¿Tiene eso importancia? Me parece que sí, y lo que no es menos importante, porque perfila una postura que se mantiene en la mentalidad de unos cuantos, es la oposición que el proyecto tuvo. Recomiendo a todas las mujeres leer el discurso transcripto por Estela Dos Santos en su libro sobre las mujeres peronistas, perteneciente al diputado Reynaldo Pastor, representante de San Luis por el Partido Demócrata Nacional. Es una joya y, sinceramente, pese a la tentación de transcribirlo, prefiero remitir a su lectura directa porque son muy agudos los comentarios de Dos Santos al respecto.

Podemos decir entonces que si al derecho lo estrenaron las madres (y como todo estreno tuvo que esperar el tiempo histórico que revelara su eficacia), correspondió a las hijas disfrutarlo, analizarlo y criticarlo.

Era verdaderamente una época intensa esa de los '60 en adelante. La píldora, el amor libre, el hippismo, la creciente y masiva participación femenina en las universidades. El mundo, que cambia todos los días, parecía más cambiado que nunca y, también por eso, más "listo" que nunca para cambios que se soñaban como radicales, profundos, definitivos.

En el libro *La revolución y nosotros, que la quisimos tanto* (Editorial Anagrama, 1987), Dany Cohn-Bendit, protagonista del mítico Mayo del '68 que todas las entrevistadas mencionaron en sus charlas, dice:

"En 1968, el planeta se inflamó. Parecía que surgía una consigna universal... *We want the world and we want it now* (queremos el mundo y lo queremos ahora), cantaba Jim Morrison. Sucedió hace quince años. Ayudados por el fulgurante desarrollo de los medios de comunicación, fuimos la primera generación que vivió, a través de una oleada de imágenes y sonido, la presencia física y cotidiana de la totalidad del mundo. Debióse sin duda a la música: un grupo inglés que componía canciones en los suburbios de Liverpool, meses más tarde, era adorado por los jóvenes del mundo entero; o bien a las imágenes de los noticiarios: los tanques rusos entrando en Praga, Carlos y Smith levantando sus puños enguantados de negro en el podium de los Juegos Olímpicos de México, el rostro del Che Guevara; todas estas imágenes provocaban reacciones, indignaciones, adhesiones violentas que soliviantaban a muchos jóvenes, cualquiera que fuese su nacionalidad…"

Es cierto. El "clima" era ése. Pero no menos cierto es que, en la Argentina, aquella "inflamación" y ataque de crítica unánime que de pronto los jóvenes se permitían, descubriendo que no necesitaban pedir permiso para rebelarse, encontraba un material histórico y político que parecía diseñado a la medida de su rechazo. Mientras la televisión mostraba la agitación del mundo, con imágenes de Vietnam y de mujeres que manifestaban quemando sus corpiños, aquí se vivía en plena Revolución Argentina. En el testimonio de Tina está muy bien definido lo que ella sintió en aquellos momentos.

Los estudiantes franceses gritaban "bajo los adoquines, la playa", en su simbólico acto revulsivo. La revulsión aquí no descubriría playas sino los escombros de una línea constitucional fragmentada regularmente desde el 6 de septiembre de 1930.

La cronología de esos derrumbes puede seguirse con claridad ejemplar en el libro de Horacio Verbitsky *Medio siglo de proclamas militares* (Editora/12, 1987).

Entonces, para mujeres ya "liberadas" y con derechos adquiridos, imbuidas del fervor revolucionario del/los cambios que parecían tan próximos y posibles, sujetadas o intentando ser sujetadas con el corsé de una dictadura que no por ser más blanda que las que siguieron perdía su intrínseca condición de gobierno no elegido, y con una trayectoria histórica que mostraba la cíclica interrupción de la democracia, ergo, y para el pensamiento vigente, su "inutilidad", ¿qué podía esperarse? ¿Que siguieran aguardando mansamente el próximo permiso para votar, que siguieran votando por los "viejos" partidos, en un momento en que lo "nuevo" era la consigna? ¿Cómo podían "hombres y mujeres nuevos" luchar, si no era por nuevas y muy distintas aspiraciones? Amílcar Santucho recuerda que Robi, a su regreso del viaje por América, le dijo: "He cambiado totalmente porque he visto una realidad. Creo que para América el camino es el marxismo. No sé cómo lo haremos ni con qué estructura porque yo no quiero ligarme al Partido Comunista, tengo que ver cómo hacer un partido revolucionario".

Lo demás, uno podría decir, es historia conocida. No por eso sin embargo definitivamente aclarada, asimilada, ubicada en su lugar justo. Algo que parece utópico de lograr cuando todavía se está discutiendo la "legitimidad" de la modalidad represiva, cuando las Madres y las Abuelas siguen pataleando en su incertidumbre. Esta historia no ha terminado, o si prefieren, la lucha continúa, como todas las luchas, con otros nombres y formas.

LATITUDES Y LONGITUDES

El trabajo de investigación en documentales me ha enseñado algo elemental y taxativo: cualquier tema al que uno se acerca, hasta el más simple, encierra un mundo desconocido, una "geografía" alterada que se opone, enriquece, cambia, las visiones establecidas previamente.

Estos reportajes no han sido una excepción. Como siempre, aprendí, descubrí otras latitudes y longitudes que completaron mi geografía inicial, de la que solamente desearía aclarar algo obvio: mi balance del mundo íntimo de las militantes y su pasado se estructura exclusivamente con las mujeres que yo conocí. Puede haber, hay, otras que no piensan seguramente igual. Ejemplo elemental, cualquiera de las que, a través de relaciones "cruzadas" con sus represores, vivirán ahora en otros puntos de la realidad, y otras ¿pocas/muchas? que probablemente no se sentirán identificadas con estas historias, ni con este balance, por razones distintas.

Hay, sin embargo, un elemento que considero muy valioso como eje de las historias presentadas: mis entrevistadas siguen creyendo en aquellos sueños que las movilizaron, lo que les da, a mi juicio, un derecho o carácter de representatividad del espíritu de aquella militancia. Esto no ha sido voluntario. Ellas son las que aceptaron hablar. Otras no quisieron/tuvieron miedo/no les interesó, como ya aclaré en "*La búsqueda*".

Mi nueva geografía del tema, entonces, las tuvo a ellas como referencia básica de un "adentro" de ese mundo, que acompaña y completa mi "afuera" —yo también he nacido aquí— y son esos dos ejes los que están presentes en este balance, que, volviendo a Heráclito, será arrastrado por el río del tiempo, que traerá nuevos elementos y otras historias.

LOS FRENTES DE LA LUCHA

Si se acepta que hay, sorda o no, una lucha, una disputa no resuelta, tenemos que reconocer la presencia de ¿dos adversarios? Sería perfecto, fácil, cómodo. Dos contendientes, cada uno en su esquina y los demás, mirando el combate por televisión con los amigos. No. Yo diría que aquella lucha del 70, vieja ya de sangre derramada, ilusiones perdidas y horrores varios, se ha multiplicado y se libra en muchos frentes, que tal vez podrían reconocer, sólo en última instancia, algunos objetivos comunes.

Partiendo de un modelo teórico, se podría decir que antes, en el 70, el combate era "guerrilleros versus capitalismo y gobiernos militares". ¿Y en el después? En el después aparecen los múltiples frentes y las múltiples pérdidas que toda lucha entraña.

Los guerrilleros, que desde el vamos estaban fragmentados en distintos grupos —lo que evidentemente no era un buen comienzo y configura un "pecado original" que, al parecer, ha afectado a todas las revoluciones— sufrieron pérdidas en tres frentes. Esto es, no sólo fueron masacrados y su revolución aplastada; también su principal modelo "desapareció" con la caída del socialismo, que parecía tan definitivo, en la ahora ex Unión Soviética. El tercer frente es abismal, pienso, porque alude a lo nunca resuelto, el eterno problema entre el Bien y el Mal que, desde la materia prima original de un ser humano, produce una víctima o un verdugo. Un cobarde o un héroe, un idealista o un escéptico, y tantos otros modelos dentro de lo que llamamos Humanidad.

Viky dijo: "...la derrota provocó o desató lo peor", situando *a partir de ella* "...ambiciones de poder, egoísmo, trepar...". Yo coincido plenamente con Viky acerca del calificativo "peor" y sus alcances, pero según mi criterio, ya que aquí se trata de mi balance, disiento en la ubicación temporal de los términos que, me parece, ella también ubica claramente cuando dice: "...tuve que aprender que la militancia no te redime de tus defectos. No te transforma en santo o héroe...". Entonces, me parece, la derrota no empezó "afuera" y descompuso "adentro". Adentro había gente que contribuyó —con sus malas o peores inclinaciones de poder, ambición, etcétera— a una derrota cuya génesis se vio estimulada por un marco histórico "prometedor" que nutrió los erróneos análisis políticos de la realidad argentina, llevados a cabo por otros, no pertenecientes a la categoría antes mencionada, cuyo auténtico idealismo creyó llegado el tiempo de la revolución.

No se explican de otra manera, estilos de conducción y estrategias implementadas que, sobre todo en los momentos finales, fueron casi como un "regalo" para los represores que detentaban el poder, abocados a su tarea de aniquilamiento de las organizaciones. La lucha interna de tendencias —tan evidente en las actuales enemistades de los que antes fueron compañeros de lucha— aparece como otro elemento decisivo para acciones suicidas —Monte Chingolo (ERP), la Contraofensiva de Montoneros— y hasta "caníbales" como las órdenes de ejecución dentro de los grupos.

De ningún modo este criterio se solidariza con la célebre frase "ellos se lo buscaron", antes bien, refleja el sentir de muchas personas, especialmente mujeres, que pasaron esa época observando aterradas la evolución trágica de aquellos acontecimientos.

Millones de mujeres que votan y que también tienen jornadas tan enloquecidas como las de aquellas militantes del 70, atendiendo su trabajo de la casa-hijos-padres viejos, junto con su trabajo de *afuera,* hubieran estado muy felices y esperanzadas —como pudieron comprobar las/los militantes en sus etapas de actividad barrial sindical— con la continuidad de un trabajo planteado en principio como algo menos ambicioso y más horizontal. No *para mañana,* para siempre. No voluntarista y a los saltos. Perseverante, coherente, monolítico y apuntando al cambio de cada individuo, mucho más lento y difícil que el cambio apasionado y vanguardista de los grupos.

Este sentir, que asumo como femenino y ancestral, con todas sus virtudes y defectos, me hace otorgar un lugar privilegiado a ese misterio terrible de la condición humana, que a lo largo de la historia, "les ha torcido el brazo" a tantas luchas justas —en las que tanta gente fiel a un ideal murió— cambiando sobre la marcha los fines propuestos originalmente, o peor aún, olvidándolos completamente, para someterlos a fines personales, beneficio de "grupos de élite" dentro de los grupos y tantas otras desviaciones.

Cada una de las mujeres entrevistadas ha reafirmado su adhesión a sueños que parecen ahora más lejanos que nunca, y este espíritu las ubica junto a los verdaderos luchadores, que, bueno es recordar, generalmente han perdido, de Espartaco para acá. Si así no hubiera sido, el mundo sería distinto y "nuestras" guerrilleras no habrían existido.

Para el otro grupo del modelo propuesto, las cosas fueron mejores, tal como viene sucediendo de Espartaco para acá y así, otra vez en la historia, una represión "purificadora" entregó un país libre de rebeliones a los intereses económicos que han ido cambiando de nombre, pero en esencia son los mismos. En este grupo se alinearon varios subfrentes integrados, básicamente, por los "niños eternos" que buscan un padre fuerte que va a "arreglar todo", y los mercaderes de siempre que se restregaron las manos, porque habían "desaparecido" los que deseaban echarlos del templo.

¿Y ahora "la casa está en orden" porque la pesadilla de la violencia es un recuerdo lejano? ¿La democracia salvada de aquel azote demuestra claramente su eficacia y sus ventajas con la vigencia del derecho, los salarios justos, el pleno empleo y la seguridad social funcionando como un aceitado mecanismo?

El no rotundo, que cada grupo puede analizar —y aun justificar— desde su óptica, dibuja ahora lo que aparece como un "feudalismo posmoderno", con señores poderosos que libran batallas entre sí por el acaparamiento de poder y una gleba dispersa que sobrevive como puede. Desde el punto de vista económico las "soluciones" pasan por arrimarse a los grandes señores. Retirarse al interior de sus hogares cerrando la puerta con doble/triple llave. Integrar grupos que acometen "pequeños emprendimientos". Hacer "cualquier cosa" como autónomos, y si todo esto falla, integrar esa masa de desocupados, cuyo índice se pelea cada día en los medios.

Desde el punto de vista social, la vida espiritual de esta gleba —que no puede separarse de las soluciones económicas que ha encontrado para la subsistencia— se concentra en otros grupos: defensa de los Derechos Humanos, algo "nuevo" y surgido "después", con muchísimo trabajo entre manos, aunque sus detractores, nucleados en el bando triunfante, opinen que es "sólo" política. Obras de caridad, algo "viejo" que ya existía "antes", ahora con más trabajo que nunca e impotentes casi para ayudar a las víctimas del ajuste económico. Análisis político-social: desde el diario leído y comprado en común por los jubilados hasta el florido arco de grupos que analizan la realidad. Evasión, otro arco muy variado. Desde pasión deportiva, tirarse en la plaza, caminar con el perro, mirar televisión, leer "algo", cine, a extremos que pasan por apartarse de todo y asimilarse a grupos espirituales *"new age"*, o apartarse de la "otra" manera, droga y alcohol mediante. Arte/cultura: un grupo que las pasa negras porque su "herramienta", el intelecto, se ve muy afectada por la realidad y ya se sabe, el que no se concentra, no produce, y el que no produce, "desaparece" de los circuitos, de los medios, etcétera.

Un detalle interesante con respecto a la población de estos grupos es que nuclean a gente de los dos bandos mencionados como antagonistas en el modelo teórico.

Ahora, en este "después", en un grupo esotérico se pueden encontrar un pequeño comerciante arruinado y un ex guerrillero, o un torturador arrepentido puede ir a golpear tímidamente la puerta de un organismo de Derechos Humanos para confesar sus crímenes. Lugar donde, no nos olvidemos, está la lista de todos los que él secuestró en la época que entraba "pateando puertas". Los "niños eternos", por su parte, descubrieron que el "padre fuerte" no solamente "arregla todo a su manera", también castiga al que se le ocurre, según su humor e interés del día; a ellos mismos, por ejemplo, y entonces se encuentran en la fila de desocupados que buscan un plato de comida en alguna parroquia, con un obrero despedido por formar parte de una huelga. La lista sigue y si pensaron en *Cambalache,* estoy de acuerdo.

Los integrantes de estos grupos, y de muchos otros que, por supuesto, nos incluyen a todos los que no tenemos la cuenta en Suiza y el avión particular, están a su vez desorientados y/o enfrentados entre sí a la hora de una elección política.

¿Cuál de nuestros políticos actuales podría convencer ahora a los ex guerrilleros y guerrilleras del 70 de seguirlo sin desmayos "hasta vencer o morir"?

Para los que no fueron guerrilleros la situación política tampoco ofrece alternativas. Un ejemplo simple es el de la gente que no acompañó a los guerrilleros, porque rechazaba el método o la ideología, pero tampoco estaba de acuerdo con los militares, y además se sintió/está desilusionada del partido tradicional que votaba.

Podría decirse que todos y cada uno aspiran a un "cambio" que, de tan variado/desconfiado/vapuleado, se ha vuelto abstracto. Ergo, mítico, utópico, lejano. Entonces, a la hora de votar... ¡Ah, si se pudiera tener un aparatito que registrara los sentimientos en el cuarto oscuro!

Allí encontrarían los futuros líderes un material muy interesante para estudiar.

Ese pueblo que todos quieren interpretar y representar, con mejores o peores intenciones, tiene su propio y, por cierto, muy vigoroso "corpus" de teorías que ni siquiera puede intuirse en los resultados eleccionarios. Creo que en ese "desconocido" terreno, debe buscarse el origen de la sorpresa que experimentan "todos los que saben", cuando opinan que el electorado elegirá al partido A... pero gana el B.

Un buen ejemplo de esta "lógica propia" es la paternidad/maternidad numerosa de los más pobres. Más de un bien intencionado se pregunta muchas veces por qué tienen tantos hijos, ya que los traen a sufrir, puesto que no los pueden mantener, etcétera.

Creo que una de las razones es que el pueblo que los revolucionarios eternamente han buscado "despertar", tiene sus propios sueños. Más pequeños, más íntimos, más inmediatos, generalmente, que los grandes sueños revolucionarios.

Una madre pobre, lo único que quiere es que sus hijos *vivan y les vaya mejor* que a ella. Hará cualquier sacrificio para lograr eso, y aunque todos los políticos más o menos revolucionarios le expliquen hasta el cansancio que un hijo pobre y desnutrido tiene muy pocas probabilidades de llegar al año de vida, seguirá obstinadamente adelante, sin escuchar conceptos que en realidad "conoce" por la memoria ancestral de generaciones tan pobres como ella.

Esta realidad, o tendencia "conservadora" de las masas, la conocen muy bien los "chicos malos" de la historia que tienen muy buen "olfato político" y aparecen, siempre y cíclicamente, del lado de los que "ganaron". Caminando tranquilamente arriba de los derechos de los mansos de corazón, y arriba de los cadáveres de los rebeldes, a veces, ex compañeros de lucha, disfrutan sus privilegios, sin pudor, por otro lado. No hay más que mirar las revistas de actualidad para verlo. Además de cruel y ausente de ética, la actitud es directamente suicida, y a los que les parezca exagerado el razonamiento les sugiero que lean los conceptos de John Kenneth Galbraith en su libro *La cultura de la satisfacción* (Emecé Editores, 1992).

Supongo que algunos dirán que el planteo desconoce "la innegable realidad de los avances democráticos y sociales". Diría que no es desconocimiento sino desconsuelo ante:

- la génesis de esos avances nutrida en la sangre de los que trataron de imponerlos;
- el molde o esquema sobre el que se han construido y que parte de la falta de equidad, ya que antes o después de cada uno de esos avances, nos encontramos siempre con la innegable presencia de los pobres de turno y la cadena de injusticias que esa situación origina.

El tema, que es universal, porque el socialismo "cayó", pero el capitalismo nada solucionó, lleva, creo, inevitablemente al punto antes mencionado: la elección y las razones de esa elección, entre el Bien y el Mal. Filósofos, teólogos y psicólogos han dejado su vida estudiando el problema, mientras la situación subsiste, vale decir, los pobres y marginados siguen estando ahí, manifestando en todo caso una increíble resistencia para sus pésimas condiciones de vida. ¿Tener tantos hijos será su "solución biológica" para evitar su desaparición del sistema?

También y acaso porque los cambios siempre suceden más allá y en otra parte, manifiestan generalmente una actitud poco interesada y hasta indiferente en cada época, ya que después de todo, su situación seguirá siendo la misma.

¿Existen la desesperanza genética y la certeza acumulada de que para ellos nada cambia?

La rebelión, que sería tan lógica y que, de hecho, los ha tenido algunas veces de protagonistas, pero generalmente no de promotores o ideólogos, ha tenido también su cíclica y feroz respuesta represiva.

¿Por qué no han surgido entre ellos los "pensadores" propulsores de cambios? Porque eso implica generalmente un "tiempo" dedicado a la reflexión, el estudio y la lectura que ellos nunca tienen porque están ocupados *full-time* con la subsistencia. De allí se deriva el carácter bárbaro e inútil de la "precaución" de quemar libros y prohibirlos, ya que no solamente están tan cansados que no tienen tiempo o ganas de leer; muchos de ellos continúan siendo analfabetos.

La ironía demoledora de Oscar Wilde no se perdió el tema y en el cuento "El amigo fiel" pinta el caso de un campesino solidario que a pesar de trabajar desde el alba hasta la caída del sol "por las noches leía, pues era culto".

Tina comentó en su historia que, desesperada por la "falta de respuesta" de un grupo femenino que ella trataba de movilizar en una villa, pensó que las mujeres "no tenían nivel"... hasta que se dio cuenta de que esa falta de interés surgía de algo tan elemental como las condiciones en las que vivían. Esas mujeres no tenían tiempo ni ganas de ir a una reunión política después de sus agotadoras jornadas de trabajo.

Por eso es que generalmente son tan cautos y desconfían casi instintivamente de los que vienen a redimirlos. Ellos saben que eso termina casi siempre en un castigo y aun en la pérdida de lo poco que tienen. Ramona, como experimentada mujer trabajadora, fue, me parece, muy sabia cuando recomendaba a las exultantes jóvenes que le comentaban la venta del periódico en las fábricas que tuvieran cuidado, porque eso no quería decir igual cantidad de militantes, ni siquiera de simpatizantes.

Las teorías y las experiencias de otras revoluciones —analizadas con tanto ahínco por aquellos jóvenes revolucionarios argentinos— ofrecen, me parece, sólo una referencia comparativa. La Argentina no es la Rusia zarista, ni China, ni Vietnam, ni Cuba, aunque la esencia de la lucha entre poderosos y desposeídos sea siempre la misma. Una bella utopía, unas experiencias inútilmente traspoladas, un trabajo político de masas —descuidado y hasta abandonado en la etapa militarista—, la convicción, la entrega, no bastan, no sirvieron, para concretar el sueño de una sociedad mejor, habitada por hombres y mujeres "nuevos".

El corazón de muchos dijo que sí. Pero el de muchos otros dijo que no.

Luis Bruchstein, desde su experiencia sindical en las bases, ha explicado muy bien, y con la solidez de su formación intelectual, ese "apresuramiento" revolucionario que creyó tener "todo listo" para el gran cambio.

Juventud y entusiasmo primero, clandestinidad y encapsulamiento después, hicieron lo suyo evidentemente para que esta *parte,* que eran los grupos revolucionarios, creyera, y pienso que con buena fe, estar en condiciones de representar a *todo* ese pueblo tan necesitado de reivindicaciones. Pero ya se ha visto que no era así.

La buena fe resalta en el más elemental análisis de las vidas personales de las entrevistadas. Cualquiera de ellas tenía la posibilidad de desarrollar una vida tranquila, como la Susanita de *Mafalda* según la mención de Frida: estudiar, casarse, tener hijos y pasar los fines de semana felices con el marido y los chicos. ¿Qué otra cosa que ideal y toda la fe puesta en su concreción las hubiera llevado a esas jornadas enloquecidas y peligrosas que eligieron?

Veinte años después, las que han sobrevivido tienen que acomodar su vida y sus aspiraciones en un mundo muy cambiado, con muchos de sus modelos de entonces caídos, y un lenguaje mercantilista donde resulta anacrónico hablar de ideales.

Al mismo tiempo, el fracaso de su lucha y los duelos multiplicados han dejado, me parece, una base de rencor hacia todos aquellos que no "acompañaron" el proyecto. Sentimiento muy lícito y natural en gente que ha sufrido tantas fracturas y conmociones, y que muchas veces se advierte en algunos juicios taxativos o virulentos que "espantan" o incomodan a más de uno.

Es y será, supongo, muy difícil encontrar un equilibrio entre aquellos sentimientos y el peso de la realidad, pero es inevitable para no encapsularse nuevamente. Carlos Orzaocoa tuvo una muy lúcida reflexión sobre este aspecto de la vida actual de los ex militantes, en una charla que mantuvimos durante mi estadía en Córdoba. Su razonamiento aludió a que no resignarse es legítimo, seguir defendiendo ideales también, no olvidar el pasado, fundamental, pero el tiempo histórico es otro e impone nuevos análisis.

Aprehender y valorar la realidad de entonces y de ahora, englobando y calificando a los que "no fueron" con frases como "los que no hicieron nada", "los que miraron pasivamente" o, peor aún, "los que fueron cómplices", ignora, me parece, algo que hasta puede medirse en cifras, y me refiero a la cantidad de electores que hoy en día no votan por los militares represores o golpistas, "transformados" en políticos democráticos.

Dentro de ellos, hay un enorme abanico de frentes o posturas políticas diversas que los llevaron a no sentirse convocados por el proyecto revolucionario, sin que, al mismo tiempo, tuvieran una *voluntad* de complicidad en el proceso represivo, que, bueno es recordar, desplegó un poderío con el que amenazó a la sociedad en general.

En cuanto a los que sí estaban de acuerdo, cuya cifra puede calcularse con los que ahora los eligen, se impone, me parece, un interrogante impostergable. Para lograr el "cambio" tan justo y necesario ¿qué se hace con/ de dónde sale/ toda esa gente, que también forma parte del pueblo?

SAQUEN UNA HOJA

¿Se acuerdan del eco terrorífico que tenía ese anuncio de las pruebas "sin aviso"?

Mi propuesta es mucho más inofensiva, lúdica diría.

¿Cómo dibujarían la sociedad ideal, o aun si quieren, el mundo ideal?
¿Qué dejamos, qué sacamos, qué cambiamos?
¿Con o sin pobres?
¿Con o sin políticos?
¿Fuerzas Armadas, sí o no?

¿Servicios de inteligencia?

¿Policía?

¿Quién tiene que ganar más: un poeta o el presidente? Por cierto, en esa sociedad ¿hay presidente o lo reemplazamos por un consejo de sabios, artistas y filósofos?

Dibujen y *piensen,* por favor.

Yo hice los deberes, y un día le pregunté a Luis Mattini, que me miró un tanto... sorprendido. Pero Luis es muy inteligente y tiene gran sentido del humor, así que ahí nomás sacó de la manga una frase de Lenin: "Hemos teñido de rojo la sociedad zarista". Así comenzó su respuesta, que desgraciadamente no pudo ser muy exhaustiva porque los dos pertenecemos a esa franja social que si no trabaja, no come; y tuvimos que abandonar la hipótesis apasionante para atender nuestras obligaciones. Lo que alcanzó a decirme, sin embargo, es que aquella frase aludía a la muy difícil concreción de esa sociedad soñada en el vamos como perfecta por los revolucionarios rusos y que después... no fue perfecta.

¿Habrán imaginado una sociedad argentina perfecta los patriotas de Mayo? Seguramente. Nadie se lanza a una lucha sin ideales que considera impecables, pero hasta la fecha la perfección parece muy lejana.

"Nosotros, los de entonces, ya no somos los mismos", dicen unos versos de Pablo Neruda. Toda esa corriente histórica que marca la década del 70 y que culminó con el advenimiento de un gobierno democrático, representó para muchos el *final* y, por ende, el *comienzo* de una nueva etapa. No un gran final uniforme, por cierto, pero desde muchos frentes se tuvo la ilusión de "borrón y cuenta nueva". Los hechos posteriores se encargarían de demostrar que no era así y en la cronología de sucesos con sus correspondientes secuelas de adhesiones y rechazos que a todos nos tocó vivir, aparece la evidencia de "algo" que no está terminado.

En primer lugar, por simple paso del tiempo, nadie es ya el mismo y, a su vez, dentro de cada grupo o franja de opinión se han producido movimientos, fracturas, cambios y reafirmaciones. Hasta en las fuerzas armadas, grupo tradicionalmente monolítico "hacia afuera", se han producido algunas fricciones públicas con los conceptos vertidos sobre la "guerra sucia" por el general Martín Balza y sus pares de Marina y Aeronáutica. ¿Implica eso el tan deseado —aunque fuera parcial— cambio de mentalidad en el ámbito castrense? Casos como el del soldado Carrasco indican que, hasta ahora, las divergencias sólo atañen a la prensa, desgraciadamente.

En otras palabras, aquella lucha emergente, aquel síntoma que tantos vieron como algo extraño a nuestra sociedad, no estaba en realidad más que certificando o revelando con violencia esa otra lucha subterránea que puede seguirse desde el principio mismo de nuestra historia. La única "novedad", en todo caso, sería la de la violencia manifestada, pero digo sería, porque si se estudia el momento de nuestras guerras civiles no me siento muy segura con respecto a la novedad de la violencia desatada. El terror resultante es que ahora hasta el más "distraído" no puede dejar de sentir el clima, ese algo que nos aleja irremediablemente de una visión amable y pacífica de nuestra sociedad. Ya no somos ¿ni seremos? aquel país tan culto y avanzado como Europa, esa meca de prosperidad y pan para todos, que trajo a nuestros abuelos inmigrantes a esta tierra.

Como toda crisis, hemos quedado tambaleando, con un tablero social irremediablemente cambiado, donde cada uno tantea o se aferra al nuevo lugar donde ha quedado. La incógnita terrible es si de aquí se sale o no a un nuevo estallido de violencia.

Frente a esa visión horrible de aniquilamientos cíclicos siempre ejercidos en el cuerpo de los "otros" que no están con "nosotros", se comprende y asimila la imagen espantada del Angelus Novus de W. Benjamin, mientras los fantasmas de las víctimas, que se amontonan desde la caverna para acá, no hacen más que crecer.

En *El desafío de la guerra* (Presses Universitaires de France, editado por EDAF, Madrid, 1977), Gastón Bouthol y René Carrère, ambos del Instituto Francés de Polemología, estudiaron conflictos armados considerados "mayores" desde 1740 hasta 1974 (trescientos sesenta y seis, para ser exactos, setenta y uno de los cuales se produjeron a partir de 1945).

Ellos dicen que "Desde 1740, en doscientos treinta y cinco años, la tierra ha visto nacer unos trece mil millones de seres humanos… (de ellos hay) ochenta y cinco millones de muertos —de los cuales treinta y ocho millones son de la Segunda Guerra Mundial".

Algo interesante para agregar a los amantes de las cifras. "Pero hay que tener en cuenta que estas guerras y revoluciones produjeron además varias decenas de millones de muertes subsecuentes por epidemia, hambre, gravedad de heridas… Solamente la epidemia de gripe española, unida a las perturbaciones de la Primera Guerra Mundial, causó veintiún millones de muertos… una guerra nuclear extendida podría causar la muerte, en muy poco tiempo, de cientos de millones de hombres —uno de cada siete—, y en las partes más desarrolladas del globo".

Tengamos en cuenta que los polemólogos mencionados (definen a la Polemología como "investigación de la Guerra para el logro de la Paz") detuvieron su estudio en 1974, y ya sabemos que desde esa fecha las guerras y revoluciones han continuado, por lo que faltan todos los muertos y pérdidas que se siguieron produciendo. Otro dato "anecdótico" es que en la Revolución francesa, según los autores, participaron activamente del conflicto treinta mil personas, de las cuales veinte mil murieron. Estas cifras las fijan dentro de una población estimada en veinticinco millones de personas.

No pude evitar recordar ese cantito del Mundial: "Veinticinco millones de argentinos..."; había un clima de festejo en ese Mundial, lástima que después nos enteramos de que mientras uno festejaba los goles de Kempes, había gente detenida sin juicio y muriendo en los centros clandestinos.

En los *Anexos del Informe de la Comisión Nacional Sobre la Desaparición de Personas* (EUDEBA, 3ª edición, 1985) se publica un listado de 8961 personas desaparecidas, confeccionado sobre la base de denuncias recibidas en la Comisión. A éste hay que agregar otro de personas vistas en centros clandestinos de detención, de las cuales 1300 figuran con nombre y apellido completo y 800 con el apodo que mencionaron a los sobrevivientes que más tarde testimoniaron. El Informe aclara que estas listas deben considerarse incompletas ya que muchas víctimas carecían de familiares y en otros casos, los familiares prefirieron mantener reserva sobre el tema, esto es, no denunciar el caso, o por vivir en lugares muy alejados de centros urbanos, no supieron a dónde dirigirse.

El Informe estima asimismo que del total de desaparecidos el 70 por ciento son varones, el 30 por ciento son mujeres y de ellas, el 10 por ciento estaban embarazadas. Falta aclarar que algunas de las personas desaparecidas no tuvieron militancia de ningún tipo y simplemente "les tocó" correr esa suerte por motivos varios: porque se encontraban en ese lugar casualmente, porque figuraban en alguna agenda, porque eran parientes de un/una militante, porque trabajaban en algún hospital y dieron información, porque eran abogados y trataron de investigar, etcétera.

Adriana figura en la página 253, igual que sus hermanos: María Amelia (Mariela) y Rogelio.

Los mayores porcentajes de profesiones y ocupaciones mencionadas son: 30,2 por ciento obreros, 21 por ciento estudiantes, 17,9 por ciento empleados y 10,7 por ciento profesionales.

En cuanto a las edades, los grupos más numerosos van de 21 a 25 años, 32,62 por ciento. De 26 a 30 años, 25,90 por ciento. De 31 a 35 años, 12,26 por ciento.

Ese 30% de víctimas femeninas mencionado, y la otra cifra que permanece en la incertidumbre, están integrados por mujeres que pasaron unos cuantos años trabajando en los barrios, corriendo a la guardería, estudiando a los teóricos del marxismo, lavando pañales y participando de acciones, *cuando les tocó*.

Explican que se hartaron de ser las niñas buenas y sufridas de la historia, o el placentero "reposo del guerrero"; que eligieron "protagonizar" el cambio, dejando atrás, ¿para siempre?, el tradicional "rincón de las hornallas".

Ellas despertaron a los sueños del hombre y la mujer nuevos.

De allí a buscar despertar otros/as, no hay más que un paso. Y lo dieron, aunque muchas veces tuvieran que enfrentarse a la innegable realidad de que el propósito no era suficiente para solucionar y cambiar estructuras largamente instaladas en la conciencia de todos.

HOMBRES NUEVOS - CONFLICTOS VIEJOS

En el tema de las relaciones hombre/mujer, ¿hay algo más viejo que la infidelidad? Seguramente no. ¿Pudieron librarse de esa carga de las "viejas" relaciones estos hombres y mujeres que trataban de ser nuevos? Al menos por lo que surge de las entrevistas, no.

Alejandra comentó sobre las increíbles discusiones que mantenía con su marido, durante el exilio en México, y en las que él, para "ganarle", recurría a los teóricos del marxismo.

En la historia de Peti surge el tema también, agudamente comentado con su gran sentido del humor.

Sobre éste y otros temas que involucran a la pareja, puede leerse en "Moral y proletarización", documento político del PRT-ERP:

> La construcción de una nueva moral, se pone de relieve como una herramienta tan valiosa e imprescindible para la victoria revolucionaria, como la lucha ideológica, económica y política militar...
>
> ...La pareja es una actividad política también. Sus integrantes pueden y deben encontrar en ella una verdadera célula básica de su actividad política, integrada al conjunto de sus relaciones.

El hombre y la mujer nuevos debían despojarse de la cultura burguesa para "renacer" a una nueva forma de vida. Parece simple, pero todas las entrevistadas coincidieron en señalar que a pesar de las muy buenas intenciones, no resultaba nada fácil de lograr.

La reunión descripta por Frida convocada para "juzgar su actitud" es imperdible con respecto a este tema relacionado con la equidad en los trabajos domésticos, que Luis Mattini reconoce como un propósito pocas veces logrado. En cuanto a la infidelidad en sí, al parecer tanto en Montoneros como en el PRT-ERP, fue sancionada severamente, así como las relaciones promiscuas, porque se veía en ellas un resabio de la doble moral burguesa que se pretendía erradicar.

La variante o diferencia entre una mujer militante y otra que no lo fue, es que para la primera su hombre-marido-compañero no era solamente "su amado", sino también "un compañero de militancia", y al quebrarse los lazos entre ellos (por infidelidad u otro motivo), no entraba en crisis únicamente la relación íntima entre los dos, sino todo un sistema de creencias que sostenía su convicción revolucionaria. El tema es mencionado por Luis Ortolani al recordar a su ex esposa y madre de su hijo Diego: Liliana Delfino, que posteriormente armara otra pareja con Robi Santucho.

En cuanto a las/los "que no fueron", sería interesante recordar que la infidelidad es condenada tanto por el cristianismo como por el judaísmo, sin olvidar al artículo 118 de nuestro Código Penal (Delitos contra la honestidad)... pero ya no, creo.

Así que, al parecer, con el tema no puede nadie. Ni la religión, ni la legislación, ni la Revolución.

Otro tema, mucho más difícil, es el vinculado con las relaciones que se dieron dentro de los campos de concentración, entre prisioneras y carceleros, que en algunos casos se prolongaron, ¿siguen actualmente?, fuera del campo.

La primera vez que lo vi mencionado fue en el libro de Miguel Bonasso, *Recuerdo de la muerte* (Bruguera, 1984).

Casi ninguna de las entrevistadas quiso hablar sobre eso, considerando básicamente que los casos fueron contadísimas excepciones y que en general pueden considerarse un fruto exclusivo de aquel ambiente patológico.

Mariana dio su interpretación, que me parece bastante lógica. En mi caso, no me siento capaz de interpretar algo para lo que me parecen indispensables "herramientas" de conocimiento psicológico que no tengo. Además, el ámbito donde surgieron, que me es completamente extraño, me impide ubicarme y, sobre todo, no he podido hablar con ninguna de ellas. En todo caso, me parece que eso remite a algo tan difícil de entender como la relación hombre-mujer, que desde el principio de los tiempos tantos interrogantes insolubles ha planteado.

Al mismo tiempo, y a pesar de las inevitables crisis y conflictos que el tema de la pareja plantea y planteó, naturalmente, a las mujeres militantes, es muy conmovedor y doloroso para todas aquellas que perdieron a sus compañeros el hecho irrepetible de una comunión tan perfecta entre juventud-ideales-amor, como los que entonces vivieron.

Una vida no se explica, por eso transformé los reportajes en historias contadas en primera persona. Me pareció que era la forma más honrada para transmitir la experiencia de sus vidas en aquel momento de nuestra historia. A través de esos relatos cada uno podrá seguir la génesis de su salto y elaborar, de acuerdo con sus propias convicciones, su interpretación y valoración.

MUJERES

Cada mañana miles de mujeres acuden a sus trabajos, lugares de estudio o comienzan su jornada doméstica.

Como María, que a los ocho años comenzó trabajando de niñera, hizo parcialmente la escuela primaria, tuvo siete hijos (sí señora, todos con trabajo, gracias a Dios) y a los cincuenta y cinco años continúa trabajando de mucama por horas.

Como L., que tiene cuatro familiares desaparecidos (marido, dos hijas, un yerno) y que ahora, sin abandonar su profesión de psicoanalista, sigue tratando de esclarecer el caso.

Como Noemí, que tiene dos trabajos y no ha querido casarse ni tener hijos porque "si ni siquiera me he podido comprar una casita, ¿cuántos íbamos a ser rodando por ahí?".

Como D., que perteneció a una organización "de la que no quiere ni acordarse", como dice mientras acomoda con furia material descartable en el hospital público donde trabaja.

Como A., que perteneció a una organización de la que "al acordarse se desangra" porque perdió a todos los amigos que soñaban como ella con un hombre y una mujer nuevos.

La enumeración, para ser completa, tendría que incluir nombre y situación de cada una de las mujeres argentinas.

Cada una de estas mujeres, ¿qué sabe de las que vivieron antes que ella?

¿Cuánto le importan los problemas, los amores, el futuro de las que ahora viven como ella en la Argentina?

"El saber nos hará libres", dijo Alberdi.

"...En el cielo y en la tierra hay algo más de lo que puede soñar tu filosofía" dice Hamlet a través de la pluma de Shakespeare.

Jugar con las dos frases puede resultar interesante. "El saber que en el cielo y en la tierra hay algo más de lo que puede soñar tu filosofía, nos hará libres."

Alberdi: hemisferio Sur, siglo XIX. Shakespeare: hemisferio Norte, siglo XVI.

Alberdi diseñó las bases para la estructura constitucional de la nación que soñaba.

Shakespeare describió con tal maestría las pasiones humanas que cuatrocientos años después ya se ha vuelto un lugar común citarlo.

Alberdi no hubiera imaginado que su propuesta constitucional iba a ser dejada de lado, tantas veces, en los días por venir de la Argentina.

Shakespeare se perdió un tema por nacer fuera de época. Seguramente, su pluma no hubiera desdeñado el drama de estos fantasmas cívicos que son los desaparecidos.

Ninguno de los dos está vivo.

Pero nosotras sí estamos vivas.

Formamos parte de una cadena, vital y femenina, que se inició con las indígenas (que casi ya no existen), primitivas habitantes de estas tierras, cuyo próximo eslabón integran esas otras mujeres que un día en Europa abordaron inciertas naves para desembarcar en un destino más incierto todavía.

De esa cadena, las que fueron guerrilleras argentinas (que casi ya no existen) también forman parte.

Esta no es una cuestión política. Es una cuestión histórica, social, y humana.

Lo que es político es el tratamiento que se ha dado al tema: heroínas o delincuentes.

La distancia abismal entre los dos calificativos no hace más que resaltar la voluntaria (y política) decisión de olvidar la dimensión personal de las protagonistas, convidadas de piedra en un festín retórico donde esa bipolaridad aleja cualquier posibilidad de análisis.

Como el mundo es grande y la vida es corta, podemos vivir tranquilamente sin analizar el pasado, el presente y las previsibles consecuencias del futuro, adoptando cualquiera de esas dos definiciones, simples y extremas. Después de todo...

1) "Uno trabaja mucho y si encima te vas a andar rompiendo la cabeza..."

2) "Lo único que quiero es vivir tranquilo/a..."

El problema de estas razonables aspiraciones es que pueden actuar camaleónicamente con respecto a la realidad y transformarse, de acuerdo con ella, en la negación de lo que justamente nos hemos propuesto.

El tema de las mujeres que pertenecieron a las organizaciones armadas puede quedar, como cualquier otro, relegado en el interés y la memoria de cada uno, e incluso no existir absolutamente, de acuerdo con los dos puntos mencionados. O formar parte de la legión de temas que, ineludiblemente, deberían ser estudiados y analizados de acuerdo con dichos puntos.

Vivir felices, tranquilos, en una casita con niños, pájaros y flores, puede ser muy lindo pero peligroso si la casita está instalada en un parque de ojivas nucleares.

Las realidades que no vemos, entretenidos en regar las flores, oír los pájaros y cuidar los niños, pueden hacer estallar, en cualquier momento, nuestro rincón dorado.

Lo que ha pasado ya pasó. Es cierto.

Para alivio de unos, tormento de otros e indiferencia de unos cuantos, las organizaciones ya no existen, las mujeres que a ellas adhirieron han muerto en su mayoría, y las que quedan han retomado, o buscan retomar, su lugar en el mundo.

Atrás quedaron los sueños, los errores, los horrores.

Han perdido amigos, esposos, hijos.

Muchos de sus antiguos responsables se han "borrado" o pasean una dialéctica elusiva por conferencias y cónclaves políticos.

Algunos de sus antiguos torturadores se han cruzado con ellas en una calle cualquiera. Libres los dos como ciudadanos. Prisioneros los dos, como seres humanos, de recuerdos sin nombre.

Alivio, tormento e indiferencia formarán parte entonces del viaje que nos pueda llevar hasta un mejor, y sobre todo más limpio, momento de la historia.

¿Qué camino tomar para que sea realmente limpio y justo?

EL CAMINO Y LA ESPERANZA

¿Sería posible cambiar esa imagen terrible de vidas humanas perdidas, sacrificadas, marginadas, que se encuentra como corolario eterno de la historia?

El teólogo y filósofo Rubén Dri, en *La utopía de Jesús* (Editorial Nueva América, 1987), deja un mensaje esperanzador cuando concluye su libro interpretando la resurrección como "...la victoria de las potencias de la vida sobre la muerte, el triunfo definitivo del Dios de vivos sobre el Dios de muertos. Es la respuesta a la insurrección, realizada por el Dios que ha optado por el oprimido".

Por otro lado, en el *Diccionario Enciclopédico de Teología Moral* (Ediciones Paulinas, Madrid, 1974) puede consultarse la voz *Revolución y violencia* escrita por Tulio Goffi (presidente de la Asociación Italiana de Profesores de Teología Moral), y seguir su análisis del tema, con las distintas posturas de la Iglesia al respecto. Es muy interesante y revelador. Al menos para los que sean cristianos.

Conclusión del artículo mencionado: " El cristiano ha de tener fe en la fuerza revolucionaria de la caridad heroica y saber atacar con ella a la sociedad existente, derribando sus instituciones, acabando con sus métodos de represión injusta. El cristiano, que vive en la caridad revolucionaria, no se resigna ante el mal socialmente dominante. Y al mismo tiempo rechaza los métodos violentos que son característicos de una vida terrena desviada. La única forma de vencer y de acabar por completo con la violencia injusta está en abandonar su sistema, para amar lo mismo que amó Cristo.

"Hay que tener fe en la capacidad de la caridad para llevar a cabo la revolución social, ya que donde está el amor, allí está Dios… En las situaciones injustas hasta el extremo, si no hay una caridad heroica comunitaria, será necesario entonces recurrir a la revolución, incluso a la revolución violenta."

Voz *Caridad* (del diccionario mencionado): "…la caridad no sustituye ni absorbe en sí a la justicia, sino que la presupone y la exige. No se puede dar a uno a título de caridad lo que le corresponde por justicia. No puede haber verdadera caridad donde es pisoteado el derecho…"

Volviendo a Dri, la cita bíblica final de su libro: "y ya no existirá ni la muerte, ni el duelo, ni gemidos, ni penas, porque todo lo anterior ha pasado" (Ap. 21, 4) sería, de cumplirse, la llegada a ese mundo de la utopía que la humanidad persigue, cayendo y levantándose desde hace tanto tiempo.

¿Y mientras ese tiempo llega, dónde buscar la necesaria dosis de esperanza?

Erich Fromm, en *La revolución de la esperanza* (Fondo de Cultura Económica, 1970 y ediciones subsiguientes), opina que "La esperanza es paradójica. No es ni una esperanza pasiva ni un violentamiento ajeno a la realidad de circunstancias que no se presentarán. Es, digámoslo así, como el tigre agazapado que sólo saltará cuando haya llegado el momento preciso. Ni el reformismo fatigado ni el aventurerismo falsamente radical son expresiones de esperanza. Tener esperanza significa, en cambio, estar presto en todo momento para lo que todavía no nace, pero sin llegar a desesperarse si el nacimiento no ocurre en el lapso de nuestra vida. Carece, así, de sentido esperar lo que ya existe o lo que no puede ser. Aquellos cuya esperanza es débil pugnan por la comodidad o por la violencia, mientras que aquellos cuya esperanza es fuerte ven y fomentan todos los signos de la nueva vida y están preparados en todo momento para ayudar al advenimiento de lo que se halla en condiciones de nacer".

El nacimiento y muerte de las organizaciones del 70, con su secuela de aniquilamientos, no es un hecho intrascendente, falto de vigencia o terminado. La sociedad argentina, que algunos quisieran inmovilizar en un cuadro bucólico de grandes extensiones fértiles y un pueblo manso que no cuestiona ni aspira a nada, ha cambiado definitivamente y seguirá cambiando ¿a costa de más sangre?

Estos encuentros de mujeres que quisieron sentarse a dialogar y reflexionar sobre la historia común, desde vidas transcurridas de forma diferente, podrían adquirir, y al menos para mi caso personal ha sido así, un gran significado, si se multiplicaran en los distintos ámbitos y estructuras que nos involucran como sociedad. Y en este esfuerzo mutuo que ellas y yo realizamos para encontrarnos, soportarnos y tratar honradamente de entendernos, reside mi pequeña esperanza.

Ultima noche mirando una foto de egresadas

Eramos treinta y siete, pero en la foto no se las ve a todas. Hay dos cabezas casi escondidas en la fila superior. Mari Garcés, que es la preceptora, no se cuenta como alumna, así que faltan. No sé por qué. Posamos escalonadas en una galería del Country Club de Córdoba. Era el 16 de diciembre de 1965.

La tarjeta de egresadas, impresa en letras doradas, nos cita por riguroso orden alfabético.

Norma Ahumada
Aurelia Arce
Susana de la Arena
María Rosa Armenio
María del Carmen Badariotti
María Matilde Bazán
Matilde Bello
Mónica Graciela Belucci
Raquel M. Bengió
Angélica del Valle Buitrago
Ana María Cena
Priscila A. Crisol
María Cristina De Gennaro
Marta B. Diana
Marta Adriana Dujovny
María Elisa Fagalde
Mary Flores
Zulma R. Gelfo
Blanca A. Hanún
Cristina Iglesias
Sara C. Klein
Adriana A. Lesgart
Cecilia Lobo

Lila Malvárez
Mónica I. Montaldo
Norma S. Nosetti
Susana Novas
Clara M. Núñez
Mirta E. Paiva
Beatriz J. Parisii
María Isabel Rinaldi
Marta Mónica Rodríguez
Silvia B. Romero
Silvia C. Rotger
Dora.T. Suárez
María Inés Vivas
Mirta G. Zaraik

Identifico a casi todas. Algunas caras sin embargo me confunden.

No hay "fila" absoluta en la fotografía porque estábamos en una escalera, así que salvo para las que están en primer plano, el orden de las otras es en zig-zag. Adriana está en el grupo superior, entre la primera y segunda fila, donde, contando desde la derecha, se ve a María del Carmen Badariotti, pelo recogido, flequillo, no tiene nadie detrás y no se advierten en la foto sus espléndidos ojos, que, si no recuerdo mal, "cambiaban". Al lado, ya en la fila superior, Norma Nosetti, abanderada del colegio, y al lado de Norma, un escalón más abajo, Adriana, con flequillo también. Habitualmente no se peinaba así. Usaba la frente despejada y raya al costado, que a veces cambiaba por raya al medio.

Al lado y arriba de Adriana, Beatriz Parisii, a quien decíamos "acentuación latina" porque un día Cacho Gil —el subdirector del colegio— hizo esa observación sobre su apellido y ella se puso colorada. Beatriz, muy blanca y rubia, tenía también muy lindos ojos verdes. Siguiendo siempre hacia la izquierda, un escalón más abajo, María Isabel Rinaldi, otra de las muy blancas, rubias, con ojos claros. Siguen, ya en la fila "francamente" superior, Mari Garcés, la preceptora, una cabeza que no se ve casi, María Elisa Fagalde, Lisette porque tenía orígenes franceses, de las rubias también, y contra la otra pared, yo, mirando como otras hacia la izquierda y me pregunto por qué. En primer plano, contando desde la izquierda las que se ven de cuerpo entero, la cuarta es Clara Núñez, que como su apellido lo indica es de raigambre española, andaluces para más datos, y no podría equivocarse uno, con la tonalidad morena de su piel, los ojos muy profundos y oscuros. Clara es la que se "tiró" por la ventana, como ya conté.

¿Debimos considerar premonitoria aquella travesura? Adriana se había espantado aquel día ante la posible muerte de una compañera y, finalmente, fue ella la que murió. No sé cómo, no sé cuándo, no sé por mano/s de quién/quiénes.

Recuerdo que después del acto de fin de curso salí caminando junto a mis padres preguntándome qué sería de nosotras, y aunque me sentí melancólica estoy segura de no haber pensado en la muerte como destino a corto plazo para ninguna de las treinta y siete alumnas de aquel "indisciplinado quinto séptima". Es natural. ¿Quién piensa en la muerte cuando termina el secundario?

Fue la muerte sin embargo el sello que esta generación nuestra ha tenido. Tanto es así, que la primera y fundamental estadística grosera que uno podría hacer con respecto a los que entonces rondábamos los veinte años, es calcular quién está vivo y quién murió/desapareció/se exilió. Yo podría decir que tuve suerte, que me salvé. No me morí porque no fui guerrillera. Lo mismo podrían decir todos/as los/las que no "fueron" o que "fueron" pero "zafaron". Tampoco estoy segura de eso. Teniendo en cuenta la experiencia, el saldo y el futuro a la vista: ¿los que ahora tenemos cuarenta y tantos nos salvamos realmente?

La fotografía vuelve a imponerme su realidad en blanco y negro.

Es una pena que no tenga olor, sonido y algún sensor que permitiera medir las emociones. De ser así, en lugar de estar sola frente a un rectángulo de papel con una imagen plana, podría volver a oír los comentarios nerviosos y las risas que hendían el aire, cargado con los olores que el rocío despertaba en el jardín. Y también podría recuperar los nudos que la emoción había puesto en la garganta de cada una, ya desde principios del año, cada vez que se habló del fin del curso, del comienzo de una nueva vida, del adiós para siempre al secundario, que implicaba el adiós ¿para siempre? entre nosotras.

Eramos treinta y siete mujeres jóvenes que estrenaban su llegada al mundo de las decisiones. Treinta y siete flechas que salían disparadas hacia algún punto del futuro.

Aquella tibia noche cordobesa, no podíamos saber, mientras obedecíamos las órdenes del fotógrafo —"usted más aquí, ustedes un pasito al lado por favor, sonrían, vamos..."—, que nos tocaría experimentar y pagar el precio de ser jóvenes en una década "bisagra", a partir de la cual la historia argentina nunca más podría volver a ser la misma.

Una melancolía indefinible me reseca la boca y humedece mis ojos. Vuelvo a contemplar la fotografía que tantas veces he mirado durante la investigación y admito algo que me descorazona: tengo que dar el trabajo por terminado.

Shakespeare le hace decir a Hamlet: "Palabras, palabras, palabras".

Sí. Un libro es una corriente secreta de palabras. Estas surgieron de una búsqueda basada en largas conversaciones con mujeres y hombres que han querido pensar, analizar o, simplemente, recordar. A través de esa búsqueda yo traté de saber algo de Adriana, y a medida que iba conociendo detalles de la vida de otras militantes pude comprender/imaginar lo que seguramente fue su vida. No me encontré con ella, como esperaba mi fantasía al iniciar el trabajo. ¿Qué habría pasado en ese caso? He pensado bastante sobre eso. ¿Habríamos recuperado el afecto que nos unió durante el secundario? ¿Nos habríamos desilusionado, como suele pasar en esos reencuentros? ¿Habría criticado ella mi falta de militancia o mi criterio pacifista que rechaza los métodos violentos que usaron las organizaciones? Mi corazón se inclina a pensar que el encuentro habría sido bueno, feliz y aleccionador para las dos. Su desaparición implica que *nunca* podré saberlo.

Indice

MI TIEMPO RECOBRADO 7

EL TIEMPO QUE ELLAS RECOBRARON 25

    Alejandra 27
    Teresa Meschiatti ("Tina") 45
    Frida 59
    Peti 66
    Ramona 82
    Nelida Augier ("Pola") 88
    Liliana Callizo ("Lili") 108
    Mercedes 119
    Laura 130
    Mariana 144
    Siguiendo las huellas de Adriana 156

MI TIEMPO CORDOBES 163

    Negrita 172
    Gringa 183
    Ana 190
    Elena 199
    Una carta desde Córdoba 209

EZEIZA 217

    Claudia Acosta 221
    Cintia Castro 225
    Dora Molina de Felicetti 230
    Isabel Fernández de Messutti 235
    Graciela Daleo ("Viky") 245

ASÍ LAS RECORDARON 277

    Inés 279
    Carlos Orzaocoa 285
    Luis Bruchstein 290
    Miguel, desde España 297
    Manuel Gaggero 301
    La familia Santucho 310
    Luis Mattini recuerda a las mujeres del PRT-ERP 374
    Roberto Perdía recuerda a las mujeres montoneras 379
    Diálogo con Luis Moreno Ocampo 385
    Osvaldo Bayer habla sobre la participación femenina
        en la guerrilla argentina 389
    Rubén Dri 395

EL PASADO Y LA MEMORIA 403

    Balance 412
    Ultima noche mirando una foto de egresadas 447